Markus Witte
Vom Leiden zur Lehre

Beihefte zur Zeitschrift für die alttestamentliche Wissenschaft

Herausgegeben von
Otto Kaiser

Band 230

Walter de Gruyter · Berlin · New York
1994

Markus Witte

Vom Leiden zur Lehre

Der dritte Redegang (Hiob 21—27) und die
Redaktionsgeschichte des Hiobbuches

Walter de Gruyter · Berlin · New York
1994

∞ Gedruckt auf säurefreiem Papier,
das die US-ANSI-Norm über Haltbarkeit erfüllt.

Die Deutsche Bibliothek — CIP-Einheitsaufnahme

[Zeitschrift für die alttestamentliche Wissenschaft / Beihefte]
Beihefte zur Zeitschrift für die alttestamentliche Wissenschaft. — Berlin ;
New York : de Gruyter.
　　Früher Schriftenreihe
　　Fortlaufende Beil. zu: Zeitschrift für die alttestamentliche Wissenschaft
NE: HST
Bd. 230. Witte, Markus: Vom Leiden zur Lehre. — 1994
Witte, Markus:
Vom Leiden zur Lehre : der dritte Redegang (Hiob 21—27) und die
Redaktionsgeschichte des Hiobbuches / Markus Witte. — Berlin ; New
York : de Gruyter, 1994
　　(Zeitschrift für die alttestamentliche Wissenschaft : Beihefte ; Bd. 230)
　　Zugl.: Marburg, Univ., Diss., 1993
　　ISBN 3-11-014375-5

ISSN 0934-2575

© Copyright 1994 by Walter de Gruyter & Co., D-10785 Berlin.

Printed in Germany
Druck: Arthur Collignon GmbH, Berlin
Buchbinderische Verarbeitung: Lüderitz & Bauer-GmbH, Berlin

Vorwort

Die vorliegende Studie stellt die für den Druck durchgesehene und gekürzte Fassung meiner Dissertation dar, die dem Fachbereich Evangelische Theologie der Philipps-Universität zu Marburg im Sommersemester 1993 vorlag. Das Manuskript der Arbeit wurde im Mai 1993 abgeschlossen. Auf die im Rahmen des XLII. Colloquium Biblicum Lovaniense im August 1993 gehaltenen Vorträge über das Hiobbuch, die bisher noch nicht publiziert sind, und auf die erst vor kurzem veröffentlichte Arbeit von M.Remus, Menschenbildvorstellungen im Ijob-Buch. Ein Beitrag zur alttestamentlichen Anthropologie, BEAT 21, Frankfurt/M. u.a. 1993, konnte nur noch am Rande eingegangen werden. Die meiner Dissertation in einem Anhang beigefügten philologischen Notizen zu Hiob 21-27 sollen getrennt veröffentlicht werden.

Zu danken habe ich meinen drei verehrten alttestamentlichen Lehrern: Herrn Prof.D.Dr.O.Kaiser, der diese Arbeit anregte, sie als mein Doktorvater in jeder Phase ihrer Entstehung mit wachem Auge begleitete und die Aufnahme in die Reihe der "Beihefte zur Zeitschrift für die alttestamentliche Wissenschaft" ermöglichte,

Herrn Prof.Dr.H.-Chr.Schmitt, der mir während meiner Abfassung der Dissertation in Erlangen ein zu jeder Zeit erreichbarer kritischer Gesprächspartner war und freundlicherweise die Erstellung des Zweitgutachtens übernahm, und

Herrn Prof.Dr.E.Kutsch, der mich bereits als jungen Studenten an das Hiobbuch heranführte und mich an seinen eigenen Hiobstudien teilhaben ließ.

Weiterhin danke ich meinen Eltern und Schwiegereltern, die mein Studium und die Promotion nach allen Kräften gefördert haben, sowie der Studienstiftung des deutschen Volkes, die mir ein zweijähriges Promotionsstipendium gewährte.

Gewidmet ist diese Arbeit dem Menschen, ohne dessen Nähe und Zuspruch diese Untersuchung, die stets mehr war als eine literarische Studie, nicht hätte entstehen können: ἀσπάζομαι Ἄλκην, τὸ ποθητόν μοι ὄνομα (IgnSm 13,2).

Erlangen, im März 1994   Markus Witte

Inhaltsverzeichnis

Zitationsverfahren und Abkürzungsverzeichnis

Alle in der Dissertation zitierten Werke sind im Literaturverzeichnis aufgeführt. In den Anmerkungen werden nur Kurztitel verwendet. Bei Kommentaren zum Hiobbuch ist lediglich der *Nachname* des Verfassers angegeben. Bei Monographien, Aufsätzen etc. wird zusätzlich zum Verfassernamen ein eindeutiges Schlagwort aus dem Titel, der Reihe oder der Zeitschrift, in der die Arbeit erschienen ist, genannt. Bezieht sich eine Anmerkung auf eine bestimmte Textstelle des Hiobbuches, so wird bei den Kommentaren auf eine Seitenangabe verzichtet; bei Monographien, Aufsätzen etc. sowie bei allen wörtlichen Zitationen und sachlichen Anlehnungen ist der exakte Fundort im jeweiligen Werk angegeben. Hebräische und aramäische Zitate werden in der Quadratschrift und im Fall biblischer Texte mit masoretischer Punktation wiedergegeben. Die Transkription arabischer, syrischer und ugaritischer Zitate folgt der Tabelle im HALAT, XX-XXI. Belegstellen aus dem Sirachbuch beziehen sich stets auf die griechische Version, wird auf eine hebräische Passage dieses Buches Bezug genommen, ist dies durch ein [H] angegeben. Die Abkürzungen folgen der zweiten, überarbeiteten und erweiterten Auflage des von S.Schwertner zusammengestellten Abkürzungsverzeichnisses der Theologischen Realenzyklopädie, Berlin u. New York 1994. Darüber hinaus werden folgende Sigel verwendet (zu den vollständigen Titelangaben vgl. das Literaturverzeichnis):

α'	Aquila.
θ'	Theodotion.
σ'	Symmachos.
A	Arabische Übersetzung des AT.
G	Griechische Übersetzung des AT (Septuaginta).
Ges[17]	Gesenius, W.: Handwörterbuch ([17]1915, ND 1962).
Ges[18]	Gesenius, W.: Handwörterbuch ([18]1987).
GK	Gesenius, W.: Grammatik ([28]1909, ND 1985).
Ms[K]	Manuskript (hebräische Handschrift) bei B.Kennicott, V.T. (1776ff.).
Ms[R]	Manuskript (hebräische Handschrift) bei J.B. de Rossi (1784ff.).
S	Syrische Übersetzung des AT (Peshitta).
S[L]	Peshitta-Ausgabe des Institutum Peshittonianum Leidense (1972ff.).
S[W]	Peshitta-Ausgabe bei B.Walton, Polyglotta (1657, ND 1964).
Tg[L]	Targum-Ausgabe von P.de Lagarde (1873, ND 1967).
Tg[V]	Targum-Ausgabe von F.J.Fernández Vallina (1982).
Tg[W]	Targum-Ausgabe bei B.Walton, Polyglotta (1657, ND 1964).
V	Vulgata.
v.l.	varia lectio.
#	Ausfall eines Kolon.
[...]	Textlücke, die sich über mehrere Kola erstreckt.
|	Trennstrich zwischen zwei Strophen.

1. Das Problem des dritten Redegangs im Hiobbuch

1.1. Einführung

Gegenstand und Ausgangspunkt der vorliegenden Untersuchung der Kompositions- und Redaktionsgeschichte des Hiobbuches ist der dritte Redegang. Im Zentrum dieser Studie steht somit jener Teil der Dichtung, der Hiob in den letzten Gesprächen mit seinen Freunden vor den Reden Elihus und Gottes selbst zeigt und dabei den leidenden Gerechten in der Entwicklung von der Klage über sein und der Menschen Leid hin zu der sich der Majestät Gottes bewußten, weisen Lehre vorführt. Der auch an der Exegese seiner Zeit interessierte Johann Gottfried Herder konnte diesen Abschnitt in seiner Schrift "Vom Geist der Ebräischen Poesie" (1782) folgendermaßen beschreiben:

> "... denn am Ende desselben behauptet Hiob gegen Zophar so gar, daß es eben dem Bösen in der Welt wohlgehe (Kap.21) - wozu ihn blos die Hitze des Kampfs verleitet. Eliphas will durch eine feine Wendung einlenken; aber die Sache ist zu erbittert. Hiob behauptet seinen Spruch (Kap.24), Bildad weiß wenig (Kap.26 [sic]), Zophar nichts mehr entgegen zu setzen, und Hiob ist Ueberwinder. Er geht wie ein Löwe zwischen niedergelegten Feinden einher, nimmt zurück, was er in der Hitze gesagt hatte (Kap.27), und sagt in drei Absätzen Sprüche, die die Krone des Buchs sind (Kap.28-31)."[1]

Spätestens seitdem sich innerhalb der alttestamentlichen Forschung die Überzeugung durchgesetzt hat, daß das Hiobbuch keine historischen Ereignisse widerspiegelt, sondern eine mit dem Problem der Gerechtigkeit Gottes angesichts des Leidens des Gerechten ringende lehrhafte Dichtung bildet[2], finden sich neben der Frage nach dem Verfasser zahlreiche Versuche, die literarische Gattung und damit auch die innere poetische Struktur des Werkes zu bestimmen. Von der Forschung allgemein anerkannt ist die makrotextliche Einteilung in einen in Prosa verfaßten Rahmen (1,1-2,13 und 42,7-17) und in ei-

---

[1] J.G.Herder, Poesie ([1]1782; [2]1787), 145, zitiert nach der Ausgabe von B.Suphan, Bd. XI (1879), 317; auch J.G.Eichhorn bietet diese Passage in seiner Einleitung, Bd. III ([2]1787), 495, bzw. in Bd. V ([4]1824), 146.

[2] Bereits im Talmud BB I,14-15 findet sich die Meinung, Hiob habe nie gelebt, es handele sich bei dem vorliegenden Buch vielmehr um einen möglicherweise von Mose verfaßten מָשָׁל (bei L.Goldschmidt, Talmud, Bd.8, 57). Wird diese Überzeugung von einzelnen Rabbinen des Mittelalters geteilt (vgl. Levi Ben Gerschom, פרוש איוב, 1325/1477), so setzt sich die Annahme, das Hiobbuch sei ein fiktives Lehrgedicht, doch erst im Laufe des 18. und frühen 19.Jh. durch.

nen poetischen Teil (3,1-42,6), der aus den Wechselreden Hiobs mit seinen drei Freunden Eliphas von Teman, Bildad von Schuach und Zophar von Naama (3,1-31,38), den vier Monologen des Elihu (c.32-37) sowie den Reden Gottes mit (jetzt) zwei kurzen Antworten Hiobs (38,1-42,6) besteht. Die Bezeichnungen "consessus"[3], "congressus"[4], "Redegang"[5], "Rundgespräche"[6], "Gesprächsgang"[7], "Kampfgänge"[8], "cycle"[9] etc. dienen zur Gliederung des sich von c.3-31 erstreckenden Abschnittes. Die drei zum Trost Hiobs gekommenen Freunde halten darin jeweils in der Reihenfolge Eliphas - Bildad - Zophar drei Reden, wobei zwischen zwei Freundesreden Hiob selbst das Wort ergreift und eine dritte Rede Zophars "fehlt". Daher wird zumeist eine Abgrenzung in drei Redegänge mit unterschiedlicher Akzentuierung vorgenommen[10]. Je nach der Beurteilung von c.3 als erster Rede Hiobs, die das Wechselgespräch mit Eliphas, Bildad und Zophar eröffnet[11], oder als isolierter Klage[12], die entweder mit den Herausforderungsreden Hiobs (c.29-31)[13] oder mit den Gottesreden (38,1-41,26)[14] korrespondiert, wird der dritte Redegang maximal auf die c.21-31 oder minimal auf die c.22-26 abgegrenzt.[15] Die hier

---

3   Vgl. J.G.Herder. Poesie. 140 (in der Ausgabe von B.Suphan. Bd. XI. 314) Dathe. 8;
    J.G.Eichhorn. Einleitung[2]. III. 474; u.a.
4   Vgl. Döderlein. 2f.; Rosenmüller. 43f.; u.a.
5   Vgl. exemplarisch die Einleitungen von J.G.Eichhorn; O.Eißfeldt; O.Kaiser; C.Kuhl;
    R.Rendtorff; W.H.Schmidt; R.Smend jr.
6   Vgl. Groß; u.a.
7   Vgl. A.Robert u. A.Feuillet. Einleitung; u.a.
8   Vgl. Ewald; u.a.
9   Hierbei handelt es sich um den in der englisch- und französischsprachigen Forschung
    meistgebrauchten Begriff. vgl. exemplarisch die Werke von Andersen (1976); Buttenwieser (1922); Clines (1989); Dhorme (1926/67); Driver u. Gray (1921); Eaton (1985);
    Gordis (1978); Habel (1985); Hartley (1988); Jastrow (1920); Lévêque (1970); Pope
    ([3]1973); Rowley (1970); Terrien (1963); Vermeylen (1986); u.v.a.
10 Zuletzt stellte D.Wolfers. in: VT 43 (1993). 386. die These auf. das Hiobbuch basiere
    auf einem strengen "principle of duality". demzufolge allein eine Gliederung in zwei
    Redegänge sachgemäß sei: Jeder Redezyklus umfasse sieben Reden; er beginne und ende mit einer Eliphasrede. dabei schließe 15.1-16 den ersten Redegang ab. während
    15.17-35 den zweiten eröffne. Zu den literar- und redaktionskritisch begründeten Abgrenzungen auf nur einen oder zwei Redegänge s.u. S.47ff. und S.52f.
11 So vor allem Fohrer. 34. und O.Kaiser. Einleitung[4]. 387.
12 So vor allem König. 56ff.; C.Westermann. Aufbau[3]. 32.57-65. und Horst. X.
13 So C.Westermann. Aufbau[3]. 30.
14 So V.Maag. Hiob. 99.
15 Eine Maximalabgrenzung (c.21-31) vertreten u.a. Duhm. 114ff.; König. 224ff.; Peters.
    237ff.; Kissane. 149ff.; Pope. XVIIf. und Clines. XXXVII; für eine Minimalabgrenzung vgl. z.B. Fz.Delitzsch. 16; Knabenbauer. 285; A.Kuenen. Einleitung. 102f.. und
    Leimbach. VII. Zwischen diesen Polen finden sich die Abgrenzungen c.21-27
    (Hertzberg; Lamparter; Fohrer; Fedrizzi; Alonso Schökel; Habel; T.Mende. Leiden;
    O.Kaiser. Einleitung[4]; u.a.). c.22-27 (Ley; Oettli; Driver u. Gray; Dhorme; Bückers;

vorgelegte Studie versteht unter der Bezeichnung "dritter Redegang" als Arbeitshypothese die c.21-27(28). Diese Abgrenzung ist zum einen durch den besonderen Charakter von c.21 als einziger durchgehend argumentativer Rede Hiobs bedingt, zum anderen können damit die kompositionellen Fragen nach der Beurteilung von c.3 und der Terminologie "Redegang" zunächst offengelassen werden. Der Ausblick auf das "Weisheitslied" in c.28 versucht der kompositionellen Struktur des Endtextes gerecht zu werden, der dieses Gedicht noch im Rahmen einer an die Freunde gerichteten Rede Hiobs (vgl. 27,5.11-12) führt. Die c.29-31 sind als Monolog Hiobs formal deutlich von ihrem Kontext abgegrenzt und erweisen sich inhaltlich und stilistisch als eine eigene Größe.

Zu den für eine solche Arbeit unverzichtbaren Axiomen, deren Herleitung wir hier nicht darstellen, deren Berechtigung wir aber im Laufe der Analyse immer wieder nachweisen können, gehören:

1. die Annahme, daß mindestens ein Grundbestand der Gottesrede(n) ursprünglich ist und damit den entscheidenden Beitrag zu einer Lösung des im Hiobbuch vorliegenden Problems darstellt,

2. die Erkenntnis, daß das "Weisheitslied" in c.28 sekundär eingefügt worden ist, so daß es die wesentliche Aufgabe unserer Studie ist, dieses Lied im Verhältnis zu der Hiobrede, in die es eingebettet ist, zu betrachten,

3. die Beurteilung, daß die Reden des Elihu (c.32-37) eine spätere, in sich weitgehend geschlossene Einlage in die Hiobdichtung bilden.

Erheben sich bereits bei der äußeren Abgrenzung des dritten Redegangs Fragen, so liegt das eigentliche Problem in c.21-28 selbst:

1. fällt c.24 durch besonders zahlreiche philologische und metrische Probleme aus dem Rahmen der anderen Kapitel der Hiobdichtung. Hinzu kommen in c.24 überdurchschnittlich viele formkritische Besonderheiten.

2. überraschen kompositionell bei einer durchschnittlichen Länge der Freundesreden[16] von 28 Versen:

a) die Kürze der nur fünf Verse umfassenden dritten Rede Bildads in c.25,

b) das vollständige "Fehlen" einer dritten Rede Zophars,

c) die sich von c.26-31 über 158 Verse erstreckende Rede Hiobs[17], die zunächst noch an die Freunde gewandt ist (c.26-28) und dann in einen Monolog übergeht (c.29-31).

Horst: O.Eißfeldt, Einleitung[3]; Weiser; Terrien; Lévêque; Gordis; Hesse; Eaton; Groß; Hartley; u.a.), c.22-28 (Hirzel; Ewald; Peters; Dillmann), c.22-31 (Knobel; Duhm; Hontheim; u.a.).

[16] Gerechnet sind hier jeweils *ohne* Einleitungsvers die drei Eliphasreden in c.4-5; 15 und 22, die zwei Bildadreden in c.8 und 18 und die zwei Zopharreden in c.11 und 20.

3. finden sich inhaltlich vor allem in den Hiobreden in c.21; 24 und 26-28 zahlreiche Auffälligkeiten:

a) in c.21 wechselt der Ton Hiobs von der Klage über sein Leid und der thetischen Bestreitung der Freundesreden zu einer argumentativen Widerlegung der Theorie der immanenten Vergeltung anhand der Erfahrung des gesegneten Lebens der Frevler (רְשָׁעִים)[18];

b) in 24,18ff. vertritt Hiob, soweit das angesichts des schlecht überlieferten Textes erkennbar ist, jedoch eine solche;

c) in 26,5-14 begegnet eine in Hiobs Mund untypische hymnenartige Beschreibung von Gottes *creatio et conservatio mundi*, die sich mit der Schöpfungstheologie der Elihureden (c.32-37) berührt und wesentliche Aspekte der Gottesreden (38,1-41,26) vorwegnimmt;

d) 27,1 führt mit וַיֹּסֶף אִיּוֹב שְׂאֵת מְשָׁלוֹ וַיֹּאמַר eine Redeeröffnungsformel, die so nur noch in 29,1 begegnet. Diese unterbricht die bereits in 26,1 begonnene Hiobrede und hebt sich von der üblichen Überschrift ... וַיַּעַן וַיֹּאמַר ab[19];

e) in 27,13-23 vertritt Hiob die von ihm noch in c.21 und 24,1-12* heftig bestrittene Überzeugung einer immanenten, vergeltenden Gerechtigkeit Gottes;

f) c.28 unterscheidet sich sprachlich, formkritisch und theologisch vom gesamten Buch. Es bildet ein reflektierendes Gedicht auf die dem Menschen ver-

---

17　Auch wenn man berücksichtigt, daß diese Rede durch Fortsetzungsformeln in 27,1 und 29,1 in drei Abschnitte zu einmal 13 Versen (c.26), 50 Versen (c.27-28) und 95 Versen (c.29-31) unterteilt ist, so ergibt sich doch sowohl hinsichtlich der Gesamtlänge von 158 Versen als auch bezüglich c.26 als kürzester bzw. c.29-31 als längster Rede Hiobs ein numerisches Ungleichgewicht gegenüber den vorangegangenen Hiobreden, die durchschnittlich 43 Verse umfassen.

18　Der Terminus רְשָׁעִים wird im folgenden durchgehend als "Frevler" wiedergegeben. Auf die Frage, ob damit bestimmte Parteien innerhalb der nachexilischen Gemeinde, wirtschaftliche Unterdrücker, Heiden etc. gemeint sind, wird nicht eingegangen. Für die vorliegende Untersuchung genügt die aus der Hiobdichtung selbst ersichtliche Erkenntnis, daß es sich bei den רְשָׁעִים um Menschen handelt, die den Frommen bedrängen und sich von Gottes Gebot absetzen. Sie bilden also das Gegenbild zu den צַדִּיקִים, die sich entsprechend der Gemeinschaft mit Gott und den Menschen verhalten (so mit K.H.Fahlgren, *ṣᵉdaka*, bes. 4ff.,78,106ff.); vgl. dazu auch künftig J.Vermeylen, in: W.A.M.Beuken (Hg.), Job, BEThL.

19　Ein ähnliches Phänomen, daß eine Rede durch eine variierte Einleitungsformel unterbrochen wird, findet sich in den Elihureden. Hier ist der vierte Monolog mit der Formel וַיֹּסֶף אֱלִיהוּא וַיֹּאמַר (36,1) eingeleitet, während die drei vorangegangenen jeweils mit וַיַּעַן אֱלִיהוּ[א] וַיֹּאמַר (32,6: erweitert um das *nomen gentilicium* בֶן־בַּרַכְאֵל; 34,1; 35,1) überschrieben sind.

borgene, allein Gott zugängliche Weisheit, das ohne kontextuelle Verbindung in eine Hiobrede eingebettet ist.

Mithin gilt es für diese textlichen, kompositionellen und inhaltlichen Probleme von c.21-27(28), damit aber der gesamten Hiobdichtung, eine Lösung zu entwickeln. Bevor wir den dritten Redegang selbst einer erneuten Prüfung unterziehen, geben wir einen kritisch kommentierten forschungsgeschichtlichen Überblick über die in den letzten beiden Jahrhunderten erzielten Ergebnisse[20]. Aus einer Zusammenstellung der verbliebenen Desiderate wird sich das Programm unserer Untersuchung zur Kompositions- und Redaktionsgeschichte des Hiobbuches ergeben.

---

[20] Unter Forschungsgeschichte verstehen wir eine Darstellung der *Ergebnisse* der Exegese von c.21-28 sowie ihrer historischen Genese und Impulse auf die Exegese selbst. Zur Differenzierung zwischen Forschungs- und Auslegungsgeschichte vgl. J.Mertin, Hiob, 7f.

1.2. Der dritte Redegang und seine Behandlung in der Forschung

In der Dissertatio Generalis in Vetus Testamentum des Oxforder Gelehrten Benjamin Kennicott (1717-1783)[1] findet sich, soweit erkennbar, erstmals in der neuzeitlichen Auslegungsgeschichte ein Versuch, die Auffälligkeiten des dritten Redegangs nicht mehr allein aus der Dramaturgie des Dichters zu erklären, sondern mit einer sekundären Textstörung zu rechnen und die "fehlende" dritte Rede Zophars zu rekonstruieren. B.Kennicott veröffentlichte seinen Vorschlag zunächst im Anhang zu der von ihm besorgten Variantensammlung des AT (1780)[2], dann in den posthum herausgegebenen "Remarks on Select Passages of the Old Testament" (1787)[3]. J.G.Eichhorn sorgte für eine weitere Verbreitung dieser Hypothese in seinem "Repertorium für Biblische und Morgenländische Litteratur" (1783)[4] und in der "Allgemeinen Bibliothek

---

[1] B.Kennicott wurde vor allem wegen seiner umfangreichen Variantensammlung zum AT bekannt. Allerdings war sein Werk bereits zu seiner Zeit nicht unumstritten, vgl. H.G.E.Paulus, in: Memorabilien I, 191ff. Besonders J.G.Eichhorn, Rezension B.Kennicott, in: ABBL VIII, 1002f., äußerte sich wenig anerkennend über Kennicott, dem er den Anspruch eines "vorzüglichen und liberalen Exegeten" bestritt.

[2] So schrieb B.Kennicott im Anhang zum Vetus Testamentum Hebraicum cum variis lectionibus, II, 1780, 114-115:
"Colloquium inter Jobum et Amicos minus fit lucidum, dum ob sermones longos aliquando obliviscimur an loquitur Jobus, an non; Jobi igitur sermones, per totum poema, distinxi astericis; atque sermones singulos, quantum potui, continuatos perfeci. Hic vero, apud Lectores queror - pulcherrimo huic poemati offundi tenebras: quia Jobus eadem verba, eandemque cum Amicis sententiam, vi coactus nunc profert, ubi consensus talis nullo modo possit admitti. Exemplo sit finis capitis 27; com. 13 ad 23. Haec tamen verba (bona Lectorum cum venia) minime Jobi fuisse arbitror, sed ZOPHARIS. Locutus est ter Eliphaz, cui Jobus ter respondit. Locutus est ter Bildad; cui Jobus ter respondit. Sed locutus est Zophar bis tantum; nisi tertia vice loquatur, atque hisce verbis. Confusionem hac ratione solvo. In cap.25 tertio loquitur Bildad. In cap.26 ad 27,12, tertio respondet Jobus: ideoque series tertiae hujus responsionis nunc interturbatur verbis in 27.1 - ויאמר משלו שאת איוב ויסף quae videntur efficere titulum capitis 28. Finito Jobi ad Bildad responso, in 27,12; Zophar, terio ferociens, exorditur eo ipso axiomate quo prius desierat, in cap. 20,29. Cessante Zophare, fin. cap.27; suscipit Jobus suam de Sapientia parabolam: quam sequitur justissima famae suae defensio, usque ad fin. cap.31; ubi ultima 3 commata videntur sedem mutasse."

[3] B.Kennicott, Remarks, 169-171.

[4] Bereits 1783 veröffentlichte J.G.Eichhorn im RBML XIII, 249f., einen von P.J.Bruns bearbeiteten Index locorum quae mandante cl.Kennicott in Codicis Hebraicis V.T. evolvit, worin die Umstellungshypothese für 27.13-23 bereits angedeutet wurde.

der Biblischen Litteratur" (1790)[5]. Mit dem Kommentar von M.H.Stuhlmann[6] (1804) setzte dann eine Flut von Interpretations- und Rekonstruktionsversuchen zum dritten Redegang ein, deren Ende noch nicht abzusehen ist[7]. In der seitherigen Forschung finden sich drei Modelle zur Erklärung der in c.21-28 auftretenden Probleme:

1. Das Integrationsmodell (I) umfaßt Lösungsversuche, die von der grundsätzlichen Einheitlichkeit des Hiobbuches ausgehen und die vorliegende Makrostruktur des Textes für die ursprüngliche, von einem einzigen Dichter verfaßte halten. Die textlichen Schwierigkeiten werden überlieferungstechnisch erklärt, die formalen und inhaltlichen Spannungen als dichterische Feinheiten interpretiert.

2. Das Editionsmodell (E) bietet Erklärungswege, die größere Störungen im Textbestand der c.21-28 vermuten und ihre vorliegende Gestalt als das sekundäre Ergebnis einer zufälligen Textdislokation beurteilen: Der überlieferte Text sei das Ergebnis einer physischen Verderbnis bzw. des gescheiterten Versuches früherer Herausgeber, Ordnung in den gestörten Textablauf zu bringen. Hier finden sich neben der Annahme, es handele sich um nicht mehr zu verortende Redefragmente, Rekonstruktionsversuche für einen den ersten beiden Redegängen analogen dritten Redewechsel. Vereinzelt begegnen Umstellungsvorschläge für das ganze Buch.

3. Das Redaktionsmodell (R) vereinigt Lösungsansätze, die wie die des Editionsmodells Störungen im dritten Redegang beobachtet haben, diese aber auf eine bewußte, die Tendenz des Buches korrigierende redaktionelle Tätigkeit zurückführen. In seinem Rahmen werden neben der Vermutung punktueller dogmatischer Übermalung mehrschichtige Redaktionsmodelle für das ganze Werk entworfen.

Die damit vorgeschlagene Kategorisierung der Forschungsmodelle bezieht sich *nur* auf eine Klassifizierung der Beurteilung der c.21-27(28)[8]. Sie dient

---

[5]   J.G.Eichhorn, Conjectural-Kritik, in: ABBL II, 609-633. Neben 27,13-23 untersuchte er hier 14,12; 31,38-40 und 38,1-42,6.

[6]   M.H.Stuhlmann, Hiob, Anmerkungsteil, 69ff.

[7]   Knappe Darstellungen ausgewählter Rekonstruktionsversuche finden sich bei R.Pfeiffer, Introduction, 671; C.Kuhl, Literarkritik, 278-280; J.Lévêque, Job, 213ff. und bei N.Snaith, Job, 100-104. Eine ausführliche, dreihundert Exegeten umfassende Darstellung der Rekonstruktionsversuche zum "dritten Redegang" lieferte G.W.Martin, Elihu, 243-273. Gegenüber der Arbeit von G.W.Martin haben wir den Weg gewählt, die einzelnen Rekonstruktionen systematisch zu klassifizieren und die Werke aus der Geburtsstunde der historisch-kritischen Auslegung stärker zu integrieren.

[8]   Die Einteilung eines Exegeten, der c.21-27(28) als das einheitliche Werk des einen Hiobdichters versteht, in das integrale Modell bedeutet nicht, daß derselbe Ausleger hinsichtlich der Beurteilung anderer Texte des Hiobbuches ebenfalls einem integralen

der Erleichterung, einen Überblick über den weitverzweigten Forschungsstand zu gewinnen. Dabei bleibt zu berücksichtigen, daß gegebenenfalls zwischen den einzelnen Modellen Überschneidungen bestehen. So ist das Editionsmodell letztlich systematisch als eine Spielart zu dem integralen zu beurteilen, da es das Buch, abgesehen von ordnenden Umstellungen, im wesentlichen auf einen Verfasser zurückführt. Phänomenologisch berührt es sich hingegen mit dem Redaktionsmodell, da es die vorliegende Gestalt des dritten Redegangs ebenfalls als sekundär betrachtet. Eine ausgewählte Darstellung dieser drei Lösungswege wird die charakteristischen Argumentationsmuster und die Impulse auf die weitere Exegese aufzeigen. Sie geht von den Leitfragen aus, wie das jeweilige Modell mit den Schwierigkeiten der c.21-27(28) und besonders mit 24,18ff.; 25,1-6; 26,1-14; 27,13-23 und 28,1-28 umgeht.

Den Ausgangspunkt bildet der Hiobkommentar von Johannes Mercerus (1573)[9]. Dieser referiert ausführlich sowohl die Meinungen der mittelalterlichen Rabbinen als auch die Ergebnisse der humanistischen Philologie. Nicht nur der niederländische Arabist Albert Schultens (1686-1750) hat J.Mercier in seinem eigenen Kommentar von 1737 als Steinbruch genutzt, sondern auch E.F.C.Rosenmüller hat in seinen Scholien ([2]1824) seitenweise von ihm abgeschrieben. Noch K.Schlottmann (1851) und Fz.Delitzsch ([2]1876) haben J.Mercerus mit Gewinn in ihren Kommentaren zitiert. So ist der Kommentar von J.Mercerus neben den Arbeiten von A.Schultens offenbar bis in das 19.Jh. ein Standardwerk der Hiobexegese gewesen. Da die Weichenstellung zu einer redaktionskritischen Analyse des Hiobbuches bereits im späten 18.Jh. mit den Studien B.Kennicotts erfolgt ist, wird sich unsere Darstellung besonders mit den Arbeiten beschäftigen, die in unmittelbarer Nähe zu diesem vermutlich ersten Umstellungsversuch entstanden sind.

1.2.1. Das Integrationsmodell (I): "Der Text ist integer"

Das Integrationsmodell wird von der gesamten "vorkritischen Forschung", von weiten Teilen der protestantischen und jüdischen Auslegung des 18.Jh. und 19.Jh. sowie der röm.-kath. Exegese bis zum II.Vaticanum vertreten. Dieses Modell besitzt bis heute vereinzelte Anhänger und hat durch den Strukturalismus in den zurückliegenden 15 Jahren neuen Auftrieb erhalten. Dabei

---

Modell zuzuordnen ist. So werden z.B. die Elihureden im Gefolge von J.G.Eichhorn, Rezension J.Dav.Michaelis, in: ABBL I (1787), 461, von den meisten integralen Vertretern für sekundär gehalten; vgl. dazu M.Witte, Elihureden (1993).

9   J.Mercerus (J.Mercier) ursprünglich röm.-kath., dann reformiert, war als Jurist, klassischer und semitischer Philologe und Hebräischlehrer an der Akademie zu Paris tätig.

begegnet es, differenziert nach seinem Begründungsmodus, in einer inhaltlich-dramaturgischen (1.2.1.1.), einer strukturalistischen (1.2.1.2.) und einer kompositionskritischen Variante (1.2.1.3.).

1.2.1.1. Das inhaltlich-dramaturgische Modell

Unter den für diese Arbeit eingesehenen Werken vertraten für c.21-27(28) eine integrale Deutung mit inhaltlich-dramaturgischer Begründung:

J.Mercerus (1573), H.Grotius (1651)[10], J.Hein.Michaelis (1720), A.Calmet (1722/24), J.A.Hoffmann (1734)[11], H.S.Reimarus (1734)[12], A.Schultens (1737)[13], J.J.Reiske (1749/79), R.Lowth (1753), J.Dav.Michaelis (1753/69)[14], T.Heath (1756), J.Hein.D.Moldenhawer (1778)[15], J.Chr.Döder-

---

[10] Die Annotationes in Vetus Testamentum von H.Grotius (posthum 1651 erschienen), sind hier nach der von G.J.L.Vogel besorgten Ausgabe, Halle 1775, zitiert.

[11] Johann Adolf Hoffmanns Neue Erklärung des Buches Hiob ist einer der wenigen umfassenden deutschsprachigen Hiobkommentare vor 1800. Dabei ist J.A.Hoffmanns Erklärung vornehmlich noch allegorisch orientiert. Wie angewiesen die deutschen Exegeten bis 1800 zur internationalen Verbreitung ihrer Ergebnisse auf das Lateinische waren, zeigt J.G.Eichhorns Rezension von J.A.Dathes Hiobkommentar (1789) in der ABBL II, 528ff., worin ausdrücklich die lateinische Anlage dieses Werkes begrüßt wurde.

[12] H.S.Reimarus, vor allem wegen seiner von G.E.Lessing 1774-1778 herausgegebenen "Fragmente eines Ungenannten" berühmt, hat den Kommentar von J.A.Hoffmann ediert und um eigene philologische Anmerkungen sowie eine Bibliographie erweitert.

[13] A.Schultens veröffentlichte zunächst seine Animadversiones philologicae in Iobum (1708). Diesem Werk ließ er 1737 den Kommentar, Liber Iobi cum nova versione ad Hebraeum fontem et commentario perpetuo, folgen, der zu einem Standardwerk des 18. und 19.Jh. wurde und über den E.F.C.Rosenmüller, Scholia (XXXVI), urteilte: "Omnes, qui ipsum antecessere, interpretes, Schultensius superavit accurata et subtili linguae hebraeae et arabice cognitione, eruditione multifaria, judiciique acumine". Aufgrund des monumentalen Umfanges dieses Kommentares, der neben der konsequenten Anwendung des Arabischen zur Lösung der philologischen Probleme im Hiobbuch eine ständige kritische Auseinandersetzung mit den Hiobkommentaren von J.Mercerus (1573), J.Pineda (1597), J.Coccejus (1644), S.Schmid (1670) führt, wurden bereits kurz nach seinem Erscheinen Kompendien angelegt. So zunächst von R.Gray in London 1741, Liber Iobi in versiculos metrice cum versione Alberti Schultens notisque ex eius commentario excerptis, dann von G.J.L.Vogel, Alberti Schultensii commentarius in Iobum. In Compendium redegit, Halle 1773/74. Selbst die zweibändige Ausgabe von G.J.L.Vogel, nach der wir zitieren, umfaßt noch über 1000 Oktav-Seiten. Daneben finden sich im 18./19.Jh. zahlreiche Übersetzungen des Hiobbuches, die auf dem Kommentar von A.Schultens beruhen.

[14] Unter den umfangreichen Hiobarbeiten des Göttinger Gelehrten J.Dav.Michaelis sind besonders hervorzuheben sein Epimetron de libro Iobi zu R.Lowths Praelectiones De sacra Poesi Hebraeorum von 1753, seine Deutsche Übersetzung des Alten Testaments

lein (1779), W.F.Hufnagel (1781), J.G.Herder ([1]1782/[2]87), J.G.Hasse (1789), J.A.Dathe (1789), J.Chr.F.Schulz (1792)[16], Chr.S.Pape (1797), J.G.Eichhorn (1800)[17], J.G.Kreysig (1800)[18], E.F.C.Rosenmüller ([2]1824)[19], F.C.W.Umbreit ([1]1824)[20], E.G.A.Böckel ([2]1830), A.Knobel (1835), L.Hirzel (1839), H.A.Hahn (1850), K.Schlottmann (1851), J.Olshausen (1852), H.Ewald ([2]1854), K.F.Keil ([2]1859), A.Dillmann (1869)[21], Fz.Delitzsch ([2]1876), A.Heiligstedt (1870)[22], A.Merx (1871)[23], F.Hitzig (1874), K.Budde (1876;1882;1896;1913)[24], F.Giesebrecht (1879)[25], E.Reuss (1881)[26],

---

mit Anmerkungen für Ungelehrte von [1]1765ff. (der eine Anzeige der Varianten im Buch Hiob in der OEB 1774/75 folgte), und die Einleitung von 1787.

15 Hier ist zwischen der Übersetzung und Erklärung des Buches Hiob (1778) des Hamburger Dompredigers Johann Heinrich Daniel Moldenhawer (1709-1790) und der Neuen Übersetzung des Buches Hiob (1780/81) durch seinen Sohn Daniel Gotthilf Moldenhawer (1752-1821) zu unterscheiden.

16 Die Scholien von J.Chr.F.Schulz bieten einen Überblick über die Hiobdiskussion von A.Schultens (1737) bis zu C.D.Ilgen (1789).

17 J.G.Eichhorn vertrat in allen Auflagen seiner Einleitung ([1]1780; [2]1787; [3]1803/4; [4]1823/24) eine integrale Deutung von c.21-28, ebenso in seiner Hiobübersetzung von 1800, die zunächst in der ABBL abgedruckt wurde, dann als Sonderdruck erschien und 1824 erneut aufgelegt wurde. Bei der Durchsicht der diversen Auflagen der Einleitung überrascht, daß J.G.Eichhorn, der in der ABBL II (1790), 609ff., einer Umstellung von 27.13-23 nicht ablehnend gegenüberstand, seinen §644 über die Echtheit bestimmter Stücke des Hiobbuches zwar stetig erweitert hat (ab der 3.Aufl. um die "Elihureden", ab der 4.Aufl. um den "Schluß der Gottesreden"), nie aber einen eigenen Abschnitt über die c.24-28 anfügte, obgleich die Diskussion über die Integrität dieser Kapitel bereits 1780 entfacht und von ihm geführt worden war.

18 Von J.G.Kreysig liegen zwei kleine philologische Studien zur Hiobdichtung vor, (eine zu 26,5-14 [1800] und eine zu 34,19-25 [1802]), wobei zumindest die erste einer integralen Sicht verpflichtet ist; die zweite stand uns nicht zur Verfügung.

19 E.F.C.Rosenmüllers Scholien sind vor allem wegen des bibliographischen Elenchus interessant.

20 Die zweite Auflage des Kommentares von F.C.W.Umbreit von 1832 lag uns nicht vor.

21 Bei A.Dillmann ist zwischen der Beurteilung der Probleme der c.21-28 in der Kommentierung des Hiobbuches von 1869, die einem rein integralen Modell folgt, und der von 1891, die ansatzweise redaktionskritisch (vgl. c.24; 27) arbeitet, zu differenzieren. Wenn Dillmann ohne Hochzahl genannt ist, so bezieht sich dies stets auf den Kommentar vierter Auflage (1891).

22 Den folgenden Ausführungen liegt nicht A.Heiligstedts Commentarius in Jobum, Leipzig 1847, zugrunde, sondern seine Hebräisch-Deutsche Präparation zum Buch Hiob von 1870, die R.F.Edel 1984 (neu) herausgegeben hat.

23 Nur für 24,9-24 vermutete A.Merx eine sekundäre Entstehung. Die sonstigen Probleme der c.21-28 löste er integral.

24 K.Budde arbeitete zwar auch am Hiobbuch stark literarkritisch, stellte gelegentlich Verse um oder schied sie als Glossen aus, war aber einer der energischsten Verteidiger der Integrität der Makrostruktur des Hiobbuches bis hin zur Annahme der Ursprünglichkeit der Elihureden. Seine grundsätzliche integrale Position zum Hiobbuch, exemplarisch auf sprachanalytischer Basis in den "Beiträgen" (1876) und in der ZAW 2 (1882), hat K.Budde auch in seinem Kommentar ([1]1896; [2]1913) bewahrt. Dabei lieferte

J.Knabenbauer (1886), W.Volck (1889), E.Riehm (1890), E.Rupprecht (1898), J.Hontheim (1904)[27], A.B.Ehrlich (1918), K.H.Leimbach ([2]1919), C.Steuernagel (1923)[28], A.Régnier (1924)[29], W.Knieschke (1925), N.Peters (1928)[30], P.Szczygiel (1931), H.Bückers (1939), A.Weiser ([1]1951), H.Junker (1951), F.Stier (1954)[31], H.Möller (1955), A.Guillaume (1964/68)[32], F.I.Andersen (1976)[33] und D.Wolfers (1993).

Bei der Darstellung dieses Modells müssen vor allem die inhaltlichen Nuancen des Argumentationsgangs herausgehoben werden.

a) Beurteilung von c.24,18-24:

Kompositionell wird c.24 als Hiobrede behandelt, dennoch ist der inhaltliche Widerspruch in der Vergeltungsvorstellung zwischen 24,18ff. einerseits

---

er die Standardargumente für alle nachfolgenden integralen Vertreter bis hin zu den Strukturalisten. Da K.Budde, abgesehen von Ausscheidungen in c.24, die kompositionellen Fragen von c.25-28 integral löste, dürfte seine Einordnung in dieses Modell gerechtfertigt sein.

[25] F.Giesebrechts Dissertation von 1879 über den in c.27-28 lokalisierten "Wendepunkt des Buches Hiob" stellt eine der wenigen Monographien zu Problemen des dritten Redegangs dar.

[26] Auch bei E.Reuss ist zwischen der integralen Deutung in seiner Geschichte des AT (1881) und einer ansatzweise redaktionskritischen Position im Kommentar (1888) zu differenzieren.

[27] Trotz gelegentlicher metrisch begründeter Versumstellungen, die aber nicht die makrotextliche Struktur des Hiobbuches beeinflussen, ist J.Hontheim dem integralen Modell verpflichtet.

[28] Ähnlich wie K.Budde rechnete C.Steuernagel, in: HSATK II, mit partieller Textverderbnis und glossarischer Nachbearbeitung (so u.a. in 21.13.16.19.30; 24.18.19.24), hielt aber den jetzt vorliegenden Gesamtaufbau des dritten Redegangs, abgesehen von 27.1 und 28.1-28, für ursprünglich.

[29] A.Régnier, La distribution, bot eine nur leicht modifizierte franz. Übersetzung der Position von K.Budde.

[30] N.Peters, 21.47f., vermutete für einige Passagen des Hiobbuches eine psalmenartige Vorlage. - würde also tendenziell zu einem integral-kompositionskritischen Modell gehören - lieferte aber gerade für die integrale Deutung der Abschnitte 24.18ff.; 25; 27.13-23 eine inhaltlich-dramaturgische Begründung (s.u. S.21 und S.53).

[31] F.Stier, Ijjob, 232, erwog zwar eine Blattvertauschung im dritten Redegang, beschränkte sich aber auf textkritisch bedingte Umstellungen in c.24 und blieb im wesentlichen bei MT.

[32] A.Guillaume vertrat die Einheit des Buches in seinem Aufsatz The Unity of the Book of Job (1964) und in den posthum herausgegebenen Studies in the Book of Job (1968) vor allem auf philologischer Basis, indem er in der gesamten Hiobdichtung eine für die alttestamentliche Literatur einmalige arabisch-hebräische Sprachstufe zu erkennen glaubte.

[33] F.I.Andersen steht aufgrund bestimmter Argumentationsmodelle an der Grenze zu den strukturalistischen Auslegungen. Er verwendete aber nicht deren typische Terminologie und war in der Anwendung textkritischer Mittel und historischer Fragestellungen subtiler und interessierter als die Strukturalisten.

und c.21 und 24,1-17 andererseits erkannt.[34] Dieser wird dreifach aufzulösen versucht:

1. durch die Interpretation von 24,18ff. als Position Hiobs in Analogie zu c.21, wonach Hiob auch hier das straflose Treiben der Frevler und ihren ganz normalen Tod beklage[35]: Diese Deutung scheint dem Gedankengang am angemessensten. Die Erklärung, Hiob erwarte ein kommendes, diesseitiges Gericht[36], verträgt sich (trotz des Verweises auf 19,25) schwer mit dem Kontext. Dem Wortlaut und dem Gedankengang unangemessen ist die Auslegung, Hiob spreche von einer jenseitigen Vergeltung[37].

2. durch die Erklärung als Option Hiobs, der die Bestrafung der Frevler fordere bzw. die Frevler verfluche[38]. Hierbei wird eine jussivische Übersetzung vorausgesetzt, die durch den Text nur schwer gedeckt ist.

3. durch die Annahme einer Zitation[39] bzw. einer bewußten Vorwegnahme[40] der Argumentation der Freunde: Hiob widerlege ihre in V.18-21 angeführte Position mit dem Hinweis auf den sanften Tod der Frevler (V.22-24). Damit wird zwar die inhaltliche Spannung von 24,18ff. zu den vorangegangenen Reden am stärksten entschärft, allerdings fehlen textliche und kompositionelle Hinweise, die auf ein längeres Zitat bzw. eine Antizipation hindeuten.

b) Beurteilung von c.25:

Die Kürze der dritten Bildadrede betrachten alle Vertreter des integralen Modells als besonderen poetischen Ausdruck für das allmähliche Verstummen der Freunde "aus Verwirrung und Ohnmacht"[41] und als ein "Wahrzeichen dafür, daß dem Zophar die Rede vollends versiegt ist"[42]. Die inhaltliche Beurtei-

---

[34] Demgegenüber vertrat zuletzt D.Wolfers, in: VT 43 (1993), 3890ff., die kaum überzeugende These, 24,18ff. stehe in gar keinem Widerspruch zu den vorangegangenen Hiobreden, da Hiob in den V.18-20 die Leiden der Armen schildere und in den V.21-24 darstelle, wie er sich ein gerechtes Handeln Gottes vorstelle.

[35] Mercerus; Grotius; Schultens; R.Lowth, De sacra Poesi, Praelectio XXXIV; Döderlein; Rosenmüller; Régnier, La distribution; Junker; nur V.22-24: J.G.Eichhorn, Hiob; Böckel; Fz.Delitzsch und Budde, HK^{2}II.

[36] J.A.Hoffmann; Reimarus; J.H.Moldenhawer; Hahn und Fz.Delitzsch (nur V.18-21).

[37] Calmet und J.Dav.Michaelis. Vor allem für J.Dav.Michaelis war die Erwartung eines jenseitigen Gerichts nicht nur der Schlüssel für diese Stelle und für 27,13-23, sondern für das ganze Hiobbuch (vgl. bes. dessen Einleitung, 1787, §1); ähnlich auch J.H.Moldenhawer (1778).

[38] Reiske; Hufnagel; Knabenbauer; Szczygiel; Weiser; H.Möller, Aufbau, 53ff., und Andersen; nur V.18-21: J.G.Eichhorn, Hiob; Umbreit und Böckel; nur V.18-20: Bückers.

[39] Schnurrer und Dathe, die beide ein "fas erat" ergänzten; Schulz und Dillmann^3.

[40] Hirzel; Ewald; Schlottmann; Olshausen und Peters.

[41] Ewald, 244.

[42] Hitzig, 188; ähnlich Budde, HK^{2}II, 149: "Sophar kann und darf nach dieser Bildadrede nicht mehr zu Worte kommen".

lung der letzten Worte Bildads bewegt sich zwischen der Klassifizierung als farbloser Imitation des Eliphas[43] und einer die Argumentation der Freunde zusammenfassenden Position[44]. Ungeklärt bleibt dabei die kompositionelle Frage, weshalb diese letzte Freundesrede als einzige im ganzen Buch weder eine einleitende Hiobanrede noch ein abschließendes, Hiob als Verheißung bzw. als Warnung dienendes Summarium zum Schicksal der רְשָׁעִים besitzt, während gerade die dritte Eliphasrede die meisten persönlichen Anreden Hiobs führt. Die Interpretation von 25,2-6 als Zitation hat zwar die formale und inhaltliche Zusammengehörigkeit von 4,17ff.; 15,14ff. und 25,4-6 erkannt. Sie übersieht aber, daß Bildad mit diesen Worten seiner Argumentation in c.8 und 18 widerspricht. Zudem stellt sich die Frage, ob die Referenztexte in 4,17ff. und 15,14ff. tatsächlich zum primären Bestand der Eliphasreden gehören oder ob es sich bei ihnen und in Folge auch bei 25,2ff. erst um Bearbeitungszusätze handelt.

c) Beurteilung von c.26:

Die V.2-4 sehen alle integralen Vertreter als eine ironische Zurückweisung Bildads durch Hiob an. In den drei *attributiva negativa* לֹא־כֹחַ, לֹא־עֹז und לֹא חָכְמָה erblickt man entweder eine Anspielung auf Hiob selbst[45], gemäß der Septuaginta auf Gott[46] oder auf Dritte[47]. Der Ausdruck לְרֹב (V.3b) verspotte die Kürze der Rede Bildads, die Frage נִשְׁמַת־מִי (V.4b) karikiere Bildad als Imitator der Worte des Eliphas. In den V.5-14 wird zumeist eine positive Überbietung Bildads erkannt, eine "idée magnifique de la souveraine puissance du Seigneur"[48]: Hiob zeige, daß er in diesem Punkt keine Belehrung brauche[49]. Nur vereinzelt wird c.26 als "Bekenntnis zur Unwissenheit"[50] oder

---

[43] J.Dav.Michaelis, Deutsche Übersetzung, 52: "Es scheint die Antwort eines Mannes zu seyn, der nichts zu sagen wußte, und doch noch einmahl reden wollte". Ebenfalls im Sinne einer Imitation interpretierten Schultens; Hufnagel; Dathe; Schulz; J.G.Eichhorn, Hiob; Rosenmüller; Umbreit; Hirzel; Ewald; Olshausen; Schlottmann; Hitzig; Knabenbauer; Peters; Szczygiel; Bückers; Junker und Andersen.

[44] Weiser, Hiob, 185: "Das Besondere der letzten Rede von Freundesseite ist, daß der entscheidende Punkt, ..., noch einmal zur Geltung kommt"; ähnlich schon Calmet; J.A.Hoffmann; Reimarus; Döderlein; Böckel; Hahn; Fz.Delitzsch; Budde, HK²II, und A.Régnier, La distribution.

[45] Schultens; Calmet; J.Dav.Michaelis, Deutsche Übersetzung; Rosenmüller; ˙Hirzel; Ewald; Hitzig; Fz.Delitzsch; Knabenbauer; Dillmann; Budde, HK²II und Weiser.

[46] Mercerus; Dathe; Schulz; Schlottmann; Peters; Szczygiel und Bückers.

[47] Umbreit: auf die Freunde Hiobs.

[48] Calmet, 1101.

[49] Calmet; Schultens; R.Lowth, De sacra Poesi, Praelectio XXXIV; Döderlein; Hufnagel; Dathe; Schulz; J.G.Eichhorn, Hiob; Böckel; Hirzel; Rosenmüller; Olshausen; Schlottmann; Ewald; Hitzig; Fz.Delitzsch; Dillmann; Knabenbauer; Peters; Weiser; H.Möller, Aufbau, 62, und Andersen.

als resignative Einsicht Hiobs in die relative Erkenntnisfähigkeit des Menschen gedeutet[51]. Neuerdings wird aus formkritischer Sicht die Lösung angeboten, auch die V.5-14 ironisch zu verstehen, da der Abschnitt durchgehend vom Schrecken gekennzeichnet sei und somit keine positive Lehre darstellen könne[52]. Gegen das rein resignative, Gott anklagende Verständnis spricht aber gerade die formkritische Beurteilung von V.14 als sapientielles Summarium. Einer ironischen Interpretation stehen die positiv formulierten Verse 7-8.10.12-13 im Weg. In beiden Fällen dieser integralen Deutung von c.26, der resignativen und der ironischen, bleibt die Bestimmung des kompositionellen und tendenziellen Verhältnisses zur Gottesrede in c.38-39 problematisch, die eine Ausweitung der in 26,5-14 gebotenen Schilderung der kosmischen Macht Gottes darstellt. Daß 26,5-14 wie V.2-4 ironisch auf Bildad und dessen vermeintliche göttliche Inspiration zu beziehen sei[53], ist weder durch den Text noch durch die Komposition von c. 26 nahegelegt.

d) Beurteilung von c.27:

1. Obgleich Hiob bereits in 26,1 als Redner genannt ist, führt ihn die Überschrift in 27,1 erneut als solchen ein. Hierin wird der Hinweis dafür gesehen, daß Hiob angesichts des schweigenden Zophar sein "closing statement"[54] an die Freunde richte.

2. Die V.7-10 werden zumeist als ein Beweis Hiobs für seine Unschuld *ex negativo* verstanden: Während der Frevler keine Hoffnung habe, glaube der Dulder (wie auch aus 16,17ff. und 19,20ff. ersichtlich) noch an eine Erhörung durch Gott selbst; mit seinem ungebrochenen Gottvertrauen zeige Hiob, daß er unmöglich ein רָשָׁע sein könne[55]. Daneben finden sich die Deutungen, Hiob klage wie in c.21 und 24 darüber, daß der Frevler selbst im Angesicht des nahen Todes noch eine unerwartete Rettung seines Lebens durch Gott erfahre[56];

---

[50] J.Dav.Michaelis. Deutsche Übersetzung, Anmerkungsteil, 102.

[51] Budde, HK²II, und A.Régnier, La distribution.

[52] K.L.Dell, Job, 132.

[53] So D.Wolfers, in: VT 43 (1993), 396: "The whole of the rest of the chapter pursues the theme that if Bildad (and his wretched 'spirit') are like God in that they are privy to secrets of the Underworld, then they are like God in all other ways also".

[54] Andersen, 219; ähnlich sprach Junker, 59, von der "Schlußabrechnung".

[55] Mercerus; R.Lowth, De sacra Poesi, Praelectio XXXIV; Heath; Döderlein; Hufnagel; Dathe; J.G.Eichhorn, Hiob; Schulz; Rosenmüller; Umbreit; Hirzel; Ewald; Olshausen; F.Giesebrecht, Wendepunkt; Dillmann; A.Régnier, La distribution, und Weiser.

[56] Diese von Schultens und J.H.Moldenhawer (1778) vertretene Position beruhte auf der Übersetzung des הֵ und des אִם zu Beginn von V.9.10 als asserative Partikel.

Hiob beschreibe die Motivation für sein gerechtes Handeln[57]; er drohe den Freunden das Schicksal der Gottlosen an[58] bzw. verfluche seine Feinde[59].

3. Wie oben angezeigt, setzen die Rekonstruktionsversuche für einen "ursprünglichen" dritten Redegang mit der Zuweisung von 27,13-23 an eine vermeintlich originale dritte Zopharrede ein. Daß diese Verse im Munde Hiobs in ihrer begrifflichen und argumentativen Nähe zu den Reden Bildads (in c.18) und Zophars (in c.20) nicht spannungsfrei zu erklären sind, haben bereits die mittelalterlichen Rabbinen gesehen[60]. So finden sich ganz unterschiedliche Vorschläge, um 27,13-23 als ursprüngliche Hiobrede zu halten:

- als Modifikation der Vergeltungslehre: Hiob leugne nicht die Tatsache der Bestrafung der Frevler, sondern deren Regelmäßigkeit (vgl. 21,17)[61]; bzw. Hiob bestreite nicht die in den "thesauris Dei"[62] verwahrte postmortale Bestrafung der Frevler, die diese im Jenseits und ihre Nachkommen im Diesseits treffe, sondern fordere die immanente Vergeltung am רָשָׁע selbst[63];

- als Konzession Hiobs an die Freunde[64] und als Zurückweisung der Applikation der Vergeltungslehre auf das Problem des unschuldigen Leidens: Hiob wolle mit diesen Versen zeigen, daß eine Anwendung der Vergeltungslehre angesichts des Leidens des Frommen scheitere. Hiob widerlege das eindimensionale Denken der Freunde[65]. Es vollziehe sich ein "Rollentausch"[66], indem Hiob die Argumente der Freunde zur Darstellung seiner Unschuld aufnehme und gegen sie ihre "eigene Waffe" richte[67];

---

[57] Budde, HK²II, der allerdings V.7 hinter V.10 stellte.

[58] Schlottmann (der sich auf Rabbi Jarchi berief); Ewald; Budde, HK²II; Hontheim; Steuernagel, in: HSATK II; Peters; Bückers und Weiser.

[59] Andersen und Janzen.

[60] Vgl. die Diskussion bei Mercerus, Job, 112f.

[61] Mercerus; Calmet; Dathe; Bückers und Szczygiel; ähnlich zuletzt D.Wolfers, in: VT 43 (1993), 396ff., der für die Ursprünglichkeit des Bekenntnisses des leidenden Gerechten zur immanenten Vergeltung Gottes auf Ps 73 verwies.

[62] Schultens, 619.

[63] Schultens; J.Dav.Michaelis, Deutsche Übersetzung; J.H.Moldenhawer (1778); Rosenmüller; Ewald und Andersen. Nach J.Dav.Michaelis, Epimetron (1770), 670, würden die Strafen, die die Nachkommen des Frevlers in dieser Welt treffen, abbildhaft die jenseitige, unsichtbare Vergeltung zeigen.

[64] Dathe; Umbreit; Hirzel; F.Giesebrecht, Wendepunkt; Olshausen und Budde, HK²II.

[65] Reimarus; R.Lowth, De sacra Poesi, Praelectio XXXIV; Heath; Hufnagel; Hahn; Olshausen; Ewald; K.F.Keil, Lehrbuch; E.Riehm, Einleitung; Fz.Delitzsch; Dillmann³; A.Régnier, La distribution; Junker und Weiser.

[66] K.Budde, Beiträge, 9, und Weiser, 192.

[67] Fz.Delitzsch, 352, und Weiser, 193.

- als Zitation oder Rezension "ex memoria"[68] dessen, was die Freunde bereits gesagt haben[69], bzw. als Antizipation dessen, was Hiob von einer dritten Rede Zophars erwarten könne[70].
- als dichterische Inkonsequenz[71].

Vor allem gegen die integralen Deutungen der V.13-23 erheben sich auf dem Hintergrund der V.11-12 starke makro- und mikrotextliche Bedenken:
- Die Auseinandersetzung über das Ergehen der רְשָׁעִים ist mit c.21 (c.24*) erschöpft.

- Im Gegensatz zu 21,17 (כַּמָּה) findet sich weder ein Hinweis auf eine Modifikation der Vergeltungslehre noch auf die Alternative zwischen einer immanenten post- und einer prämortalen Vergeltung. Anhaltspunkte für eine jenseitige Vergeltungsvorstellung fehlen im gesamten Hiobbuch (vgl. bes. 7,7ff. und 14,7ff.).

- Im Text ist weder eine Konzession Hiobs an die Freunde noch eine Abweisung der Anwendung der Vergeltungslehre auf *sein* Schicksal expliziert.

- Mit 27,11a wird eine Belehrung eingeleitet, die durch V.11b (אֲכַחֵד) als etwas bisher nicht Gesagtes charakterisiert wird. Die V.13-23 können aber im Rahmen der ursprünglichen Redegänge kaum Inhalt einer solchen "neuen" Lehre Hiobs sein, da sie der bisherigen Argumentation der Freunde entsprechen (vgl. 4,8-12; 5,2-7; 8,11-19.22; 11,20; 15,20-35; 18,5-21 und 20,5-29).

- In 27,12b klagt Hiob, daß die Freunde "Unsinn" (הֶבֶל) reden[72]. Wird dies als Einleitung eines Zitates verstanden, so verschiebt sich das Problem auf die Interpretation von c.28, worin dann auch die meisten Vertreter eines integralen Modells die in 27,11a angekündigte Lehre finden wollen.

e) Beurteilung von c.28:
Hinsichtlich der oben genannten integralen Vertreter ist für c.28 zwischen der Interpretation als Hiobrede, als vom Hiobdichter verfaßtes Interludium, als dislozierter Teil bis hin zur Annahme der Interpolation zu differenzieren.

---

[68] Schulz, 304.
[69] Schulz; Chr.S.Pape, Hiob; J.G.Eichhorn, Hiob; Böckel; Hitzig; Knabenbauer und H.Möller Aufbau, 63.
[70] I.P.Berg (1797) [zit. bei Rosenmüller z.St.].
[71] Sei es aus schriftstellerischem Mangel (W.M.L. de Wette, Lehrbuch³, 413) oder aus kompositioneller Absicht (Merx, XXVII).
[72] Gegen die vor allem von Budde, HK²II, vorgeschlagene existentielle Übersetzung "der Nichtigkeit verfallen" (so auch Hirzel und Schlottmann) und für eine intellektuelle Wiedergabe "Nichtiges reden" spricht die Verwendung von הֶבֶל mit Verb (vgl. 9,29; 21,34; 35,16), so auch die Mehrheit der Ausleger.

1. Wird c.28 als Teil einer Hiobrede betrachtet[73], so bleibt nur die Annahme, daß Hiob mit diesen Worten seine in 27,11 angekündigte Lehre ausführe und die Freunde endgültig widerlege. Das "Weisheitslied" im Munde Hiobs wird zum Interpretationsschlüssel von c.27, wobei c.28 selbst von seinem letzten Vers her gedeutet wird. Im einzelnen ist die Auslegung von c.28 innerhalb der integralen Modelle strittig. Die Nuancen der Bestimmungen des Skopus von c.28 als ursprünglicher Hiobrede sind dabei oft so fein, daß eine klare Unterscheidung nur schwer möglich ist[74]. Zwei Hauptlinien lassen sich herausheben:

- Hiob zeige positiv lehrend den Freunden die Grenzen ihres Denkens. Er deklariere die Gottesfurcht als das einzige Mittel, Weisheit zu finden[75], bzw. als eine auf den Menschen zugeschnittene gute Ordnung[76].

- Hiob klage sarkastisch resignierend Gott in schärfster Form an, indem er die יִרְאַת אֲדֹנָי als "Surrogat" für eine echte Erkenntnis bezeichne und den "Bankrott menschlicher Weisheit" erkläre[77].

Problematisch bei der Deutung des Kapitels als *ursprünglicher* Hiobrede ist die Tatsache, daß es nicht gelingt, seine sprachliche und formale Sonderstellung innerhalb des Buches und sein Verhältnis zu den Gottes- und den Elihureden überzeugend zu erklären.

2. Der formalen Eigenart von c.28 wird die Deutung als meditatives Interludium[78], das der Dichter aus seiner eigenen Perspektive einfüge, eher gerecht. Doch bleiben die Fragen offen, warum der Dichter diesen Ruhepol nicht deut-

---

[73] Mercerus; Calmet; J.A.Hoffmann; Reimarus; Schultens; Reiske; R.Lowth, De sacra Poesi, Praelectio XXXIV; J.Dav.Michaelis, Deutsche Übersetzung; Döderlein; Hufnagel; J.G.Herder, Poesie, 139.145 (bei B.Suphan, Bd. XI, 314.317); Dathe; Schulz; J.G.Eichhorn, Hiob; Rosenmüller; Umbreit; Hirzel; Ewald; Hahn; Schlottmann; Olshausen; Fz.Delitzsch; Dillmann[3] ([4] ohne V.15-20); Merx; Hitzig; Budde (in allen Arbeiten zum Hiobbuch); F.Giesebrecht, Wendepunkt; Knabenbauer; Leimbach; A.Régnier, La distribution; Peters; Junker (mit breiter stilistischer und kompositioneller Begründung); H.Möller, Aufbau, 58ff., und R.Laurin, Structure, 86ff.

[74] Vgl. dazu F.Giesebrecht, Wendepunkt, und K.Budde, in: ZAW 2, deren Arbeiten am Vorabend der allgemein anerkannten Erkenntnis, daß c.28 ein sekundärer Teil des Hiobbuches sei, ein Summarium über die integralen Deutungen von c.28 boten.

[75] Heath; Ewald; Schlottmann; K.F.Keil, Lehrbuch; Dillmann; und H.Möller, Aufbau, 58ff.

[76] J.H.Moldenhawer (1778); F.Giesebrecht, Wendepunkt; ähnlich Böckel; Fz.Delitzsch und Junker.

[77] K.Budde, in: ZAW 2, 260; ähnlich Hitzig; J.Wellhausen, in der Einleitung von F.Bleek ([4]1878), 541f., und A.Régnier, La distribution.

[78] Vgl. Andersen, Die Deutung von c.28 als eine vom Hiobdichter verfaßte "Atempause" begegnet auch unter Vertretern eines Editions- und Redaktionsmodells, vgl. Lamparter; Hertzberg; Terrien; C.Westermann, Aufbau[3], 133; de Wilde; Alonso Schökel; Habel; Gibson; Eaton und Hartley.

licher als solchen gekennzeichnet hat und worin dann die in 27,11 angekündigte Lehre Hiobs besteht. Auch hier wird der spezifische, sich vom sonstigen Gebrauch im Hiobbuch unterscheidende חָכְמָה-Begriff von c.28 nicht genügend berücksichtigt.

3. Dieser Mangel zeigt sich ebenfalls an den Vorschlägen, die c.28 als falsch positionierten Abschnitt der ursprünglichen Hiobdichtung beurteilen[79].

4. Schließlich wird c.28 von einigen neueren Exegeten, die sich noch für die volle Ursprünglichkeit der c.21-27 aussprechen, aus formalen, sprachlichen und inhaltlichen Gründen für sekundär erklärt[80]. Damit verschiebt sich die Schwierigkeit des Abschnittes c.27-28 auf die Bestimmung des Verhältnisses von 27,11-23 zu 29,1ff., d.h. auf die Interpretation dessen, was Hiob in 27,11-12 als eigene Lehre ankündigt (V.11a: אוֹרֶה) und was er als unsinniges Gerede der Freunde (V.12b: הֶבֶל) bezeichnet.

1.2.1.2. Das strukturalistische Modell

Dieses Modell ist von der Literaturwissenschaft und der Linguistik übernommen und berührt sich im Ergebnis eng mit dem inhaltlich-dramaturgischen Modell. Es versteht sich selbst als Antithese zur klassischen Literar-, Form- und Redaktionskritik. Für das Hiobbuch findet sich dieser Ansatz exemplarisch in den Analysen von:

R.H.Polzin (1977), D.Robertson (1977), J.W.Whedbee (1977), J.G.Williams (1977), E.C.Webster (1983), J.G.Janzen (1985), P.L.Day (1988), C.R.Seitz (1989) und E.M.Good (1990). Eine grundsätzlich ebenfalls strukturalistische Hiobdeutung vertraten N.C.Habel (1985), J.E.Hartley (1988) und D.J.A.Clines (1989)[81], die aber in c.21-28 mit Textverderbnissen

---

[79] Szczygiel hängte c.28 als Teil der Antwort Hiobs auf die Gottesrede an 42.6 an; ähnlich TurSinai ([1941], zitiert nach C.Kuhl, Literarkritik, 180f.) als Teil der zweiten Gottesrede: ... 12.7-9; 9.8-10; 26.7.8.10.12.13.9.14*; 28*.

[80] Tendenziell schon Chr.S.Pape, Hiob (1797); vorsichtig W.M.L. de Wette, Lehrbuch[3], 413f; explizit dann A.Knobel, De carminibus Iobi, 27f.; E.Reuss (1881/1888); Steuernagel, in: HSATK II; W.Knieschke, Geisteswelt, 24-31; Bückers und Weiser. Dhorme und Gordis sahen hierin ein Stück des Dichters aus einer anderen Epoche seines Schaffens, das seine Schüler später interpolierten. Zur Bestreitung der Echtheit von c.28 im Rahmen eines redaktionskritischen Modells s.u. S.37ff.

[81] Von dem umfangreichen strukturalistisch orientierten Kommentar von D.J.A.Clines ist bisher erst Bd.I (Job 1-20) erschienen, aus dem aber hervorgeht, daß er hinsichtlich des dritten Redegangs wie Habel und Hartley mit Dislokationen rechnet.

rechneten, philologische und historische Fragen nicht ausklammerten und moderate Rekonstruktionen versuchten[82].

Die Intention dieses Modells ist es, dem Text als Text gerecht zu werden. Verfasserfrage, historische Umstände, Traditions- und Wachstumsprozesse werden bewußt ausgeblendet. Entscheidend sind der *code* und die *message*, die ein solcher Text als Bedeutungsträger hat. Die Integrität des Textes, der zur Analyse willkürlich nach *segments*, *movements*, *sequences* und *functions* klassifiziert wird, ist vorausgesetzt[83]. Textverlust und Redaktion werden ausgeschlossen, auf Rekonstruktionsversuche eines dritten Redegangs wird verzichtet[84], die Konzentration gilt dem "reading of the whole book"[85].

Auf die Probleme der c.21-28 bezogen, kam J.G.Janzen (1985) zu folgenden Ergebnissen: (a) c.23-24 seien eine Suche Hiobs nach Gott in Raum (c.23) und Zeit (c.24), in 24,18-20 zitiere Hiob die Freunde, in 24,21-24 widerlege er sie; (b) c.25 zeige, daß "the dialogue breaks down"[86]; (c) c.26 sei eine sarkastische Antwort Hiobs, indem er Bildad karikiere und imitiere; (d) c.27 stelle eine dreiteilige Antwort Hiobs an alle Freunde dar: V.1-6 seien Hiobs Unschuldsbekenntnis, V.7-12 Hiobs Verfluchung seiner Feinde und V.13-23 eine Vorwegnahme bzw. eine Parodie dessen, was Zophar erwidern würde; (e) c.28 sei eine dreifach gestufte, mit dem Monolog in c.3 korrespondierende Meditation Hiobs über die Unerreichbarkeit der Weisheit.

Um einen Ausgleich zwischen historisch-kritischer und strukturalistischer Hiobauslegung bemühte sich C.R.Seitz (1989), insofern er beide Methoden nicht alternativ, sondern komplementär zu verstehen suchte. Er kontrastierte die Antworten der historisch-kritischen Exegese auf die "klassischen" Fragen zum dritten Redegang mit einem "wholistic approach" und schrieb zu c.28: "chapter 28, even if originally independent, is now assigned to Job, thus reinstating him as a wise man, alongside his role as the rigtheous sufferer"[87].

---

[82] N.C.Habel und J.E.Hartley sind aus diesem Grund hier in das Editionsmodell eingeordnet (s.u. S.28).

[83] Vgl. z.B. P.L.Day, Adversary, 71, "If the juxtaposition of its parts was haphazard, message is eradicated. Thus it seems more profitable to posit a basic integrity to the book of Job, and try to make sense of the component parts in light of the overall composition"; ähnlich E.M.Good, Turns, 426 Anm.29, "The text is readable as it stands, and if it not, we should simply have to leave it unread".

[84] Janzen, 172, und E.M.Good, Turns, 9.

[85] Janzen, 187.

[86] Janzen, 171.

[87] Chr.Seitz, Job, 13, in Anlehnung an B.S.Childs, Introduction, 542-543.

Eine metrisch-strukturalistische Lösung stellte E.C.Webster (1983f) vor. Über ein axiomatisch erhobenes "strophic pattern"[88] kam er zu dem Ergebnis, daß die Reden des dritten Redegangs im ersten Teil ein Strophengefälle aufwiesen, das im zweiten Teil gespiegelt werde. So habe c.22 sechs Strophen, c.23 fünf, 24,1-12 vier, 24,13-25 drei, c.25 und 26 wieder vier, c.27 fünf und c.28 sechs Strophen. Da sich ein solches Muster miteinander korrespondierender Strophenpaare auch in den c.3-21 nachweisen lasse, seien aus metrischer Hinsicht keine Textumstellungen anzunehmen, vielmehr sei das Strophenmuster ein Zeugnis für die "basic integrity of the text as received"[89].

1.2.1.3. Das kompositionskritische Modell

Als Hauptvertreter dieser jüngsten deutschen Variante eines integralen Modells kann hier der Lösungsansatz von H.Graf Reventlow (1982)[90] vorgestellt werden, dem sich partiell J.Ebach (1986)[91] angeschlossen hat.

Nachdem insbesondere schon K.W.Justi (1794)[92] und N.Peters (1928)[93] für bestimmte Teile des Hiobbuches psalmenartige Vorlagen vermutet hatten[94], die der eine Dichter des Hiobbuches in sein Werk eingeflochten habe,

---

[88] Die metrische Theorie von E.Webster. Strophic Patterns (1983/84), die sich an Versuche von E.Dhorme, E.Kissane und P.W.Skehan anschließt, kann hier nicht detailliert beschrieben werden (vgl. dazu P.van der Lugt, Strophes, 235ff.). Im wesentlichen basiert sie auf dem Gedanken, daß sich einzelne Bikola und Trikola zu Strophen zusammenfassen ließen, die eine inhaltliche Einheit darstellten, und daß solche Strophen dann Ketten bildeten, die ein bestimmtes kompositionelles Muster erkennen ließen. Dieses Muster liege im dritten Redegang in einer Variation vor. Eine exemplarische Anwendung einer solchen Strophik bot für c.28 zuletzt P.van der Lugt, Form, 265ff.

[89] E.Webster, Strophic Patters (1983), 58; ders., Strophic Patters (1984), 107: "Though one cannot, of course, rule out an earlier version, the strophic patterns are witness to a basic integrity in the text as it stands".

[90] H.Graf Reventlow, Tradition, 279-293, und ders., Gebet, 266-269.

[91] J.Ebach, Art. Hiob, in: TRE XV, 363.

[92] K.W.Justi, Fragmente, 135-175, versuchte, an c.3 zu zeigen, wie der Dichter des Hiobdialogs alte Liedfragmente in sein Werk korporiert habe; vgl. auch Böckel zu 8,10 und 15,18.

[93] Peters betrachtete das ganze Hiobbuch als das Werk *eines* Dichters, in das der Verfasser "Sprichwörter und Sentenzen, Klagelieder und Elegien, Hymnen und Psalmen eingefügt" habe (60), so Elegien in 3.3-12.13-26; 13,28-14.22 und 29f., Hymnen in 5,9-12; 9,5-10; 12,13-25 und 26,5-14, einen Lehrpsalm (?) in 28,1-28 und einen Opferpsalm in 33,27-28 sowie Psalmenteile in 18,5-21 und 20,5-29; vgl. zu N.Peters auch Anm.30 auf S.12 und Anm.283 auf S.53.

[94] Daß sich im Hiobbuch, speziell in c.21-28 Stücke aus der israelitischen Psalmen- und Lieddichtung finden, vertraten auch zahlreiche andere Exegeten. Allerdings interpretierten sie diese Teile nicht mehr in einem integralen Sinn, sondern erkannten in ihnen

versuchte H.G.Reventlow, die genannten Schwierigkeiten von c.24-27 mit dem Hinweis auf die Kompositionstechnik des Hiobdichters zu erklären. Dabei setzte H.G.Reventlow zunächst folgende Axiome:

1. sei der Dialog gattungskritisch auf der Basis psalmistischer, weisheitlicher und juridischer Elemente synthetisch zu analysieren[95].

2. gelte für die Hiobdichtung das auch in der altorientalischen Poesie nachweisbare Kompositionsmuster zwischen Traditionsgebundenheit und redaktioneller Freiheit.

3. überzeugten weder die Rekonstruktionen eines ursprünglichen dritten Redegangs ohne "scheinbaren inhaltlichen Widerspruch"[96] noch subjektive Gründe für die Annahme der Integrität.

4. sei eine dogmatisch korrigierende Redaktion unwahrscheinlich, da diese nicht die "anstößigen ketzerischen Äußerungen Hiobs im übrigen Dialogteil" beseitigt habe[97].

5. basiere die Gedankenführung des Hiobbuches auf dem Denken im "Tun-Ergehen-Zusammenhang", auf dem sowohl die Freunde als auch Hiob stünden.

6. könne die Absicht des Dichters nicht mit der Position Hiobs gleichgesetzt werden, sondern ergebe sich aus der Gottesrede.

7. fungiere die Klage als wichtigstes Grundschema des Dialogs. Formgeschichtliche Analogie zu c.24-27 seien die auf dem Übergang zum Weisheitspsalm stehenden Klagepsalmen, in denen die konkrete Feindklage durch generalisierende Reflexion über das Ergehen der רְשָׁעִים abgelöst werde.

Auf dem Hintergrund dieser z.T. nicht unumstrittenen Voraussetzungen (vgl. bes. 3. und 4.) kam H.G.Reventlow für c.21 und c.24-27 zu dem Ergebnis, daß der Hiobdichter festgeprägte Stücke aus weisheitlicher, psalmistischer

---

sekundäre Passagen. vgl. besonders Duhm; P.Volz, Hiob (1921); Mo.Jastrow, Job; F.Baumgärtel, Hiobdialog; Hölscher und Fohrer.

[95] Die Durchsetzung dieser synthetischen Sicht des Hiobbuches, der es gelingt, die formkritische Eindimensionalität der Ableitung des Hiobbuches einseitig aus juridischem Bereich (vgl. H.Richter, Studien), aus psalmistischer Tradition (vgl. C.Westermann, Aufbau[3]) oder aus sapientiellem Hintergrund (vgl. E.Würthwein, Gott, in: Wort und Existenz) zu überwinden, verdankt die Exegese vor allem den Arbeiten von G.Fohrer (Form [1959], in: BZAW 159, 60ff.; KAT 16, 50ff.), sodann H.-P.Müller, Hiobproblem, 120ff.; R.E.Murphy, Wisdom Literature, 15ff.; zuletzt K.L.Dell, Job, die über die von G.Fohrer eingeführte Annahme der "Gattungsmischung" eine bewußte Verfremdung einzelner Gattungen ("misuse of forms") annahm, vgl. bes. ihre Definition, Job, 110; im Einzelfall überzeugt der Ansatz von K.L.Dell nicht immer (so u.a. bei der Analyse von c.9; 26).

[96] H.G.Reventlow, Tradition, 281.

[97] A.a.O., 282 mit Anm.9.

und juridischer Tradition als "Vorlage" und als "Bausteine" entlehnt habe, sie mit Versen, welche die Kompositionsabsicht angeben, gerahmt und in die Reden Hiobs und der Freunde eingepaßt habe[98]: (a) c.21 bestehe aus dem vom Dichter geschaffenen Rahmen in V.1-6 und 34 und einer zwischen diesen eingelegten, aus der Tradition übernommenen Klage über das Wohlergehen der Frevler in V.7-33. (b) In c.24 seien zum besseren Textverständnis weiterhin Konjekturen nötig[99], gleichwohl basiere es auf einem "Vertrauenslied-Formular"[100] mit den drei Hauptelementen Feindklage (V.2-17), Flüche gegen die Feinde (V.18-21) und hymnischem Abschluß (V.22-24), und sei vom Dichter mit V.1 und 25 gerahmt. (c) In c.26 umgebe der Dichter mit den V.1-4 und 14 ein von ihm übernommenes Hymnenfragment. (d) c.27 bestehe aus einem weisheitlich geprägten Rachepsalm in den V.7-10 und 13-23, den der Poet mit den V.1-6 und 11-12 seiner Absicht dienstbar gemacht habe. Die neue Redeeinführung in 27,1 charakterisiere den Gedankenfortschritt innerhalb der c.21-27: Hiob gelange von der Auswegslosigkeit angesichts des Wohlergehens der Frevler in c.21 über eine aufkeimende Zuversicht im Blick auf eine zukünftige ausgleichende Gerechtigkeit in c.24 hin zur Belehrung über das Ende der Frevler im Rahmen eines auch für ihn vertretbaren "Tun-Ergehen-Zusammenhanges" in c.27. Die theologische Dimension einer solchen Kompositionstechnik sei es, daß sich der Dichter "in einer pädagogisch tiefgründigen Weise mit religiösen Grundproblemen seiner Zeit" auseinandersetze[101]: indem er traditionelle Formen verknüpfe und sie in den Gottesreden einer überindividuellen theologischen Weltsicht gegenüberstelle, öffne "er der Gemeinde einen geistlichen Ausweg, der es den Frommen erlaubt, die Rätselhaftigkeit menschlichen Geschicks, die Unbegreiflichkeit der den einzelnen treffenden Leidenserfahrungen zu tragen und in einem neuen Rahmen zu verstehen"[102].

1.2.1.4. Zusammenfassung

Das inhaltlich-dramaturgische Modell versucht, c.21-28 aus der poetischen Intention der einem einzigen Verfasser zugeschriebenen Hiobdichtung zu erklären und webt dabei ein vor allem buchimmanent-theologisch argumentierendes Deutemuster. Ein solcher Ansatz ist zunächst in seinem forschungsgeschichtlichen Horizont zu betrachten und nach seiner inneren logi-

---

[98] A.a.O., 286; ders., Gebet, 268f.
[99] H.G.Reventlow, Tradition, 286.
[100] A.a.O., 287.
[101] A.a.O., 291.
[102] A.a.O., 292.

schen Gedankenführung zu beurteilen. Wer heute diesen Interpretationsweg vertritt, muß sich zahlreiche philologische, form- und redaktionskritische und religionsgeschichtliche Fragen stellen lassen.[103] Gleichwohl behält dieses Modell einen bleibenden Wert, indem es vor unüberlegten Eingriffen in den Textbestand warnen und zu einem theologisch verantwortlichen Umgang mit der kanonischen Endgestalt mahnen kann.

Der Strukturalismus ist vor allem auf dem Hintergrund zu beurteilen, daß er dem heutigen Leser einen Zugang zum vorliegenden Text ermöglichen will. Literarhistorisch entstandene Brüche werden auf rein inhaltlicher Ebene mittels der Annahme von Zitation, Imitation, Antizipation und Verfremdung[104] interpretiert. Von hier aus können zwar teilweise interessante Impulse zur Auslegung des Gesamttextes gewonnen werden. Eine Erhellung seines literargeschichtlichen Wachstums aber kann und will der Strukturalismus nicht liefern. Wo allerdings die theologischen Probleme einer solchen unhistorischen und verobjektivierenden Exegese liegen können, zeigen die Versuche von J.W.Whedbee, das Hiobbuch als "comedy" zu verstehen[105], von D.Robertson, die Gottesreden als "a joke" zu bezeichnen[106], von P.L.Day, das Hiobbuch als Absage an den persönlichen Gott zu interpretieren[107], oder von E.M.Good, der seine Hiobauslegung mit der Sentenz schloß: "The world is full of jokes. Religion is only one of them"[108].

Der kompositionskritische Vorschlag H.G.Reventlows stellt eine über das inhaltlich-dramaturgische und das strukturalistische Modell hinausführende Lösung dar: formkritische und traditionsgeschichtliche Fragen finden eine wesentliche Berücksichtigung; nachdrücklich wird auf die Arbeit des Hiobdichters mit vorgefertigten Texten hingewiesen. Wie unsere literarische Analyse

---

103 Dies gilt auch im Blick auf den zuletzt von D.Wolfers. in: VT 43 (1993). 385ff.. vorgestellten. aber im ganzen wenig überzeugenden Versuch. zu zeigen: "There is no material inappropriate to Job in any of the speeches attributed to him".

104 So vor allem bei E.M.Good. Turns: exemplarisch heißt es zu 27.7ff.. Hiob betrachte Gott als Feind und sich als Frevler: "The meaning of words are radically reversal" (288).

105 Gegenüber verschiedenen Rezensionen von J.W.Whedbees Arbeit ist der Ausdruck "comedy" nicht als ein sprachlicher Fehlgriff zu beurteilen (so J.G.Williams. in: Semeia 7. 136). sondern. wie eine Durchsicht der Thesen zeigt. eine Fehlinterpretation des Hiobbuches. So bezeichnete er Hiobs Klage in c.3 als "parody" (9). die Freunde als "caricature of the wise counselor" (10). Elihu als "comic figure" (13.20). die Gottesreden als reine Ironie (22) und den Schluß des Buches als "happy end" (30).

106 D.Robertson. in: Semeia 7. 42.

107 P.L.Day. Adversary. 106.

108 E.M.Good. Turns. 397: dabei verstand Good das Hiobbuch als einen "open text". von dem er sagen konnte: "his kind of reading has much more to do with a playful eroticism" (180).

aber zeigen wird, handelt es sich angesichts der literarkritischen und
formgeschichtlichen Nähte in 21,7-33; 24,2-24; 26,5-13 und 27,7-10.13-23
kaum um geschlossene, so aus der Tradition entlehnte Psalmenfragmente. Wie
wir nachweisen werden, ist die Kompositionstechnik des Hiobdichters (und
möglicher folgender Bearbeiter) zwischen Traditionsgebundenheit und Re-
daktionsfreiheit derart zu bestimmen, daß nicht nur mit Übernahme größerer
Blöcke von traditionellem Gut zu rechnen ist, sondern vor allem mit versweiser, anthologischer Kombination und mit Eigenkomposition. Ungeklärt bleibt
bei dem Ansatz von H.G.Reventlow, warum der Dichter vor allem in c.24; 26
und 27 Traditionsstücke übernommen haben sollte, die im Munde Hiobs widersprüchlich sind, während sich im ersten und zweiten Redegang mit Ausnahmen in c.9* und 12* eine einlinige Argumentation Hiobs aufzeigen läßt. Wenn
c.24 tatsächlich ein aus der Psalmentradition übernommenes Vertrauenslied-
Formular nach einem bekannten Schema ist, sind die gerade in diesem Abschnitt so konzentriert vorliegenden sprachlichen Schwankungen und formgeschichtlichen Spannungen unerklärlich. Gegen eine kompositionskritische Erklärung der Schwierigkeiten der c.24-27 sprechen schließlich die auch von
H.G.Reventlow als Interpolation anerkannten Stücke des "Weisheitsliedes"
und der Elihureden: gerade diese unmittelbar auf den dritten Redegang folgenden Textblöcke zeigen, daß am Hiobbuch Redaktoren tätig waren. Das im
Gesamtaufbau des Buches merkwürdige Fehlen einer dritten Zopharrede und
die Kürze der dritten Bildadrede werden von H.G.Reventlow nicht erklärt.

1.2.2. Das Editionsmodell (E): "Der Text ist disloziert"

Mit der Annahme, die gegenwärtige Form des dritten Redegangs gehe auf
größere zufällige physische Textverluste zurück, und den aus ihr resultierenden Versuchen, den ursprünglichen Text wiederherzustellen, ist die Grenze
von einem Integrations- zu einem Editionsmodell überschritten. In seinem
Rahmen werden für c.21-27(28) mindestens zwei verschiedene Hände verantwortlich gemacht. Die Arbeit der "zweiten Hand" wird im Gegensatz zur
redaktionskritischen Erklärung in der Textanordnung und nicht in der Text-
korrektur gesehen; der Textbestand des dritten Redegangs selbst wird im wesentlichen auf *einen* Dichter zurückgeführt. Die zwei grundsätzlichen kompositionellen und inhaltlichen Axiome dieses Modells treten bereits in der Argumentation von B.Kennicott (1780/1787) hervor:

1. habe das Hiobbuch einen dreigliedrigen symmetrischen Aufbau: Da sowohl Eliphas als auch Bildad je drei Reden hielten, müsse ursprünglich auch
Zophar eine dritte Rede gehalten haben.

2. seien die einzelnen Reden logisch stringent und kohärent: Da Hiob in 27,13-23 eine Position vertrete, die im Widerspruch zu seinen Äußerungen in c.21 und 24 stehe, sei in diesen Versen die dislozierte dritte Rede Zophars zu suchen.

Aufgrund dieser beiden Beobachtungen folgerte B.Kennicott, daß die Ursache für die jetzige Textanordnung in einem Ausfall der Überschrift וַיַּעַן צֹפַר הַנַּעֲמָתִי וַיֹּאמַר vor 27,13 liege[109]. 27,1 bilde die ursprüngliche Überschrift von Hiobs Antwort auf Zophar und gehöre zu c.28.

Möglicherweise hatte Daniel Gotthilf Moldenhawer (1781) beinahe zeitgleich mit B.Kennicott eine ganz ähnliche Vermutung; denn im zweiten Teil seiner Hiobübersetzung klammerte er 27,8-23 ohne nähere Begründung mit zwei Asterisken ein[110].

J.G.Eichhorn (1790) schloß sich nur vorübergehend der Position von B.Kennicott an, wobei er vor 28,1 die übliche Einleitungsformel וַיַּעַן אִיּוֹב וַיֹּאמַר stellte[111].

M.H.Stuhlmann (1804) ging dann über den Oxforder Gelehrten hinaus. Er versuchte nun, die kurze Bildrede in c.25 mit dem im Mund Hiobs unpassenden c.28 aufzufüllen. Dabei ließ er die dritte Rede Zophars bereits mit 27,11 beginnen und vermutete zwischen 27,10 und 27,11 eine größere Textlücke. Die Überschriften in 27,1 und 29,1 betrachtete er als Einfügungen von Editoren, welche die schlecht erhaltene Hiobhandschrift bei der Aufnahme in die "neue Tempelbibliothek" notdürftig geordnet hätten[112]. Im Blick auf den textlich schwer gestörten Abschnitt in 24,18ff. hielt es M.H.Stuhlmann für

---

[109] B.Kennicott, Remarks (1787), 170: "at a very early period, when several other corruptions took place likewise". Zu diesen frühen Textdislokationen gehöre auch, daß 31,38-40 nicht an seinem ursprünglichen Ort zwischen 31,25 und 31,26 stehe und daß 40,15-41,26 und 42,1-6 fehlplaziert seien. Die ursprüngliche Folge der Gottesreden sei vielmehr: c.38-39; 40,15-41,26; 42,1-6; 40,1-14, vgl. B.Kennicott, Remarks, 162f. In beiden Fällen griff B.Kennicott auf die Ergebnisse von T.Heath, Job (1756), 128f.163-173, zurück.

[110] D.G.Moldenhawer, Hiob (1780/81), 71-73. Allerdings findet sich weder eine Begründung für diese Einklammerung, noch ist m.W. der von D.G.Moldenhawer angekündigte Hiobkommentar, zu dem seine Übersetzung als "Vorläufer" (*2) gedacht war, jemals erschienen.

[111] J.G.Eichhorn, Conjectural-Kritik (1790), 616. In der ABBL III (1790), Nachrichten, 186f., referierte J.G.Eichhorn dann einen Leserbrief des jüdischen Gelehrten Joel Löwe, der für die Interpretation von Hi 27.13-23 als Zitat auf Jes 58,3 verwies. In seiner Hiobübersetzung in der ABBL X (1800), 688ff., vertrat J.G.Eichhorn selbst die integrale Zitationsthese.

[112] M.H.Stuhlmann, Hiob, Einleitungsteil, 68; Anmerkungsteil, 84: Auf diesen Editionsprozeß, für den möglicherweise Esra verantwortlich sei, gehe auch die Hinzufügung der Rahmenerzählung zurück.

unwahrscheinlich, daß der Hiobdichter "sein Kunstwerk unter diesen Trüm-
mern selbst wieder erkennen würde"[113].

Mit dem Lösungsvorschlag B.Kennicotts, aufgrund der kompositionellen
Symmetrie und der inhaltlichen Harmonie der Dichtung eine dritte Zopharrede
aus einer in Hiobs Mund widersprüchlichen Passage zu rekonstruieren, und
mit der Hypothese M.H.Stuhlmanns, auch die dritte Rede Bildads auf die übliche Länge einer Rede anzureichern, sind die grundsätzlichen makrotextlichen
Argumente aller folgenden Vertreter eines Editionsmodells genannt. Modifikationen finden sich je nach dem Umfang der vermuteten Textdislokation in einer partiellen Variante, die sich auf c.21-28 beschränkt (1.2.2.1.), einer totalen
Variante, welche die gesamte Hiobdichtung in den Blick nimmt (1.2.2.2.), sodann in der mikrotextlichen Zuweisung bestimmter Redeteile, weiterhin in der
Herleitung der Textverderbnis und schließlich, sofern keine Fragmentenlösung
(1.2.2.3.) vertreten wird, in der Begründung der Rekonstruktion.

1.2.2.1. Das partielle Editionsmodell mit Rekonstruktionsversuch

a) Hierbei handelt es sich um das seit B.Kennicott beliebteste Erklärungsmodell für die Phänomene des dritten Redegangs. Zu seinen in dieser Arbeit
berücksichtigten Vertretern gehören[114]:

J.G.Eichhorn (1790), M.H.Stuhlmann (1804), L.Bertholdt (1815)[115],
H.Graetz (1872)[116], J.Ley (1903), S.Oettli (1908), G.B.Gray (1921)[117],

---

[113] M.H.Stuhlmann. Hiob. Anmerkungsteil. 68.

[114] Die Aufzählung ist unabhängig vom Umfang der jeweils vorgenommenen Rekonstruktion. Entscheidend ist. ob an mindestens einem Punkt der c.21-27 ein die Makrostruktur des Jetzttextes wesentlich verändernder Eingriff geschieht.

[115] L.Bertholdt schloß sich in seiner Einleitung der Position von B.Kennicott an. während
er weitergehende Beanstandungen der Integrität des Hiobbuches ablehnte (Bd.V, §499).

[116] H.Graetz. Weisheit. 241-250. versuchte in einer kleinen Studie nachzuweisen. daß
27,7-28,28 einen integralen. allerdings dislozierten Teil des Hiobbuches darstellten und
ein Fragment der dritten Rede Zophars bildeten: ähnlich auch J.G.E.Hoffmann. Hiob
(1891) und M.T.Houtsma. Studien.

[117] G.B.Gray. der den von S.R.Driver begonnenen philologisch wertvollen Kommentar
zum Hiobbuch vollendete. rechnete im Vorwort damit. "that the speeches of the third
cycle have through some accident reached us in a very imperfect form. part of them
having been lost. the remainder dislocated" (XXXIX). Da aber im Gegensatz zur Beurteilung von c.28 und 32-37 keine redaktionskritischen Schlüsse gezogen wurden und
die vorgenommene Rekonstruktion mit Fragezeichen versehen ist. werden Driver u.
Gray hier noch zum Editionsmodell gezählt.

E.Dhorme (1924/26), E.Kissane (1939), A.Lefèvre (1949), H.W.Hertzberg (1950/51), H.Lamparter (1951), J.Steinmann (1955)[118], R.Tournay (1957), G.W.Anderson (1959), P.W.Skehan (1961), R.Gordis (1965/78), H.H.Rowley (1970), J.Lévêque (1970), (A.de Wilde [1981])[119], L.Alonso Schökel (1983), N.C.Habel (1985), H.Groß (1986), J.E.Hartley (1988), D.J.A.Clines (1989), K.L.Dell (1991)[120] und Y.Hoffmann (1991)[121].

Für die spezifischen Variationen kann auf die Synopse (4.2.) verwiesen werden. Hier stellen wir nur besonders typische und wirkungsgeschichtlich bedeutsame Versuche dar.

b) Eine genaue Bestimmung der Ursache für die mutmaßliche Textunordnung bot E.Dhorme (1924 bzw. 1926)[122]. Er vermutete, daß durch Kolumnenvertauschung und Fehler in der Paginierung 26,5-14 zufällig hinter 26,1-4 geschaltet worden sei und daß 24,18-24 zwischen 27,13.14-23 ausgefallen sei. Aufgrund sprachlicher und inhaltlicher Parallelen rekonstruierte er als vollständige Bildadrede 25,1-6; 26,5-14 und als letzte Zopharrede 27,13; 24,18-24; 27,14-23. Sowohl diese Textanordnung als auch der Hinweis auf einen "erreur de pagination"[123] bzw. eines "accidentally cut"[124] zur Erklärung der

---

118 J.Steinmann, Job, 267ff., vermutete zwar, daß das jetzige Hiobbuch auf die redaktionelle Zusammenstellung von ursprünglich drei selbständigen Rezensionen zurückgehe (I.: 1,1-31,40; II.: 1,1-37,24; III.: 1,1-31,30 mit 38,1-42,17), postulierte aber für den "dritten Redegang" mechanische Textverderbnis.

119 A.de Wilde vermutete einerseits, daß in c.24-27 unverarbeitete Fragmente des Hiobdichters vorlägen, und lieferte einen Rekonstruktionsvorschlag für einen dritten vollständigen Redegang, sah aber in 24,13-24 und 28,1-4 sekundäres Textmaterial.

120 K.L.Dell, Job, bes. 52-53.182, nahm nur für 24,18-24 und 27,7-23 eine Textdislokation aufgrund eines "accident of transmission" (209) an, da diese Stücke nicht den für die ursprünglichen Hiobreden aufweisbaren "misuse of forms" zeigten, hingegen sei 26,5-14 eine originale Parodie. C.28 betrachtete sie wie die Mehrheit der neueren Ausleger als einen späteren Zusatz (198).

121 Y.Hoffmann, in: ZAW 103 (1991), 399-411, beschränkte sich auf die Annahme der Textdislokation und auf einen allgemeinen methodologischen Hinweis ohne konkreten Rekonstruktionsvorschlag: "Thus it is proper to treat the whole 3rd cycle as corrupt. Its restoration should be based upon structural as well as thematic considerations, ambiguous as they might be." (411).

122 E.Dhorme, Les chapitres 25-28, 343ff.; ders., Job, XLVI-LI.

123 E.Dhorme, Les chapitres 25-28, 355. A.Lefèvre, Art. Job, in: DBS IV, 1078, rechnete mit der Kolumnenfolge 26,5-14 (A) und 25,2-26,4 (B) als Bildadrede; 27,2-12 (C) als Hiobrede; 27,13-23 (D) und 24,18-25 (E) als Eliphasrede. R.Tournay, L'ordre, 333ff., vermutete, daß ein Abschreiber in der ursprünglichen Textfolge 23,1-24,17 (A), 25,1-27,23 (B), "27,24-32" (C) die Kolumnen B und C verwechselt habe, wodurch "27,24ff." als 24,18ff. Hiobs Antwort auf Eliphas fortsetze anstatt das Ende der Antwort Hiobs auf Bildad und Zophar zu sein. Nach dieser Transposition habe ein späterer "réviseur" versucht, Ordnung in die Passagen zu bringen und die letzte Bildadrede gekürzt, indem er den ursprünglich auf 25,1 folgenden Abschnitt in 26,5-14 zwischen die Worte Hiobs in

Textverderbnis finden sich seit Dhorme sehr häufig, zumal es hier gelingt, kompositionell einen zum ersten und zweiten analogen dritten Redegang zu bilden und inhaltlich die im Mund Hiobs ungewöhnlichen Texte in 24,18-24; 26,5-14 und 27,13-23 in Freundesreden zu verlegen.

c) Zusätzlich zu den kompositionell und inhaltlich begründeten Umstellungen finden sich metrische Theorien, die versuchen, aus dem vorhandenen Textmaterial nach dem strophischen Muster der c.3-20 neue Reden zu bilden, so u.a. von E.Kissane (1939)[125] und P.W.Skehan (1961)[126].

d) Wie nah aus redaktionskritischer Perspektive das Editionsmodell prinzipiell mit einer integralen Deutung verwandt ist, zeigen exemplarisch die Hiobarbeiten von R.Gordis (1965 bzw. 1978). Der Hiobtext stamme von einem Autor, der in Etappen an seinem Werk geschaffen habe[127]; dieses sei aber nach einem "physical accident"[128] von Schreibern falsch zusammengesetzt worden[129]. Inhaltliche Widersprüche in den Hiobreden basierten auf dem Phänomen der "virtual quotation", d.h. einer nicht durch ein *verbum dicendi* gekennzeichneten Zitation, Imitation oder Antizipation eines kontradiktorischen Satzes[130]. C.28 sei ein vom Hiobdichter (oder einem seiner Schüler) verfaßtes,

---

26,1-4 und 27,2-23 gestellt habe. Zur Annahme der Blattvertauschung vgl. auch F.Stier, Ijjob, 232, und in direktem Rückgriff auf Dhorme, Lefèvre, Tournay zuletzt J.Lévêque, Job, 222f.

[124] Hartley, 25.

[125] Kissane, 163ff., vermutete, daß eine Strophe in Bildads Reden jeweils aus drei Versen bestünde, in Zophars Reden aus fünf Versen und in Hiobs Antworten auf Bildad jeweils aus fünf bzw. sechs Versen. Auf dieser Basis rekonstruierte Kissane unter Einbeziehung von c.29-31* einen "vollständigen dritten Redegang".

[126] P.W.Skehan, Strophic Patterns, 125-143, modifizierte das metrische System von Kissane, indem er mit Variationen innerhalb der jeweiligen Strophenmuster rechnete und den Blick auch auf die jeweiligen Verslängen und mögliche Akrosticha richtete. Dabei beschränkte er sich für die Rekonstruktion eines dritten Redegangs auf die in c.25-27 vorliegenden Texte. Zu solchen metrisch begründeten Versuchen vgl. bereits G.Bickell, Carmina (1882); ders., Iobdialog (1892ff.); H.Grimme, Emendationen (1898ff.) und J.Ley, Hiob (1903). Zur Rezeption und Weiterführung von P.W.Skehans Modell vgl. E.Webster, Strophic Patterns; P.van der Lugt, Strophes [s.o. S.21].

[127] Eine etappenweise Arbeit eines Autors vermuteten auch T.K.Cheyne, Wisdom, 90; Dhorme, LV; Peters, 20f., und J.Steinmann, Job, 276.

[128] R.Gordis, God and Man, 93; ders., Job, 238.534.

[129] Gordis, Job, 581. Zur Theorie der Editionsfehler s.u. S.30ff. und C.Kuhl, Literarkritik, 178, (dort wird derselbe Sachverhalt als "Redaktionsfehler" bezeichnet).

[130] Gordis, der dieses Phänomen auch in Texten aus Sumer und aus Qumran zu beobachten glaubte, versuchte so 21,17-33; 22,11-14; 24,18-24 und 27,7-10 als integrale Bestandteile der Hiobreden zu halten, da Hiob hier virtuell die Position der Freunde zitiere. Zur Unterstützung seiner Theorie verwies Gordis auf 22,8, das in 11QTgJob durch das über MT hinausgehende Verb אמרת ausdrücklich als Zitat gekennzeichnet ist. Allerdings zeigt dieser bislang einzige eindeutige Fall im Hiobbuch nur, wie 11QTgJob den Text

ursprünglich selbständiges Gedicht, daß erst sekundär in das Hiobbuch integriert worden sei[131].

1.2.2.2. Das totale Editionsmodell mit Rekonstruktionsversuch

Seine charakteristischsten Ausprägungen findet dieses Modell in den Hiobanalysen von:

E.I.Magnus (1851), H.Torczyner/N.H.TurSinai (1920; 1941; 1957; 1967), M.Buttenwieser (1922), M.T.Houtsma (1925) und M.H.Reddy (1978).

Bei diesem Lösungsweg ist die Annahme von Textverderbnis und Editionsfehlern radikalisiert. Man vermutet, das gesamte Hiobbuch habe im Laufe seiner Überlieferung stark gelitten und sei dann falsch angeordnet worden.

Einen Vorläufer haben die Editionsmodelle des 20.Jh. in dem (unvollendeten) "philologisch-historischen Kommentar" von Eduard Isidor Magnus (1851). Dieser rechnete mit einem extrem hohen Maß an mechanischer Textverderbnis und ordnete das ganze Hiobbuch mikrotextlich bis in Halbverse hinein nach systematisch-theologischen Aspekten neu an. Im dritten Redegang bewahrte er in vollständiger Umgruppierung und Auffüllung mit Versen aus anderen Kapiteln nur den Makrotext von c.21*-24*.[132] Hingegen seien 25,2-3 und 26,2-14 Teile der dritten Eliphasrede[133]; 27,7-10 gehöre hinter 18,4 in die zweite Bildadrede[134]; 27,13-23 und 30,2-8 seien Fragmente der verlorenen dritten Bildad- und Zopharrede[135]. Die Rahmenerzählung, c.28 und c.32-37 sowie 40,15-41,2.4-26 gelten als "absolut unecht".[136]

---

verstanden hat, ohne daß auf eine generelle "virtual quotation" in MT rückzuschließen wäre.

[131] Gordis, Job, 581; ähnlich Rowley, 179.

[132] 21,16a.17-20.22 betrachtete Magnus, 8, als Teil einer Freundesrede.

[133] Magnus, 15ff.

[134] Magnus, 102.

[135] Magnus, 8.102.119 Zu seiner partiellen Rekonstruktion eines dritten Redegangs vgl. unsere Forschungssynopse (S.240). Da Magnus selbst auf eine tabellarische Zusammenstellung seiner z.T. widersprüchlichen literarkritischen Ergebnisse verzichtete und den Hiobtext nicht fortlaufend, sondern nach inhaltlichen Gesichtspunkten kommentierte, sind mikrotextliche Ungenauigkeiten in der Forschungssynopse nicht ganz auszuschließen (vgl. auch die Zusammenstellung bei G.W.Martin, Elihu, 255).

[136] Magnus, 8. Kann man ihm darin zustimmen, daß c.28 wie auch c.1-2; 42,7-17; 32-37 und 40,15-41,2.4-26 redaktionelle Zusätze sind, und lieferte er auch eine breite philologische und forschungsgeschichtliche Diskussion, so grenzte doch seine auf einem großen Tableau dargestellte Darstellung "unmittelbarer, mittelbarer, defensiver und offensiver Lehrmomente im Buch Hiob" ans Phantastische, und man kann in der Gesamtbetrachtung das Urteil von Fz.Delitzsch ([2]1876, 35) verstehen, der "beim besten

Besonders typisch für dieses Erklärungsmuster sind die seit 1920 von
H.Torczyner/N.H.TurSinai vorgelegten "kritischen Analysen des überlieferten
Hiobtextes"[137]. Ein Editor habe die Bruchstücke des Buches auf der Grundlage von Stichwortassoziationen zusammengestellt und "überall dort in einer
Überschrift einen neuen Redner das Wort ergreifen lassen, wo er die Fortsetzung demselben Redner nicht zumuten zu können glaubte". Nach einer vollständigen Atomisierung des Textes bot N.H.TurSinai in seinem Hiobkommentar (1941)[138] eine Rekonstruktion, wonach das ursprüngliche Buch aus einer
Klage Hiobs, einem Gesprächsgang Hiobs mit den drei Freunden, einer Gottesrede mit Hiobs Erwiderung und einer abschließenden Gottesrede bestanden
habe. Für die problematischen Stücke des dritten Redegangs hieß das: 24,18-
24* seien ein Teil der Bildadrede. 25,2-6; 26,6.11 und 27,1-6 gehörten zu unterschiedlichen Hiobreden. 26,7-10.12-14 und 28,1-28 bildeten einen Teil der
abschließenden Gottesrede. 27,7-23 wurden nicht lokalisiert, aber als Teile einer Freundesrede angesehen. Auf die Einzelheiten dieses das Hiobbuch vollständig umordnenden Rekonstruktionsversuches braucht nicht eingegangen zu
werden[139], zumal N.H.TurSinai sich in seinem letzten Hiobkommentar
(1957/67)[140] wieder an MT orientierte. Gleichwohl wiederholte er 1967 nochmals seine grundsätzliche Fragmenten- und Rekonstruktionstheorie[141].

Eine Variation der Annahme von Editionsfehlern lieferte M.Buttenwieser
(1922). Das Hiobbbuch habe als Sakrileg öffentlich verbrannt werden sollen,
sei aber von Schülern des Dichters gerettet und dann falsch angeordnet wor-

---

Willen nichts damit anzufangen" wußte. Bezeichnenderweise ist der zweite Band dieses
Werkes, in dem die unechten Stücke näher analysiert werden sollten, nie erschienen.

[137] Harry Torczyner veröffentlichte zunächst 1920 auf deutsch "Das Buch Hiob. Eine kritische Analyse des überlieferten Hiobtextes", worin er den fragmentarischen Charakter
des Hiobbuches nachzuweisen versuchte.

[138] Nach seiner endgültigen Niederlassung in Israel publizierte H.Torczyner unter dem
Namen N.H.TurSinai vornehmlich auf hebräisch und auf englisch. So erschien 1941 in
Jerusalem der zweibändige Kommentar ספר איוב מפורש, dem 1954 eine Neubear-
beitung folgte.

[139] Vgl. die Zusammenstellungen von C.Kuhl, Literarkritik, 179f., und G.W.Martin, Elihu,
259ff., sowie unsere Forschungssynopse (S.242).

[140] N.H.TurSinai, The Book of Job. A New Commentary [ספר איוב. פירוש חדש], Jerusalem 1957 [rev. ed. 1967, ND 1981].

[141] N.H.TurSinai, Job (1967), LIV: "The extant order of the speeches and responses is thus
merely a tentative one established by the redactor"; a.a.O. LXIV: "each of the friends
who participate in the debate speaks only once: there are three speeches, one of each of
the three friends, and Job, who preceded them with an opening speech, replies to all of
them. Afterwards God reveals himself to Job"; vgl. auch a.a.O. 452-454. Neben der
exemplarischen Anwendung der von R.Gordis vorgeschlagenen "virtual quotation" (s.o.
S.29), entfaltete N.H.TurSinai in diesem Kommentar dann seine ebenso interessante
wie fragwürdige Theorie einer aram. Urhiobdichtung.

den[142]. Auch hier kann auf eine detaillierte Darstellung des kunstvoll rekonstruierten Mosaiks verzichtet werden[143]. Makrotextlich interessant ist aber, daß M.Buttenwieser zum einen 26,1-14; 27,1-12 und 28,1-28*, wenn auch in vollständiger Neuanordnung der einzelnen Verse, als Worte Hiobs betrachtete, zum anderen auf die Rekonstruktion einer dritten Zopharrede verzichtete und in der dritten (rekonstruierten) Bildadrede das Abschlußwort von der Freundesseite vermutete[144].

Abgesehen von einzelnen text- und literarkritisch interessanten Vorschlägen dieses vor allem in den zwanziger Jahren des 20.Jh. vertretenen totalen Editionsmodells, ist ein solcher Lösungsweg insgesamt mit C.Kuhl als ein Beispiel einer gewissen Willkür zu bezeichnen[145]. Dennoch finden sich auch in neuerer Zeit entsprechende Vorschläge. So legte M.H.Reddy (1978) eine Analyse vor, die auf Basis der sechs Axiome *principle of strophes, principle of continuity of strophes, principle of chapters, principle of minimum length of chapters, principle of cyclic pattern* und *principle of thematic affinity* eine Neuordnung des ganzen Hiobbuches vornahm[146]. Für den gegenwärtigen Zustand des dritten Redegangs seien primär mechanische Verwüstungen und Schreiberirrtümer verantwortlich, sekundär hätten fromme Herausgeber die günstige Gelegenheit der Textverderbnis genutzt, um einige Passagen neu zu positionieren und die revolutionären Reden Hiobs abzumildern, ohne dabei Texte auszuscheiden[147].

1.2.2.3. Das partielle Editionsmodell mit Fragmentenlösung

Zu den Hauptvertretern dieses Lösungsweges gehören:

(P.Volz [1911])[148], M.Simon (1925; 1926; 1931)[149], W.B.Stevenson (1943; 1951)[150], C.Kuhl (1953), A. u. M.Hanson (1953; [4]1970),

---

[142] M.Buttenwieser. Job. XI.

[143] Vgl. C.Kuhl. Literarkritik. 179; G.W.Martin. Elihu. 256f.

[144] 27,13-23 verlegte Buttenwieser in die dritte Eliphasrede. 24,19.20.24 teilte er der dritten Bildadrede zu.

[145] C.Kuhl. Literarkritik. 178. Eine Ausnahme mag hier der zuletzt erschienene Kommentar von N.H.TurSinai (1967) bilden. der originelle philologische und religionsgeschichtliche Gedanken enthält.

[146] M.P.Reddy. Reconstruction. 60f.; vgl. unsere Forschungssynopse (S.245).

[147] M.P.Reddy. Reconstruction. 86-87. Aufgrund dieser Gewichtung. es sei "more likely that ravages of time and scribal errors set in first" (87). wird Reddy hier noch nicht zu dem redaktionskritischen Modell gerechnet.

[148] P.Volz. Weisheit (1911); ders.. Hiob (1921). ist der entscheidende Wegbereiter einer partiellen Fragmentenlösung. Da er aber explizit "fromme Korrektur" (Hiob. 27) für

C.Westermann (1956; ³1978), N.H.Snaith (1968), P.Fedrizzi (1972)[151], J.L.Sicre Diaz (1983)[152], J.C.L.Gibson (1985)[153] und G.Fuchs (1993)[154].

Bei diesem Versuch handelt es sich um die forschungsgeschichtlich jüngste und makrotextlich einfachste Form eines Editionsmodells. Die Anordnung der Texte wird im wesentlichen für ursprünglich gehalten, lediglich die kurze Bildadrede und eine fehlende Zopharrede werden auf zufällige oder in ihrer Absicht nicht mehr erkennbare Textumstellungen hinter 25,6 und 27,6(7?10?) zurückgeführt. In c.24-27 werden Fragmente von ursprünglichen Reden gesehen, auf einen genauen Rekonstruktionsversuch wird verzichtet.

Die für dieses Modell exemplarischste Lösung bot C.Westermann (1956; ³1978). Dabei zeigte seine form- und kompositionskritische Analyse zum Aufbau des Hiobbuches noch dezente Spuren der totalen Editionshypothese. Hinter c.23 breche die auf drei Redegänge konzipierte Komposition ab[155]; c.24-27 seien "unverarbeitete Fragmente", die sich nur unsicher zuweisen ließen[156].

---

den Jetzttext verantwortlich machte, stellen wir ihn ausführlich erst im Rahmen eines dualen Redaktionsmodells dar (s.u. S.49).

[149] M.Simon, Gottesreden (1926), 6f.; vgl. ders., in: ZW 7/II (1931), 162f, sowie seine Übersetzung des Hiobbuches (1925).

[150] W.B.Stevenson, Notes, 2.vermutete für das ganze Hiobbuch, daß "dislocations and omissions of lines or groups are frequent", hielt aber an der grundsätzlichen Struktur von drei "Redegängen" und der Kapitelfolge von MT fest.

[151] Dabei grenzte P.Fedrizzi, 180-196, die einzelnen Fragmente anders ab als C.Westermann. So sah er in c.24 Teile einer Hiobrede (V.1-3.9.4-8.10-14.15-18*.25) und einer Zopharrede (V.18*-24), in c.25 des Fragment einer Bildadrede, in 26.1-4.5-14; 27.2-7 drei Fragmente einer Hiobrede, in 27.13-23 ein nicht genau zu lokalisierendes Fragment und in 27.1.8-12; 28.1-28 Hiobs vollständiges Schlußwort.

[152] In dem von ihm verfaßten Vorwort zum Hiobkommentar von L.Alonso Schökel, Job (1983), 46-50. Von J.L.Sicre Diaz stammen auch die philologischen Angaben in diesem Kommentar.

[153] J.C.L.Gibson identifizierte in den c.24-27 neun Fragmente: I.: 24.1-3.9.21.4-12.22-23.25; II.: 24.13-17; III.: 24.18-20.24; IV.: 25.2-6; V.: 26.2-4; VI.: 26.5-14; VII.: 27.2-6; VIII.: 27.7-12; IX.: 27.13-23. C.28 sei ein vom Hiobdichter verfaßtes "Chorlied".

[154] Die Dissertation von G.Fuchs, Mythos und Hiobdichtung (1993), ist zwar rein religionsgeschichtlich ausgerichtet und versucht, unter weitgehender Ausblendung literarhistorischer Fragen, "das ein oder andere, bisher dunkle oder unbeachtete Motiv der Hiobdichtung auf dem Hintergrund des Chaoskampfmythos zu erhellen" (36). Gleichwohl kann sie in ihrer grundsätzlichen literarkritischen Beurteilung von Hi 21-27 einem partiellen Fragmentenmodell zugeordet werden, da sie "etwa ab Hi 23.14ff." den Text und seine Anordnung als gestört betrachtet (129 Anm. 1) und 24.18-20 und 27.13-23 als Teile von Freundesreden bezeichnet (130 Anm. 22), ohne eine Rekonstruktionsvorschlag zu machen.

[155] Obgleich C.Westermann in c.23 das Abschlußwort Hiobs an die Freunde erkannte, rechnete er offensichtlich mit ursprünglich drei vollständigen Redegängen, vgl. zu dieser argumentativen Diskrepanz C.Westermann, Aufbau³, 42.128.

[156] C.Westermann, Aufbau³, 129, und ders., in: BHH II, 725.

24,1-4.9.12.22-23.25 habe formkritisch und inhaltlich im Umfeld von c.21 seinen Platz. 24,5-11 passe weder in eine Hiobrede noch in eine Freundesrede; 24,18-20.24 sei vielleicht ein Bruchstück einer Freundesrede; c.25-26 gehörten als Teil des "Gotteslobes in den Freundesreden" zur ersten Bildadrede in c.8 und der Abschnitt 26,1-4 zur darauffolgenden Hiobrede in c.9. Die Verse 27,2-6(7?) bildeten den Eingang des Reinigungseides in c.31; 27,11-12 sei entweder der Anfang von c.28 oder gehörte zu den Elihureden[157]. 27,13-23 sei ein Teil der ersten Zopharrede in c.11. Hinsichtlich c.28 bestünde aber "kein Grund, dieses Kapitel der ursprünglichen Konzeption des Hiobbuchs abzusprechen", es bilde (jetzt) eine "Fermate" zwischen dem ersten und zweiten Akt des Dramas[158].

Radikaler als C.Westermann beurteilte C.Kuhl (1953) den mutmaßlich fragmentarischen Charakter des dritten Redegangs:

> " ... eine befriedigende Lösung, die noch Aussicht auf Wahrscheinlichkeit hat, läßt sich nicht finden. Wir tun besser daran, uns mit der Tatsache abzufinden, daß der dritte Redegang nur als Torso auf uns gekommen ist, und zwar so beschädigt und verstümmelt, daß man auf eine Rekonstruktion besser verzichtet"[159].

In ähnlicher Weise vermutete N.H.Snaith (1968), daß es sich mindestens in c.24-28 um "miscellaneous pieces" handele, die der Dichter zwar selbst verfaßt habe, die sich aber keiner bestimmten Stelle zuordnen ließen. Snaith folgerte daher, daß es niemals einen dritten Redegang gegeben habe[160].

Demgegenüber erwog zuletzt G.Fuchs (1993), die in c.22-27 "Spuren eines Himmelskampfes" zu erkennen glaubte[161], daß möglicherweise dieses "hochmythische Motiv" als anstößig empfunden wurde und die fragmentarische Überlieferung des dritten Redegangs verursacht habe[162].

---

[157] Auch die makrotextliche Struktur der Elihureden ist nach C.Westermann "ein nachträglicher Versuch ... sehr disparate und durcheinandergeratene Stücke zusammenzubinden" (Aufbau[3], 135).

[158] C.Westermann, Aufbau[3], 133.

[159] C.Kuhl, Literarkritik, 280, und ähnlich ders., in: RGG[3] III, 358.

[160] N.Snaith, Job, 61f.: "there never was any third cycle". Damit steht Snaith am Übergang zu einem dualen Redaktionsmodell (s.u. S.47).

[161] G.Fuchs, Mythos, 129-139. Hier werden 21.22; 22.12; 24.13-17; 25.2-6 und 26.11-12 auf ihren mythologischen Gehalt untersucht (siehe dazu unsere Auslegung der jeweiligen Stellen).

[162] G.Fuchs, Mythos, 286. Da G.Fuchs diese literargeschichtliche Vermutung nur als Frage formulierte, haben wir sie noch nicht einem Redaktionsmodell zugeordnet.

1.2.2.4. Zusammenfassung

Den verschiedenen Editionsmodellen gelingt es zwar mit der Annahme, der Text sei disloziert, und mit den Versuchen, den Text neu zu ordnen, einen geschlosseneren Gedankengang des Hiobdialogs herzustellen. Doch bleiben für jede Variante dieses Lösungsansatzes erhebliche Schwierigkeiten.

Das partielle Editionsmodell (1.2.2.1.) basiert auf der nicht zwingenden kompositionellen Voraussetzung, das Hiobbuch sei symmetrisch aufgebaut, demnach müsse der dritte Redegang in seiner makrotextlichen Struktur den beiden ersten Redegängen entsprechen. Weiterhin überzeugen die vorgestellten Rekonstruktionen weder aus inhaltlichen noch aus kompositionellen Gründen: 26,5-14 paßt, wie sich zeigen wird, weder in eine Bildad- noch in eine Zopharrede; c.28 fällt insgesamt zu stark aus dem Rahmen des Buchs, als daß es sich in eine Freundesrede einordnen ließe; der Abschnitt in 27,13-23 hat zwar begriffliche Überschneidungen mit der Bildadrede in c.18 und mit der Zopharrede in c.20, läßt sich aber formgeschichtlich und inhaltlich nicht mit der kurzen Bildadrede in c.25 kombinieren. Gegen die Hypothese, bei 27,13-23 handele es sich um Teile der dritten Rede Zophars, spricht vor allem der kompositionelle Ort: Das Thema der רְשָׁעִים ist mit c.21 (und c.24*) erledigt. Die philologischen und formgeschichtlichen Schwierigkeiten von c.24 werden durch eine partielle Verlegung in eine Freundesrede nicht behoben.

Dem totalen Editionsmodell (1.2.2.2.) fehlt eine textgeschichtliche Analogie. Wie c.24 oder Abschnitte der Elihureden zeigen, ist zwar mit einer punktuellen Textverderbnis zu rechnen, doch überzeugt die Annahme nicht, daß das Buch uns nur als vollkommen falsch angeordnetes Puzzlespiel überliefert worden sei. Die Gründe, die für die Erklärung dieses angeblichen Scherbenhaufens genannt werden, sind ebenso fraglich (vgl. H.Torczyner / N.H.TurSinai und M.Buttenwieser) wie die vorgenommenen Rekonstruktionen subjektiv.

Gegenüber den beiden genannten Editionsmodellen hütet sich das editorische Fragmentenmodell (1.2.2.3.) vor zu gewagten Umstellungen und hat die begriffliche und formale Besonderheit, speziell von c.24-28, erkannt. Allerdings befriedigt hier die Erklärung nicht, warum nur dieser Teil des Werkes ein Fragment geblieben sein sollte. Gerade bei einer Schrift, die nicht zur synagogalen Lesung bestimmt war und die lange am Rande der Kanonizität lag[163], hätte sich eine Komplettierung durch einen der Herausgeber angeboten.

---

[163] Die Lesung der Ketubim beschränkte sich in frühjüdischer Zeit auf die private Lektüre. Lediglich am 9.Ab durfte neben den Threni und den Unheilsweissagungen des Jeremia aus dem Hiobbuch öffentlich vorgelesen werden. Nach Yoma 1.6 wurde das Hiobbuch weiterhin dem Hohenpriester in der Nacht vor dem Versöhnungstag vorgetragen; vgl.

Insgesamt gelingt es keiner Variante des Editionsmodells, die textlichen, formgeschichtlichen und kompositionellen Probleme des dritten Redegangs überzeugend zu lösen. Die relative Bedeutung des Editionsmodells basiert auf der Herausstellung der inhaltlichen Verwandtschaft von 24,18ff. und 27,13ff. zu bestimmten Passagen der Freundesreden.

1.2.3. Das Redaktionsmodell (R): "Der Text ist redigiert"

Mit der Annahme, die Struktur und der Inhalt des dritten Redegangs seien weder mit der ursprünglichen dramaturgischen Intention des Dichters noch mit dem Phänomen sekundär dislozierter Abschnitte oder einer fragmentarischer Textüberlieferung zu erklären, sondern die c.21-28 in ihrer jetzigen Form seien das Ergebnis eines bewußten, die Tendenz des originalen Hiobbuches korrigierenden Eingriffs, ist das Fundament für eine literarkritische und redaktionsgeschichtliche Analyse gelegt.

Begegnen für die Rahmenerzählung und die Elihureden bereits am Vorabend des 18.Jh. vereinzelt literar- und redaktionskritische Erklärungen, so finden sich für die c.21-28 vergleichbare Analysen erst kurz nach der Wende vom 18. zum 19.Jh.[164] Wie B.Kennicott in 27,13-23 den Ausgangspunkt für seine Textrekonstruktion sah, so gab dieser Text auch die Initialzündung für die erste tendenziell redaktionsgeschichtliche Untersuchung der c.21-28, welche G.H.Bernstein 1813 vorlegt hat[165]. G.H.Bernstein erkannte in 27,7-23 ei-

---

dazu I.Elbogen, Gottesdienst, 184ff.; K.Beyer, Texte, 283, und E.Dassmann, Art. Hiob, 367-372..

[164] Hinsichtlich der Rahmenerzählung vermuteten bereits Richard Simon 1678 in seiner "Histoire critique du Vieux Testament" (Buch I, c.IV, 30) in einem Vergleich mit den Psalmenüberschriften und Albert Schultens in der Vorrede zu seinem Kommentar (1737/1774, XXXIII) eine unabhängige Entstehung und sekundäre Verknüpfung der prosaisch gefaßten Erzählung in c.1-2 mit 42,7ff. und des poetischen Teils in 3,1-42,6. Die bis dahin ausführlichste Begründung für die spätere Entstehung der Rahmenerzählung bot dann Johann Georg Hasse (1789). Andererseits entwickelten J.G.Eichhorn und Johann Christian Velthusen unabhängig voneinander und aus verschiedenen Perspektiven 1787 die bis heute immer wieder angeführten Argumente für eine eigenständige Entstehung der Elihureden und ihre und spätere Einfügung in die Dichtung; vgl. dazu H.-M.Wahl, Schöpfer, 8ff. und M.Witte, Elihureden (1993).

[165] Der Jenenser, später in Berlin und Breslau lehrende Orientalist G.H.Bernstein ist vor allem als Wegbereiter der altsyrischen Lexikographie berühmt geworden. In seinem Aufsatz in den ASEST I/3 (1813), den er als "Versuch eines Beytrages zur Einleitung in das Alte Testament" bezeichnete, untersuchte er Alter, Inhalt und Integrität des Hiobbuches. Besonders interessant sind die Zusammenstellung der im Hiobbuch vorliegenden Aramaismen, die Bemerkungen über die von ihm als "unechte Stücke" bezeichneten Teile c.1-2; 42,7ff.; 27,7-28,28; 32-37 und 41,4-26, sowie die kollektive

ne "ganz im Geiste der Gegner" Hiobs abgefaßte Interpolation: sofern 27,7-23 echt wäre, "hätte [Hiob] sich auf einmal selbst verdammt, und vergebens wäre all sein Streiten, umsonst der errungene Sieg gewesen"[166]. Das Weisheitslied in c.28 habe "eine gleiche Tendenz mit den Reden Eloah´s"; es werde "mit ganz Elihuschem Bombast in hochtrabendem, feyerlich klingendem Tone vorgetragen"[167]; es setze die Gottesreden voraus, greife diesen bewußt vor und berühre sich mit 36,22-37,24. G.H.Bernstein hielt es daher für nicht ausgeschlossen, daß in 27,7-28,28 der Verfasser der Elihureden am Werk gewesen sei[168].

Über G.H.Bernstein gehen dann die weiteren Entfaltungen des Redaktionsmodells hinaus, indem sie auch die problematischen Abschnitte in 24,18ff.; 25 und 26,5-14 und das Fehlen einer dritten Rede Zophars literarkritisch und redaktionsgeschichtlich analysieren. Dabei beschränkt sich die *literarkritische* Analyse auf das Urteil, der dritte Redegang sei von "pious, orthodox saints"[169] übermalt worden, um Hiobs allzu ketzerischen Aussagen zu domestizieren und dem Helden die orthodoxe "Vergeltungslehre aufzuzwingen"[170]. Auf eine weitere *literargeschichtliche* Einordnung und theologische Interpretation der als sekundär erkannten Abschnitte in c.21-28 wird hierbei zumeist verzichtet[171]. Der integrale Einwand, sporadische dogmatische Korrektur sei ausgeschlossen[172], wird daher nicht hinreichend entkräftet. Solche *literar- und redaktionskritischen*, aber hinsichtlich des dritten Redegangs nicht *konsequent redaktionsgeschichtlichen* Positionen vertraten für c.21-28 in mehr oder weniger großem Umfang[173]:

Deutung des Hiobbuches, wonach der Dichter unter dem Namen Hiob seine bedrängte Nation verstehe (109).

[166] G.H.Bernstein, Gestalt des Buches Hiob, 133.

[167] A.a.O., 135.

[168] Die Formulierung bei G.H.Bernstein ist nicht ganz eindeutig. In der Überschrift zu dieser Passage heißt es: "Unechtheit des Abschnittes Cap.27,7-Cap.28,28" (133). In der Zusammenfassung steht dann: "der Verfasser jener Reden [sc.der Elihureden, sei] auch Verfasser dieses Capitels" (135), wobei nicht gesagt wird, ob sich dies nur auf c.28 bezieht oder auch schon auf 27,7-23.

[169] G.A.Barton, Composition, 77: Intention dieser orthodoxen Umstellungen im Hiobbuch sei,"that its blasphemous poison might be made to bear an odor of sanctity".

[170] G.Bickell, Iobdialog, in: WZKM 7, 167.

[171] Noch G.Fohrer, Hiob, KAT 16 (1963; ²1989), erklärte die von ihm für sekundär erachteten Stücke nur im Petitdruck.

[172] Vgl. H.G.Reventlow, Tradition, 282 Anm.9.

[173] Für die jeweils vertretene Abgrenzung siehe die Forschungssynopse (S.239ff.).

A.Merx (1871)[174], J.Wellhausen (1878)[175], H.G.S.Preiss (1886/89)[176], T.K.Cheyne (1887)[177], A.Dillmann ([4]1891)[178], J.G.E.Hoffmann (1891), G.Bickell (1892ff.), A.Kuenen (1894)[179], L.Laue (1895)[180], G.Beer (1895ff.)[181], B.Duhm (1897)[182], G.A.Barton (1911), H.Gunkel (1912/28)[183], M.Löhr (1920)[184], F.Buhl (1925)[185], E.König (1929)[186], E.Würthwein (1938),

---

[174] A.Merx, nur für Hi 24,9-24: hierbei handele es sich entweder um einen Ersatz für eine Lücke oder um eine redaktionelle Änderung einer zu ketzerischen Rede Hiobs "in usum Delphini" (129).

[175] J.Wellhausen in der Einleitung von F.Bleek ([4]1878), 540f.: nur für 27,7-28,28.

[176] H.G.S.Preiss hat seine Theorie zur Entstehung des Hiobbuches zunächst in der von ihm bearbeiteten und herausgegebenen Einleitung von W.Vatke (1886) skizziert, dann in den Theologischen Studien und Kritiken aus Ostpreußen 7 (1889) entfaltet. Danach habe ein und derselbe Redaktor 27,7-28,28 eingeschaltet und 26,2-14 umgestellt.

[177] Bei T.K.Cheyne ist zwischen der mit partieller Dislokation und Interpolation, die Struktur von drei Redegängen aber noch bewahrenden Position, wie er sie in der Abhandlung zur atl. Weisheit von 1887 vertrat, und einer zu einem dualen Redaktionsmodell tendierenden Ansicht, wie er sie in der EBC II (1901), 2464, darstellte, zu unterscheiden.

[178] A.Dillmann (1891) vermutete gegenüber seiner Position von 1869, daß in 21,30f.; 24,13ff. und 27,13-23 von späterer Hand korrigierend bzw. interpolierend eingegriffen worden sei.

[179] A.Kuenen, Einleitung (1894), 137-141, nur 27,7-28,28.

[180] L.Laue, Composition, identifizierte eine Reihe von Abschnitten des Hiobbuches als sekundär, ohne daß er über das Urteil "orthodoxe Bearbeitung hat Remedur eintreten lassen" (89) hinauskam. Interessant ist, daß Laue nicht nur mit Transposition, Elimination und Interpolation in Hiobreden, sondern auch in Freundesreden rechnete. So hielt er im dritten Redegang 21,16.30; 22,21-30; 24,9.12.21.(22-25?); 25,1-6 (!); 26,5-14 und 27,7-28,28 für sekundär.

[181] G.Beer beschränkte sich in seiner Untersuchung zum Text des Hiobbuches auf gelegentliche literarkritische und kompositionelle Anmerkungen, rechnete aber mit erheblichen Dislokationen und redaktionellen Erweiterungen, so innerhalb des dritten Redegangs für 22,29f.; 23,8f.; 24,13-21.24; 26,5-14; 28,1-28; u.a.

[182] B.Duhm eliminierte sämtliche Tristicha aus dem Hiobbuch und hielt innerhalb des dritten Redeganges 22,12.17f.24f.; 23,8f.14; 24,1-24; 26,7-10.14c und 28,1-28 für sekundär.

[183] H.Gunkel, Art. Hiobbuch, in: RGG[1] III, 48: "Auch andere Stücke werden später hinzugekommen sein: so vielleicht c.27-28 ganz oder teilweise"; vgl. ders., in: RGG[2] III, 1930.

[184] M.Löhr, Bildad-Reden, versuchte in einer kleinen Studie drei vollständige Bildadreden zu rekonstruieren. Dabei wird deutlich, daß er neben textlicher Verderbnis auch mit redaktionell begründeter Textumstellung rechnete.

[185] F.Buhl, Vorgeschichte: hier fiel dann auch das unschöne Wort von einer "Kastrierung", die der dritte Redegang erlitten habe, indem die letzten Hiobreden bis auf 24,25 getilgt, Teile von Bildads dritter Rede (26,2-14) Hiob in den Mund gelegt und aus einem älteren Hiobbuch 27,5-23 übernommen worden seien (53). C.24 und 28 hielt F.Buhl insgesamt für sekundär.

[186] E.König, 272: nur 27,11-23 sei interpoliert, c.28 sei ein Teil einer originalen Hiobrede.

J.Lindblom (1945)[187], G.Hölscher (²1952)[188], S.Terrien (1963), H.G.Ginsberg (1969)[189], M.H.Pope (³1973)[190], P.Zerafa (1978)[191], J.H.Eaton (1985)[192] und M.Remus (1993)[193].

Im Mittelpunkt der folgenden Darstellung stehen Arbeiten, welche die in c.21-28 als sekundär erkannten Stücke einer bestimmten theologisch profilierten Redaktion zuweisen, dabei mehrdimensionale Schichtenmodelle zur literarhistorischen Genese des Hiobbuches entwerfen und die redaktionellen Abschnitte in einem weiteren literar- und theologiegeschichtlichen Horizont interpretieren. Unsere Klassifizierung orientiert sich an dem Ausmaß der als Redaktion bezeichneten Abschnitte und der damit verbundenen These zum Ge-

---

[187] J.Lindblom, Composition, rechnete zwar damit, daß das Hiobbuch einen mehrschichtigen Wachstumsprozeß aufweise. Er beschränkte sich aber für die Interpretation des dritten Redegangs auf die Annahme umfangreicher Textverderbnis "à l'état de manuscript" (78) und partieller dogmatisch bedingter Erweiterungen in 24,13-24; 27,11-12 und 28,1-28.

[188] G.Hölscher erkannte wie B.Duhm jüngere Einlagen und Umarbeitungen, die das Buch Hiob erfahren habe, wobei die Elihureden den Zweck hätten, "Hiobs Behauptungen vom orthodoxen Standpunkt aus zu widerlegen", und die Umordnung der c.25-27 bzw. die Interpolation von c.24 und 28 darauf beruhten, Hiobs "Aussagen der orthodoxen Vergeltungslehre anzupassen" (5).

[189] Einen Vorschlag von H.A.Fine, Tradition (1955), aufgreifend, entfaltete H.L.Ginsberg, Patient (1969), den Gedanken, daß der dritte Redegang zwar fragmentarisch sei, daß mit c.27-28 aber eine Hiobrede erhalten sei, die aus einem ursprünglich selbständigen, von der jetzigen Hiobdichtung zu trennenden Hiobwerk "Job the Patient" stamme, und dort als Antwort auf die als Versucher auftretenden Freunde fungiert habe (vgl. auch H.L.Ginsberg, Art. Job, in: EJ 10, 112ff.). Daß 27,5ff. mit der Rahmenerzählung verwandt sei und aus einem älteren Hiobbuch stamme, hatten vor H.A.Fine bereits F.Buhl, Vorgeschichte, 60, und J.Hempel, Althebräische Literatur, 176, erwogen.

[190] M.Pope arbeitete in seinem Kommentar von 1973 gegenüber der ersten Auflage von 1965 philologische Ergebnisse aus dem Kreis der Ugaritologen um M.Dahood, A.M.C.Blommerde und W.L.Michel sowie partiell 11QTgJob ein. In redaktionskritischer Hinsicht wiederholte er aber seine alte Position: Die jetzige Textfolge in c.24-27 sei "a deliberate attempt to refute Job's argument by confusing the issue" (XXV), c.28 sei sekundär.

[191] "The present distribution of the speeches of the third cycle makes good sense when it is understood as a systematic rehabilitation of the erring Job". P.Zerafa, Wisdom, 20.

[192] Dabei näherte sich J.H.Eaton nur vorsichtig einer redaktionskritischen Sicht: "One may wonder if the preservation of the third cycle was affected by the difficulty the devout transmitters continued to feel in what seemed to be outrageous utterances by Job" (34).

[193] Die Dissertation von M.Remus, Menschenbildvorstellungen, versucht unter weitgehender Ausblendung literar- und redaktionsgeschichtlicher Fragen *die* Anthropologie der Freundes- und der Hiobreden zu erheben. Daß jedoch eine Interpretation der Redeweisen vom Menschen in der Hiobdichtung allein auf der Basis einer literarhistorischen Analyse dem Befund des Hiobbuches gerecht wird, versucht unsere Studie zu zeigen. In der Beurteilung der literarischen Probleme des dritten Redegangs folgte M.Remus (a.a.O., 11-13) einfach den Lösungsvorschlägen von G.Hölscher und G.Fohrer.

samtaufbau. Daher unterscheiden wir zwischen trialen, dualen und monalen Redaktionsmodellen:

a) Die trialen Redaktionsmodelle vermuten eine ursprüngliche Komposition, die aus zwei Redegängen mit je drei Freundesreden und einem darauffolgenden dritten Redegang bestanden habe, wobei dieser ursprünglich ebenfalls drei Freundesreden umfaßt habe oder bewußt auf zwei Freundesreden beschränkt sei.

b) Die dualen Redaktionsmodelle vertreten einen Aufbau, der auf zwei Redegängen mit je drei Freundesreden und möglicherweise einem dritten Redegang in Gestalt eines Abschlußgespräches zwischen Hiob und Eliphas basiere.

c) Die monalen Redaktionsmodelle nehmen eine Makrostruktur an, die von nur einem Redegang zwischen Hiob und den je einmal redenden drei Freunden gekennzeichnet sei.

1.2.3.1. Triale Redaktionsmodelle

Zu den hier näher vorgestellten Vertretern eines trialen Redaktionsmodells gehören die Arbeiten von:

G.L.Studer (1875ff.), J.Grill (1890), G.Fohrer (1963; ²1989)[194], G.W.Martin (1972), F.Hesse (1978), V.Maag (1982) und J.Vermeylen (1986).

a) Eine den Ansatz von G.H.Bernstein weiterführende, den dritten Redegang in den Blick nehmende redaktionsgeschichtliche Analyse lieferte G.L.Studer (1875)[195]. Das originale Buch, die אִיּוֹב דִּבְרֵי, habe aus c.29-30; 2,11-13; 3,1-27,4(5?,7?) und c.31 bestanden und sei in fünf unterschiedlichen Rezensionen mit je einer speziellen Lösung umgelaufen[196]. Erst ein Redaktor habe aus den fünf Teilen (I.: Urgestalt mit c.28. II.: Urgestalt mit c.38-40,5. III.: Urgestalt mit c.32-37. IV.: Urgestalt mit c.1-2. V.: Urgestalt mit c.40,6-14; 42) das jetzige Hiobbuch "zu erbaulichen Zwecken mit jenen älteren und

---

[194] G.Fohrers Bearbeitung von c.24-27 war noch keine reine redaktionsgeschichtliche Analyse. Wenn sein Vorschlag hier dennoch ausführlicher dargestellt wird, so geschieht dies aufgrund der forschungs- und wirkungsgeschichtlichen Impulse, die von seinen Hiobarbeiten insgesamt ausgingen.

[195] G.L.Studer stellte sein Modell zunächst in den JPTh I (1875) vor, wiederholte es in Reaktion auf K.Buddes die Integrität des Hiobbuches verteidigenden "Beiträge" von 1876 im JPTh III (1877), um dieses dann in seinem Kommentar (1881) leicht modifiziert und im Horizont des ganzen Hiobbuches zu entfalten.

[196] In der genauen Abgrenzung von Hiobs originaler Schlußrede in c.27* und 31 blieb G.L.Studer widersprüchlich. Im JPTh I, 718, hielt er nur 27,1-4 für ursprünglich, im Kommentar 27,1-6.

jüngeren Versuchen einer Lösung des dort aufgestellten Problems verbunden und dadurch ihrer ursprünglichen polemischen Bestimmung entfremdet"[197]. Für den dritten Redegang rechnete G.L.Studer mit der bereits vorredaktionellen Einschaltung von 27,7-23 sowie der ersten echten redaktionellen Ergänzung von c.28, wodurch das Hiobbuch eine antispekulative Nuance bekommen habe[198].

b) Eine hinsichtlich der Probleme des dritten Redegangs weiterführende Studie bot J.Grill (1890). Ein erster Redaktor, der sich durch einen maschalartigen Stil auszeichnete, den Jahwenamen verwendete und sich vornehmlich als gelehrter Sammler (26,5-14; c.28 und c.29-30) erweise, habe 12,4-13,2; 24,5-9.14-21; 26,2-27,1 und 27,7-31,1 interpoliert und damit das Hiobbild durch die Herausstellung von Weisheit, religiöser Erkenntnis und orthodoxem Glauben modifiziert[199]. Ein zweiter Redaktor, der ein bedeutender Dichter gewesen sei, habe das Leidensverständnis des Buches korrigiert und zugunsten des Verhältnisses "Gott-Hiob" die c.32-37 und den Abschnitt 40,15-41,26 eingefügt.

G.L.Studer und J.Grill gelang es erstmals, für die inhaltlichen und formalen Besonderheiten des dritten Redegangs über die Annahme korrigierender Interpolation hinaus redaktionelle Überarbeitungen wahrscheinlich zu machen. Dabei erscheint uns der Ansatz von J.Grill, mit additiver Redaktion in einem Hiobbuch zu rechnen, insgesamt überzeugender als G.L.Studers Theorie primär selbständiger Rezensionen, also mehrerer "Hiobbücher"[200].

c) Beobachtungen von B.Duhm, P.Volz[201] und G.Hölscher aufgreifend, gab G.Fohrer dann eine Lösung der Probleme des dritten Redegangs, die zwar auf eine exakte Bestimmung der Intention zur Überarbeitung von c.21-28 verzichtete und sich mit der von Westermann vertretenen partiellen Fragmentenlösung des Editionsmodelles (1.2.2.3.) berührte. Durch die inhaltlich und formgeschichtlich fundierte Klassifizierung von c.24-28 als sekundär bzw. tertiär eingefügter Stücke ging G.Fohrer aber über den Rahmen eines Editi-

---

[197] G.L.Studer, Hiob (1881), 188f.

[198] Die gegenseitige inhaltliche und chronologische Beziehung der einzelnen Redaktionen und Rezensionen war bei G.L.Studer undurchsichtig, worüber bereits K.Budde, Beiträge, 3ff., klagte. Deutlich sind allein die oben genannten makrotextlich charakteristischen Rezensionen.

[199] J.Grill, Komposition, 74ff.

[200] Ähnlich wie J.Grill sah K.Siegfried in 12,7-10.13-25; 13,1; 12,11-12; 21,16-18; 24,13-24 und 27,7-23 "correcting interpolations conforming the speeches of Job to the orthodox doctrine of retribution" (49) und in c.28 und 32-37 Erweiterungen, die der ursprünglichen Tendenz der Hiobdichtung widersprächen. Daneben fand K.Siegfried erklärende Glossen in 21,8a*; 22,8.18; 23,8f.; 24,9; 27,1 und 28,3c.

[201] Zu P.Volz s.u. S.49.

onsmodells hinaus. Dabei rechnete er mit einem ursprünglich vollständigen dritten Redegang, der aber "stark überarbeitet und in Unordnung" geraten sei, "ohne daß sich Ursachen und Hergang erkennen"[202] ließen. Möglicherweise "erschien Späteren die endlose Auseinandersetzung Hiobs mit seinen Freunden zu lang, so daß sie gekürzt haben"[203]. Aufgrund dieser Umarbeitung liege in 23,1-17 die "wahrscheinlich unvollständige achte Rede Hiobs"[204] vor. 25,1-6 sei ein Fragment der Antwort Bildads. 26,1-4 und 27,1-6.11-12 seien Teile von Hiobs unvollständiger neunter Rede. Die dritte Rede Zophars sei ganz gestrichen worden, während man Hiob an vier Stellen Lieder in den Mund gelegt habe: so in c.24 vier Lieder aus dem Bereich der Weisheitslehre (zunächst die drei ehemals selbständigen Texte in den V.1-4.10-12.22-23; V.5-8 und V.13-17; sodann V.18-21), in c.26 einen Hymnus auf Gottes Macht und Schöpfungswirken (V.5-14), in c.27 zwei Lieder über das Ende der Frevler (V.7-10 und V.13-23) und schließlich in c.28 ein Weisheitslied.

Ähnlich vermutete F.Hesse (1978), daß der dritte Redegang "aus uns unbekannten Gründen ein Fragment geblieben" und in c.24-27 eine redaktionelle Auffüllung mit Texten aus unterschiedlichen Zusammenhängen erfolgt sei[205].

Unbefriedigend bleiben bei G.Fohrers und F.Hesses Modell die Begründungen der Überarbeitung und Ergänzungen. Dieses Desiderat erfüllte auch nicht die biographische Erweiterung der Fohrerschen Erklärung durch A.de Wilde (1981)[206]: Der Dichter sei vor der Vollendung seines Werkes gestorben, Schüler hätten seinen torsoartigen Nachlaß ergänzt und nach ihrem redaktionellen Verständnis herausgegeben.

d) Ein noch stärker als G.Fohrer die editorische Fragmentenhypothese (vgl. 1.2.2.3.) aufgreifendes Redaktionsmodell bot G.W.Martin (1972)[207], der eine Verbindung zwischen den Elihureden und c.24-28 herstellte. Der ursprüngliche, aus unbekannten Gründen verlorengegangene dritte Redegang

---

[202] G.Fohrer, KAT 16, 35. und ders.. Art. Hiob, in: CBL³. 535ff.

[203] G.Fohrer. Einführung ³II/2. 174.

[204] G.Fohrer, KAT 16. 335.

[205] F.Hesse, Hiob. 140. In der Abgrenzung der einzelnen Fragmente in c.24-27 schloß sich Hesse eng an Fohrer an: c.24 bestehe aus ehemals selbständigen Liedern. die mit V.1 und 25 gerahmt worden seien (I.: V.2-4 und V.5-8; II.: V.9 und V.13-17; III.: V.10-12; IV.: V.18-21; V.: V.22-24); 26,5-14 sei ein später eingelegter Hymnus. 27,7-10.13-23 bilde einen sekundären Fluchwunsch Hiobs gegen seine Freunde). vgl. auch C.Epping u. T.J.Nelis (1968). 14f.. und A.van Selms. Job II (1983). 51ff.

[206] A.de Wilde. Job. 14.232. Dabei bot A.de Wilde selbst einen dem Editionsmodell nahestehenden Rekonstruktionsvorschlag (s.o. S.28).

[207] Da G.W.Martins Dissertation neben der redaktionskritischen Arbeit zum Hiobbuch von T.Mende. Leiden. die einzige umfassende monographische Untersuchung zu c.21-28 darstellt. ist sein Modell hier breiter ausgeführt. Der Wert der Arbeit von G.W.Martin besteht in dem forschungsgeschichtlichen Anhang.

habe durch seine exzessiven Bildad- und Zopharreden sowie durch seine "hybris and un-orthodoxy of Job"[208] den Elihudichter veranlaßt, je eine korrigierende Rede Elihus an das Ende des jeweiligen "Redegangs" zu stellen. Die c.24-27 hätten nicht zu dem originalen dritten Redegang gehört, sondern bildeten jetzt dreizehn Fragmente der ursprünglichen Elihureden. Aus unerforschlichen Gründen habe der Elihudichter, der den ursprünglichen dritten Redegang noch gekannt habe, sein auf viele verschiedene Leder- oder Papyrusfetzen verfaßtes Manuskript nie vollendet. Schüler hätten entgegen der Absicht des Elihudichters aus den Bruchstücken notdürftig den jetzigen dritten Redegang und den heute vorliegenden Elihumonolog zusammengesetzt[209]. Mit dem Argument, "textual evidence indicating that the fragments of chs. 24-27 belonged originally to the Elihu speeches"[210], versuchte G.W.Martin den Text von c.32-37 vollständig neu zu ordnen und folgende Fragmente in die Elihureden zu verlegen[211]: 24,2-4a; 24,4b-8.10b-12; 24,13-18a; 24,18bc-20; 24,21-25; 25,2-6; 26,2-4; 26,5-14; 27,2-6; 27,7; 27,8-10 und 27,13-23. Das Weisheitsgedicht in c.28 sei vom Elihudichter mit 33,31-33 und 26,5-14 gerahmt und als "transition or buffer"[212] zwischen Elihus Antwort auf den dritten Redegang und die Gottesreden eingefügt worden. Gegenüber der These von G.W.Martin erheben sich dieselben Bedenken wie gegenüber der Fragmententheorie des Editionsmodells. Hinzu kommt, daß weder die textgeschichtliche Herleitung noch die Zerlegung der Elihureden und die Eingliederung der c.24-27 in die c.32-37 begrifflich, literarkritisch, formgeschichtlich und inhaltlich überzeugen.

e) Wie bereits G.L.Studer (1875) führte zuletzt V.Maag (1982) die Gestalt des heute vorliegenden Hiobbuches auf die Kompilation verschiedener Rezensionen zurück. Nach V.Maag war der dafür verantwortliche Endredaktor bemüht, einen für die Synagoge verbindlichen Text durch die Vereinigung dreier parallel zirkulierender "Sekundär-Rezensionen" herzustellen[213]. Die ur-

---

[208] G.W.Martin, Elihu, 242. Es bleibt unklar, woher Martin dies weiß.

[209] Diese Editoren hielt Martin auch für die Endredaktion des Hiobbuches verantwortlich, indem sie ein ursprünglich selbständiges Dialogbuch (bestehend aus Teilen des Rahmens, drei vollständigen "Redegängen" und der ersten Gottesrede), ein ursprünglich selbständiges Monologbuch (bestehend aus Teilen des Rahmens, c.3; c.29-31 und der zweiten Gottesrede) und die Fragmente des Elihudichters (c.32-37 + c.24-28) kompiliert hätten.

[210] G.W.Martin, Elihu, 109. Gerade diese Textevidenz ist fraglich.

[211] G.W.Martin, Elihu, 90-91.108; vgl. unsere Forschungssynopse (S.245).

[212] G.W.Martin, Elihu, 170.

[213] V.Maag, Hiob, 93: Eine erste Redaktion (R1), die "nur mit Schere und Kleister gearbeitet hat, die Feder aber grundsätzlich hat ruhen lassen", habe die ursprüngliche Hiobnovelle (1,1-2,10; eine fehlenden dritte Himmelsszene und 42,11-17) und die ur-

sprüngliche Dichtung, bestehend aus drei vollständigen Redegängen und einer Antwort Jahwes, habe eine "Kampfansage an die Adresse der herrschenden synagogalen Theologie" dargestellt[214] und sei daher dreifach manipuliert und rezensiert worden. Jede dieser Textformen habe zwar nicht als selbständige Größe, wohl aber im Rahmen der Endredaktion überlebt, wodurch die nun vorliegende widersprüchliche Hiob-Überlieferung verursacht worden sei[215]. Die Anomalien des dritten Redegangs gingen zu Lasten der "Sekundär-Rezension-A"[216], die versucht habe, Hiob am Schluß der Debatte auf die Linie der Freunde einschwenken zu lassen: Hiob seien sowohl Passagen aus Freundesreden (aus Bildads dritter Rede 24,13-25; aus Zophars dritter Rede 27,7-23) als auch fremde Bestandteile (26,5-14; 28) in den Mund gelegt worden. Der inhaltliche Tenor des ursprünglichen dritten Redegangs sei eine "religiöse Sprachverwirrung" zwischen Hiob und seinen Freunden gewesen[217]. Durch die vorgenommenen Umstellungen und Interpolationen in c.24-28 erweise sich Hiob aber als ein zur richtigen Theologie Zurückgekehrter und als ein "der göttlichen Hilfe nun wirklich wieder würdig Gewordener"[218]. Auf die "Sekundär-Rezension-B"[219] gehe dann eine Korrektur der ursprünglichen Gottesrede sowie die Einfügung von 40,6ff. und Hiobs Unterwerfung 42,1-6* zurück, auf die "Sekundär-Rezension-C"[220] schließlich die Interpolation der Elihureden. Die Arbeit von V.Maag bildete einen umfassenden Versuch, die schon lange beanstandeten Texte im dritten Redegang nicht mehr nur literarkritisch auszugliedern oder pauschal als dogmatische Korrektur zu bezeichnen, sondern sie in einem weiteren Horizont der religiösen Umbruchzeit zwischen 537 und 162 v.Chr. zu interpretieren. Dennoch erheben sich Fragen: Nicht nur die Annahme der Existenz so unterschiedlicher, dabei in dichtester zeitlicher und räumlicher Nähe parallel umlaufender Sekundär-Rezensionen ist

---

sprüngliche Hiobdichtung (2,11-40,3* und 42,7-9) verknüpft. Das Verhältnis dieser Redaktion zu den drei "Sekundär-Rezensionen" (S-R) bestimmte V.Maag nur vage. Ob S-R-A schon R1 vor sich hatte, sei ungewiß, für S-R-B wahrscheinlich, für S-R-C sicher (a.a.O., 216).

[214] V.Maag, Hiob, 194.

[215] V.Maag, Hiob, 215.

[216] S-R-A soll aus einem Prosarahmen und c.2-21 mit den redigierten c.22-31 *ohne* Gottesrede bestanden haben; vgl. V.Maag, Hiob, 196.

[217] V.Maag, Hiob, 154.

[218] V.Maag, Hiob, 196.

[219] S-R-B, welche die Hiobdichtung "vergewaltigt" habe (a.a.O., 200), soll aus einem Prosarahmen; c.2-31; 22-31 (mit ursprünglichem dritten Redegang); 31,35-37; 40,6-14 und 42,1.2.6 bestanden haben.

[220] Grundbestand dieser "subtilen" synagogalen Korrektur (a.a.O., 204) sollen ein Prosarahmen; c.2-31 (mit ursprünglichem dritten Redegang); 32-37 und 40,3-5 gewesen sein, d.h. Hiob gibt sich nicht einer Gottesrede, sondern den Worten Elihus geschlagen.

problematisch[221], sondern auch die Bestimmung des Grundbestandes dieser Rezensionen[222], ihres jeweiligen Verhältnisses zueinander[223] sowie ihrer Verschmelzung durch den Endredaktor[224]. Ob die Originaldichtung als ein Schritt auf dem Weg zu einer *theologia crucis*[225] zu betrachten ist, bleibt zu prüfen.

f) Gegenüber dem mit Textaddition, -reduktion, -transposition und - kontamination rechnenden Modell von V.Maag bedeutete der allein von Interpolationen in den Hiobreden ausgehende Vorschlag von J.Vermeylen (1986) einen makrotextlich plausibleren Versuch. J.Vermeylen vertrat, daß das Hiobbuch zwischen dem 5. und 3.Jh.v.Chr. einen dreifach gestuften Redaktionsprozeß durchlaufen habe, der die konkrete Not der um den Zweiten Tempel versammelten glaubenden Gemeinde widerspiegele und eine jeweils spezifische Antwort auf die Frage des Leidens gebe[226]. Eine "rédaction principale" habe die Grundschicht des Hiobbuches (ein "récit archaïque" aus frühvorexilischer Zeit) um den Kernbestand der Dialogdichtung erweitert[227] und das Leiden der Gemeinde als eine "correction médicinale"[228] verstanden. Eine zweite Redaktion idealisierte Hiob, indem sie ihm Passagen in den Mund legte, in de-

---

[221] So J.van Oorschot, Gott, 117, der hier die Gefahr sah, "in romanhafte Spekulation zu verfallen".

[222] Trotz der auch schon in der älteren Forschung vereinzelt vertretenen Meinung (vgl. G.L.Studer; T.K.Cheyne; P.Volz; F.Baumgärtel; J.Hempel, Althebräische Literatur, 179) ist es unwahrscheinlich, daß es jemals eine Form der Hiobdichtung ohne Gottesrede gegeben hat, wie V.Maag dies für S-R-A oder S-R-C annahm. In S-R-A ist durch die Beibehaltung von c.23 weiterhin eine Gottesrede gefordert. Ebenso antizipieren 26.5-14 und 28.1-28 zwar gewisse Argumente der Gottesrede(n), machen aber auch im Falle ihrer sekundären Einfügung, nicht das Faktum einer Gottesrede überflüssig. Weiterhin stellt S-R-C mit c.37 gerade eine ausführliche Einleitung zu der Gottesrede dar. Daß sich aus c.24-27* durch Umstellung kaum ursprüngliche Freundesreden herstellen lassen, wurde schon oben angedeutet und wird sich im Verlauf unserer literarischen Analyse immer wieder erweisen.

[223] Interdependenzen der Rezensionen werden kaum bestimmt.

[224] Der für die Vereinigung dreier so unterschiedlicher ehemals selbständiger Textformen verantwortliche Redaktor blieb bei V.Maag ebenso der große Unbekannte wie die "Synagoge" eine unbestimmte Chiffre.

[225] V.Maag, Hiob, 218.

[226] J.Vermeylen, Job, 63.70, sah im Hintergrund der Hiobdichtung die Auseinandersetzung innerhalb der jüdischen Gemeinde zwischen einem "parti radicale" und einem "parti modéré". Vgl. dazu künftig J.Vermeylen, in: W.A.M.Beuken (Hg.), Job, BEThL.

[227] Kernbestand der ersten Redaktion: 2,11-13; 3,1-15.17-26; 4,1-5,27; 6,1-10a.11-13.15-30; 8,1-22; 9,1-4.14-24a.32-35; 11,1-20; 12,1-10; 13,1-19; 15,1-35; 16,1-17; 17,2.5-6; 18,1-21; 19,1-22; 20,1-29; 21,1-34; 22,1-30; 23,1-17; 24,1-9.12-14.16a.25; 25,1-6; 26,1-4; 27,2-6.11-12; 29,1-10.21-25; 30,1-31; 31,1-37.40b; 38,1-41; 39,1-16.18-30; 40,3-5; vgl. J.Vermeylen, Job, 27f.

[228] J.Vermeylen, Job, 80.

nen er die Weltordnung bewundere[229], den Untergang der Frevler beschreibe[230], sich in der Du-Anrede an Gott wende[231] und auf Gott selbst hoffe[232]. Diese zweite Redaktion habe das Leiden als Prüfung durch den Satan gedeutet[233]. Eine dritte Redaktion habe diese Idealisierung Hiobs wieder neutralisiert und vor den Gefahren des Hellenismus gewarnt[234]. J.Vermeylen konnte somit einerseits die inhaltlichen Widersprüche in den Reden Hiobs in c.21-28 mittels der Annahme additiver Korrektur erklären. Andererseits vermochte er die kompositionellen Besonderheiten der kurzen Bildadrede und einer dritten Zopharrede für ursprünglich zu halten, da er entgegen der Gliederung des Hiobbuches in drei symmetrische Redegänge auf menschlicher Ebene einen asymmetrischen, dyadischen Aufbau annahm, der zwischen einer Horizontalen "Hiob-Freunde" und einer Vertikalen "Hiob-Gott" unterschied[235]. Problematisch ist an der Analyse von J.Vermeylen allerdings die Annahme, die Redaktion habe allein additiv[236] und dabei innerhalb des horizontalen Dialogs nur in die Hiobreden eingegriffen. Die Vermutung, die in der 2.P.Sg. an Gott gerichteten Gebete Hiobs in c.7*; 10*; 13*; 17* und 30* seien sekundär, erscheint uns nur schwer gerechtfertigt. Es bedarf einer erneuten Untersuchung, ob nicht die dreidimensionale Ausrichtung der Hiobreden (Hiob - Hiob, Hiob - Freunde, Hiob - Gott) ein ursprüngliches Kompositionselement darstellt. Ebenso muß geprüft werden, ob über J.Vermeylen hinaus nicht auch mit Reduktion und Redaktion der Freundesreden zu rechnen ist.[237] Neben mikrotextlichen Fragen anläßlich der Erhebung der einzelnen Redaktionsschichten[238] er-

---

[229] Durch Addition von 9,5-13; 12,11-25; 26,5-14; 28,1-6.14-20.22.28; vgl. J.Vermeylen, Job, 15f.

[230] Durch Addition von 24,16b-24; 27,7-10.13-23; vgl. J.Vermeylen, Job, 17ff.28.

[231] Durch Addition von 7,1-21; 10,1-22; 13,20-14,22; 17,3-4; 30,20-31; vgl. J.Vermeylen, Job, 17.

[232] Durch Addition von 16,18-17,1; 19,23-27; vgl. J.Vermeylen, Job, 21.28.

[233] Durch Addition von 1,1b.5-12.20-2,10; 42,7-9.10abβ. Schließlich habe diese zweite Redaktion auch 29,11-20; 31,38-40a eingefügt, vgl. J.Vermeylen, Job, 7ff.28.

[234] Erweiterungen der dritten Redaktion: 3,16; 6,14; 28,7-8.15-20.22.28; 32-37; 39,17; 40,1-2; 40,6-41,26; 42,1-6; vgl. J.Vermeylen, Job, 23ff.28.

[235] J.Vermeylen, Job, 35f.

[236] "... les rédacteurs travaillaient toujours, semble-t-il, en ajoutant des matérieux nouveaux, sans se permettre de retrancher quoi que ce soit" (J.Vermeylen, Job, 86 mit seiner Anm. 54).

[237] Wie J.Vermeylen im Rahmen des XLII. Colloquium Biblicum Lovaniense andeutete, rechnet er mittlerweile zu Recht auch mit der sekundären Bearbeitung der Freundesreden. Vgl. dazu künftig seinen Aufsatz in: W.A.M.Beuken (Hg.), Job, BEThL.

[238] Gerade in der literarkritischen Analyse von c.24 überzeugen die Ergebnisse von J.Vermeylen nicht. Es ist nicht einzusehen, warum gerade 24,10.11.15.16b-24 auf eine andere Hand zurückgehen sollten als 24,1-9.12-14.16a.25; vgl. J.Vermeylen, Job, 27f. mit seiner Anm. 95).

geben sich bei J.Vermeylen wie auch bei V.Maag in der Bestimmung des Gesamtbestands der jeweiligen Redaktionsschicht Probleme[239].

1.2.3.2. Duale Redaktionsmodelle

Die hier dargestellten Hauptvertreter eines dualen Redaktionsmodells sind: T.K.Cheyne (1901), P.Volz (1911; 1921), Mo.Jastrow (1920), K.Fullerton (1924), [F.Horst (1958/68)], P.Weimar (1980), H.Gese (1982), H.-J.Hermisson (1989) und T.Mende (1990).

Während die trialen Redaktionsmodelle noch mit einem dritten Redegang rechnen (sei es analog zu den beiden vorangegangenen Redewechseln mit je drei Freundesreden, sei es auf Basis eines dyadischen Modells mit einem kompositionell auf zwei Freundesreden bewußt verkürzten Redewechsel) halten die dualen Redaktionsmodelle einen dritten Redegang als dreiphasiges Wechselgespräch zwischen Hiob und mehr als einem Freund für sekundär. Gegenüber dem Ansatz von C.Westermann, der ebenfalls zu der Annahme von ursprünglich nur zwei vollständigen Redegängen tendierte[240], den Text in c.24-27 aber für editorisch fehlplazierte Fragmente hielt, deuten die dualen Modelle den Bestand von c.21-28 in mehr oder weniger großem Umfang als eine bewußte redaktionelle Erweiterung.

a) In Ergänzung zu seiner Position von 1887 kam T.K.Cheyne[241] 1901 zu dem Ergebnis, daß der originale Hiobdialog auf c.3-19 zu begrenzen sei und daß die c.20-27 das Werk eines Mitglieds der Schule des ursprünglichen Dichters bildeten. Der Text dieser redaktionellen Hinzufügung sei später textlich gestört und zunächst um c.29-30, dann um c.31 und schließlich um c.28 erweitert worden[242].

b) Auf T.K.Cheyne zurückgreifend, versuchte Morris Jastrow (1920) zu zeigen, wie im Laufe mehrerer Redaktionsprozesse das skeptisch gestimmte Hiobbuch zu einem orthodoxen Werk umgearbeitet worden sei[243]. In seiner ältesten Form habe das Buch aus einem Prolog und zwei Redegängen bestanden. Daran seien später die c.22-27* angehängt worden, wobei c.22 einen weiteren Aspekt der Freundesargumentation und c.24 eine Imitation von c.21

---

[239] So ist z.B. nicht verständlich, warum derselbe Redaktor, der die Elihureden eingefügt hat, auch die Position Hiobs gestärkt haben sollte, indem er diesem u.a. 6.14 und 28.7-8.15-20.22.28 in den Mund gelegt hätte (J.Vermeylen, Job, 72).

[240] C.Westermann, Aufbau[3], 42.128; vgl. S.33.

[241] S.o. S.38 Anm. 177.

[242] T.K.Cheyne, Art. Job, in: EBC II, 2464.

[243] Morris Jastrow jr., Job, bes. 130-135.

darstellten. Diese Ergänzung füge sich aber so geschmeidig in die ursprüngliche Dichtung, "that chapters 3-27 form a harmonious whole and represent the original symposion in its completed form"[244]. Diese originale Hiobdichtung habe drei orthodoxe Zusätze erhalten, zunächst eine Ergänzung zum Wechselgespräch (c.28-31*), dann die Elihureden und schließlich die Gottesreden. Daneben habe das "original symposion" (c.3-27) in seinem dritten Redegang von einem orthodoxen Redaktor Veränderungen erfahren, indem Teile der dritten Bildadrede (26,5-14) und der dritten Zopharrede (27,7-23 und 30,2-8) Hiob in den Mund gelegt worden seien, um dessen ketzerische Äußerungen zu neutralisieren. Dieses Modell, das im einzelnen wesentlich komplizierter und undurchsichtiger ist als hier dargestellt[245], führte somit die c.21-28 auf mindesten vier verschiedene Hände zurück:

(1.) auf den ursprünglichen Dichter: c.21 (ohne V.15-16.22);
(2.) auf den ersten Ergänzer: den ursprünglichen "dritten Redeganges"[246];
(3.) auf einen Redaktor: die Modifikation des "ursprünglichen" dritten Redeganges zur heute vorliegenden Gestalt;
(4.) auf einen weiteren Redaktor: die Addition von c.28.

Abgesehen davon, daß das Modell von Mo.Jastrow an zahlreichen Punkten weder formkritisch noch kompositionell überzeugt, fehlt auch hier eine über das Urteil "orthodoxe Korrektur" hinausgehende Bestimmung des gegenseitigen Verhältnisses der einzelnen redaktionellen Zusätze und eine genauere literargeschichtliche Einordnung.

     c) Ein mit der Position von T.K.Cheyne und Mo.Jastrow verwandtes duales Modell deutete auch K.Fullerton (1924) in einer Untersuchung zur "Original Conclusion to the Book of Job" an[247]. In c.21-31 erkannte er gegenüber c.3-19 (20) "an enlargement of the problem"[248], nämlich von der Diskussion über Hiobs persönliches Leid hin zu einer Erörterung über das Leiden in der Welt. Über die Anmerkung, daß der dritte Redegang mögli-

---

[244] A.a.O., 74.
[245] So wurden z.B. in den Elihureden vier ursprünglich separate Kompositionen gesehen, die je für sich eine orthodoxe Lösung des Problems liefern wollten und in die zusätzlich drei Lieder eingesetzt worden seien, oder die Gottesreden werden als eine Anthologie von Naturpsalmen betrachtet.
[246] Mit folgendem Bestand:
Eliphas   22,1-10.12-15.21-23.25-30;
Hiob   23,1-7.10-17; 24,1-3.9.4-8.10-19(20).21-23(24).25;
Bildad   25,1-6; 26,5-14;
Hiob   26,1-4; 27,2-3.5-6; 30,16-24; 31,35-37;
Zophar   31,2-4; 27,7-23; 30,2-8.
[247] K.Fullerton, Conclusion, 116-136.
[248] A.a.O., 121.

cherweise ergänzt worden sei, ging K.Fullerton allerdings nicht hinaus[249].
Gleichwohl formulierte er zu c.21-31, daß "the speeches have reshuffled in
order to give a more orthodox tone to Job's closing words"[250].

d) Hatte P.Volz 1911 lediglich den sekundären Charakter bestimmter
Texte in c.23-28 festgestellt[251], folgerte er 1921, es sei wahrscheinlicher, daß
"der Dichter keinen 'dritten Gesprächsgang' wollte, sondern nach dem Auftreten des Elifas K.22 in seiner Absicht die Freunde verstummen ließ und nur
noch Hiob zum wirksamen Schluß das Wort erteilte"[252] (27,1-6; 29,2ff.). Die
c.23-28 formten "jetzt eine Art Anhang zum Wechselgespräch K.4-22"[253].
C.23 gehörte ursprünglich zu c.6 und c.25-26 zu c.8, während c.24; 27,7-23
und 28,1-28 eine später eingeschaltete Sammlung von Liedern bildeten[254].

e) Nachdem die von P.Volz vertretene These eines abschließenden Wechselgesprächs zwischen Eliphas und Hiob[255] im Blick auf c.22-27 zuletzt von
F.Horst (1958/68)[256], P.Weimar (1980)[257], H.Gese (1982)[258] und

---

[249] A.a.O., 121.

[250] A.a.O., 122.

[251] P.Volz, Weisheit (1911), 26. Schon hier hielt P.Volz nur c.3-31* mit z.T. erheblichen
Umstellungen für ursprünglich und beurteilte neben den Elihu- auch die Gottesreden
als sekundär.

[252] P.Volz, Hiob (1921), 27.

[253] A.a.O., 28; vgl. zur unmittelbaren Rezeption dieser Textpositionierung M.Simon, Hiob
(1925); ders., Gottesreden (1926), 7; ders., in: ZW 7/II (1931), 159ff.; dann
C.Westermann, s.o. S.33f.

[254] Mit dieser Deutung hat P.Volz das Modell von G.Fohrer wesentlich vorbereitet, auch
wenn dieser die Lieder in c.24-27 nicht als Addition zu ursprünglich nur zwei
"Redegängen" deutete, sondern als Substitution des originalen dritten Redeganges", s.o.
S.41.

[255] P.Volz, Hiob (1921), 28: c.3-14; 15-21; 22+27* und 29-31*. Da P.Volz die ursprüngliche Hiobdichtung in Hiobs Reinigungseid münden ließ, konnte er von einem
"pyramidalen Abschluß" des Werkes sprechen: die beiden dreiphasigen Redegänge in
c.3-21 bildeten den Pyramidenstumpf, und das Abschlußgespräch zwischen Hiob und
Eliphas führte auf die Spitze in c.31 zu; vgl. ebenso M.Simon, in: ZW 7/II (1931), 162f.

[256] F.Horst, der durch seinen frühen Tod an der Vollendung seines Hiobkommentares ge-
hindert wurde, so daß sein Werk nach der Textkritik zu c.19 abbricht, tendierte zu einem dualen Modell. In einem dem Kommentar (Einzellieferungen 1960-1963, 1.Aufl.
1968, 4.Aufl. 1983) als Vorwort beigegebenen Hiob-Artikel aus dem EKL[2] II (1958),
168-172, sprach F.Horst hinsichtlich der c.24-28 von einem "Konglomerat" und
schrieb: "Man weiß auch nicht, was nach der letzten Eliphas- und Hiobrede noch sollte
verhandelt werden" (BK 16/1, X).

[257] P.Weimar, Ijobnovelle, 65 Anm.16, komprimierte in einer Anmerkung ohne nähere
Begründung den "dritten Redegang" auf die Redefolge "Ijob-Eliphas-Jahwe". Ähnlich
deutete R.Brandscheidt, Gottes Zorn, 308f. mit Anm.127, nur in einer Fußnote an, daß
sie von einem dualen Modell ausging.

[258] H.Gese hatte sich im Rahmen seiner formkritischen Studie zum Verhältnis zwischen
altorientalischem Klagenhörungsparadigma und Hiobbuch (1958) noch auf die ein-

H.-J.Hermisson (1989)[259] modifiziert wiederholt worden war[260], lieferte Theresia Mende (1990) die bisher umfassendste Entfaltung eines dualen Redaktionsmodells.

Ähnlich wie G.W.Martin kam T.Mende über eine literarkritische Analyse der Elihureden[261] zu einer vierstufigen Wachstumstheorie für das ganze Buch[262]. In den ursprünglich nur zwei Redegänge umfassenden Dialog (c.3-20) habe ein Redaktor[263] zunächst den Grundbestand der Elihureden (c.32-37*)[264] eingefügt, einen aus zwei Abschnitten bestehenden Hiobmonolog in c.21*; 23*; 27* ergänzt, sowie Passagen in Hiobs Eingangsklage (c.3)[265], in c.19[266], in die Gottesreden[267] und in die Rahmenerzählung[268] interpoliert. Drei weitere Bearbeiter hätten auf dieser Basis zusätzliche Ergänzungen vorgenommen. In c.21-28 sah T.Mende neben einem Fragment des Hiobdichters (23,3-7.10-15) folgende Verteilung der Redaktionsschichten:

Elihuverfasser:	21,1-9.11-14.17a.18-27.29-33a.34; 23,16f.; 24,1-5*.9.12-13.22-23.25; 27,2-6.
1.Bearbeiter:	im "dritten Redegang" nicht nachweisbar.
2.Bearbeiter:	22,1-7.9-16.19-28; 23,1.8-9; 24,5*-8.10-11.14-17.21; 25,1-6; 26,1-4.
3.Bearbeiter:	22,8.17-18.29-30; 24,18*-20.24*; 26,5-14; 27,1.7-23; 28.
Glossen:	21,10.17b.28.33b; 24,18aβ.24*; 27,8aβ.

---

fache Feststellung beschränkt, "daß gewisse Teile des Dialoges zumindest ab c.27 [sic] in Unordnung geraten sind" (H.Gese, Lehre, 70). Im Zusammenhang mit der These, daß das Hiobbuch nach dem "Prinzip der vervollständigenden Verdopplung" aufgebaut sei, wiederholte er dann kurz die grundsätzliche Position von P.Volz: Der Hiobdialog enthalte "ursprünglich nur zwei Redegänge der drei Freunde mit Hiob, vielleicht noch mit einem abschließenden Wort ihres Anführers Eliphas c.22", c.24-26 und 27,8-28,28 seien als "Ergänzungen zu den Reden zu beurteilen" (H.Gese, Lebenssinn (1982), 164).

[259] H.-J.Hermisson, Notizen, 125, und ders., in: Altes Testament (hg.v. H.J.Boecker), 176, hat lediglich die Bemerkungen von H.Gese, Lebenssinn (1982), wiederholt.

[260] Die Rezeption der These von P.Volz bei den genannten Exegeten beschänkte sich auf die grundsätzliche Beurteilung von c.22-31. Gegenüber P.Volz hielten F.Horst, H.Gese, H.-J.Hermisson und P.Weimar zumindest einen Grundbestand der Gottesrede(n) für ursprünglich.

[261] T.Mende, Leiden, 15-143.

[262] Zu diesen vier Bearbeitungsschichten kommen noch die Grundschicht der "Ijoblegende" (1,1-5.13-17.20-21*.22; 42,11*) und des Hiobdichters (1,6-12.21*; 2,11*; 3,1*-40.5*; 42,10-12.16).

[263] T.Mende nannte ihn den Elihuverfasser (EV), a.a.O.,15ff.

[264] 32,2-3.6-14; 33,1-15aαb.16-30; 34,2-6.10b-15.21-24.26-29a; 36,5-7aαb.8-12.15.22-23; 37,23.

[265] 3,4.6.20.23.

[266] 19,25.27a.

[267] 38,2.8-9.11-14.22-27.34-36; 39,5-8.13-24.29-30; 40,1-2; 42,3abβ-6.

[268] 1,4b.5aβ.13b.18-19; 2,1-10.11aβ(?).12-13; 42,7-9.13-15.

An dieser Übersicht wird deutlich, daß T.Mende innerhalb der Redaktionsgeschichte des dritten Redegangs zunächst einen von dem Elihudichter stammenden Hiobmonolog annahm, der dann von einem zweiten Bearbeiter zu einem Schlußdialog mit Eliphas und Bildad umgearbeitet und seinerseits von einem dritten Bearbeiter nochmals modifiziert worden sei. Gegenüber den beiden Studien von V.Maag (1982) und J.Vermeylen (1986) bedeutete die Arbeit von T.Mende einen doppelten Fortschritt: Gegenüber J.Vermeylen rechnete sie in der Abgrenzung des redaktionellen Bestandes nicht nur mit einer Bearbeitung von Hiobreden, sondern auch mit einer Modifikation von Freundesreden; gegenüber V.Maag ging sie in der redaktionsgeschichtlichen Einordnung nicht von einer einfachen Normierung des Buches auf eine bestimmte orthodoxe Theologie aus, sondern versuchte die einzelnen Redaktionen in einem weiteren leidenstheologischen Kontext zu betrachten[269]. Hinsichtlich der literarkritischen Analyse und der historischen Verortung der einzelnen Redaktionsschichten unterliegt ihre Studie allerdings Bedenken. So fehlt nicht nur die textimmanente Notwendigkeit für eine Zerlegung der Elihureden in vier Schichten, sondern auch die literarkritische und kompositionsgeschichtliche Untersuchung der c.21-28 ist nicht überzeugend[270]. Ob c.21 tatsächlich aus der ursprünglichen Dichtung eliminiert werden sollte, bedarf einer erneuten Prüfung, die seine Verankerung in dem gesamten Werk berücksichtigt[271]. Daß der Grundbestand von c.22 keine ursprüngliche Eliphasrede ist, erscheint fraglich. Weiterhin halten wir es für problematisch, daß derselbe Redaktor, der mit den Elihureden eine scharfe Abweisung der Position Hiobs geschaffen hat, seine Interpolation noch vorbereiten mußte, indem er Hiobs Unschuldsbekenntnis durch die genannten Einfügungen in c.21 und c.27

---

[269] In der ursprünglichen Dichtung stehe das Leiden des von Gott heimgesuchten Gerechten im Zentrum, in der Schicht des Elihudichters das Leiden des Gerechten angesichts des Glücks der Frevler. Die Bearbeitungsschichten interpretierten je spezifisch das Leiden im Rahmen der die Frommen Israels in der Zeit unter Antiochos III. und Antiochos IV. bedrängenden Ereignisse.

[270] Methodisch fragwürdig ist, wie besonders an T.Mendes Analyse von c.24 deutlich wird, daß der Literarkritik ein Vorzug vor der Textkritik gegeben wurde (vgl. a.a.O., 159). 11QTgJob erwähnte sie bei den Textzeugen grundsätzlich nicht. Daneben bediente sie sich literarkritischer Maßstäbe, die in einem poetischen Werk allein nicht zwingend sind, so ist z.B. der Wechsel von מִלִּים und מִלִּין kein Kennzeichen für eine Redaktionsschicht (vgl. aber T.Mende, Leiden, 180; u.ö.). Auch ein Numeruswechsel ist in der Poesie noch kein hinreichender Grund für eine literarkritische Scheidung (so aber bei T.Mende, Leiden, 159f.; u.ö.).

[271] Weder die Höraufforderung in 21.2 (vgl. 13,17) noch die Verwendung von מַדּוּעַ (vgl. 3,12 und 18,2) noch die Einleitungsverse (vgl. 12.2ff.; 16.2ff. und 19.2ff.) weisen eindeutig auf den Elihudichter, wie T.Mende, Leiden, 167, folgerte, vgl. dazu unsere literarische Analyse von c.21 (S.130ff.).

unterstrichen hat. Demgegenüber dürfte es wahrscheinlicher sein, daß der Elihudichter sich nicht erst die Voraussetzung für die Einfügung seiner Figur zu
schaffen brauchte, sondern die Basis zum Widerspruch bereits in den Reden
Hiobs und der Freunde vorgefunden hat (s.u. S.173f.). Schließlich ist eine
Einordnung der Bearbeitungsschichten in *bestimmte* historische Ereignisse
unter Antiochos III. und Antiochos IV. nicht überzeugend, fehlen doch greifbare geschichtliche Anspielungen in der Hiobdichtung[272].

1.2.3.3. Monale Redaktionsmodelle

Als Exponenten dieses Modells können hier die Arbeiten von
F.Baumgärtel (1933) und N.Rhodokanakis (1938) referiert werden.

Die Hypothesen von J.Grill (1890)[273], P.Volz (1911/21)[274] und
Mo.Jastrow (1920)[275] gattungsgeschichtlich verschärfend, formulierte
F.Baumgärtel (1933): "Das ursprüngliche Werk des Dialogdichters hat vermutlich weder einen II. noch einen III. Gesprächsgang enthalten"[276]. Glaubte
H.Torczyner, ohne Textausscheidung aus dem gesamten vorhandenen Material von 3,1-42,6 den einen ursprünglichen Redegang rekonstruieren zu können[277], so vermutete F.Baumgärtel, daß dieser eine ursprüngliche Redegang
im Laufe verschiedener Kompilationen und Redaktionen um 15,1-42,6 erweitert worden sei. Im Mittelpunkt des ursprünglichen Dialogs habe "der Schrei
eines Frommen aus der Verzweiflung heraus"[278] gestanden. Der Kompilator
(bzw. der erste greifbare Redaktor) habe unter der Verwendung ursprünglichen Materials den zweiten und dritten Redegang gebildet und eine religiöse
Problemdichtung zur "Frage der sittlichen Weltordnung" geschaffen[279]. Dieses
kompilatorische Werk habe in seinem dritten Redegang selbst starke Ände-
rungen erfahren, noch bevor in einem weiteren Redaktionsprozeß die c.28-31;
32-37 und 38,1-42,6 ergänzt worden seien. Da F.Baumgärtel nur an einer
Deutung seines für ursprünglich gehaltenen Dialogs interessiert war[280], verzichtete er auf eine genaue literarhistorische Einordnung des Kompilators und
der Hand, die er für die Verwüstung des dritten Redegangs verantwortlich

---

[272] Vgl. unsere literar- und theologiegeschichtliche Skizze (S.193f.).
[273] S.o. S.41.
[274] S.o. S.49.
[275] S.o. S.47f.
[276] F.Baumgärtel. Hiobdialog. 148. [Hervorhebung von Baumgärtel].
[277] S.o. S.31.
[278] F.Baumgärtel. Hiobdialog. 187.
[279] A.a.O., 160.
[280] A.a.O., 165.188.

zeichnete[281]: Der dritte Redegang war in seinen Augen "ein Trümmerfeld, in dem sich niemand mehr zurecht findet"[282]. Insgesamt blieb der Versuch von F.Baumgärtel, unter Ausscheidung aller nicht auf den "speziellen Fall des Hiob" bezogenen Elegien, Hymnen, Lieder, Proverbien etc.[283] einen ursprünglichen Hiobdialog mit nur einem Redegang und "einer klaren und einfachen Gedankenführung" herzustellen, ein von der weiteren Forschung kaum rezipierter Vorschlag.

In diesen Kontext gehört allerdings auch die abwegige Hypothese von N.Rhodokanakis (1938), die ursprüngliche Dichtung auf die Hiobreden in c.3; 6-7*; 9-10*; 13* und 16-17,1* zu beschränken und die Freundesreden sowie alle weiteren Teile des Buches als Fragmente und sekundäre, tertiäre etc. Ergänzungen zu eliminieren.[284]

Wie unsere Analyse hervorheben wird, ist der Mittelteil des Dialogs mit den vorangegangenen Kapiteln kompositionell und argumentativ zu eng verknüpft, als daß sich der von F.Baumgärtel und N.Rhodokanakis gezeigte monale Weg, zumal mit seiner gattungsgeschichtlich und kompositionskritisch zu einseitigen Analyse insgesamt als gangbar erweisen könnte[285].

1.2.4. Zusammenfassung und Ausblick

In den Zusammenfassungen zur Darstellung des Integrations- und des Editionsmodells (S.23 bzw. 35) sowie im Rahmen der Vorstellung der einzelnen Varianten des Redaktionsmodells (S.36ff.) konnte in unserem ersten Teil der Arbeit bereits auf die spezifischen Mängel und die bestehenden Desiderate der

---

[281] In einer Synopse (123f.146f.) und in einem Anhang (189) stellte F.Baumgärtel zusammen, was er prinzipiell für "ursprünglich" hielt: In c.21-31 seien allein 23,2-7.10-17 und 31.35.37 original, alles andere sei sekundär, tertiär etc. Dabei unterschied er zwischen (a) Fragmenten aus fremden Zusammenhängen (21,7-9.11-18.22.23-26; 24,2-4.9.12; 24,5-8.10-11; 24,13-24; 25,2-6; 26,5-14; 27,13-23; 28), (b) redaktionellen Überleitungen (21,1-6; 24,1.25; 26,1-4; 27,1), (c) Varianten (25,4-6), (d) freien Ergänzungen (21,27-34; 22,2-11.21-30), (e) Glossen (21,10.19-21; 22,12-16.17-20; 23,8-9) und (f) einem Fragment aus einem älteren Hiobwerk (27,2-12).

[282] A.a.O., 156.

[283] A.a.O., 154. F.Baumgärtel verwies für diese Methodik auf N.Peters. Allerdings eliminierte dieser solche Stücke nicht, sondern interpretierte sie in einem integralen kompositionskritischen Modell, vgl. Anm.30 auf S.12 und Anm.93 auf S.21.

[284] N.Rhodokanakis, Hiob, in: WZKM 45 (1938), 169-190.

[285] Gleichwohl enthält gerade F.Baumgärtels Arbeit zahlreiche interessante Einzelbeobachtungen, die im Rahmen einer echten redaktionsgeschichtlichen Analyse fruchtbar gemacht werden können. Zur unmittelbaren zeitgenössischen Kritik an Baumgärtel vgl. E.Würthwein, Gott (1938), in: Wort und Existenz, 219ff.

jeweiligen Lösungsvorschläge hingewiesen werden. Daraus ergibt sich für unsere Studie nun folgendes Programm:

Die Schwierigkeiten des dritten Redegangs sind nur im Blick auf die Sprachgestalt und die Komposition der *ganzen* Hiobdichtung (3,1-42,6) zu lösen. Im zweiten Teil werden wir daher in einer literarischen Analyse die c.21-27(28) kapitelweise stilistisch, literar- und formkritisch sowie inhaltlich untersuchen und ihre Eigenart im Vergleich zum Wort- und Motivschatz, zur Strophik, Komposition und Argumentation der Reden des ersten und zweiten Redegangs, am Rande auch der Elihu- und der Gottesreden, erörtern. Dabei gehen wir in der literarischen Analyse nicht chronologisch nach der Kapitelfolge in MT vor, sondern setzen systematisch mit einer der charakteristischsten Auffälligkeiten des Hiobdialogs, der dritten Rede des Bildad (c.25), ein und ziehen die Linien nach vorn und hinten aus. Der Beginn der Untersuchung mit c.25 bietet sich an, weil sich in seinen fünf bzw. sechs Versen die kompositionelle und inhaltliche Problematik des dritten Redegangs und, wie sich zeigen wird, der Redaktionsgeschichte des Hiobbuches *in nuce* widerspiegelt. Die literarkritisch isolierten Abschnitte des dritten Redegangs fassen wir sodann als Zeugnisse redaktioneller Tätigkeit zusammen. Hier wird dann nach weiteren durch vergleichbare Tendenzen bestimmten Texten in der Hiobdichtung gefragt. Im Anschluß werden die so gewonnenen Ergebnisse redaktionsgeschichtlich angewendet, indem wir das literarische Wachstum der Hiobdichtung nachzuzeichnen versuchen.

In einem dritten Teil werden die redaktionellen Schichten im Vergleich mit altorientalischen, alttestamentlichen und jüdisch-hellenistischen Texten in einen weiteren literar- und theologiegeschichtlichen Horizont eingeordnet. Ein besonderes Gewicht wird auf dem Vergleich mit den Qumranschriften liegen, die in der bisherigen Exegese des Hiobbuches weitgehend unberücksichtigt geblieben sind[286]. In einer theologischen Synthese werden zunächst die einzelnen Bearbeitungen in ihrer jeweiligen Besonderheit gewürdigt. Sodann stellen wir die charakteristischen redaktionell bedingten Modifikationen der Hiobfigur sowie das Gottes- und das Menschenbild des kanonischen Hiobbuches dar.

Der vierte Teil bietet dann eine Übersicht zum strophischen und gedanklichen Aufbau der textkritisch, literarkritisch und poetologisch erarbeiteten "Urhiobdichtung", eine Forschungssynopse, in der als Anlage zum ersten Teil ausgewählte Rekonstruktionsversuche des dritten Redegangs aus der Zeit von 1780 bis 1993 aufgeführt werden, sowie eine Konkordanz und ein Wort-

---

[286] Eine Ausnahme bildete hier das umfangreiche Hiobwerk von J.Lévêque. Job. 1970. bes. 267-271. dessen einzelne Thesen aber einer erneuten Prüfung bedürfen.

schatzregister zum gesamten Hiobbuch, die der Orientierung über unsere sprachlichen Untersuchungen und Argumentationen dienen.

2. Literarische und redaktionskritische Analyse

2.1. Literarische Analyse von Hi 21-27

Vorbemerkung zur Terminologie

1. Unter "Rede" wird hier im Hinblick auf die Hiobdichtung eine als Sprechakt gedachte, aus den "Redeteilen" einer *Eröffnung*, eines *Hauptteils* (Korpus) und eines *Schlusses* (zumeist in der Form eines Summariums) bestehende zielgerichtete (poetische) Komposition verstanden. Der Name des fiktiven Redners, dem diese Komposition in den Mund gelegt ist, fungiert als Chiffre für die gesamte Rede. Je nach Sprachrichtung wird hier unterschieden zwischen den drei "Redetypen" des *Monologs*, formal gekennzeichnet durch eine fehlende Anrede eines direkten oder gedachten Gegenübers und dem steten Rückbezug auf den in der 1.P.Sg. geführten (fiktiven) Redner, *des Dialogs*, der ausdrücklich eine oder mehrere (fiktive) Personen in der 2.P.Sg.Pl. im Blick hat, und *des Gebets*, das sich in der 2.P.Sg. an Gott wendet. Die Bestimmung der "Redeform" richtet sich nach den in der Rede hauptsächlich verwendeten und formkritisch zu erhebenden Gattungen. So bilden die vornehmlich auf *Elemente der Psalmdichtung* zurückgreifenden Redeformen zumeist eine Klage oder einen Hymnus, die auf *juridische* Gattungen rekurrierenden Redeformen eine Gerichtsrede, ein Verhör, einen Eid oder Fluch und die auf *sapientiellen* Gattungen basierenden Redeformen eine Streit- oder Lehrrede. Aufgrund der für die Hiobdichtung charakteristischen Gattungsmischung finden sich psalmistische, juridische und sapientielle Gattungen auch in einer anderen als ihrer ursprünglichen Funktion[1], so daß die jeweilige Redeform zusätzlich aus den Rahmenversen zu bestimmen ist.

2. Im Zusammenhang der sprachlichen Analyse bedient sich die vorgelegte Arbeit einer "Begriffsphänomenologie", worunter wir eine statistische Beschreibung des Wortschatzes der einzelnen Reden des Hiobbuches verstehen. Eine Auswertung des Wortschatzes[2] des ganzen Hiobbuches zeigt, daß erstens die Reden Hiobs, Eliphas, Elihus und Gottes einen charakteristischen

---

[1]   Vgl. dazu G.Fohrer, Form, in: BZAW 154, 60ff.; ders., KAT 16, 50-53; H.-P.Müller, Hiobproblem, 120ff.; H. Graf Reventlow, Tradition, 279ff.; R.E.Murphy, Wisdom Literature, 15-45, und K.L.Dell, Job, bes. 109-153.

[2]   Vgl. dazu unser Wortschatzregister im Anhang (S.249ff.).

Wortschatz haben, daß zweitens eine Häufung von absoluten Hapaxlegomena[3] und insbesondere von relativen Hapaxlegomena[4] in bestimmten Abschnitten *ein Indiz* für eine sekundäre Entstehung der jeweiligen Passage sein *kann* und daß drittens einzelne begriffliche Überschneidungen zwischen Abschnitten verschiedener "Redner" auf originale, dichterisch intendierte, aber auch literarisch sekundär erzielte gegenseitige Abhängigkeiten hinweisen können. Eine solche Begriffsphänomenologie ist somit *ein erster Versuch* innerhalb der sprachlichen Grenzen und Möglichkeiten des Hiobdichters, auf der Textebene eine durchschaubare Vergleichsmöglichkeit zwischen den einzelnen Reden herzustellen[5].

3. Einen Schwerpunkt unserer literarischen Analyse bildet die Darstellung des stilistischen Aufbaus, der poetischen Struktur und der Redefiguren in c.21-27(28). Dabei verwenden wir den Ausdruck "literarische Analyse" in einem komplexen Sinn als Oberbegriff, insofern wir unter dieser Überschrift die Ergebnisse unserer stilistischen, literar-, form- und kompositionskritischen Untersuchung sowie der Bestimmung des jeweiligen gedanklichen Skopus miteinander verbinden.

4. Bei der Beschreibung der poetischen Struktur einer Rede bedient sich die folgende Untersuchung der Kolometrie[6] und der Erkenntnis, daß jede Rede der Hiobdichtung einem bestimmten strophischen Muster unterliegt[7]. Unter "Strophe" wird dabei eine inhaltlich und formal in sich geschlossene, aus einer jeweils neu zu bestimmenden Anzahl von Bikola (selten Trikola) bestehende Einheit innerhalb einer Rede verstanden[8], die von ihrem unmittelbaren mi-

---

3   Unter absoluten Hapaxlegomena verstehen wir Begriffe (Lexeme), nicht Wurzeln, die nur einmal im AT vorkommen. So wird hier ein einmalig erscheinendes *Substantiv* auch dann als absolutes Hapaxlegomenon geführt, wenn dessen *Verbalstamm* mehrfach belegt ist. Hingegen wird z.B. eine Verbalform, die zwar nur einmal im *Pual* begegnet, aber häufig im *Qal* vorkommt, nicht als solches angesehen. Zu einer wesentlich komplizierteren Definition eines Hapaxlegomenon, vgl. F.E.Greenspahn, Hapax Legomena (1984).

4   Unter einfachen Hapaxlegomena werden hier Begriffe (Lexeme) geführt, die, unabhängig von ihrem Auftreten im sonstigen AT, innerhalb des Hiobbuches nur einmal auftauchen.

5   Zu einem ähnlichen Ansatz vgl. bereits K.Budde, Beiträge (1876), 83ff.

6   Zur Methode der Kolometrie vgl. O.Loretz, Kolometrie, 249ff., und O.Loretz u. I.Kottsieper, Colometry.

7   Einen breiten forschungsgeschichtlichen Überblick über die bisherigen strophischen Versuche an der Hiobdichtung bietet P.van der Lugt, Strophes, 235ff. Gegenüber dem von P.van der Lugt, Form, 265ff., an c.28 vorgestellten strophischen Vorschlag, blenden wir historisch-kritische Fragen nicht aus, sondern integrieren die strophische Analyse in die historische Kritik.

8   Ohne mit Duhm und Hölscher (vgl. auch O.Loretz, Probleme, 265f.), alle Tristichen in der Hiobdichtung auszuscheiden, ist die Ursprünglichkeit eines Trikolons mitten in ei-

krotextlichen Umfeld durch besondere Stilmittel abgegrenzt ist. Methodisch wurde bei der Erhebung der Strophik so vorgegangen, daß nach einer textkritischen Sichtung zunächst der Gesamtbestand einer Rede für ursprünglich gehalten und eine sich vom letzten Vers zurücktastende, sich an gedanklichen und stilistischen Einschnitten (z.B. eines betonten הַ, הֵן, כֵּן, לָמָּה, עַתָּה etc.)[9] orientierende Gliederung versucht wurde. Dabei zeigte sich, daß in der dazu parallel durchgeführten kolometrischen, literarkritischen und inhaltlichen Untersuchung auffallende Verse zumeist quer zu dem für den Hauptbestand einer Rede gefundenen strophischen Muster standen.[10]

2.1.1. Die dritte Rede Bildads in c.25

2.1.1.1. Literarische Analyse von c.25

Zum Text

1   Die von der aus dem 12.Jh.n.Chr. stammenden Ms^{K196} geführte Lesart
    אִיוֹב anstelle des masoret. בִּלְדַּד הַשֻּׁחִי ist ein einmaliger Streubefund.
3   Bleibe mit Tg; S und V bei MT אוֹרֵהוּ (vgl. GK §91d; H.Bauer u.
    P.Leander, Grammatik, 251g, 533f.; P.Joüon, Grammaire, 944).
5   עַד ist hier eine asserative Partikel, vgl. V; (vgl. 5,9; [7,19]; 9,10;
    [14,12]). יַאֲהִיל ist ein Derivat von I הלל.

Übersetzung

    1   Und Bildad der Schuchiter hob an und sprach:
    2   Herrschaft und Schrecken sind bei ihm,
          der Frieden schafft in seinen Höhen,

---

ner sonst nur aus Bikola bestehenden Rede auffällig. Weist dieses Tristichon dann zusätzlich besondere textliche und syntaktische Schwierigkeiten auf, so liegt der Verdacht der redaktionellen Auffüllung nahe. Solche sekundären Trikola dürften in 5.5; 6.4; 9.24; 10.3; 12.3.4.6; 14.5.7.12.13.14.19; 15.28.30; 16.9-13; 18.4; 19.27.29; 20.23.25.26; 21.17.33; 24.13-17*; 28.3f.; 29.25; 30.15; 31.35; 38.41; 39.25 und 42.3 vorliegen. Dabei ist jeweils neu zu fragen, ob ein Stichos ausgefallen oder ergänzt ist oder ob eine falsche Versteilung vorliegt. In 7.11; 10.1.22; 11.20; 26.14 und 28.28 ist die Ursprünglichkeit eines Trikolon als besondere Betonung bzw. als Summarium nicht ausgeschlossen. Komplizierter ist die Lage in 3.4-9; dazu ist eine Spezialuntersuchung erforderlich.

9   Vgl. dazu bereits F.B.Köster (1831), zitiert bei P.van der Lugt. Strophes, 235.243, sowie ders., Form, 281ff.292.

10   Vgl. dazu unsere schematische Darstellung des strophischen Aufbaus der Reden im Anhang (4.1.).

3 Gibt es etwa eine Zahl für seine Scharen,
   und über wem erhebt sich nicht sein Licht?
4 Und wie kann gerecht sein der Mensch vor El,
   und wie kann rein sein der von der Frau Geborene?
5 Siehe, selbst der Mond, auch er scheint nicht hell,
   und die Sterne sind nicht rein in seinen Augen,
6 um wieviel weniger der Mensch, die Made,
   und das Menschenkind, der Moder.

Analyse

a) c.25 erweist sich makro- und mikrotextlich als ein kunstvoll aufgebauter Abschnitt, dessen stilistische Grundstruktur ein Megachiasmus bildet. In diesem ordnen sich die V.2 und 6 bzw. V.3 und 5 paarweise um die zentrale Aussage in V.4. Diese Korrespondenz zeigt sich formal und inhaltlich:

2	*theol. These*	Erhabenheit Gottes
3	*Komparation*	Größe Gottes im kosmischen Vergleich
4	*anthrop. These*	*Gerechtigkeit des Menschen*
5	*Komparation*	Reinheit Gottes im kosmischen Vergleich
6	*Konklusion*	Niedrigkeit des Menschen

Der hymnischen Prädikation in V.2, daß allein bei Gott Herrschaft und Schrecken sei (vgl. Ps 22,29; 59,14; 66,7; 89,10; Jes 40,10; Jdc 8,23; I Chr 29,12), entspricht die Schlußfolgerung in V.6, der Mensch sei nur Gewürm. Äußerlich ist diese Entsprechung durch das verwandte kolometrische Verhältnis von 11:14 in V.2 und 11:11 in V.6 gekennzeichnet. Der rhetorischen Frage in V.3, ob es eine Zahl für Gottes Sterne[11] gebe, und über wem sein Licht nicht leuchte (vgl. Ps 36,10; Sir 23,19; 42,16), entspricht in V.5 die Erkenntnis, daß vor Gottes Antlitz weder Mond noch Sterne hell erstrahlen. Formal ist diese Korrespondenz durch den Beginn beider Verse mit ה, durch die in beiden Versen vorliegende leichte Überlänge des zweiten Hemistichos sowie durch das verwandte kolometrische Verhältnis von 14:16 in V.3 und 15:18 in V.5 unterstrichen. Im Zentrum der beiden chiastischen Paare steht die doppelte Frage nach der Gerechtigkeit des Menschen vor Gott. Daß es hier nicht nur um die Möglichkeit eines Rechthabens des Menschen gegenüber

---

11 גְּדוּד steht hier nicht primär in angelologischem Sinn für Engel (vgl. Hi 19,12; Sir 48,9 [H]; Mi 4,14; Gen 28,12; I Reg 22,19; I Chr 7,4; II Chr 26,11; äthHen 18,15 und 80,6), sondern in kosmologischem Verständnis für die Sterne. Hierfür sprechen der Parallelismus mit אוֹר, die Nennung von יָרֵחַ und כּוֹכָבִים in V.5 und die Parallele in Ps 147,5, in der neben לְ מִסְפָּר explizit die "Sterne" stehen, vgl. auch Jes 40,26; Jer 33,22 und Sir 43,10; sowie den Versuch einer (im einzelnen fragwürdigen) mythologischen Erklärung von G.Fuchs, Mythos, 133-135.

Gott geht[12], sondern vor allem in einem wesensmäßigen Sinn um ein Gerechtsein[13], zeigen die Verwendung der Wurzel זכה (V.4b) bzw. זכך (V.5b), in der neben dem religiös-ethischen Moment der Aspekt des kultischen Reinseins mitschwingt[14], und die kosmologischen Vergleiche in V.5. Die Mittelpunktstellung von V.4 wird vierfach herausgehoben:

1. durch ein ausgeglichenes kolometrisches Verhältnis von 15:14,

2. durch den sich vom unmittelbaren Kontext abgrenzenden Beginn mit *Waw*-Apodosis,

3. durch die identische Konsonantenzahl der Rahmenverse: V.2-3 und V.5-6 haben jeweils 55 Konsonanten,

4. durch die Integration des einzigen in diesem Abschnitt vorkommenden Gottesnamens, wobei אֵל exakt in der Mitte der V.2-6 steht: 69 Konsonanten gehen voraus, 70 folgen.

b) Die kunstvolle Komposition des Makrotextes von c.25 zeigt sich auch an zahlreichen Stilmitteln innerhalb der einzelnen Verse. Der synthetische Parallelismus in V.2 weist neben der Alliteration עִמּוֹ עֹשֶׂה und dem Homoioteleuton der letzten Worte in den jeweiligen Vershälften בִּמְרוֹמָיו bzw. עִמּוֹ die Klimax von הַמְשֵׁל über פַחַד zu שָׁלוֹם auf. Hinsichtlich des Subjekts findet sich eine Brachylogie, insofern das Partizip עֹשֶׂה implizit das Subjekt "Gott" führt (vgl. Hi 12,17.19; 26,7; 41,13). Die Synonymität der Glieder in V.3 zeigt sich im Parallelismus von עַל־מִי und הֲיֵשׁ מִסְפָּר bzw. אוֹרֵהוּ und גְּדוּדָיו. In V.4 entsprechen sich um das Zentrum עִם־אֵל herum alle einzelnen Glieder von der Wiederholung des Fragepronomens bis hin zum Prädikat und Subjekt. Die V.5-6 besitzen ebenfalls besonders schöne synonyme Parallelismen, in denen einerseits Subjekt und Prädikat (V.5) und andererseits Subjekt und Apposition (V.6) miteinander korrespondieren. In V.6 kommt ein Homoioteleuton der letzten Halbverse hinzu. Über die versimmanenten Entsprechungen hinaus finden sich Verknüpfungen der einzelnen Verse untereinander quer zur chiastischen Grundstruktur. So erstrecken sich als Koordinatenkreuz durch den ganzen Abschnitt eine Vertikale und eine Horizontale: Vom Himmel מְרוֹמָיו (V.2) verläuft die Senkrechte über die Gestirne גְּדוּדָיו und

---

[12] So Horst, 74ff.; Terrien, 180. und J.Lévêque, Job, 261f.

[13] So zu Recht die Mehrheit der neueren Ausleger; vgl. Merx, 137; Fz.Delitzsch, 331; Dillmann, 236; Fd.Delitzsch, 71; Hontheim, 333; Budde, HK²II, 147; Driver u. Gray, 216; Peters, 269; Dhorme, 368; E.Würthwein, Gott, in: Wort und Existenz, 234-237; Lamparter, 149; Hölscher, 60; Weiser, 185; Pope, 163; C.Westermann, Aufbau³, 102ff.; Gordis, 274; de Wilde, 252; V.Maag, Hiob, 158; O.Kaiser, Ideologie, 54; J.Vermeylen, Job, 40f.; Hartley, 356; Clines, 108.112; T.Mende, Leiden, 160; u.a.

[14] Vgl. Hi 9.30; Jes 1.16; Ex 27.20; 30.34; Lev 24.2.7 sowie die Ausführungen von A.Negoita u. H.Ringgren, Art. זָכַך. in: ThWAT II, 569-571.

אוֹרֵהוּ (V.3) zu den untergeordneten Himmelskörpern יָרֵחַ und כּוֹכָבִים (V.5) bis hin zu Mensch und Erde, hyperbolisch charakterisiert als רִמָּה und תּוֹלֵעָה (V.6). Auf der Waagerechten liegt die generalisierte Frage nach der Gerechtigkeit des Menschen. Schließlich bilden die V.4 und 5 zwei Chiasmen, in denen die V.4aα und 5aβ, V.4aβ und 5aα, V.4bα und 5bβ bzw. V.4bβ und 5bα kreuzen.

c) Zusammenfassung: Gerahmt von einer hymnischen Prädikation zu Gottes Schöpfer- und Erhaltermacht und einer über die rhetorische Figur des Schlusses *a maiore ad minus* erreichten Folgerung zur kreatürlichen Unwürdigkeit des Menschen, findet sich in zentraler Position die Infragestellung menschlicher Gerechtigkeit. Es wird nun zu prüfen sein, ob sich diese in eine poetische Form gegossene *theologische These* als eine ursprüngliche *Rede*, zumal Bildads, verstehen läßt. Im folgenden wird daher c.25 mit den vorangegangenen Reden des Schuchiters (c.8 und 18) sowie mit den Reden des Zophar (c.11 und 20) und des Eliphas (c.4-5; 15 und 22) verglichen.

2.1.1.2. Die Reden des Bildad in c.8 und 18

Der Vergleich von c.25 mit den Bildadreden in c.8 und 18 wird zunächst unter einem zweifachen Aspekt durchgeführt: eine Begriffsphänomenologie soll Aufschluß über den Wort- und Motivschatz geben, eine literarische Analyse von c.8 und 18 wird die kompositionelle und inhaltliche Besonderheit von c.25 herausstellen.

Begriffsphänomenologie der Bildadreden

a) Absolute Hapaxlegomena finden sich in keiner der drei Bildad zugeschriebenen Reden[15].

b) An relativen Hapaxlegomena begegnen in der ersten Bildadrede 14, d.h. 8.5% des Gesamtwortbestandes dieser Rede, in der zweiten ebenfalls 14, d.h. 10%, und in der dritten zwei, d.h. 5%. Damit besitzt c.25 nicht nur innerhalb der Bildadreden, sondern auch innerhalb des dritten Redegangs den niedrigsten Prozentsatz von relativen Hapaxlegomena bezogen auf den jeweiligen Gesamtwortschatz[16]. Sie beschränken sich auf Bildvergleiche und erweisen sich als poetische Erweiterungen aufgrund des *Parallelismus membrorum*, sind also kein Hinweis auf einen spezifischen Wortschatz der Bildadreden[17].

---

15 II אהל (25.5) ist eine Nebenform von I הלל, kein echtes absolutes Hapaxlegomenon.

16 C.21 hat 14 relative Hapaxlegomena oder 6% seines Gesamtwortbestandes; c.22 hat 9 (d.h. 4.5%); c.23 hat 8 (d.h. 7%); c.24 hat 21 (d.h. 10%); c.26 hat 7 (d.h. 7%); c.27 hat 10 (d.h. 6%).

17 So konzentrieren sich die relativen Hapaxlegomena in c.8 auf die Verse 11-14 im Bild vom verblühenden Riedgras, in c.18 auf die V.8-10 im Motiv vom gefangenen Wild

c) Typische Bildadbegriffe, d.h. Worte, die sich ausschließlich oder überwiegend in mindestens zwei Bildadreden oder gehäuft in zwei verschiedenen Abschnitten einer Bildadrede finden, sind selten. Lediglich der Gottesname אֵל begegnet in allen drei Bildadreden, der Begriff אוֹר erscheint immerhin viermal (18.5.6.18; 25.3), מִבְטָח findet sich von drei Belegen im Hiobbuch (8.14; 18.14; 31.24) zweimal im "Munde" Bildads.

d) Auch wenn für die drei Bildadreden kein fester Wortschatz nachgewiesen werden kann, so sind doch begrifflich und motivisch c.8 und 18 enger miteinander verbunden als c.25 mit diesen beiden. Gegenüber sieben (acht) Überschneidungen zwischen c.8 und 18[18], finden sich nur fünf Überschneidungen, die c.25 mit c.8 und 18 gemeinsam hat[19]. Dabei handelt es sich um Begriffe, die zu den meistgebrauchten des AT gehören und somit für einen spezifischen Wortschatz nicht aussagekräftig sind.

e) Demgegenüber besitzt c.25 zentrale begriffliche Überschneidungen mit 4.17-19; 9.2b und 15.14-16. Im folgenden wird zu untersuchen sein, ob es sich um ein kompositionell beabsichtigtes Zitieren[20] handelt oder ob hierin bereits ein Hinweis auf eine sekundäre Entstehung von c.25 zu sehen ist.

f) Für c.25 insgesamt bedeutet der begriffsphänomenologische Befund, daß die dritte "Rede" Bildads von ihrem Wortschatz her leicht aus dem Rahmen der beiden anderen Bildadreden herausfällt.

Die erste Bildadrede in c.8

Die erste Bildadrede bildet eine aus vier Strophen (V.2-7|8-13|14-19|20-21)[21] aufgebaute, als Ringkomposition gestaltete *Mahn- und Trostrede*. Im Mittelpunkt steht ein Traditionsbeweis zur Funktion der göttlichen Vergeltung (V.8-13|14-19)[22]. Als Rahmen fungieren die theologische Kernthese, Gott beuge nicht das Recht (V.3.20), und die direkten Anreden Hiobs (V.2.21f.). Im Makrotext korrespondieren auf diese Weise:

1. die *Eröffnungsfrage* an Hiob (V.2) und die assertorische *Schlußformel* (V.21.22); äußerlich gekennzeichnet durch den jeweiligen Versbeginn mit עַד und das verwandte kolometrische Verhältnis von 11:15 bzw. 13:11; 13:14,

---

18   und in V.13-15 im Bild von der Verwüstung der Wohnstätte des Frevlers.
     אָבַד: 8.13; 18.17. יָדַע: 8.9; 18.21. מִבְטָח: 8.14; 18.14. מָקוֹם: 8.18; 18.4.21. רָשָׁע: 8.22;
     18.5. שֹׁרֶשׁ: 8.11; 18.15. הָיָה: 8.7; 18.12. (אֵל: 8.3.5.13.20; 18.21; 25.4).

19   אֵל: 8.3.5.13.20; 18.21; 25.4. אוֹר: 18.5.6.18; 25.3. בֵּן: 8.4; 25.6. עָיִן: 18.3; 25.4. קוּם:
     8.15; 25.3.

20   Vgl. dazu 3.11 mit 10.18; 7.6 mit 9.25; 8.20 mit 9.22; 8.19 mit 14.8; 18.19 mit 20.26
     und 20.29 mit 27.13; sowie insbesondere die Elihureden, siehe unsere Zusammenstellung auf S.174 Anm.3 und Anm.4.

21   Die ersten drei Strophen bestehen jeweils aus sechs Bikola, die letzte nur noch aus drei.

22   Daß hier (wie überhaupt in der ganzen Hiobdichtung) der Begriff "Vergeltung" (und zwar nach einer Straf- *und* Lohnseite) zutreffend ist, und nicht die neutrale Terminologie von "Tun-Ergehen-Zusammenhang" oder "schicksalwirkender Tatsphäre" (vgl. K.Koch, Vergeltungsdogma), zeigt die Rückführung des bösen Schicksals der Frevler auf das freie Handeln Gottes (vgl. bes. 8.4: יְשַׁלְּחֵם; 4.8f.; u.ö.; dazu zuletzt H.D.Preuss, Theologie, I, 209ff.212 mit der dazugehörigen Anm. 344).

begrifflich und inhaltlich verbunden über den Terminus פֶּה, den Hiob jetzt mit "leeren Worten" (V.2), Gott aber dereinst mit "Lachen" füllen wird (V.21);

2. die *theologische These* vom gerechten Walten Gottes (V.3.21), formal gekennzeichnet durch den Versbeginn mit ה, inhaltlich verknüpft über die zentrale Aussage, Gott erweise seine Gerechtigkeit dadurch, daß er den Frommen (תָּם) bewahre, die Frevler (מְרֵעִים bzw. רְשָׁעִים) aber verwerfe.

Im Zentrum von c.8 steht der Traditionsbeweis Bildads: die Erfahrung der früheren Generation bestätige, daß den Frevlern ein böses Ende beschieden sei. Den drei Auftaktversen (V.8-10), die auf das Wissen der Väter verweisen, folgen ein Pflanzenvergleich zum Vergehen des חָנֵף (V.11-12) und ein Summarium. In der dritten Strophe (V.14-19) wird das Thema der Vergänglichkeit des Glücks derer, die Gott vergessen, erneut mit Bildern aus der Flora variiert.

Gegenüber c.25, das formal ein kunstvoll verdichtetes Theologumenon darstellt, ist c.8 eine aus den Elementen der *Einleitung*, der *Explikation* einer theologischen These, der *Applikation* der These auf Hiob und der *Schlußformel* bestehende Rede. Sie geht davon aus, daß Gott gerecht handelt (8,3.21) und daß es menschliche Gerechtigkeit vor Gott gibt (8,5-6)[23]. Durch die Prämisse in 8,4-6 (vgl. bes. 8,6a: אִם־זַךְ וְיָשָׁר אָתָּה) ergibt sich zusätzlich zu den formalen Differenzen eine inhaltliche Spannung zu der generellen Aussage in 25,4: וּמַה־יִּצְדַּק אֱנוֹשׁ עִם־אֵל וּמַה־יִּזְכֶּה יְלוּד אִשָּׁה.

Die zweite Bildadrede in c.18

Die zweite Bildadrede bildet eine aus vier Strophen (V.2-6|7-11|12-16|17-21) zu je fünf Bikola komponierte zweiteilige *Mahnrede*. Nach den Einleitungsfragen an die Freunde (V.2-3), einer spöttischen Abweisung Hiobs (V.4)[24] und der These vom Vergehen der רְשָׁעִים (V.5-6) folgt der Hauptteil. Er beschreibt in zwei Strophen (V.7-11|12-16) metaphorisch das grauenvolle Schicksal des Frevler. Das Redekorpus gipfelt in einer Abschlußstrophe (V.17-21), die mit der Licht-Finsternis-Metaphorik auf die Ausgangsthese (V.5-6) hinsichtlich der Vernichtung des Frevlers zurückgreift. Stilistisch und inhaltlich steht die zweite Rede Bildads eng neben der ersten:

1. Wie c.8 beginnt c.18 mit einer aus dem Streitgespräch der Weisen entlehnten Frage nach der Dauer des Redens bzw. Schweigens (8,2; 18,2).

---

23 In 8,6 streiche כִּי־עַתָּה יָעִיר עָלֶיךָ, so mit Ms[K18]; Merx; Siegfried; G.Beer. in BHK[2]; Duhm; u.a.

24 In 18,4 streiche טֹרֵף נַפְשׁוֹ בְּאַפּוֹ, so mit G.Beer. Text; G.Bickell, Iobdialog; Fohrer; u.a.

2. Wie in c.8 folgt in c.18 auf die Redeeröffnung eine direkte Anrede Hiobs in der 2.P.Sg. (8,2-7; 18,4*).

3. Wie in c.8 ist in c.18 das Hauptargument die bildhaft explizierte These der Funktionsfähigkeit der Vergeltung. War sie in c.8 nach beiden Seiten ("Lohn" - "Strafe") entfaltet, so folgt in c.18 nur (noch) eine Explikation hinsichtlich der Bestrafung.

4. Wie c.8 endet c.18 mit einem *summary appraisal* über die Auslöschung der רְשָׁעִים (8,22; 18,21). War es in Bildads erster Rede persönlich formuliert und als Verheißung an Hiob charakterisiert, so ist es in 18,21 neutral gefaßt und dient Hiob als Warnung.

5. Eine besondere Schärfe verleiht der Rede ihr auf Gott hinweisendes Abschlußwort (18,21b), sie endet mit אֵל.

6. Gegenüber der als doppelte Ringkomposition gestalteten ersten Rede Bildads (Anrede - These - Explikation - These - Anrede), besitzt die zweite Rede einen asymmetrischen Aufbau, insofern keine Schlußanrede Hiobs erfolgt (Anrede - These - Explikation - These - Summarium *ohne Anrede*).

Zusammenfassung

Sowohl die erste als auch die zweite Rede Bildads sind echte dialogische Reden. Neben den direkten Anreden eines Gegenübers besitzen sie eine eindeutige Eröffnung als Rede und einen eindeutigen Redeabschluß. Zu der kompositionellen Parallelität von c.8 und 18 kommt eine begriffliche und motivische Verwandtschaft. Das inhaltliche Zentrum beider Reden besteht in der Entfaltung des gerechten Handelns Gottes und der Funktionsfähigkeit der Vergeltung, vornehmlich am Beispiel des innerweltlichen Ergehens der רְשָׁעִים. Demgegenüber stellt c.25 eine Sondergröße dar. Der Vergleich mit den weiteren Freundesreden mag Aufschluß darüber geben, inwieweit eine begriffliche, motivische und kompositionelle Parallelität der einzelnen Reden untereinander ein Maßstab hinsichtlich der Ursprünglichkeit von c.25 sein kann.

2.1.1.3. Die Reden des Zophar in c.11 und 20

Begriffsphänomenologie der Zopharreden

Wie schon für die Bildadreden läßt sich auch für die Zopharreden kein spezifischer Wortschatz nachweisen. Der Hauptbestand der in beiden Zopharreden vorkommenden Begriffe ist breit über das ganze Hiobbuch verteilt[25]. Es fällt jedoch auf, daß Zophar den Ter-

---

[25] Vgl. anhand des Wortschatzregisters אָדָם: אהֵל: אמר; אֶרֶץ: הְיָה: יְד; יְדע; עָיִן; עָון; עֵין: שָׁמַיִם und שכב: רָשָׁע: ראה: קום: ענה.

minus רָשָׁע einmal mehr als Bildad und Eliphas verwendet (11,20; 20,5.29). Ausschließliche Begriffsüberschneidungen zwischen beiden Zopharreden existieren nicht. Die absoluten und einfachen Hapaxlegomena konzentrieren sich auch hier auf Bildworte, so daß aus ihnen keine besonders charakteristische Sprache der Zopharreden abzulesen ist[26]. In 11,6-9 findet sich allerdings eine Häufung von Begriffsüberschneidungen mit Teilen der Hiobdichtung, deren sekundäre Entstehung von überwiegenden Teilen der Forschung bereits angenommen bzw. im Laufe dieser Analyse wahrscheinlich gemacht wird:

11,6: zu כָּפַל vgl. 41,5; zu תַּעֲלֻמוֹת vgl. 28,11; zu נשה Hifil vgl. 39,17;

11,7: zu תַּכְלִית vgl. 26,10; 28,17;

11,8: zu עמק vgl. 12,22; zu פעל vgl. außerhalb der Elihureden 7,20; 22,17; 31,3; zu גבה vgl. 22,12; 40,10;

11,9: zu מִדָּה vgl. 28,25; אָרֹךְ ist ein relatives Hapaxlegomenon (vgl. אֶרֶךְ in 12,22).

Die erste Zopharrede in c.11

Die erste Zopharrede bildet eine aus vier Strophen (V.2-5|7*+10-12|13-17|18-20*) zu je vier Bikola bestehende dreiteilige *Mahn- und Trostrede* mit den Elementen der persönlichen Anrede, der Widerlegung Hiobs und einer zweiteiligen Verheißung an Hiob.

Aus literarkritischen, formgeschichtlichen und inhaltlichen Erwägungen sind V.6-9* als sekundär zu betrachten: V.6 ist ein kolometrisch ungleichmäßiges Tristichon mit wechselnden Subjekten von V.a zu V.b. Der Vers bietet einen merkwürdigen Verweis auf die verborgene Weisheit (vgl. *atl.* nur noch in 28,12-14.20-27) und eine für die *Hiobdichtung* untypische Vorstellung der Sündenvergebung (V.6b). V.8-9 bilden im jetzigen Kontext einen Exkurs über die תַּכְלִית שַׁדַּי (V.7), obgleich sie eher die חָכְמָה aus V.6 explizieren. In V.10 ist "Gott" selbst Subjekt. Der *kosmologisch ausgerichtete Fragestil* (vgl. 11,7a: הַחֵקֶר אֱלוֹהַ תִּמְצָא; 11,8b: מַה־תֵּדָע) erinnert an das Weisheitslied in c.28 (vgl. V.12.20) und an die Gottesrede in c.38-39 (vgl. bes. 38,4ff.; 38,16). Gegenüber einer Versumstellung[27] ist es angemessener, in V.6-9* eine spätere Erweiterung zu sehen[28].

---

26 C.11 enthält ein absolutes Hapaxlegomenon (0,7% des Gesamtwortbestandes der Rede) und 14 relative Hapaxlegomena (10%); c.20 enthält drei absolute Hapaxlegomena (1,4%) und 22 relative Hapaxlegomena (11%). Dabei ist das Verhältnis der Hapaxlegomena in c.20 etwas verzerrt, da der Text empfindlich gestört ist und die Erhebung des Wortschatzes stärker als in anderen Abschnitten der Hiobdichtung von der jeweiligen textkritischen Entscheidung abhängt.

27 So streicht z.B. Hölscher 11,6c und positioniert 11,7 zwischen 11,3.4 (vgl. auch Duhm); de Wilde verlegt 11,6c zwischen 11,17.18 (vgl. auch TurSinai).

28 G.Beer, Text; Driver u. Gray und H.Bobzin, Tempora, tilgen 11,6c; Siegfried eliminiert 11,7-9. Am deutlichsten hat F.Baumgärtel, Hiobdialog, 53, erkannt, daß die V.6-9* sekundär sind.

Somit verbleibt als vermutlicher Grundbestand der ersten Rede Zophars die Redeeröffnung mit der Polemik gegen Hiob, der ironischen Zitation und dem Wunsch, Gott selbst möge mit Hiob reden (V.2-5). Hieran schließt sich eine juridische und sapientielle Explikation des Wesens Gottes an, der für Hiob unergründlich (V.7* - jetzt hymnisch erweitert um V.8-9) und unfaßbar (V.10), aber auch allwissend und gerecht ist, wie sich an seinem Gericht über die Frevler zeigt (V.11). Abgeschlossen wird diese Strophe durch eine weisheitliche Sentenz über die Unfähigkeit des Dummkopfes, klug zu werden (V.12). Den Hauptanteil in dieser Rede haben Verheißungen an Hiob, die dem Schema der Gegenüberstellung des רָשָׁע und des צַדִּיק unterliegen. Dabei ist die erste Strophe des dritten Redeteils (V.13-16) noch von einer doppelten Protasis (V.13-14) gekennzeichnet, der eine doppelte Apodosis (V.15-16) folgt. Die Abschlußstrophe (V.17-20) enthält reine Promissiones an Hiob. Wie in der ersten Rede des Bildad (8,22) hat das abschließende *summary appraisal* über das Ende der רְשָׁעִים aufgrund seiner Einbettung in den Verheißungsteil die Funktion, Hiob neue Hoffnung zu schenken.

Im Mittelpunkt der Rede steht wie in der ersten Bildadrede die Darstellung der immanenten Vergeltung hinsichtlich der Lohn- wie der Strafseite. Ihre Funktion wird von dem sich stets als gerecht erweisenden Gott garantiert. Dabei liegt in der ersten Zopharrede ein noch größeres Gewicht auf den persönlichen Verheißungen an Hiob. Wie in den beiden Bildadreden in c.8 und 18 besteht auch in der ersten Zopharrede der argumentative Hintergrund in der Überzeugung, daß einerseits Gott vollkommen gerecht handelt (8,3; 11,11) und daß andererseits Gerechtigkeit des Menschen vor Gott möglich ist (8,4; 11,13ff.).

Die zweite Zopharrede in c.20

Die zweite Zopharrede stellt eine aus fünf Strophen (V.2-5|6-11|12-17|18-23|24-29*) zu je vier bzw. sechs Bikola bestehende *Mahn- und Warnrede* dar[29]. In der Eröffnung betont Zophar sein auf Inspiration beruhendes Rederecht (V.2-3), spricht Hiob persönlich an (V.4) und formuliert eine theologische These (V.5). Im Hauptteil (V.6-28) erfolgt eine vierfache Begründung und Entfaltung dieser These. Ähnlich wie in der zweite Bildadrede findet sich nur (noch) in der Redeeinleitung eine direkte Anrede in der 2.P.Sg., wie jene

---

[29] Die erheblichen textkritischen Emendationen, die in c.20 versucht werden müssen, können nicht im einzelnen dargestellt werden, vgl. dazu bes. G.Beer, Text, 130-138; Beer, in BHK³; Hölscher, 50-51; Fohrer, 323-326; Clines, 473-480; H.Bobzin, Tempora, 275-289, und L.L.Grabbe, Philology, 76f.

mündet sie in einem Summarium über das Schicksal des רָשָׁע (20,29), das als Unterschrift für die ganze Rede fungiert. Wie in c.18 dient der Ausblick auf die Vernichtung des Frevlers nicht (mehr) als Verheißung an Hiob (vgl. 8,21f. und 11,20), sondern als Warnung. Wie in der zweiten Bildadrede (18,21) bildet der Gottesname אֵל den Schlußpunkt. Aus dem gleichmäßigen Aufbau von Zophars zweiter Rede fällt V.23aα heraus, der das Summarium, das jede Explikation beschließt (vgl. V.6-10 und 11; V.12-16 und 17; V.18-22 und 23; V.24-27* und 28), verwischt[30]. V.25bβ (יַהֲלֹךְ עָלָיו אֵמִים) und V.26b (יֵרַע שָׂרִיד בְּאָהֳלוֹ) sind als explizierende Glossen des Kriegsbildes in V.24-25a anzusehen[31]. Gegenüber der in der zweiten Bildadrede 17 Distichen umfassenden Ausmalung des Schicksals der רְשָׁעִים ist die bildhafte Beschreibung ihres Untergangs in c.20 auf 25 Distichen angewachsen und nimmt kosmische Dimensionen an (20,27f.)[32].

Zusammenfassung

Ein Vergleich von c.8; 11; 18 und 20 zeigt, daß die Zophareden wie die beiden ersten Bildadreden im makrotextlichen Aufbau und in der Verwendung der einzelnen Redeelemente parallel komponiert sind. Eine Gegenüberstellung der theologischen Grundaussagen von c.8; 11; 18 und 20 verdeutlicht, daß die Reden sich auch inhaltlich entsprechen. Die Argumentation basiert:

1. auf der Annahme des gerechten Handelns Gottes (8,3; 11,11; 18,21; 20,29) und der konditional gefaßten Aufforderung Hiobs, sich doch (endlich) als fromm und gerecht zu erweisen (8,5; 11,13),

2. auf der Überzeugung von der immanenten Bestrafung der Frevler (8,21; 11,20; 18,5; 20,5ff.) bzw. der innerweltlichen Belohnung der Gerechten (8,5-7.21; 11,15ff.).

Differenzen zwischen c.8; 18; 11 und 20 bestehen lediglich in der Bildwahl zur Beschreibung der Vergeltung. Angesichts der formalen und inhaltlichen Parallelität zwischen den ersten beiden Bildad- und Zophareden einerseits und der Besonderheit von c.25 andererseits, erhebt sich nun die Frage nach den nächsten Parallelen, die die dritte "Rede" Bildads im Hiobbuch besitzt.

---

[30] So streichen die Worte יְהִי לְמַלֵּא בִטְנוֹ auch Merx; G.Bickell, Iobdialog; G.Beer, Text; Hölscher; Weiser; Fohrer; Fedrizzi und Hesse; in G ist der Versteil asterisiert.

[31] So mit P.Volz, Hiob (1921), 59; demgegenüber ziehen Merx; G.Bickell, Iobdialog; G.Beer, Text; Duhm; Hölscher; Fohrer; Fedrizzi; Hesse und de Wilde V.25bβ und V.26aα zu einem Distichon zusammen und erhalten somit einen zusätzlichen Vers.

[32] Vgl. dazu G.Fuchs, Mythos, 104ff., die hinter der Beschreibung des Untergangs der Frevler in 15.20ff.; 18.4ff. und 20.4ff. insgesamt Bilder aus dem Chaoskampfmythos vermutete.

2.1.1.5. Die Reden des Eliphas in c.4-5 und 15

Begriffsphänomenologie der Eliphasreden

a) In der ersten Eliphasrede (c.4-5) findet sich ein echtes absolutes Hapaxlegomenon (תְּהֳלָה in 4,18)[33] sowie ein verkapptes (נתע in 4,10, das Nebenform zu נתץ ist), so daß diese Rede nur 0.3-0,6% absolute Hapaxlegomena bezogen auf ihren Gesamtwortbestand führt. In der zweiten Eliphasrede (c.15) liegen mit רֹזֵם (V.12)[34], כִּידוֹר (V.24), פִּימָה (V.27) und מְנוֹל (V.29) vier absolute Hapaxlegomena vor, d.h. 1,5% des Gesamtwortbestandes. Mit der Verwendung von עתד *Hitpael* kommt in 15,28 eine im AT einmalige Konstruktion dieser Wurzel hinzu (vgl. einmalig im *Piel* in Prov 24,27). Die dritte Eliphasrede (c.22) enthält drei absolute Hapaxlegomena קִים (V.20)[35], בֶּצֶר (V.24-25) und שַׁח (V.29), d.h. 1,5% des Gesamtwortbestandes dieser Rede.

b) Relative Hapaxlegomena finden sich in der ersten Eliphasrede 30 (d.h. 8,5%), in der zweiten 28 (d.h. 10,8%) und in der dritten 9 (d.h. 4,5%).

c) Gegenüber den Bildad- und Zopharreden verfügen die Eliphasreden über einen typischen Wortschatz: hier finden sich Begriffe, die entweder ausschließlich oder überwiegend in Eliphasreden begegnen oder die in mindestens zwei, z.T. in allen drei Eliphasreden erscheinen. Zu solchen charakteristischen Worten gehören: אֱלוֹהַּ, אֵל, אָכַל, אָוֶן, אֹהֶל, אֶרֶץ, בּוֹא, בַּיִת, הָיָה, חֹשֶׁךְ, יָדַע, יָכַח, יְסוֹד, יִרְאָה, כֹּחַ, לָקַח, עַוְלָה, עַיִן, עָמָל, פֶּה, פַּחַד, צֶדֶק, קוּם, רָאָה, שַׁדַּי, שָׁמַע.

d) Auf die Überschneidung mit sekundären Abschnitten wird im Rahmen der literarischen Analyse eingegangen.

Die erste Eliphasrede in c.4-5

a) Gegenüber der einer Redeeröffnung und eines Redeschlusses entkleideten, zu einer theologischen These verdichteten "Rede" Bildads in c.25 begegnet das Motiv von der kreatürlichen Ungerechtigkeit des Menschen angesichts der Majestät Gottes in c.4-5 und 15 in eine vollständige Rede eingebettet. Diese im folgenden als Niedrigkeitsmotiv bezeichnete These hatte sich im Vergleich der Bildad- und der Zopharreden als selbständige Größe erwiesen. Wie sich zeigen wird, liegt das Niedrigkeitsmotiv aber auch in den Reden des Eliphas nicht spannungsfrei gegenüber dem unmittelbaren Kontext vor.

b) Die erste Rede des Eliphas beginnt in ihrer Eröffnungsstrophe (4,2-6) mit vorsichtigen Fragen an Hiob, erinnert ihn an seine eigene Fähigkeit, andere zu trösten, und verweist auf seine Gottesfurcht[36]. Hieran schließt in der zwei-

---

[33] Zu תְּהֳלָה "Irrtum" siehe bereits die Diskussion bei Dillmann, Hiob[4]; dann bei J.Barr, Philology, nr.333; L.L.Grabbe, Philology, 41-43; W.L.Michel, Job (1987), 95f., und Clines, 112f.

[34] Zu רֹזֵם siehe schon die etymologischen Versuche bei Fz.Delitzsch, 190f.; dann bei L.L.Grabbe, Philology, 66f.; Clines, 342, und F.E.Greenspahn, Hapax Legomena (1984), 207.

[35] Zum Text von c.22 siehe S.81.

[36] Die absolut gebrauchte יִרְאָה (vgl. 15,4; 22,4) steht hier elliptisch für die יִרְאַת יְהֹוָה.

ten Strophe (4,7-11) die mit einem weisheitlichen Erinnerungsruf (זְכָר־נָא)
eingeleitete und als Frage formulierte These an, daß der Unschuldige (נָקִי)
und der Aufrechte (יָשָׁר), selbst wenn sie eine Zeit der Leiden durchlebten,
letztlich nicht zugrundegingen. Unterstrichen wird diese Überzeugung durch
den Hinweis auf die persönliche Erfahrung (רָאִיתִי), nach der umgekehrt die
Frevler von Gott vernichtet werden. Zur Bestätigung dieser klassischen, als
Gegensatzspruch formulierten Darstellung der Vergeltung[37] nach ihrer Lohn-
(V.7) und ihrer Strafseite (V.8-9) folgt ein zwei Bikola umfassendes Bildwort
vom Löwen, der vernichtet wird (V.10-11)[38].

c) Auf die beiden Eingangsstrophen (V.2-6|7-11), die jeweils fünf Bikola
umfassen, kolometrisch ausgewogen[39] sowie formal nach vorne und hinten
abgeschlossen sind, folgt die Schilderung einer nächtlichen Offenbarung. Diese
Vision und Audition[40], die dem Eliphas zuteil wurde (4,12-21), fällt durch
zahlreiche Besonderheiten aus ihrem Kontext heraus. V.12 hebt sich durch
den Beginn mit *Waw*-Apodosis markant von V.11 ab. Der Vers führt mit שֶׁמֶץ
einen im Hiobbuch nur noch in 26,14 auftauchenden, insgesamt im AT sehr
seltenen Begriff[41] und zeigt ein kolometrisches Ungleichgewicht (11:15). Dagegen verfügen die Auftaktverse der ersten und zweiten Strophe über ein ausgewogenes kolometrisches Verhältnis (V.2: 15:15 bzw. V.7: 16:15). Die metrische Unebenheit wird in V.13 fortgesetzt (17:17), der das längste Distichon
der ganzen Rede darstellt und der eine wörtliche Parallele in 33,15 besitzt. Die
V.14-15 beschreiben die subjektiven Umstände der Offenbarung und den
Schrecken, der Eliphas ergreift. Sie sind zwar von einer größeren metrischen
Ruhe gekennzeichnet, gleichwohl begegnen hier zahlreiche für die Hiob-

---

37   als Terminus für Frömmigkeit, Glauben, Religion, vgl. 6,14; [28,28]; Ps 19,10; 34,12;
     111,10; Prov 1,7,12; 2,5; 8,13; 9,10; 10,27; 14,26; 15,16,33; 16,6; 19,23; 22,4; 23,17.

37   Auch hier zeigt die Kombination der Beschreibung von Tun und Ergehen (4,8) mit dem
     Motiv von Gottes Zorn (4,9), daß zumindest *im Rahmen der Hiobdichtung* der die Ak-
     tivität Gottes wahrende Begriff der "Vergeltung" treffend ist. Zum Hintergrund der Ge-
     gensatzsprüche "Gerechter - Frevler" vgl. Prov 10,5,7,16,28; 11,3,5,6,8,27,28,30;
     12,5,7,26; 13,9,13,15; 14,22,32; 15,27,28; vgl. dazu C.Westermann, Wurzeln, 91-101.

38   Der Löwe ist im Alten Orient, im AT und in den jüd.-hell. Schriften ein beliebtes
     Symbol für den Frevler, vgl. Ps 7,3; 17,2; 22,14; 35,16; 58,7; Sir 13,18f. [H]; 1QH 5,9f.
     Zu einer mythologischen Deutung dieses Bildwortes vgl. zuletzt G.Fuchs, Mythos, 97.

39   Lediglich in 4,5a liegt ein gewisses kolometrisches Übergewicht vor. Allerdings ist
     וַתֵּלֶא (vgl. 4,2a) syntaktisch fest verankert und läßt sich nur schwer herauslösen. Es sei
     denn, man liest mit G. S. Ms^K76 וַתֵּגַּע und versteht die Verben in V.5 klimaktisch auf
     וַתִּבָּהֵל zulaufend.

40   Daß es sich um eine Vision *und* Audition handelt, zeigt deutlich V.16. Dabei stehen der
     Begriff תְּמוּנָה für das Gesehene (vgl. עַיִן sowie Num 12,8; Dtn 4,12) und die Wen-
     dung דְּמָמָה וָקוֹל für das Gehörte (vgl. שמע und קוֹל sowie I Reg 19,12).

41   Zu שֶׁמֶץ vgl. 26,14 sowie die sprachgeschichtliche Herleitung bei Hölscher, 18.

dichtung einmalige Konstruktionen bzw. Begriffe (vgl. פחד *Hifil*; II קרא; סמר *Piel* [nur noch in Ps 119,20]; und שְׂעָרָה). V.16 bietet wieder ein Bild metrischer Unausgeglichenheit. Dabei läßt sich weder ein Kolon überzeugend als Glosse ausscheiden[42] noch führt die Annahme, ein Stichos sei ausgefallen[43], zu einer den ersten beiden Strophen parallelen Einheit zu je fünf Distichen. Die Besonderheit dieses Trikolon wird unterstrichen durch die innerhalb des Hiobbuches nur hier begegnenden Begriffe תְּמוּנָה und דְּמָמָה sowie den nur noch in dem sekundären Vers 41,5 vorkommenden Begriff מַרְאֶה. Die wie in 25,4-6 aus dem Dreischritt "rhetorische Frage - Komparation - Konklusion *a maiore*" bestehenden Verse zur kreatürlichen Unwürdigkeit des Menschen vor Gott in V.17-19 bilden zusammen mit V.20-21 den Inhalt der von Eliphas erlebten Offenbarung und lassen sich nicht von der Schilderung ihrer Umstände in V.12-16 trennen[44]. Einerseits führen V.12-16 auf die Mitteilung eines besonderen Satzes hin, bedürfen also der Fortsetzung, andererseits blieben V.17-21 ohne Einleitung, wenn sie an V.11 angeschlossen würden. V.17-21 selbst besitzt auffallend viele textliche Besonderheiten:

<u>V.17b</u>: das *Nominalsuffix* -הוּ (עֹשֵׂהוּ) begegnet vornehmlich an vermutlich sekundären Stellen der Hiobdichtung, vgl. עֵינֵיהוּ in 24,23 und אֹרְחֹתֵיהוּ in 25,3. טהר (verbal) findet sich nur noch in 37,21[45].

<u>V.18</u>: תְּהֳלָה ist ein absolutes Hapaxlegomenon, mit 33,23 liegt eine ausschließliche Begriffsüberschneidung über מַלְאָךְ vor.

<u>V.19</u>: auch in diesem Tristichon kann kein Versteil überzeugend als Glosse eliminiert werden[46], da V.19b den Parallelismus zu V.19a ergänzt und V.19c eng mit V.19b verbunden ist. Auch über die Addition eines Kolon[47] erhält man keine Strophe aus fünf Distichen wie in 4,2-6|7-11.

<u>V.20</u>: die Wendung מִבְּלִי מֵשִׂים ist textlich unklar, כתת *Hifil* ist ein relatives Hapaxlegomenon.

<u>V.21</u>: die im AT einmalige Wortverknüpfung und Schlußformel לֹא בְחָכְמָה besitzt ihre nächste Parallele erst in 1QH 4,7, die Verwendung von נסע *Nifal* und יָתֵר im Sinne von "Sehne" sind im Hiobbuch singulär.

Könnte die metrische Unruhe in V.12-21 als poetische Betonung der Erregtheit des Eliphas angesichts des ihm sich nahenden Mysteriums gedeutet werden, so überrascht doch, daß die subjektiv mindestens ebenso erregten

---

[42] So allerdings Fohrer und Hesse, die וְלֹא־אַכִּיר מַרְאֵהוּ tilgen.

[43] So jedoch Hölscher und de Wilde.

[44] Unter den neueren Auslegern konzentrieren nur Hirzel; Dillmann; Weiser und Clines die Offenbarung auf 4,17. Die Mehrheit der Exegeten sieht zu Recht in 4,17-21 den Inhalt der geheimnisvollen Mitteilung an Eliphas.

[45] Auch in 14,4; 17,9 und 28,19 findet sich das Adjektiv טָהוֹר in wahrscheinlich nicht ursprünglichen Versen.

[46] So aber G.Bickell, Iobdialog; Hölscher; Fohrer und Hesse, die 4,19b streichen.

[47] So de Wilde, der 4,19b mit 5,5b kombiniert.

Klagen Hiobs über das von ihm erfahrene Leid metrisch wesentlich ausgewogener sind[48]. All die genannten Auffälligkeiten in 4,12-21 sprechen dafür, diesen Abschnitt zunächst als eine von 4,2-11 zu isolierende Größe aus zwei Strophen zu je 5½ Distichen zu betrachten, die nur über die auf 4,2 (דָּבָר אֵלֶיךָ) anspielende Wendung וְאֵלַי דָּבָר in 4,12 eine scheinbare Anknüpfung an das Vorangegangene besitzt.

d) Mit 5,1 beginnt eine sich stilistisch und inhaltlich eng mit 4,7-11 berührende, wiederum aus fünf Bikola bestehende Strophe (5,1-5)[49]: Mit dem Imperativ קְרָא־נָא (V.1 vgl. 4,7) knüpft sie direkt an das Bild des brüllenden Löwen in 4,10-11 an. Die begründende Entfaltung der These, daß maßloses Klagen töricht sei (V.2), beruft sich erneut auf die persönliche Erfahrung des Eliphas (V.3 vgl. 4,8) und bietet inhaltlich eine Darstellung der strafenden Vergeltung am Frevler und an seinen Kindern (5,4-5). Ob hinter 5,1b tatsächlich die Vorstellung der fürsprechenden Engel steht (vgl. Hi 33,23ff.; Tob 3,14; TestLev 3,5; TestAbr 14; TestDan 6,1ff.) und ob hieraus eine zu 4,18 (und dann auch zu 15,15) konträre Angelologie abgelesen werden könnte, muß angesichts der Kürze der Sentenz und der kolometrischen Unebenheit des Bikolon offen bleiben. Im gegenwärtigen Textzusammenhang dient 5,1* dazu, das in den Augen des Eliphas ungebührliche und unnütze Klagen Hiobs zu tadeln.

e) Mit dem in V.6 folgenden כִּי ist der Einsatz einer neuen, sich über fünf Bikola erstreckenden Strophe gekennzeichnet (V.6-9+11); 5,10 unterbricht das syntaktisch über den *Infitiv.construct.* verbundene, auch inhaltlich zusammengehörende Verspaar von 5,9.11 und dürfte eine sekundäre Erweiterung sein.[50] Die doppelte These, daß Frevel (אָוֶן) und Mühsal (עָמָל)[51] nicht naturgegeben, sondern vom Menschen geschaffen seien (V.6-7)[52], und die doppelte hymnische Prädikation von Gottes Schöpfermacht (V.9.11) rahmen den zen-

---

48 Zur literarischen Analyse der Hiobreden s.u. S.96.139f.231ff.

49 In 5,5aβ streiche יִקָּחֵהוּ וְאֶל־מִצִּנִּים, in 5,5b lies צְמֵאִים חֵילָם; וְשָׁאֲפוּ; vgl. G.Beer, Text; Duhm; Hölscher; Weiser; Horst; Fohrer und Hesse.

50 So mit Duhm; Beer, in BHK[2]; Driver u. Gray; Hölscher; Fohrer; H.Bobzin, Tempora; Hesse; F.Crüsemann, Hymnus, 116, und O.Kaiser, Ideologie, 55.

51 Hieran zeigt sich ein in der synthetischen Lebensauffassung des Alten Orients und Israels wurzelnder, für die Hiobdichtung typischer äquivoker Wortgebrauch: in der Hiobrede steht עָמָל für schicksalhaftes Leiden (3.10.20 vgl. Ps 90,10), im Munde des Eliphas bedeutet es selbstgewirktes Unheil (4.8; 5.6-7 vgl. Ps 10,7); zum Hintergrund dieser terminologischen Ambivalenz vgl. K.H.Fahlgren, *sᵉdaka*, bes. 4.52f., und K.Koch, Vergeltungsdogma, in: WdF 125, 161ff.

52 Lies יוֹלִד (vgl. 15.35), so mit G.Beer, Text; Duhm; Budde, HK[2]II; Dhorme; Weiser; Hölscher; Terrien; Horst; Rowley; Gerleman, in BHS; H.Bobzin, Tempora; Hesse; de Wilde; O.Kaiser, Ideologie, 54, und Clines.

tralen Rat des Eliphas, Hiob möge sich im Gebet[53] an Gott selbst wenden (V.8)[54]. In einer ebenfalls aus fünf Distichen bestehenden Strophe (V.12-16) wird die in V.9 und V.11 generell formulierte Prädikation Gottes geschichtlich exemplifiziert, indem zunächst Gottes strafendes, dann sein rettendes Handeln (V.12-14 bzw. V.15-16) beschrieben wird. Diese hymnische Entfaltung dient bereits als indirekte Verheißung an Hiob, der in den beiden folgenden Strophen wieder direkt von Eliphas angesprochen wird.

f) Mit einem aus dem bisherigen Metrum herausfallenden Makarismus[55] wird der Schlußabschnitt der Rede eingeleitet, der aus reinen Verheißungen an Hiob besteht. Die generelle These vom ambivalenten Heilshandeln Gottes (V.18) wird durch einen dreizeiligen Zahlenspruch[56] mit Überschrift (V.19) und doppelter Ausführung (V.20-21) entfaltet. V.22 ist als Glosse zu betrachten: Durch die Parallelität zu V.21 (vgl. die Wiederholung von שֹׁד, תִּירָא mit Negation), durch den Beginn mit *Lamed* gegenüber dem dreifachen Einsatz des Zahlenspruchs in V.20-21 mit dem präpositionalen *Beth* und durch das im Hiobbuch nur noch in 30,3 begegnende aram. Wort כָּפָן stört V.22 den Aufbau der sich von V.17-21 erneut über fünf Bikola erstreckenden Strophe[57].

g) Mit betontem כִּי setzt in V.23 die Schlußstrophe der Rede ein (V.23-27), in der Eliphas dem leidenden Hiob in strahlenden Farben (vgl. Dtn 28,11-12) eine glückliche Zukunft vor Augen stellt. Charakteristisch für diese Verheißung ist die Verwendung des Begriffs שָׁלוֹם ("umfassendes Heil"), der all das umfaßt, was der leidende Hiob von seinem Gott erwartet, nämlich צְדָקָה ("Gerechtigkeit"), מִשְׁפָּט ("Recht") und חֶסֶד ("Barmherzigkeit")[58]. Die Rede mündet in dem Summarium, Hiob möge auf die Erfahrung (חקר) der Freunde hören und aus dieser lernen.

h) Zusammenfassung: 4,1-5,27 bildet im Grundbestand eine aus den sieben Strophen (4,2-6|7-11|5,1-5*|6-9+11|12-16|17-21|23-27) zu je fünf Bikola be-

---

53 Zu דרש als Gebetsterminus. der ursprünglich in der Orakelbefragung beheimatet war, vgl. Gen 25,22: Ex 18,15: Dtn 23,22: I Reg 22,8: Zeph 1,6: Jes 8,19: 11,10: 19,3: Jer 21,2: Am 5,6: Ps 14,2: 22,27: 69,3: 77,3.

54 In 5,8 lies für אֱלֹהִים aus metrischen Gründen und aufgrund des Wortgebrauchs in der Hiobdichtung שַׁדַּי (so mit Pope) oder nur אֵלָיו (so mit Horst).

55 Zu einem mit אַשְׁרֵי eingeleiteten Makarismus vgl. Ps 1,1: 89,16: 144,15: Prov 3,13: 28,14: Jes 30,18: 56,2: Dan 12,12. Aus kolometrischen Gründen könnte הִנֵּה gestrichen werden.

56 Zu diesem Zahlenspruch vgl. Hi 33,29: 40,5: Ps 62,12f.: Prov 6,16: 30,15ff.: Sir 25,7-10: 50,25: II Reg 13,19: Jes 17,6: Am 1,3ff.: Mi 5,5: sowie G.Sauer, Sprüche Agurs, 113.

57 So mit Duhm: Budde. HK²II: Beer. in BHK²: Hölscher: Fohrer und Hesse.

58 Vgl. dazu K.H.Fahlgren, ṣᵉdaka, 151.

stehende *Mahn- und Trostrede*. Sie beabsichtigt, Hiob zum rechten Verhalten im Leiden in Gestalt des Verzichts auf die Klage (5,1) und der auf den gerechten Gott hoffenden Demut (5,8.17) anzuleiten.

Die *Argumentation* verläuft über folgende Schritte:

1. sei Frömmigkeit Trost im Leid (4,2-6), da der Fromme auch im Leid von Gott bewahrt werde (V.7-11);

2. sei maßloses Klagen über das Leid unklug und ein Zeichen für mangelnde Frömmigkeit, das zu Recht bestraft werde (5,1-5);

3. aber sei es weise, zu erkennen, daß Leid selbstgewirkt sei und allein Gott aus diesem herausführen könne (V.6-9.11), der die Überheblichen strafe, die Armen rette (V.12-16) und den Frommen einzig, um ihn zu erziehen, nur zeitweilig verletze (V.17-21);

4. werde daher auch der jetzt leidende Hiob *als Frommer* einst eine gute Zukunft haben (V.23-27).

Als anthropologische und theologische *Quersumme* ergibt sich:

1. besteht die Menschheit aus zwei Kategorien, dem Gerechten (יָשָׁר, נָקִי, צַדִּיק) und dem Frevler (רָשָׁע): 4,7.

2. zeigt der gerecht handelnde Gott seine Gerechtigkeit darin, daß er den Frevler vernichtet und den Frommen bewahrt: 4,8ff.; 5,12ff.

3. dient das Leiden des Gerechten der Erziehung (מוּסָר) und ist temporär: 5,17.

Aus diesem kompositionell und gedanklich gleichmäßigen Aufbau fällt sprachlich, stilistisch und inhaltlich der Abschnitt 4,12-21 heraus. Formal stellt die Beschreibung der nächtlichen Offenbarung des Eliphas weder eine kolometrisch in sich harmonische Größe dar noch fügt sie sich dem sonst in der ersten Eliphasrede erkennbaren strophischen Muster ein. Sie zerreißt vielmehr den Zusammenhang von 4,7-11 und 5,1ff. Inhaltlich ergibt sich aufgrund der generellen Aussage in 4,17-21 eine erhebliche Spannung zum Kontext. Die Scheidung der Menschheit in רָשָׁע und צַדִּיק ist aufgegeben (4,17), der Mensch *als* Kreatur (4,19) ist nicht צַדִּיק, das Vernichtungshandeln Gottes, das in 4,8-11 und 5,12-14 nur die Frevler trifft, ergeht über alle Menschen (4,19-21). Wie in 25,2-6 findet sich somit das Motiv der kreatürlichen Unwürdigkeit des Menschen in einer in sich geschlossenen, von ihrem Kontext isolierten Einheit. Anders aber als in c.25 ist dieses Motiv hier mit einer der theologischen These Nachdruck verleihenden Offenbarungsszene verbunden und in eine dialogische Rede eingebettet.

Die zweite Eliphasrede in c.15

a) Auch in c.15 ist das Motiv der kreatürlichen Unreinheit des Menschen in eine aus *Eröffnung* (15,2-6|7-10+17), *Korpus* (15,20-33) und *Summarium* (15,34-35) bestehende Rede eingefügt. Aber wie in c.4-5 fügt sich die Frage nach der Gerechtigkeit des Menschen auch hier nicht nahtlos in den Aufbau der Rede.

b) Eingeleitet durch einen Tadel Hiobs in V.2-3, folgt in V.4-5 eine Bestreitung seiner *religiösen Integrität*. Hatte Eliphas in seiner ersten Rede noch Hiobs Gottesfurcht als Möglichkeit des Trostes anerkannt (4,6), so unterstellt er ihm hier, die יִרְאָה durch fortschreitende Klagen zu zerstören.

c) An die textlich, kolometrisch und stilistisch glatte Eröffnung schließt sich mit V.7 eine ebenfalls als rhetorische Frage (vgl. V.2) formulierte Bestreitung von Hiobs Weisheit[59] und damit seiner *intellektuellen Integrität* (V.7-9) an. Vollzog sich in den V.2-6 die Begründung der Widerlegung über einen doppelten Hinweis auf Hiob selbst (vgl. V.5-6: פִּיךָ), so in den V.7ff. mittels des Bezuges auf die Freunde als Träger altehrwürdiger Weisheit (V.9). Diese Berufung wird jedoch nur einfach ausgeführt (V.10) und wird dann von einer erneuten Fragenkette (15,11-16) unterbrochen, in der das Niedrigkeitsmotiv erscheint (15,14-17).

d) Gegenüber der metrisch harmonischen Anlage von V.2-10 setzt mit V.11ff. ähnlich wie in 4,12ff. eine rhythmische Unruhe ein: In V.11 zeigt der erste Stichos ein Übergewicht, in V.12 das zweite Kolon. Die eng miteinander verwebten V.11-13 fallen durch die seltene Wendung תַּנְחֻמוֹת אֵל (V.11a)[60], das relative Hapaxlegomenon אָט, (15,11b), das absolute Hapaxlegomenon רֹזֵם (V.12b) sowie die Konstruktion שׁוּב רוּחַ (V.13a)[61] auf. An die V.11-13 knüpft das Theologumenon der menschlichen Ungerechtigkeit und Unwürdigkeit vor Gott an. Der direkte Übergang von V.11-13 zu V.14-16 zeigt sich an dem Rückbezug des Suffixes von בְּעֵינָיו in V.15b auf den Gottesnamen אֵל in V.13. Auch die V.14-16 sind mit nicht nur für die Hiobdichtung raren Begriffen und Wendungen angefüllt. So begegnet der Ausdruck יְלוּד

---

[59]   Ob hier auf einen Mythos vom Urmenschen angespielt wird (vgl. dazu Hölscher: Horst: Fohrer: Hesse: B.L.Mack. Logos. 56: M.Küchler. Weisheitstraditionen. 46; J.H.C.Lebram. Weisheitstraditionen. 194. und G.Fuchs. Mythos. 101ff.) ist für die hiesige Verwendung dieses Motivs unwesentlich. Entscheidend ist die Funktion. Hiobs Weisheit zu relativieren bzw. zu negieren.

[60]   Nur in dem sehr jungen anthologischen Ps 94.19 findet sich innerhalb des AT תַּנְחוּמִים mit direktem Bezug auf Gott. Unter den neueren Exegeten hat bisher allein F.Baumgärtel. Hiobdialog. 86. die Besonderheit dieses Ausdrucks erkannt.

[61]   Die Wendung שׁוּב רוּחַ *Hifil*. in der רוּחַ im Sinn von אַף steht. ist einmalig im AT (vgl. Hi 9.13: Ps 78.23: Prov 24.18: 29.8).

אִשָּׁה neben seiner Verwendung im Niedrigkeitsmotiv in der dritten "Rede" Bildads (25,4) atl. nur noch in Hi 14,1[62], die Wurzel תעב wird nur hier im Hiobbuch im *Nifal* konstruiert, אלח ist ein relatives Hapaxlegomenon[63], die Verknüpfung אִישׁ־שָׁתָה begegnet nur noch in 34,7.

e) V.17 setzt V.10 fort, indem die Berufung auf die Weisen unter den Freunden durch die Ankündigung einer auf der Beobachtung beruhenden (vgl. 4,8; 5,3) Lehrrede (אֲחַוְּךָ שְׁמַע־לִי) exemplifiziert wird. Die Lehrankündigung in V.17 dürfte sekundär durch den Verweis auf die Tradition und ihre geschichtlich besonders legitimierten Tradenten in V.18-19 erweitert und abgesichert worden sein[64]. Durch die Anfügung von V.17 an V.10 erhält man wie für die V.2-6 eine aus fünf Distichen bestehende Einheit. Sie setzt in V.7 (vgl. V.2) mit einer rhetorischen, polemischen Frage an Hiob ein, enthält im Zentrum in den V.8-10 (vgl. V.3-5) eine Beschuldigung Hiobs, die unmittelbar begründet wird, und endet in V.17 (vgl. V.6) mit einem Verweis auf die Person des Redners.

f) Ein solches aus jeweils fünf Distichen aufgebautes Strophenschema läßt sich für die gesamte nun folgende *Lehrrede* über das Ergehen des רָשָׁע in den V.20-35* nachweisen. Der generellen Schilderung des bösen Schicksals, das den Frevler ereilt (V.20-24)[65], folgen die Begründung für dessen Bestrafung (V.25-29)[66] und eine erneute Beschreibung der Schläge, die ihn treffen (V.30+32-35)[67]. Den Abschluß bildet ein mit der Überschrift in V.20 כָּל־יְמֵי

---

[62] Vgl. dazu die Analysen auf S.94f.

[63] Zu תעב, das im *Nifal* nur hier im Hiobbuch begegnet, während es in 9,31; 19,19 und 30,10 im *Piel* erscheint, vgl. I Chr 21,6 und Jes 14,19. אלח im *Nifal* findet sich nur noch in Ps 14,3 *par.* 53,4; dort ist es durch den Parallelismus אֵין עשֵׁה־טוֹב eindeutig als Ausdruck für totale ethische Inferiorität definiert.

[64] Während Siegfried; Mo.Jastrow; Hölscher; H.Bobzin, Tempora, und de Wilde zu Recht 15,19 als Glosse beurteilten, dürfte auch der unpoetisch mit אֲשֶׁר eingeleitete V.18 sekundär sein, der die Erfahrung des Eliphas relativiert und im Stil des Targums legitimiert (vgl. insbesondere Tg zu 15,11, s.u. S.113f. J.Ley, Hiob, 38, tilgte V.18-20; Hontheim, 150, verlegte V.17-19 in die dritte Bildadrede; F.Baumgärtel, Hiobdialog, 97, betrachtete V.17-19 als redaktionelle Überleitung in den von ihm insgesamt als sekundär erachteten c.15. Die glossarische Anfügung von V.18-19 und der den Zusammenhang von V.10.17 zerschneidende Abschnitt in V.11-16 deuten darauf hin, daß der kolometrisch unausgeglichene V.17 vermutlich nicht in der ursprünglichen Form vorliegt.

[65] 15,23f.: für בְּיָדוֹ lies פִּידוֹ "sein Unglück", ziehe יוֹם־חֹשֶׁךְ als Subjekt zu 15,24 und streiche in 15,24 עָתִיד לְכִידוֹר כְּמֶלֶךְ; vgl. Duhm; Beer. in BHK[3]; Dhorme; Hölscher; Fohrer; Pope; H.Bobzin, Tempora; Hesse; de Wilde und Clines.

[66] 15,28: streiche אֲשֶׁר הִתְעַתְּדוּ; so mit Duhm; Hölscher; W.B.Stevenson, Notes; Fohrer und H.Bobzin, Tempora.

[67] 15,30: streiche לֹא־יָסוּר מִנִּי־חֹשֶׁךְ; 15,31 ist eine sekundäre Erweiterung, so mit Duhm;

רֶשַׁע korrespondierendes Summarium über das Ende des חָנֵף und des שַׁחַד in V.34-35.

g) Zusammenfassung: c.15 bildet eine *Streit- und Lehrrede*, die aus fünf Strophen zu je fünf Distichen besteht (V.2-6|7-10+17|20-24|25-29*|30+32-35). Die Abgrenzung der einzelnen Einheiten ist im ersten Teil der Rede (V.2-10.17), der eine doppelte polemische Bestreitung Hiobs darstellt, deutlicher als im zweiten Teil (V.20-35*), der das schreckliche Ergehen der Frevler schildert. Gegenüber der ersten Eliphasrede fallen der Mangel an Verheißungen an Hiob sowie eine fehlende direkte Schlußanrede auf. Ein solches Defizit war bereits als charakteristischer Unterschied zwischen der ersten und zweiten Bildad- bzw. der ersten und zweiten Zopharrede festgestellt worden. Als theologische Kernaussage kristallisiert sich in V.2-10.17-30.32-35 wie in der ersten Eliphasrede heraus, daß einerseits Gerechtigkeit vor Gott mittels Frömmigkeit möglich ist, und daß andererseits der Frevler von dem gerecht handelnden Gott in dieser Welt vernichtet wird. Aus dem strophisch und argumentativ harmonischen Aufbau der Rede hebt sich der aus sechs Distichen bestehende Abschnitt 15,11-16 mit der These, daß der Mensch aufgrund seines Menschseins verdorben und damit ungerecht und unrein sei, sprachlich, stilistisch und inhaltlich als eine eigenständige Größe heraus.[68]

Budde. HK²II: Horst; Lamparter (nur V.31); Hölscher; Fohrer; H.Bobzin. Tempora; Gordis (nur V.31) und Clines (nur V.30a).

[68] Vgl. dazu F.Baumgärtel. Hiobdialog. 95f., der singulär unter den neueren Exegeten, den Widerspruch zwischen 15.14-16 und 15.20ff. erkannt hat. Zu der Inkonsequenz Baumgärtels, hingegen 4.17ff. für original zu halten, s.u. S.93 und S.115 Anm.231.

2.1.1.5. Vergleich der Freundesreden in c.4-20

Redeelement	c.4-5	c.8	c.11	c.15	c.18	c.20	c.25
Eröffnung							
a) Anrede Hiobs	4,2-6	8,2	11,3	15,2-6	18,4aβ	20,4	
b) יִרְאָה Hiobs	4,6			15,4			
c) Tradition/ Inspiration	4,8	8,8ff.	11,3a	15,9.17	18,3	20,3	
Hauptteil							
a) theol.These zur Vergeltung	4,7	8,3	11,4f.	15,20	18,5	20,5	
b) Explikation der These	4,7-10; 5,1-27*	8,4ff.	11,10f.	15,7ff.	18,6ff.	20,ff.	
c) Niedrig-keitsmotiv	[4,12-21]			[15,11-16]			25,4-6
d) Größe Gottes	5,9ff.		[11,6-9*]				25,2-3
e) Die רְשָׁעִים		8,14f.	11,11	15,20ff.	18,6ff.	20,5ff.	
Redeschluß							
a) Promissio	5,8-27	8,5.21	11,13ff.				
b) Summarium	5,27	8,22	11,20	15,35	18,21	20,29	
	רְשָׁעִים	רְשָׁעִים	רְשָׁעִים	רְשָׁעִים	רְשָׁעִים	רְשָׁעִים	
					letztes Wort אֵל	letztes Wort אֵל	
Redeumfang	47/37V	21V	19V	34/28V	20V	28V	5V

a) Vergleicht man den Aufbau der ersten und zweiten Eliphasrede (c.4-5 und 15) mit dem der ersten und zweiten Bildad- (c.8 und 18) bzw. Zopharrede (c.11 und 20), so ergibt sich eine ganz parallele Komposition der Reden. Weiterhin zeigt sich, daß die Abschnitte über die kreatürliche Unwürdigkeit des Menschen (4,12-21 und 15,11-16) nicht nur aus der Struktur der Eliphasreden herausfallen, sondern auch im Blick auf das Kompositionsschema der vier anderen Freundesreden (c.8; 11; 18 und 20) singuläre Größen sind. Die Parallelität von c.4-5*; 8; 11; 15*; 18 und 20 wird auch an dem makrotextlichen Gedankengang deutlich, wobei sich die Bildad- und Zopharreden argumentativ eng an die Eliphasreden anschließen.

Charakteristisch für die Kompositionstechnik der argumentativen Partizipation der Bildad- und Zopharreden ist die Wiederaufnahme zentraler Aussagen der jeweils vorangegangenen "Musterreden"[69] des Eliphas.

---

[69]　O.Kaiser. Ideologie. 67.

Bestimmte   Kernbegriffe   und   Motivassoziationen   übernehmen   eine
Brückenfunktion.

b) So greift Bildad in seiner ersten Rede dreifach auf die erste Eliphasrede
zurück:

1. auf die *These*, nach der erfahrungsgemäß ein יָשָׁר von Gott nicht vernichtet werde (8,6 vgl. 4,8);

2. auf die *Kondition*, unter der sich für Hiob ein Umschwung seines
Schicksals ergebe, wenn er sich direkt אֶל־אֵל wende (8,5 vgl. 5,9);

3. auf die *Promission*, nach der Hiobs אֹהֶל vom שָׁלוֹם überschattet sein
werde, während der אֹהֶל der Frevler vernichtet werde (8,22 vgl. 5,24).

c) Für die erste Zopharrede läßt sich eine entsprechende durch Stichwort-
und Motivassoziation gekennzeichnete Partizipation an der ersten Eliphasrede
aufzeigen:

1. an der Verheißung an Hiob לֹא תִירָא (11,15 vgl. 5,21);

2. an der Ansage künftiger תִּקְוָה für Hiob (11,18 vgl. 5,16);

3. an der Verteidigung der Funktion der Vergeltung unter dem Hinweis,
Gott beobachte genau den אָוֶן (11,11 vgl. 4,8f. und 5,6).

d) Die Schilderung des bösen Schicksals der Frevler aus der Lehrrede des
Eliphas in 15,17-35* wird in der zweiten Bildad- bzw. Zopharrede zum
Hauptargument. In der Bildadrede (c.18) ist die Beschreibung der Vernichtung der רְשָׁעִים von 15 Bikola in der zweiten Eliphasrede (c.15) auf 17 angewachsen, in der Zopharrede (c.20) sogar auf 25. Exemplarisch zeigt sich die
argumentative Verknüpfung mit der zweiten Eliphasrede:

1. für die zweite Bildadrede an der Ankündigung des bevorstehenden
(נָכוֹן) Untergangs des Frevlers (18,12 vgl. 15,23); an der Ansage der Zerstörung seiner Wohnstätte (שָׁכֵן; אֹהֶל 18,15f. vgl. 15,28.34); an dem Summarium
zur endgültigen Vernichtung des רָשָׁע (18,21 vgl. 15,29);

2. für die zweite Zopharrede an dem Verweis (20,4), daß Gott die Frevler
vernichte, seitdem es Menschen auf Erden gebe, (womit Zophar auf die spöttische Frage, ob Hiob als erster אָדָם geboren sei und somit über besondere
Weisheit verfüge [15,7.9] zurückgreift[70]); an der Wiederholung des Motivs
vom אֵשׁ, das den Frevler verzehre; an der Wiederaufnahme der Vernichtung
des חַיִל des Frevlers (20,18 vgl. 15,18) und schließlich an der erneuten Verwendung des Bildes des den Frevler einholenden חֹשֶׁךְ (20,26 vgl. 15,22).

e) Die Belege für die Parallelen, die die argumentative Partizipation verdeutlichen, lassen sich leicht vermehren. Hier kam es lediglich auf den Nach-

---

[70] Möglicherweise ist auch das Bild der sich verzehrenden Erde in 18.4 eine Replik auf
den kosmisch-mythologischen Vergleich in 15.7.

weis an, daß jedes Argument der Eliphasreden, wenn auch in komprimierter (so in der ersten Bildad- und Zopharrede) bzw. expandierter (so in der zweiten Bildad- und Zopharrede) und in modifiziert gerahmter Form in den Bildad- und Zopharreden des ersten und zweiten Redegangs wiederkehrt, *mit* einer dreifachen Ausnahme:

1. der Betonung der יִרְאָה Hiobs (4,6 und 15,4),
2. der punktuellen Deutung des Leidens als מוּסָר Gottes (5,17) - für Bildad und Zophar ist Leiden stets nur Strafe (vgl. bes. 8,4 und 11,11ff.) -[71],
3. des Motivs der kreatürlichen Unwürdigkeit des Menschen (4,12-21 und 15,11-16). 11,2 und 11,4 können nicht als eine solche Anknüpfung betrachtet werden, da in V.2 יִצְדָּק nicht den anthropologisch wesenhaften Sinn des *Gerechtseins* in der Relation zu Gott besitzt, sondern den intellektuellen des *Rechtbehaltens* im zwischenmenschlichen Streitgespräch: Zophar bestreitet dem "Schwätzer" (אִישׁ שְׂפָתַיִם), mit seinen Worten Recht zu haben. 11,4 zeigt sich bereits durch die Zitationsformel וַתֹּאמֶר nicht als Rezeption von 4,12ff., sondern als Rückgriff auf Hiobs Unschuldsbekenntnisse in 6,29f. und 9,20.[72] Daran wird ein weiteres kompositionelles Muster der Reden der Hiobdichtung deutlich: Zu der *Partizipation* der Freundesreden an den Eliphasreden kommt die *Reaktion* auf zentrale Aussagen der Hiobrede. Auch hier erfüllen wieder bestimmte Stichwort- und Motivassoziationen die Brückenfunktion[73].

Zusammenfassung

Im Vergleich mit den beiden ersten Bildadreden erweist sich c.25 als eine eigenständige, poetisch verdichtete theologische These. Dagegen ist der Grundbestand der Freundesreden des ersten und zweiten Redegangs kompo-

---

[71]   Erst der Dichter der Elihureden wird auf den *theologischen* Begriff מוּסָר zurückkommen und ihn im Rahmen seiner Leidenspädagogik entfalten (vgl. 33,16 [*v.l.*]; 36,10). In 12,18 ist מוּסָר "Fessel" zu lesen (so zu Recht die Mehrheit der neueren Ausleger), wenn nicht ein II מוּסָר "Fessel" anzunehmen ist (vgl. HALAT). In 20,3 findet sich מוּסָר nicht in dem spezifischen Sinn "Züchtigung (seitens Gottes)" (vgl. bes. Dtn 8,5), sondern profaner als menschliche "Mahnung". Zur Auslegung der Leidenstheologie des Elihudichters vgl. die Ausführungen bei H.-M.Wahl, Schöpfer, 161f., und bei T.Mende, Leiden, 398ff.

[72]   11,4b: בְּעֵינֶיךָ braucht nicht mit G in בְּעֵינָיו / בְּעֵינֵי geändert zu werden (vgl. Merx; G.Beer, Text; Duhm; Siegfried; Hölscher und Terrien), sondern ist ein wörtliches Zitat (so mit Driver u. Gray; Weiser; Lamparter; Horst; Fohrer; H.Bobzin, Tempora; Gordis; de Wilde; Hartley; Clines). Daß das Suffix nur auf Gott zu beziehen ist, wird an V.5a deutlich, der ausdrücklich אֱלוֹהַּ nennt.

[73]   Zur näheren Beschreibung der argumentativen Reaktion vgl. die Analyse der Hiobreden auf S.139ff.

sitionell und inhaltlich parallel. Während sich die Bildad- und Zopharrede argumentativ und kompositionell jeweils eng an die vorangegangene Eliphasrede anschließen, findet c.25 seine nächsten Parallelen in den zwei ebenfalls aus ihrem Kontext herausfallenden Abschnitten der Eliphasreden 4,12-21 und 15,11-16. Ob es sich bei dem Motiv der kreatürlichen Unwürdigkeit des Menschen in 25,2-6; 4,12-21 und 15,11-16 trotz seiner gezeigten kompositionellen und inhaltlichen Spannungen um ein genuines Argument der Eliphasreden handelt, das im ersten und zweiten Redegang von Bildad und Zophar unterdrückt und erst im dritten Redegang von Bildad aufgegriffen wird[74], mag eine Analyse der dritten Eliphasrede (c.22) ergeben. Aufgrund seiner klassischen Zuordnung zum dritten Redegang[75] stellen wir c.22 ausführlicher dar.

2.1.2. Die dritte Rede des Eliphas in c.22

2.1.2.1. Literarische Analyse von c.22

Zum Text

9b　für יְדֻכָּא lies תְּדֻכָּא.

11a　für אוֹ־חֹשֶׁךְ lies אוֹר חָשַׁךְ, vgl. G; Hi 18,6.

15a　für עוֹלָם lies עֵוָלִם, vgl. Hi 18,21; 27,7; 29,17; 31,3.

15b　für אֲשֶׁר lies אָשֵׁר.

16b　für יוּצַק lies יְצוּק, vgl. σ'; V.

17b　für לָמוֹ lies לָנוּ, vgl. 11QTgJob; S; G.

18　für מֶנִּי lies מֶנּוּ, vgl. G; (S).

20a　für קִימָנוּ lies יְקֻמָם vgl. θ'.

21a　für עִמּוֹ וּשְׁלָם lies עִמּוֹ וּשְׁלָם.

23a　für וְתֵעָנֶה lies תִּבָּנֶה.

27b　ergänze zu Beginn des zweiten Stichos תֻּדָּר.

29a　für הִשְׁפִּיל אֶל גֵּוָה וַתֹּאמֶר גֵּוָה lies הַשְׁפִּילוּ.

30a　für אִי lies אִישׁ.

30b　für כַּפֶּיךָ lies כַּפָּיו.

74　Vgl. die Argumentation des integralen Modells auf S.13ff.

75　Wo eine Abgrenzung der Hiobdichtung in drei Gesprächsrunden und eine triale Kompositionsstruktur vertreten wird, zählt c.22 unbestritten zum dritten Redegang, vgl. die Vorschläge zur Abgrenzung, s.o. S.2f.

Übersetzung

1 Und Eliphas der Temaniter hob an und sprach:
2 Kann ein Mann denn El einen Nutzen bringen?
   Nein, sich selbst nur nützt der Weise.
3 Gefällt es wohl Schadday, wenn du gerecht bist,
   hat er Gewinn, wenn du fromm bist in deinem Wandel?
4 Wird er wegen deiner Gottesfurcht dich tadeln,
   wird er in den Rechsstreit mit dir treten?
5 Ist nicht deine Bosheit riesengroß,
   und sind nicht endlos deine Sünden?
6 Denn grundlos pfändetest du deine Brüder
   und nahmst der Dünngekleideten Gewänder.
7 Kein Wasser reichtest du dem Durstigen,
   und dem Hungrigen entzogst du das Brot.
8 Und dem Manne der Gewalt war das Land,
   und der Angesehene wohnte in ihm selbst.
9 Leer schickstest du die Witwen fort,
   und du brachst den Arm der Waisen.
10 Deshalb umgeben Netze dich ringsum
   und entsetzt dich jäher Schrecken.
11 Das Licht verlöscht, daß du nicht siehst,
   und starke Wasserfluten decken dich.
12 Ist Gott nicht in des Himmels Höhe?
   Und sieh das Haupt der Sterne, wie hoch sind sie.
13 Und du sprachst: "Was weiß denn El,
   richtet er wohl durch die Wolken?
14 Gewölk ist ihm Versteck, daß er nicht sieht,
   und am Himmelskreis, da lustwandelt er."
15 Beachtest du etwa den Weg der Sünder,
   den Pfad, auf dem die Frevler gingen,
16 die vernichtet wurden vor ihrer Zeit,
   über deren Grund sich ein Strom ergoß,
17 die zu El sagten: "Weiche von uns,
   und was tut denn Schadday für uns?"
18 Und füllte er mit Gutem ihre Häuser,
   und war der Frevler Rat fern von ihm?
19 Das sehen die Gerechten und freuen sich,
   und der Unbescholtene spottet über sie.
20 "Fürwahr, vernichtet ist ihr Bestand,
   und Feuer verzehrte ihre Habe".
21 Vertrage dich doch mit ihm und halte Frieden,
   allein dadurch wird dir Gutes widerfahren.

22 Nimm doch endlich Weisung an aus seinem Mund,
und lege seine Worte in deines Herzens Grund.

23 Wenn du umkehrst zu Schaddaj, dich demütigst,
wenn du den Frevel entfernst aus deinem Zelt,

24 - Und lege auf den Staub das Gold
und das Ophir in den Fels der Wadis,

25 und Schaddaj wird sein dein Gold
und wird dann Silberglanz für dich.-

26 Ja, dann wirst du dich freuen an Schaddaj
und wirst dein Antlitz heben zu Eloah.

27 Du wirst zu ihm beten, und er wird dich hören,
du wirst geloben und erfüllen deine Gelübde.

28 Und du beschließt ein Werk, und dir gelingt's,
und auf allen deinen Wegen strahlt ein Licht.

29 Gewiß, den Hochmut, den erniedrigt El,
aber er hilft dem mit demutsvollen Augen.

30 Den unbescholtenen Menschen rettet er,
und gerettet wird er durch seiner Hände Reinheit.

Analyse

a) Die Rede hebt in den V.2-5 mit einer sich über vier Bikola erstreckenden Kette von Fragen an. Nach der allgemein formulierten Frage in V.2 hinsichtlich des Nutzens, den der Fromme Gott bringe, folgt in den V.3-5 die
Applikation auf Hiob. Die Einführung in V.2 entspricht den Redeeröffnungen
in 4,2 und 15,2, die ebenfalls mit dem *He*-Interrogativum einsetzen. Die V.2-5
besitzen zahlreiche mikro- und makrotextliche Stilmittel. So findet sich in V.2
die bewußte Verwendung derselben *Verbalwurzel* in beiden Hemistichen, wie
sie für besonders betonte Verse in der Hiobdichtung typisch ist (vgl. 6,23;
8,3; [11,7*]; 17,15; 22,20). Hinzu kommt in V.2b die Paronomasie auf
Kaph[76]. V.4 zeichnet sich durch ein dreifaches Homoioteleuton aus, V.5a
durch eine Alliteration auf *Resch* und einen Chiasmus (אֵין־קֵץ x רַבָּה bzw.
עֲוֹנֹתֶיךָ x רָעָתְךָ). In der Vertikalen der ersten Strophe (V.2-5) ist eine negative Klimax erkennbar: Sie führt von der Nennung des Frommen (מַשְׂכִּיל)[77]
über das *hypothetische Gerechtsein* Hiobs (כִּי תִצְדָּק) zur Zurechtweisung
(יֹכִיחֶךָ)[78] in V.4 und direkten Anklage (עֲוֹנֹתֶיךָ). Wie in V.3 der Parallelismus

---

[76] Zu סכן *q.* "nützen" vgl. 15.3 und 35.3.

[77] Zu מַשְׂכִּיל als Frömmigkeitsterminus vgl. 34.27.35; Ps 14.2; 53.2; 119.99; Prov 15.24;
16.20; 19.14; 21.21; Am 5.13; Dan 11.33; 12.3.

[78] Zu יכח *Hifil* "tadeln" mit Gott als Subjekt vgl. bes. Ps 50.8.21; Hab 1.12.

zwischen כִּי־תַתֹּם und כִּי תִצְדָּק und die beiden folgenden Verse zeigen[79], wird anders als in 4,17; 15,14 und 25,4 nicht thetisch die generelle *Möglichkeit* der menschlichen Gerechtigkeit bestritten, sondern ironisch die *Wirklichkeit* der Gerechtigkeit Hiobs. Die zunächst wertfreie Wendung בוֹא (*Qal*) בַּמִּשְׁפָּט, die auf eine von einer neutralen Instanz zu fällende, offene Entscheidung hinweist, ist durch die folgenden Verse negativ determiniert[80] (vgl. Jes 3,14): Wenn Gott mit Hiob in den von diesem gewünschten Rechtsstreit tritt (9,32; 23,2-7), dann wird sich die Schuld Hiobs erweisen. Erneut zeigt sich der in der synthetischen Lebensauffassung gründende und von dem Dichter künstlerisch ausgestaltete äquivoke Gebrauch eines Begriffs, der in den Reden unterschiedlicher Personen verschieden gefüllt ist[81].

b) Mit V.6 setzt, durch begründendes כִּי gekennzeichnet, ein neuer Abschnitt ein, der sich bis V.9 erstreckt. In geprägten Wendungen[82], die auch in der prophetischen Sozialkritik begegnen[83], klagt Eliphas Hiob direkt charakteristischer mitmenschlicher Vergehen an. Wie in den V.2-5 gehören auch hier die ersten und die letzten beiden Verse enger zusammen: in V.6 und V.7, die mit einer Partikel einsetzen, wird die Vorenthaltung von Nahrung und Kleidung getadelt; in V.8 und V.9, die nominal beginnen, wird der angebliche Entzug von Lebensraum und Rechtsbeistand gescholten. Zwar fällt V.8 durch seine von V.6-7 und V.9 differierende Konstruktion auf, da er keine in der 2.P.Sg. formulierte Anklage Hiobs enthält[84], doch fügt er sich metrisch und inhaltlich gut in den Abschnitt ein. Die Wiederaufnahme des Begriffes זְרוֹעַ in V.9 mit differenzierter Bedeutung ("Gewalt" - "Arm") ist kein Hinweis auf eine sekundäre Entstehung von V.8, sondern zeigt die antithetische Verknüpfung von V.8 und V.9, wobei auch hier die Technik des äquivoken Redens vorliegt[85].

---

79 Vgl. zu der Wortverknüpfung von תם und צדק 9,20; 12,4; 27,5.6; 31,6; 1QS 8,25; 10,21 und 1QH 4,32.
80 Vgl. 14,3; Ps 143,2; Koh 11,9; 12,14; Jes 3,14.
81 Vgl. עָמָל in 3,10.20; 4,8; 5,6-7.
82 Zu V.6 vgl. Ex 22,25; Dtn 24,6.17; Jes 58,7; Ez 18,16; 23,26; Am 2,8; Prov 20,16; 27,13; zu V.7 vgl. Dtn 25,18; Jes 28,12; 32,6; 58,7.10; Ez 18,7.16; zu V.8 vgl. Jes 3,3; 9,14; zu V.9 vgl. Gen 31,42; Ex 3,21; Dtn 16,16; Ruth 1,21; 3,17. Zu dem יָתוֹם und der אַלְמָנָה als Schutzbefohlenen vgl. Hi 24,3; 31,12; Ex 22,21; Dtn 10,13; 24,17; Jes 1,17.23; 9,16; Jer 7,6; 22,3; Prov 23,10 u.ö.
83 Zu dieser Einordnung der Motive in V.6-9 vgl. Fohrer, 353; V.Maag, Hiob 139. C.Westermann, Aufbau[3], 47, verweist auf die Feindklage.
84 Vgl. V.6: תְחַבֹּל im Chiasmus zu תַּפְשִׁיט; V.7: תַשְׁקֶה im Parallelismus zu תִמְנַע; V.9: שֻׁלָּחְתָּ im Parallelismus zu תְדֻכָּא [*v.l.*]).
85 Möglicherweise wird mit V.8 auch direkt auf Hiob angespielt, so bereits J.Dav.Michaelis, Übersetzung; Hirzel; Hitzig; Fz.Delitzsch; Dillmann; Driver u. Gray;

c) Mit V.10 beginnt, eingeleitet durch עַל־כֵּן, ein sich erneut über vier Bikola erstreckender Abschnitt (V.10-11+13-14)[86]. In ihm wird das Leid Hiobs zunächst als Folge seiner sozialen Sünden erklärt (V.10-11). Daran schließt sich eine Anklage seines Fehlverhaltens im Leid (V.13-14). Auf der vertikalen Ebene der Strophe korrespondieren V.10 und V.14: Beide sind formal durch dasselbe kolometrische Verhältnis und den Versbeginn mit ʿAjin gekennzeichnet. Inhaltlich ergänzen sich V.10 und V.14 dialektisch durch die Beschreibung Hiobs, der sich selbst von Schrecken umhüllt und Gott hinter Wolken verborgen glaubt[87]. Andererseits korrespondieren V.11 und V.13, die ebenfalls über ein paralleles kolometrisches Verhältnis verfügen und eine inhaltliche Dialektik aufweisen: der "Finsternis", die Hiob den Blick versperre (V.11), steht das "Dunkel", durch das Gott selbst scheinbar nicht hindurchdringe (V.13), gegenüber. Auf der horizontalen Ebene der Strophe hängen V.10 und V.11 bzw. V.13 und V.14 enger zusammen. In V.11 wird die in V.10 begonnene Schilderung der "Schrecken" Hiobs fortgesetzt, die in der Wendung לֹא־תִרְאֶה mit Hiob als Subjekt gipfelt[88]. V.13aα leitet ein zweizeiliges "Zitat" Hiobs ein, Gott kümmere sich nicht um das Treiben auf der Erde, das in der Formel לֹא יִרְאֶה mit Gott als Subjekt mündet. Aus dieser stilistisch besonders kunstvollen Strophe fällt V.12 durch seine metrische Überlänge und seinen schwer mit dem Kontext zu vereinbarenden Inhalt heraus. V.12 bildet aufgrund seines syntaktischen Wechsels vom Nominalsatz mit אֱלֹוהַּ als Subjekt (V.a) zum Verbalsatz mit Hiob als Subjekt (V.b) keinen stilistischen oder inhaltlichen Parallelismus. Der Vers läßt sich weder textkritisch noch metrisch korrigieren. Eine inhaltliche Harmonisierung zwischen V.12 und V.13-14, in denen Eliphas Hiob gerade vorwirft, daß er Gott als den am menschlichen Leid uninteressierten, am fernen Himmel Wandelnden betrachte (vgl. bes. V.14b), ist nicht möglich[89]. Vielmehr zerreißt V.12 den engen Zusammenhang von V.11 und V.13 und entspricht der kosmologisch-didaktischen Tendenz

---

[86] Hölscher; Fohrer; Rowley; Pope; de Wilde; u.a. G.Beer, Text; Siegfried; Budde, HK²II; F.Baumgärtel, Hiobdialog, 145, und T.Mende, Leiden, 169, verkennen die bewußte Wiederholung von זְרֹעַ und halten V.8 fälschlich für sekundär. Eine Umstellung des Verses, wie sie Kissane und de Wilde vornehmen, ist unnötig.

[86] Zu V.12 s.u.

[87] Die Schilderung des vom Schrecken gepackten Hiob ist lautmalerisch hervorgehoben durch die Alliteration פַּחַד פִּתְאֹם ... פַּחִים (vgl. Prov 3,25; 6,15; 24,22). Zur Vorstellung des hinter Wolken verborgenen Gottes vgl. Ps 18,12; 68,5 und 81,4.

[88] Dabei berührt sich V.11 motivisch eng mit 18,6 und 38,34.

[89] Zu dem zweifelhaften Versuch, V.12 mittels der Erklärung, hier liege ein astrales Mythologem von der "Auflehnung der Gestirne gegen Gott" vor, als ursprünglich zu verteidigen, vgl. G.Fuchs, Mythos, 128-129.

der Gottesrede (vgl. bes. 38,31-33). Daher dürfte V.12 sekundär sein[90].

d) Eingeleitet mit einer erneut als rhetorische Frage formulierten Anschuldigung Hiobs, die diesen ausdrücklich als עָוֵּל (v.l.) charakterisiert, folgt in den V.15-16+19-20 eine Beschreibung des Schicksals der מְתֵי־אָוֶן und der Reaktion der Gerechten über den Fall der Frevler. Dieser Abschnitt leitet von der Anklage Hiobs in den V.2-14* zu den Verheißungen an Hiob in den V.21-30* über. Dabei fallen aus dieser Passage die V.17-18 heraus. Sie entsprechen weder der metrischen und syntaktischen Struktur der V.15-16+19-20 noch passen sie gedanklich in den Duktus dieser Verse: Auf die Schilderung der Vernichtung der Frevler (V.16) kann nur die Freude der צַדִּיקִים folgen[91]. Selbst wenn man die V.17-18 als Parenthese versteht, bleibt die Schwierigkeit, daß sie nur unwesentlich modifiziert 21,14-16 wiederholen[92]. Zwar lassen sich zwischen den einzelnen Reden der Hiobdichtung Stichwortassoziationen und Begriffsanknüpfungen sowie Wiederholungen eines Stichos als Kompositionsmittel nachweisen, doch ist das Phänomen einer Wiederholung *mehrerer Bikola in unmittelbar aufeinanderfolgenden Reden* einmalig. Schließlich unterbrechen die V.17-18 das bisher für die dritte Eliphasrede gezeigte, auch für den Schlußabschnitt nachweisbare Strophenschema zu je vier Distichen[93]. Abgesehen von einer Paronomasie in V.15 (תִּשְׁמֹר אֲשֶׁר) und der lautmalerischen Beschreibung der Freude der Gerechten in V.19 sowie einer Alliteration in V.20, besitzt dieser Abschnitt eine weniger kunstvolle Anlage - möglicherweise geht dies auf die Einfügung von V.17f. und eine damit verbundene partielle Textstörung in V.15-16+19-20 zurück. Ihre Verbundenheit mit der unmittelbar vorangegangenen Strophe zeigen die V.15-16.19-20 durch die Wiederaufnahme des Vernichtungsbildes der Flutkatastrophe (V.11b.16b)[94] und des Begriffes ראה, der das Nichtsehen Hiobs und das Sehen der Gerechten paralleli-

---

90 So mit Duhm; Beer. in BHK[2]; F.Baumgärtel. Hiobdialog, 145; Hölscher; Fohrer; Hesse und de Wilde.

91 Vgl. Ps 2,4; 32,11; 35,27; 52,8; 58,11; 64,11; 68,4; 69,33; 97,12 und 107,42.

92 Es entsprechen sich 22,17a und 21,14; 22,18a und 21,16a; 22,18b und 21,1b; 22,17b komprimiert 21,15.

93 So betrachteten V.17-18 ebenfalls als sekundär: Merx (nur V.18); G.Beer. Text; Duhm; Budde, HK[2]II; Oettli; Driver u. Gray; Hölscher; Fohrer; Fedrizzi; Pope; Hesse; de Wilde und T.Mende. Leiden. 169 (mit der Zuweisung an den dritten Bearbeiter nach dem Elihudichter).

94 Vermutlich steht hinter den V.15-16 ein typisches Bild für den Untergang der Frevler (so mit Schultens; Olshausen; Budde. HK[2]II; Fohrer; Pope; Hesse und Hartley, vgl. Hi 11,11; Dtn 28,62; Ps 26,4) und kein Bezug auf ein urgeschichtliches Datum (sei es die Sintflut [vgl. Fz.Delitzsch; Dhorme; Hölscher]. eine ähnliche Flutkatastrophe [vgl. Duhm; de Wilde]. Sodom und Gomorra [vgl. Ewald.]. der Exodus [Pineda. zitiert bei Knabenbauer]. die Rotte Korach [vgl. G.Richter]) oder ein mythologisches Chaoswesen (so W.L.Michel und Habel. 341).

siert (V.11a.19a). Die Verknüpfung mit den beiden folgenden Strophen, in denen Hiob neues Glück verheißen wird (V.21-26*.27-30), vollzieht sich über die Motive der Freude (V.19a.26), der Vernichtung der Frevler (V.16.29) und der Rettung des נָקִי (V.19b.30a [v.l.]). Die Brückenfunktion der vierten Strophe (V.15-16.19-20) wird auch daran deutlich, daß wie in den V.2-3 zunächst generell und dann applikativ formuliert wird: Den direkt an Hiob ergehenden Verheißungen in V.21ff. geht die prinzipielle Aussage zum Glück der Gerechten in den V.15-20* voraus.

e) Mit einem doppelten, durch kohortatives נָא־ (vgl. 4,7 und 5,1) unterstrichenen Imperativ beginnt der Verheißungsteil (V.21-30). Das kolometrisch ganz ausgeglichene Verhältnis, die Wiederaufnahme der Wurzel סכן (vgl. V.2)[95] und die lautmalende erste Heilszusage an Hiob im zweiten Stichos kennzeichnen V.21 als Überschrift und als Kern des folgenden Abschnittes[96]. Er entfaltet in hellen Farben die These, daß Hiob neues Glück erfahre, wenn er sich Gott unterwerfe[97]. So enthält der parallel zu V.21 mit einem Imperativ eingeleitete V.22 eine Verdeutlichung dessen, was Eliphas unter הַסְכֶּן־נָא עִמּוֹ versteht: In einen Chiasmus gefaßt, wird Hiob aufgefordert, aus Gottes Mund Weisung[98] anzunehmen und Gottes Worte in sein Herz zu legen (מִפִּיו x תּוֹרָה sowie אֲמָרָיו x בִּלְבָבֶךָ). Die diesem Vers inhärente Bewegung von מִפִּיו zu בִּלְבָבֶךָ wird stilistisch durch die fortschreitende Konsonantenzahl der einzelnen Wörter bei ausgewogenem Metrum hervorgehoben. Die mit den Imperativen in V.21a.22 implizit als konditionale Kette eingeleitete Verheißung wird in V.23 explizit als Bedingungssatz fortgeführt. Dabei hat V.23 parallel zu den drei vorangegangenen Imperativen (שִׂים - קַח - הַסְכֶּן) drei von der Konditionalpartikel אִם abhängige, alliterativ herausgehobene Imperfekte (תַּרְחִיק [v.l.] - וְתַעֲנֶה -תָּשׁוּב). Diese stilistisch und motivisch sich mit 8,5 und 11,14 berührende Protasis findet ihre direkte Fortsetzung in V.26. Mit כִּי־אָז wird wie in 11,15 die aus zwei Heilsworten an Hiob bestehende Apodosis eingeleitet, innerhalb derer ein Chiasmus (תִּשָּׂא x תִּתְעַנָּג) und eine Alliteration (אֶל־אֱלוֹהַּ) auffallen. Neben der Parallelität von 22,23.26 zu 11,14.15 sind es

---

95 Dabei verschiebt sich die Bedeutung von סכן im Qal "nützen" (vgl. Hi 15,3; 34,9; 35,3) zu "freundlich mit jmd. umgehen" im Hifil (vgl. Ps 139,3; Num 22,30).

96 Angesichts des Themacharakters von V.21 sollte die in V.b vorliegende Apodosis nicht in einen dem folgenden Vers parallelen Imperativ geändert werden.

97 Zum Hinweis auf die Wendung zu Gott als Ausweg aus der Not vgl. Hi 5,8; 8,5; 11,13 und 33,26; dazu E.S.Gerstenberger, Der bittende Mensch, 156f., und K.Seybold, Gebet, 83f.

98 תּוֹרָה bezeichnet in V.22 nicht im spezifischen Sinn das Gesetz, sondern steht für Weisung. Dies hat bereits G erkannt, der תּוֹרָה hier nicht mit νόμος, sondern mit ἐξηγορία übersetzt.

vor allem folgende Gründe, die 22,24-25 als Ergänzung erscheinen lassen:

1. fehlt V.24 in G.

2. sprengen die V.24-25 das konditionale Gefüge von V.23 und 26 durch die Einlage eines Imperativs und eines konsekutiven Perfekts.

3. begegnet eine dreifache Folge des Gottesnamens שַׁדַּי nur hier im Hi. Während die Bezeichnungen אֱלוֹהַּ und אֵל häufig hintereinander und ohne parallele Nennung eines Gottesnamens auftreten, erscheint שַׁדַּי stets im Parallelismus oder unmittelbar neben אֵל (8,3.5; 13,3; 15,25; 21,14.15; 22,2.3; 22,17; 23,16; 27,2.11.13) oder אֱלוֹהַּ (5,17; 6,4; 11,7; 27,10; 29,4f.; 31,2).[99]

4. weist V.24 mit בֶּצֶר das einzige echte absolute Hapaxlegomenon in c.22 auf; V.25 führt mit תוֹעָפוֹת einen im AT nur in Ps 95,4; Num 23,22; 24,8 und Sir 45,7 [H] vorkommenden Begriff, dessen genaue Bedeutung noch umstritten ist.

5. steht die Aussage, daß שַׁדַּי für Hiob כֶּסֶף und בֶּצֶר sein werde, in einem merkwürdigen Verhältnis zu den folgenden *personal* gedachten Verheißungen.

6. deuten die besonders zahlreichen Stilmittel[100] in diesem Tetrastichon darauf hin, daß es sich um eine maniristische Ergänzung handelt.[101]

f) Mit V.27 wird die Schlußstrophe der Rede eingeleitet. Dieser letzte Abschnitt besteht aus einer doppelten Entfaltung des Hiob in Aussicht gestellten Glücks im Falle seiner Umkehr (V.27-28: Gebetserhörung[102], Erfüllung der Gelübde[103], gelingende Arbeit[104], umfassender Segen: אוֹר[105]) und aus einem als Summarium fungierenden doppelten Distichon (V.29-30)[106]. Dieses Bikolon beschreibt prinzipiell das Vergeltungshandeln Gottes an der Erniedrigung der Überheblichen (V.29a *v.l.*) und der Erhebung der Demütigen sowie der

---

99 Die isolierte Stellung von שַׁדַּי in 6,14 findet sich in einer Glosse (so mit Duhm; Dhorme; Hölscher; Fohrer; Fedrizzi; H.Bobzin, Tempora, und Hesse). Zu 31,35, wo vermutlich der Text gestört ist, s.u. S.184ff. .

100 Vgl. die Alliterationen עַל־עָפָר und (וּ)בְצוּר בֶּצֶר, die Paronomasie בֶּצֶר וּבְצוּר בְּצָרֶיךָ, die Homoioteleuta בֶּצֶר,בְצוּר,עָפָר, אוֹפִיר und die Synonyma בֶּצֶר, אוֹפִיר, תוֹעָפוֹת, כָּסֶף.

101 Zur Beurteilung von V.24-25 als sekundär vgl. auch G.Beer, Text; Duhm; G.Bickell, Iobdialog; P.Volz, Hiob (1921), 68; Hölscher; Fohrer; (Fedrizzi); H.Bobzin, Tempora, und Hesse.

102 Vgl. Ps 50,14; 91,15; 99,6; 116,14 und Jes 65,24.

103 Vgl. Ps 22,26; 50,14; Prov 7,14 und Sir 18,22.

104 Vgl. Prov 25,22; Jes 7,7 und 14,24.

105 Vgl. II Sam 22,29 par. Ps 18,29 und Ps 27,1.

106 Wer V.29-30 für eine Ergänzung hält (vgl. T.Mende, Leiden, 170), wird der poetischen Struktur dieser Rede nicht gerecht. Die Probleme in V.29f. sind primär textkritischer und textgeschichtlicher Art, nicht literarkritischer.

Bewahrung der Unschuldigen (V.30 *v.l.*)[107]. An mikrotextlichen Stilmitteln der Abschlußstrophe (V.27-30) sind u.a. in V.27 ein Homoioteleuton, in V.29 ein im überlieferten Text gestörter Chiasmus (יוֹשָׁע x הַשְׁפִּיל [*v.l.*]; גֵּוָה x שַׁח vgl. 5,11) und in V.30, parallel zum Eröffnungsvers der Rede (V.2), die Konstruktion mit derselben Verbalwurzel in beiden Stichen, hervorzuheben. Auch inhaltlich sind der Eröffnungs- und der Abschlußvers komplementär. So korrespondieren die Begriffe גֶּבֶר (V.2a) und אִישׁ־נָקִי (V.30a *v.l.*), מַשְׂכִּיל (V.2b) und בְּבֹר כַּפָּיו (V.30b *v.l.*). Zusammen mit den Verben סכן (V.2) und מלט (V.30) bilden sie die theologische Synthese der Rede: "Der Fromme lebt aufgrund seiner Frömmigkeit".

2.1.2.2. Vergleich der drei Eliphasreden in c.4-5; 15 und 22

Redeelement	c.4-5	c.15	c.22
Eröffnung			
a) Anrede Hiobs in Frageform	4,2-6	15,2-6	22,2-5
b) יִרְאָה Hiobs	4,6	15,4	22,4
c) Anklage Hiobs	*indirekt: 4,5*	*direkt: 15,5-8*	*direkt: 22,5-9*
d) Tradition/ Erfahrung	4,8;5,3	15,9.17	22,15
Hauptteil			
a) These zur Vergeltung	4,7-9	15,20	22,5
b) Explikation der These	4,8-10; 5,1-7	15,21-35*	22,6-20
c) Niedrigkeitsmotiv	[4,12-21]	[15,11-16]	
d) Ermahnung	5,8-16	*Warnung*	22,21-26
e) Heilshandeln Gottes	5,9-22	*Vernichtungs-handeln*	22,26.29
f) Leid Hiobs	5,17: *Erziehung*		22,6: *Strafe*
e) Die רְשָׁעִים		15,20-34	
Redeschluß			
a) Promissio	*direkt: 5,23-27**		*direkt: 22,27ff.**
b) Summarium	5,27	15,35	22,30
Redeumfang	47[37]V	34[28]V	29[24]V

---

[107] Vgl. Ps 31.24; Prov 29.23; Jes 13.11 und 25.11.

Zusammenfassung

a) Die dritte Rede des Eliphas in c.22 bildet eine zweiteilige *Anklage- und Trostrede*, die aus sechs Strophen (V.2-5|6-9|10-11+13-14|15-16+19-20|21-23+26|27-30) zu je vier Bikola besteht.

Auf eine die Rede eröffnende vierfache Frage zu Hiobs יִרְאָה (V.2-5) folgt eine vierfache Beschuldigung aufgrund hypothetischer sozialer Vergehen (V.6-9). In der dritten Strophe (V.10-11+13-14) wird die Unglückssituation Hiobs interpretiert und sein Fehlverhalten im Leiden kritisiert. Als Überleitung zwischen dem ersten *anklagenden Teil* (V.6-14*) und dem zweiten *tröstenden Teil* (V.21-30*) fungiert die vierte Strophe (V.15-16+19-20) mit der Gegenüberstellung der Frevler und der Gerechten. Der zweite Teil bietet in den V.21-23+26-28 vornehmlich konditional gefaßte Heilszusagen an Hiob und mündet in einem Summarium (V.29-30*) zur Darstellung des Vergeltungshandelns Gottes.

b) Mit direkten Anreden Hiobs in 18 Versen und mit dem die Verheißungen aus 5,17ff.; 8,5ff. und 11,14ff. zusammenfassenden Abschnitt in V.21-30* besitzt c.22* kompositionell deutlich den Charakter einer Abschlußrede[108].

c) Als typische Eliphasrede erweist sich c.22* neben der kompositionellen Parallele zu c.4-5* vor allem durch die Erwähnung von Hiobs יִרְאָה, die innerhalb der Freundesreden nur in den Eliphasreden auftaucht (vgl. 4,6; 15,4), sodann über den für die Eliphasreden charakteristischen Begriff יכח sowie über die in allen drei Eliphasreden begegnenden Termini אָוֶן, אִישׁ, חֹשֶׁךְ, יָדַע, עוֹלָה, שָׁמַע, רָאָה, כחד.

d) Gegenüber den zuletzt gegen die Ursprünglichkeit des ganzen Kapitels erhobenen Bedenken[109] ist c.22* als echte Eliphasrede beizubehalten. Damit kann aber c.22* im Vergleich mit den bereits analysierten Freundesreden in c.4-5; 8; 11; 15; 18; 20 und 25 als Kriterium für die Beurteilung von 25,2-6; 4,12-21 und 15,11-16 dienen. Während die dritte Eliphasrede mit den Freundesreden des ersten Redegangs in den c.4-5*; 8; und 11 kompositionell und inhaltlich kongruent ist, zeigt eine Gegenüberstellung von Aufbau und Inhalt aller Freundesreden in c.3-31, daß 4,12-21; 15,11-16 und 25,2-6 sich aus der inneren Struktur der Freundesreden absetzende Größen darstellen. Im folgenden werden nun 25,2-6; 4,12-21 und 15,11-16 noch aus drei weiteren Perspektiven untersucht. Zunächst soll unter Konzentration auf 4,17-19; 15,14-16 und 25,4-6 ein Vergleich die poetische und inhaltliche Eigenart des Nied-

---

[108] Aus dieser wohlstrukturierten Rede fallen, wie gezeigt, die V.12.17-18.24-25 heraus.
[109] Vgl. T.Mende, Leiden, 171.185.275f., die dabei im wesentlichen zu denselben literarkritischen Ergebnissen kam wie bereits F.Baumgärtel, Hiobdialog, 143-146.

rigkeitsmotives noch stärker herausheben. Sodann muß gefragt werden, ob 4,12-21; 15,11-16 und 25,2-6, die aus dem Rahmen der *Freundesreden* fallen, eine zwingende Verknüpfung mit den *Hiobreden* haben. Schließlich wird auf die möglichen traditionsgeschichtlichen Hintergründe des Niedrigkeitsmotives geblickt, um zu sehen, ob dieses Motiv allein deshalb im Hiobbuch ursprünglich ist, weil es altorientalische und atl. Parallelen hat.

2.1.3. Das Niedrigkeitsmotiv in Hi 25,2-6; 4,12-21 und 15,11-16

2.1.3.1. Struktur und Skopus des Niedrigkeitsmotives

Ein Vergleich von 25,2-6; 4,12-21 und 15,11-16 zeigt, daß die inneren Rahmenelemente des Niedrigkeitsmotives gleichbleiben und die theologische Grundaussage bei charakteristischen Variationen identisch ist. Unterschiede bestehen vor allem in der äußeren Rahmung bzw. in der Art und Weise, wie jeweils auf das Niedrigkeitsmotiv hingeführt wird (vgl. die literarischen Analysen der jeweiligen Reden). In c.4 leitet die Schilderung einer Offenbarung in den V.12-16 das Niedrigkeitsmotiv ein. In c.15 geht ihm in den V.11-13 eine Bestreitung des Rechts, gegen Gott zu klagen, voran. In c.25 schließt sich das Niedrigkeitsmotiv an eine hymnische Prädikation der Macht Gottes in den V.2-3 an. Zur Herausstellung des inneren Aufbaus und der inhaltlichen Nuancen des Niedrigkeitsmotives konzentrieren wir uns im folgenden *zunächst* auf 4,17-21 und gehen auf die Beschreibung der nächtlichen Vision und Audition des Eliphas in den V.12-16 zu einem späteren Zeitpunkt unserer Studie ein. Ebenso klammern wir in 15,11-16 und in 25,2-6 *vorläufig* die auf das Niedrigkeitsmotiv hinweisenden V.11-13 bzw. V.2-3 aus. Damit können wir folgende Texte nebeneinanderstellen:

4,17 הַאֱנוֹשׁ מֵאֱלוֹהַ יִצְדָּק אִם מֵעֹשֵׂהוּ יִטְהַר־גָּבֶר:

4,18 הֵן בַּעֲבָדָיו לֹא יַאֲמִין וּבְמַלְאָכָיו יָשִׂים תָּהֳלָה:

4,19 אַף שֹׁכְנֵי בָתֵּי־חֹמֶר אֲשֶׁר־בֶּעָפָר יְסוֹדָם
יְדַכְּאוּם לִפְנֵי־עָשׁ:

4,20 מִבֹּקֶר לָעֶרֶב יֻכַּתּוּ מִבְּלִי מֵשִׂים לָנֶצַח יֹאבֵדוּ:

4,21 הֲלֹא־נִסַּע יִתְרָם בָּם יָמוּתוּ וְלֹא בְחָכְמָה:

15,14 מָה־אֱנוֹשׁ כִּי־יִזְכֶּה וְכִי־יִצְדַּק יְלוּד אִשָּׁה:

15,15 הֵן בִּקְדֹשָׁיו לֹא יַאֲמִין וְשָׁמַיִם לֹא־זַכּוּ בְעֵינָיו:

15,16 אַף כִּי־נִתְעָב וְנֶאֱלָח אִישׁ־שֹׁתֶה כַמַּיִם עַוְלָה:

25,4 וּמַה־יִּצְדַּק אֱנוֹשׁ עִם־אֵל וּמַה־יִּזְכֶּה יְלוּד אִשָּׁה:

25,5 הֵן עַד־יָרֵחַ וְלֹא יַאֲהִיל וְכוֹכָבִים לֹא־זַכּוּ בְעֵינָיו:

25,6 אַף כִּי־אֱנוֹשׁ רִמָּה וּבֶן־אָדָם תּוֹלֵעָה:

Den Rahmen des Niedrigkeitsmotives bildet ein Dreischritt: Auf die rhetorische Frage, ob der Mensch vor Gott gerecht (צדק) und rein (זכך bzw.
טהר) sein könne, folgt jeweils der mit הֵן eingeleitete, negativ formulierte
Vergleich und das über den Schluß *a maiore ad minus* erzielte, mit אַף bzw.
אַף כִּי einsetzende *anthropologische* Summarium, das in 4,19 durch ein doppeltes Vernichtungsbild der menschlichen Kreatur in 4,20-21 zusätzlich unterstrichen wird.[110] Übereinstimmend ist weiterhin die metrische Struktur der
einen Vergleich enthaltenden Verse (4,18; 15,15; 25,5), in denen jeweils der
zweite Stichos eine kleine Überlänge gegenüber dem ersten Stichos aufweist.
Die Komparationsverse und die Summarien bieten jeweils strikte Parallelismen
(Interjektion - Vergleichsgröße - Prädikat und Adverb bzw. Konse-
kutivpartikel und Nominalsatz, Subjekt - Prädikat).

Dagegen wird die *These* der fehlenden Gerechtigkeit in einer dreifachen
Weise stilistisch variiert: In 4,17 findet sich ein Chiasmus (אֱנוֹשׁ x גֶּבֶר , יִצְדָּק)
x יִטְהָר, unterbrochen durch die Relation מֵאֱלוֹהַּ bzw. מֵעֹשֵׂהוּ). In 15,14 liegt
ebenfalls ein Chiasmus vor (אֱנוֹשׁ x אִשָּׁה , יְלוּד , יִזְכֶּה x יִצְדָּק). In 25,4 begegnet die These in einem einfachen Parallelismus, in dem gegenüber 4,17 und
15,14 das einleitende Fragepronomen in beiden Stichen erscheint und somit
die Parallelität der Glieder noch betont wird.

Modifikationen finden sich ebenso in der *Explikation* der Grundthese. So
zieht 4,18 zwei angelologische Größen zum Vergleich heran (מַלְאָכָיו und
עֲבָדָיו)[111], 15,15 eine angelologische (קְדֹשָׁיו [*v.l.*])[112] neben einer kosmologischen (שָׁמַיִם) und 25,5 zwei kosmologische (כּוֹכָבִים und יָרֵחַ). In der Bestimmung ihres Verhältnisses der Nähe zu Gott zeigt sich somit das Gefälle
"Engel - Himmel - Sterne".[113]

---

[110] Gegen die Deutung von G.Fuchs. Mythos. 135, nach der 4,17 und 15,16 auf den Frevler
zielen und allein 25,6 den Menschen an sich meine, spricht die gesamte anthropologische und kreatürliche Begrifflichkeit in den 4,17-21; 15,14-16 und 25,4-6.

[111] Zu מַלְאָךְ als Begriff für Engel vgl. Hi 33,23; Gen 48,16; Ex 23,20; 33,2; Jes 44,26;
63,9; Ps 91,11; 103,20; 104,2; 148,2; zu עֶבֶד als angelologischem Terminus vgl. Dan
10,17.

[112] Zu קָדוֹשׁ als angelologischem Begriff vgl. Sach 14,5; Sir 42,17 [H]; Dtn 33,3; Ps
89,6.8; Dan 4,10.14.20 und 8,13.

[113] Zu möglichen traditionsgeschichtlichen Wurzeln der in den Vergleichsversen gebrauchten Bilder vgl. G.Fuchs. Mythos. 133-135, die hinter 4,17ff. *par.* das Mythologem eines urzeitlichen Himmelskampfes vermutete, das der Dichter als Basis für eine

Ein Austausch der Begriffe findet auch in den *Summarien* statt, wodurch eine charakteristische Tendenzverschiebung sichtbar wird. In 4,19 liegt der Akzent stärker auf der Betonung der kreatürlichen Inferiorität (עָשׁ, עָפָר und חֹמֶר)[114]. Diese wird durch die Fortführung des Summariums in 4,20-21 mit den generellen Aussagen לָנֶצַח יֹאבֵדוּ ("sie gehen für immer zugrunde") und יָמוּתוּ וְלֹא בְחָכְמָה ("sie sterben ohne [jede] Einsicht") noch unterstrichen. Auf die geschöpfliche Zentrierung des Niedrigkeitsmotives in der ersten Eliphasrede weist auch die im Parallelismus zu אֵל verwendete Gottesbezeichnung עֹשֵׂהוּ hin (4,17; vgl. 25,2b)[115]. In 15,16 wird der Nachdruck auf die moralische Minderwertigkeit gelegt (עַוְלָה, אֱלָח und תעב)[116], auf diese Ausrichtung des Niedrigkeitsmotives hatte bereits die Einleitung in V.11-13 mit der Bestreitung des menschlichen Rederechts gegenüber Gott hingedeutet. In 25,6 stehen dann der geschöpfliche und der hamartologische Aspekt der menschlichen Unwürdigkeit im Mittelpunkt: Mit der Charakterisierung רִמָּה und תּוֹלֵעָה ("Made" und "Gewürm") ist der *Mensch als Mensch* hinfällig und sündhaft[117]. Die wechselseitigen Beziehungen der drei Texte zeigen sich schließlich in der (wörtlichen) Entsprechung von 4,18aβ und 15,15aβ; 15,15bβ und 25,bβ sowie 4,17a und 25,4aβ.

Die stilistischen und inhaltlichen Kongruenzen einerseits und die charakteristischen Variationen andererseits deuten darauf hin, daß die in der Hiobdichtung begegnende Trias der menschlichen Ungerechtigkeit vor Gott in 4,17-19; 15,14-16 und 25,4-6 von *einer* Hand stammt.

2.1.3.2. Das Niedrigkeitsmotiv außerhalb der Freundesreden

Neben drei terminologischen Überschneidungen untersuchen wir eine Motivparallele in den Hiobreden sowie die makrokompositionelle Verknüpfung zwischen dem Niedrigkeitsmotiv in den Freundes- und Hiobreden.

---

grundsätzliche Aussage zum Menschen gebrauche. Dabei weist G.Fuchs zutreffend darauf hin, daß "Einzelheiten dieser Tradition erst in späterem Schrifttum, in apokrypher Literatur und im Neuen Testament greifbar werden" (a.a.O., 133).

[114] Zur Verwendung von עָפָר in Kreatürlichkeitsaussagen vgl. Hi 10.9; Gen 2.7; 3.19; 18.27; Ps 103.14; Koh 3.20; 12.7. von חֹמֶר vgl. Hi 10.9; 33.6; Jes 45.9 und 64.7; von עָשׁ vgl. Ps 39.12.

[115] Zu עֹשֶׂה als Bezeichnung Gottes des Schöpfers vgl. Hi 31.15; 32.22; 35.10; 40.19; Jes 17.7; 27.11; 44.2; 51.13; Jer 33.2; Prov 14.31; 17.5.

[116] Zur Verwendung von עַוְלָה im hamartologischen Bereich vgl. Mal 2.6; Ps 37.1; 107.42; 119.3; Jes 59.3; Hos 10.13 und Zeph 3.13; von אֱלָח vgl. Ps 14.3 *par.* 53.4; von תעב vgl. Dtn 7.26; Ez. 16.25; Am 5.10 und Mi 3.9.

[117] Zu dieser komplexen Bedeutung von תּוֹלֵעָה bzw. תּוֹלַעַת vgl. Jes 66.24.

Terminologische Parallelen in 9,2; 14,1 und 33,12

a) Ganz unvermittelt blitzt die aus 25,4a bekannte Wendung וּמַה־יִּצְדַּק אֱנוֹשׁ עִם־אֵל im ersten Vers von Hiobs dritter Rede in c.9-10 auf (9,2b). Der Vers steht weder in einer argumentativen und begrifflichen Beziehung zu der vorangegangenen Bildadrede, noch stellt er eine den anderen Hiobreden vergleichbare Eröffnung in der Gestalt einer direkter Anrede der Freunde dar (vgl. 6,24; 12,2; 16,2; 19,2; 21,2). Eine Analyse von 9,2ff. zeigt, daß nicht nur der Hymnus in V.5-10 sekundär eingelegt ist[118], sondern auch die unmittelbar vorausgehenden V.2-4. Sie stehen zum einen in erheblicher Spannung zu dem in 9,15ff.; 13,19 und 23,6 vertretenen Wunsch Hiobs, mit Gott zu rechten. Zum anderen sind sie eine Vorwegnahme von Hiobs Antwort(en) auf die Gottesrede(n) (vgl. 9,3 mit 40,5 und 9,10 mit 42,3). Der Abschnitt in 9,15ff. bestreitet, daß Gott für Hiob ein חֲכַם לֵבָב besitzt, während die V.5-10 mit der Verherrlichung von Gottes Schöpfermacht, darin antizipatorisch zur Gottesrede (vgl. 9,8 mit 38,5 und 9,9 mit 38,31.32), die These aus V.2-4 entfalten: Somit gehören mindestens die V.2-10 als eine eigene Größe zusammen. Die V.11-12 sind aber mittels der Objektsuffixe לִי und אֵלָיו eng mit V.10 verbunden und finden sich inhaltlich und stilistisch kongruent in 12,14f.; 23,8f.12f. und 36,23. Die V.13-14 bilden ein mythologisch formuliertes (vgl. 26,12) Unterwerfungsbekenntnis Hiobs, das im Widerspruch zu 9,32 und 10,2 steht und wie 9,2 die Antwort in 40,5 vorwegnimmt. Die Verbindung zwischen V.14 und V.15 über das kolometrisch überschießende אֲשֶׁר ist deutlich sekundär. D.h. aber, daß auch V.11-14 sekundär sind und daß die V.2-14 vermutlich die ursprüngliche Einleitung der dritten Hiobrede in c.9-10 verdrängt haben.[119]

b) Ebenso dürfte die im AT außerhalb von 15,14 und 25,4 nur noch in 14,1 begegnende Wendung יְלוּד אִשָּׁה an ihrer Stelle nicht ursprünglich sein. Der Ausdruck findet sich zwar innerhalb einer für die Hiobrede typischen Klage über die eigene Vergänglichkeit, die als Argument gegen die von Gott erfahrene Verfolgung und als Appell an seine Barmherzigkeit verwendet wird (vgl. 7,7ff.; 9,35 und 10,7ff.). Gegenüber diesen Parallelen fehlen aber in 14,1 eine die Elendsmeditation einleitende direkte (imperativische) Anrede Gottes (vgl. 7,7; 9,35; 10,2 und 10,9) und ein Verweis auf das eigene Leben in der 1.P.Sg. 13,28 ist einerseits nur als Nachsatz zu 14,1-2 zu verstehen, anderer-

---

[118] So mit P.Volz. Hiob (1921), 36; Fohrer; Hesse, und H.-M.Wahl, Schöpfer, 176; vorsichtig V.Maag, Hiob, 202, und H.D.Preuss, Theologie, I, 263. Nur für V.8-10: Duhm; G.Beer, Text; Budde, HK²II; Fd.Delitzsch; Hölscher und H.Bobzin, Tempora.

[119] Ähnlich erkannten F.Baumgärtel, Hiobdialog, 41f., in 9,4-10 und J.Vermeylen, Job, 15f., in 9,5-13 eine spätere Ergänzung.

seits fehlt ein direkter Übergang von dem glossierten 13,27[120]: 13,28 dürfte daher ein sekundärer Zusatz sein[121]. Die V.14,1ff. bieten erhebliche syntaktische Probleme[122]. 14,3 zeigt einen formalen und gedanklichen Bruch gegenüber den sonstigen Hiobreden: Selbst bei der Lesart אֹתִי (vgl. G, S und V) steht dieser Vers im Widerspruch zu 9,32 und 23,6-7 (v.l.), in denen Hiob darum bittet, mit Gott in einen מִשְׁפָּט zu treten, bzw. darüber klagt, daß ihm diese Möglichkeit versagt ist. Die Verwendung von מִשְׁפָּט mit בוא im *Hifil* (!) ist im Hiobbuch singulär (vgl. Ps 143,2 [v.l.][123]): Sie definiert מִשְׁפָּט eindeutig als negative, strafende Größe (vgl. 22,5-6), während מִשְׁפָּט in den *Hiobreden* neutral den Rechtsstreit meint, dessen Ausgang offen ist. 14,4 bildet eine unpoetische Frage, die kein echtes Bikolon darstellt. Auch begrifflich fällt 14,4 aus der ursprünglichen Hiobdichtung: טָמֵא ist ein relatives Hapaxlegomenon, טָהוֹר findet sich, wie wir unten zeigen werden, nur in den sekundären Abschnitten 17,9 und 28,19. Somit ist 14,4 kaum als ursprünglich anzusehen.[124] In 14,5 begegnet ein Tristichon, in welchem das dritte Kolon eine Erweiterung darstellt.[125] Alle diese Phänomene in 13,27-14,5 weisen neben der kolometrischen Disharmonie des Abschnitts darauf hin, daß hier spätere Bearbeitungen erfolgten[126] und daß die Wendung יְלוּד אִשָּׁה möglicherweise auf eine sich an 25,4 und 15,14 anlehnende Hand zurückgeht.[127] Wenn aber 9,2b und 14,1* als sekundär zu beurteilen sind, können diese Passagen nicht als Argument für die Ursprünglichkeit von 25,4-6 *par.* verwendet werden.

---

120 Gegenüber Hölscher und Fohrer, die aufgrund der Parallele zu 33,11 den auch in 4QpaleoJob[c] teilweise erhaltenen Versteil 13,27aβ als Glosse streichen, dürfte 13,27b als sekundär zu betrachten sein.

121 So mit Hontheim; Budde, HK[2]II; Steuernagel, in: HSATK II; Hölscher und H.Bobzin, Tempora. Methodisch weniger zu empfehlen ist eine Umstellung von 13,28 hinter 14,1 oder 14,2 (so schon J.J.Reiske; dann Siegfried; G.Bickell, Iobdialog; P.Volz, Hiob [1921], 42; Dhorme; Kissane; Horst; Fedrizzi; Rowley; Pope und de Wilde).

122 Vgl. dazu H.Bobzin, Tempora, 204f. Ob das Fragment 4QHi[b] (4Q100), das vermutlich einen Bruchteil von Hi 14,4-6 bietet, hier weiter hilft, ist derzeit nicht zu entscheiden, vgl. dazu künftig G.W.Nebe, in: ZAW 106 (1994).

123 In Ps 143,2 ist mit S תָבֵא zu lesen, vgl. H.Bardtke, in BHS; B.Bonkamp, Psalmen, 602f., und H.Gunkel, Psalmen, 603.

124 So auch G.Beer, Text; G.Bickell, Iobdialog; Budde, HK[2]II; Driver u. Gray; P.Volz, Hiob (1921), 42; Peters; Hölscher; Steuernagel, in: HSATK II; Horst; Pope und de Wilde.

125 So auch Fohrer und Hesse. Dagegen streichen Hölscher und H.Bobzin, Tempora, den ganzen Vers; de Wilde stellt V.15b hinter V.19; ähnlich bereits Hontheim.

126 Vgl. weiterhin die Glossen in V.12aβ.14a und den bereits vor der Abfassung von 4QpaleoJob[c] eingetretenen Textausfall in V.13b.19b. Zu 14,12 vgl. O.Kaiser, Tod, 28 und 146 mit Anm. 64, der hier eine "apokalyptisierende Bearbeitung" erkannte.

127 Zur weiteren Analyse der Hiobrede in c.12-14 s.u. S.188.

c) Die dritte leichte terminologische Berührung von 25,4-6 *par.* in c.33 findet sich ebenfalls in einem mindestens sekundären Abschnitt[128]. Dabei fehlen auch in 33,12b (כִּי־יִרְבֶּה אֱלוֹהַ מֵאֱנוֹשׁ) die für das Niedrigkeitsmotiv typische *triadische Argumentationskette* und die *kreatürlich-hamartologische Begrifflichkeit*.

Die Elendsmeditationen in Hi 7; 10 und 14

Die von Hiob selbst verwendeten Hinweise auf die geschöpfliche Hinfälligkeit des Menschen (7,7-21*; 10,3-22 und 14,1*.2.5-22*) bilden *keine* echten inhaltlichen und strukturellen Parallelen zu Hi 25,4-6 *par.* Es fehlen die charakteristischen angelologischen bzw. kosmologischen Explikationen[129] sowie die spezifischen Gerechtigkeits- und Sündentermini. Gegenüber der kontextuellen Spannung des Niedrigkeitsmotives in den Freundesreden sind die Elendsmeditationen Hiobs harmonisch in die jeweiligen Reden eingefügt. Diese Betrachtungen bilden ein wesentliches Kompositionselement der dreidimensional strukturierten Hiobreden, die sich an die Freunde (Dialog), an sich selbst (Monolog) und an Gott (Klage bzw. Gebet) wenden[130]. Dabei dienen die Elendsmeditationen Hiobs mit dem Blick auf das von Gott liebevoll geschaffene (10,12)[131] und doch vergehende Leben (7,7 und 14,7) als anthropologische Argumente gegen die Bedrohung durch Gott. Sie stehen jeweils in der Funktion eines Appells an das Mitleid Gottes[132] und sind Ausdruck von Hiobs letzter Hoffnung: so im Anschluß an die Klagen über den unmäßigen Schmerz in c.6, über die als Willkür erfahrene Macht Gottes in c.9* und c.30 und über die fehlende Möglichkeit mit Gott zu rechten in c.13. Im Gegensatz zu diesen inhaltlich und kompositionell fest mit den Hiobreden verbundenen Schöpfungsbetrachtungen lassen 25,4-6 *par.* mit ihrer spezifischen Argumentationsstruktur auch ein fortgeschritteneres Stadium theologischer und anthropologischer Reflexion erkennen.

---

[128] Zur sekundären Entstehung der Elihureden vgl. S.36 Anm.164.

[129] In 7.12 begegnet lediglich ein mythologischer Vergleich, vgl. dazu bes. O.Kaiser, Meer, 75.140ff.; J.Lévêque, Job, 42.305.312; de Wilde, 129; V.Maag, Hiob, 164; Clines, 189f., und G.Fuchs, Mythos, 69ff.

[130] Daher sind die Gebete in 7.1ff.; 9.25ff.; 10.1ff.; 13.20ff. und 17.3-4 keineswegs als spätere Ergänzungen zu betrachten, wie dies F.Baumgärtel, Hiobdialog, 77ff., und J.Vermeylen, Job, 17-21, vermuteten.

[131] Vgl. dagegen das brutale Bild in 4.19-21.

[132] So auch R.Albertz, Weltschöpfung, 166.

Der makrokompositionelle Ort des Niedrigkeitsmotives

Bei dem Vergleich der Freundesreden konnte bereits gezeigt werden, daß zwischen den Eliphas-, Bildad- und Zopharreden eine unmittelbare argumentative Partizipation besteht, mittels derer die Darstellung der Vergeltung nach ihrer Lohn- und Strafseite sowie die Verheißungen an Hiob bzw. die Schilderung des Untergangs der רְשָׁעִים komprimiert bzw. expandiert wiederholt werden (vgl. dazu S.78ff.). Eine Rezeption von 4,12-16.17-21 und 15,11-13.14-16 in den folgenden Freundesreden ließ sich nicht nachweisen. Auch für die Hiobreden finden sich keine das Niedrigkeitsmotiv zwingend voraussetzenden Querverweise - die Elends- und Vergänglichkeitsbetrachtungen Hiobs sind aus seinen Reden selbst verständlich.

Zunächst ist es im Blick auf die Makrostruktur der Hiobdichtung kompositionell unwahrscheinlich, daß die erste Eliphasrede, die in 4,2f. seelsorgerlich anhebt und in 5,23 freundschaftlich schließt, auf die Klage Hiobs über sein offenbar von Gott verursachtes Leid in 3,11-13.20.24-26 mit dem Vernichtungsbild in 4,19-21 reagiert. Sodann nimmt weder der Abschnitt in 4,12-21 unmittelbar auf Hiobs Eingangsklage in c.3 Bezug[133] noch finden die nächtliche Offenbarung und das Niedrigkeitsmotiv eine Anknüpfung in der folgenden Hiobrede in c.6-7: Hiob verteidigt zwar angesichts von 4,1-6 und 5,1-5 sein Recht zur Klage. Er unterstreicht seinen Wunsch zu sterben 6,8-13 (vgl. 5,15ff.), weist die Freunde ab (6,15-26), betont die eigene Integrität (6,28-30, vgl. 4,7ff.) und beschreibt im Kontrast zu 5,9.17.23 sein Elend (7,1-6). In 7,7-21* redet er dann zu Gott selbst und greift somit auf 5,8 zurück. Ein Rückbezug auf 4,12-21 findet in c.6-7 jedoch nicht statt.

Für das Verhältnis zwischen 15,11-16 und c.12-14 bzw. c.16-17 ergibt sich dasselbe Bild. Das Niedrigkeitsmotiv reagiert weder unmittelbar auf die vorangegangene Hiobrede, noch wird es in der folgenden Hiobrede aufgenommen. Der rhetorische Angriff von 15,2-10.17 steht der Polemik von 12,2-3* und 13,3-12 gegenüber. Die Unschuldserklärung von 13,18 wird durch 15,4-6 sowie die ausführliche Schilderung des Schicksals des רָשָׁע entkräftet. Die an Gott gerichtete, auf sein Erbarmen zielende Elendsmeditation am Beispiel der hoffnungslos sterbenden menschlichen Kreatur in 14,1*ff. wird parallel zu 4,2; 5,1f.; 8,2 und 18,2 unter das Verdikt der ungebührlichen Klage gestellt (15,4) bzw. als Anknüpfungspunkt für die Schilderung des Ergehens des Frevlers gewählt: Wenn Hiob sich auf die vergehende Geschöpflichkeit des Menschen vor Gott berufe (14,1*ff.), dann solle er wissen, daß diese Leider-

---

[133] Vgl. aber die Anknüpfungen von 4.5 an 3.24-26; 4,10 an 3.24; 5,6 an 3.10.20; 5,8 an 3,4; 5,26 an 3.21-22.

fahrung gerade einen רָשָׁע charakterisiere (15,20ff.). Innerhalb dieser Argumentationskette bewirkt ein Hinweis auf die kreatürliche Sündhaftigkeit (15,16) eine Umakzentuierung, die angesichts der Geschlossenheit des Gedankengangs und der Interdependenz der Reden kaum ursprünglich ist. C.16-17 stellt einen scharfen Verweis der in der zweiten Eliphasrede vorliegenden indirekten Identifikation Hiobs mit einem רָשָׁע (15,20ff.) dar. So bietet die Redeeröffnung in 16,2-6 die z.T. wörtliche Reaktion auf die Polemik des Eliphas in 15,2-5 (vgl. 16,3 mit 15,2 und 16,4 mit 15,9-10). Die Beschreibung der von Gott erfahrenen Angriffe (16,7-11.12-16) unterstreicht erneut das Recht Hiobs zur Klage und bildet den Kontrast zu der Anschuldigung, er zerstöre die Gottesfurcht (15,4). Das Unschuldsbekenntnis in 16,17-22 widerlegt die Anklage des Eliphas in 15,6. Es absorbiert die durch die Schilderung seines Leidens für die Theorie der Freunde nahegelegte Gleichsetzung mit dem רָשָׁע (15,20-35*) und zeigt die Unhaltbarkeit der durch die Freunde vertretenen Vergeltungslehre: Weil Hiob, der Gerechte (16,17-22), das Schicksal erleidet, das normalerweise den Frevler trifft, geht die Gleichung der Freunde (vgl. 4,7; 8,3) nicht auf. Der Ausblick auf die eigene Vergänglichkeit in 17,1ff. hat dieselbe Funktion wie in 7,7ff.; 10,7ff. und 14,1*.5ff.: Gott soll angesichts des Leidens der von ihm geschaffenen Kreatur zum Einlenken bewegt werden. Wie in der zweiten Hiobrede in c.6-7 fehlt somit auch in der fünften Hiobrede in c.16-17 ein terminologischer und sachlicher Rückgriff auf das Motiv der kreatürlichen Unwürdigkeit des Menschen in 15,11-16.

Zusammenfassung

Die Parallelstücke des makrokompositionellen Unikats in 25,2-6 in 4,12-21 und in 15,11-16 bilden keinen festen Bestandteil der ersten bzw. zweiten Eliphasrede (c.4-5 bzw. c.15). Sie haben keine dem Kompositionsprinzip der argumentativen Partizipation und Reaktion entsprechende Spur in den dieses Motiv umgebenden Freundes- und Hiobreden hinterlassen. Vielmehr stehen die drei Texte, die das Niedrigkeitsmotiv führen und die von einer Hand stammen, in erheblicher Spannung zum Gedankengang der Freundesreden.

2.1.3.3. Das Niedrigkeitsmotiv im Alten Orient und im AT

Das Niedrigkeitsmotiv im Spiegel der Forschung

Die Spannung, die zwischen der für die Theologie der Freunde exemplarischen These in Hi 4,7 und den Abschnitten über die kreatürliche Unwürdigkeit in 25,4-6 *par.*, aber auch hinsichtlich der Gesamtlösung des Hiobproblems besteht, ist von der bisherigen Forschung durchgehend bemerkt worden: "Damit [sc. mit Hi 4,17 *par.*] scheint die Grundfrage der Dichtung bereits überholt zu sein"[134]. Als Funktion der Abschnitte in 4,17; 15,14 und 25,4 wurde in unterschiedlicher Nuancierung angeben, sie dienten zur Erklärung der Leiden Hiobs, zur Abwehr seiner Klage und als Aufruf zur Schuldeinsicht[135]. Nur gelegentlich fand sich die Einschränkung, es handele sich in 4,17ff. *par.* um einen "Fremdkörper" in den Freundesreden, der das Ergebnis einer traditionalistischen, argumentativ nicht gedeckten Zitation sei[136]. V.Maag (1982) glaubte dann, den sachlichen Hintergrund für den "merkwürdig in der Luft hängende[n] Passus" 4,12-21 in dem Wächteramt des Ezechiel in Ez 3,17 zu finden[137]. Die kompositionellen Probleme des Niedrigkeitsmotives innerhalb der Dichtung wurden dadurch nicht erklärt. Unbefriedigend sind aber auch die Thesen, der Dichter habe hier die Freunde karikieren wollen[138], und der sentenzenhafte Inhalt von 4,17 stehe in einem gewissen Mißverhältnis zur Schilderung der Offenbarung (4,12-16)[139]. Gerade die kunstvolle Einbettung des Motives in das Nachtgesicht und die Verbindung mit der hymnischen Prädikation in 25,2-3 sprechen gegen die Annahme einer farblosen Zitation oder ironischen Imitation. Am Scheidepunkt zu einer differenzierten Sicht befanden sich neben den Bemerkungen von E.Würthwein (1938)[140] und V.Maag[141] die Ausführungen von F.Hesse (1978), Hi 4,12-21 stehe "in einer erheblichen Spannung zu jenem anderen geläufigen Satz der Weisheit, wonach also von zu erleidendem Unglück auf vorausgegangenes Fehlverhalten geschlossen werden dürfe"[142]. Demgegenüber erklärte J.Hontheim (1904) die Besonderheit von 4,12ff. mit der grotesken Anmerkung, es handele es sich hier um ein

---

[134] H.H.Schmid, Weisheit, 176.

[135] Vgl. jeweils zu Hi 4,17-19: Schultens; Schlottmann; Fz.Delitzsch; Dillmann[4]; Duhm; Budde, HK[2]II; König; E.Gillischewski, Elifaz-Rede, 292; Driver u. Gray; Dhorme, XXXVII; F.Baumgärtel, Hiobdialog, 14 (vgl. aber a.a.O., 95); Hölscher; Weiser; Fohrer; Horst; de Wilde; Pope; Hartley; Clines; J.Lévêque, Job, 260, und H.H.Schmid, Weisheit, 176.

[136] E.Würthwein, Gott, in: Wort und Existenz, 239; vgl. a.a.O., 235: "4.17-21 nimmt also eine Sonderstellung in der Anschauung der Freunde ein".

[137] V.Maag, Hiob, 140. Dabei sah Maag zwar richtig, daß Hiob "stillschweigend über die Behauptung des Offenbarungsempfanges hinweg(geht)", hielt dies aber unzutreffend für die ursprüngliche Absicht des Dichters, a.a.O., 142.

[138] Vgl. Terrien, 70, und besonders Habel, 121.

[139] Vgl. Hölscher, 21; E.L.Ehrlich, Traum, 143, und de Wilde, 108.

[140] Vgl. bes. E.Würthwein, Gott, in: Wort und Existenz, 238 mit der dazugehörigen Anm.55, aus der die Tendenz spricht, 4.17 *par.* könnten nicht ursprünglich sein.

[141] V.Maag, Hiob, 140-142.

[142] Hesse, 56.109; ähnlich auch J.Lindblom, Composition, 45f.; freilich hielten beide Forscher Hi 4.12ff. für ursprünglich.

"Trugorakel des Satans", das den Eliphas verführe[143]. Allein N.H.TurSinai (1920; 1967) zog weitere Konsequenzen, indem er 4,17 *par.* zutreffend als "foreign and contradictory to the thoughts of the friends" beurteilte[144]; methodisch fragwürdig war allerdings seine Interpretation, hierbei handele es sich um ursprüngliche Bestandteile der Hiobreden[145].

Zumeist wird in kompositioneller Hinsicht übersehen, daß das Niedrigkeitsmotiv ohne Impuls auf die Reden in c.3-31 bleibt; die stilistische und inhaltliche Diskrepanz zwischen 4,17 *par.* und der Hiobdichtung werden nivelliert; für die Ursprünglichkeit des Niedrigkeitsmotives wird auf das Theologumenon einer absoluten und relativen Gerechtigkeit[146], vor allem aber auf seine altorientalische und atl. Verhaftung verwiesen.

Altorientalische Paralleltexte zum Niedrigkeitsmotiv

Auf der Basis eines verwandten Schuldbegriffs, eines gemeinsamen Verständnisses des Individuums, des Glaubens an einen persönlichen Gott und eine diesseitige Vergeltung ergeben sich insbesondere zwischen den mesopotamischen Theodizeen und Klagegebeten und dem Niedrigkeitsmotiv im Hiobbuch Berührungspunkte[147]. Diese werden im Fall der Theodizeedichtungen durch die hochpoetische Sprache, ihre dialogische Form, die Übermäßigkeit der Leiden des Dulders, die Selbstgerechtigkeit der Tröster und den Verzicht auf eine allgemeingültige Lösung noch verstärkt[148]. Wie bei den Parallelen zu atl. Schöpfungsaussagen, historischen und prophetischen Texten, stehen für den Vergleich zwischen dem Hiobbuch und den altorientalischen Texten drei Erklärungsmodelle zur Verfügung[149]:

---

[143] Hontheim, 103; so bereits Ph.Codurcus (1651) (zitiert bei Schlottmann, 229) und ähnlich Knabenbauer, 84, der Eliphas als widersprüchlichen Charakter bezeichnete.

[144] TurSinai, Job (1967), 89; vgl. bereits ders., Hiob (1920), 13: Hi 4,17ff. ist "dem Denken der Freunde überhaupt fremd".

[145] Hatte N.H.TurSinai 1920 und 1940/41 Hi 4,12ff. geradewegs in die Hiobreden verlegt, so behandelte er diese Verse 1967 als Zitate innerhalb der Freundesreden. Eine Neuauflage erlebte diese fragwürdige Zitattheorie zuletzt durch G.V.Smith, in: VT 40 (1990), 453-463: Eliphas zitiere in 4,12ff. eine Vision Hiobs (a.a.O., 457).

[146] So schon Gregor d.Große (zitiert bei Knabenbauer, Job, 78 Anm.2) und alle neueren Kommentatoren von A.Schultens (1737) bis hin zu D.J.A.Clines (1989) und M.Remus, Menschenbildvorstellungen (1993), 25 mit der dazugehörigen Anm. 88. Dagegen betonte E.Würthwein, Gott, in: Wort und Existenz, 238, zutreffend: "Die Freunde unterscheiden keineswegs zwischen iustitia civilis und iustitia Dei".

[147] Vgl. zu dieser Klassifikation W.v.Soden, Gerechtigkeit, in: BZAW 162, 60-61.

[148] W.v.Soden, Gerechtigkeit, in: BZAW 162, 71-73.

[149] Vgl. A.Jirku, Altorientalischer Kommentar, VII, und W.v.Soden, Einführung, 235-236.

1. Es handele sich um eine Parallelentwicklung aufgrund des altorientalischen Gemeingutes ohne gegenseitige Abhängigkeit[150].
2. Es liege eine überzeitliche Analogiebildung vor[151].
3. Es bestehe eine direkte oder indirekte literarische Beeinflussung[152].

Angesichts spezifischer Unterschiede einerseits und frappierender Überschneidungen andererseits dürfte die Frage nach einer literarischen oder strukturellen Abhängigkeit aber nur synthetisch zu beantworten sein[153].

Die "Babylonische Theodizee"[154]

Die "Babylonische Theodizee" (BT) bildet makroskopisch die nächste Parallele zur gesamten Hiobdichtung: Sie stellt einen Dialog zwischen einem leidenden Gerechten und seinem Freund dar, in dessen Verlauf auch die Frage nach der Gerechtigkeit Gottes fällt (Z.70-77.251.265.275). So berühren sich die "Babylonische Theodizee" und die Hiobdichtung in den Redeeröffnungen[155], den Motiven zur Beschreibung der Leiden des Dulders (Einsamkeit, Krankheit und Verfolgung durch die Gottheit)[156], den Hinweisen auf die Unergründlichkeit Gottes[157], seine Schöpfermacht[158], die Funktion der Vergeltung[159], der Klage über das Wohlergehen der Frevler[160] und den Unschuldsbekenntnissen des Dulders[161].

---

[150] So J.J.Stamm, Leiden, 6f.; W.v.Soden, Gerechtigkeit, in: BZAW 162, 60f.; H.-P. Müller, Parallelen, in: BZAW 200, 136; sehr vorsichtig H.D.Preuss, Jahwes Antwort, in: FS Zimmerli, 331-335 Anm.57; und M.Weinfeld, Parallels, 225, der von typologischen Affinitäten sprach.

[151] So Dhorme, Job, LXI; Driver u. Gray, Job, XXXIV, und Fohrer, 47.

[152] So Terrien, 14, und J.Gray, Context, 251-269 (über die Vermittlung kanaanäischer Städte). C.Kuhl, Literarkritik, 299, erwog eine direkte literarische Abhängigkeit der Hiobdichtung zumindest von der "Babylonischen Theodizee"; zurückhaltender äußerte sich J.Lévêque, Job, 33.

[153] Vgl. J.Ebach, Art. Hiob, in: TRE XV, 366.

[154] Zur "Babylonischen Theodizee" vgl. die Textausgaben und Übersetzungen bei AOT², 287-291; W.G.Lambert, Babylonian Wisdom Literature, 63-91; ANET²⁻³, 601-604; W.Beyerlin (Hg.), ATD ErgBd. 1, 157-160, und TUAT III/1, 143-157. Wir zitieren nach der von W.v.Soden bearbeiteten Übersetzung in TUAT III/1, der die redaktionelle Endgestalt der "Babylonischen Theodizee" auf 800 v.Chr. datierte.

[155] Vgl. BT Z.5-6.34 mit Hi 8,2; 11,2; 15,2; 18,2; 20,2; BT Z.13-15.56 mit Hi 4,2; 22,2; BT Z.25-26 mit Hi 21,2.

[156] Vgl. BT Z.10 mit Hi 7,1; 16,22; BT Z.27ff. mit Hi 3,24.

[157] Vgl. BT Z.82.256.264 mit Hi 11,7.

[158] Vgl. BT Z.276ff. mit Hi 10,8ff.

[159] Vgl. BT Z.21 mit Hi 22,21f.; BT Z.43 mit Hi 8,5; BT Z.61 mit Hi 4,9; BT Z.66 mit Hi 22,15.21.

[160] Vgl. BT Z.50.249 mit Hi 21,7ff.; 24,1; BT Z.70 mit Hi 21,14-16.

[161] Vgl. BT Z.72 mit Hi 16,17; 27,6; 31,3ff.

In dem Abschlußwort des Freundes in den Z.276-286 wird dann gelegentlich eine direkte Parallele zu Hi 25,2-6 gesehen[162]:

276 "Der König der Götter Narru, der die ›Umwölkten‹ schuf,
277 der stolze Zulummaru, der für sie den Lehm abkniff,
278 die Königin, die sie formte, die Herrin Mami,
279 sie haben geschenkt der Menschheit die mehrdeutige Rede;
280 mit Lügen und Unwahrheit beschenkten sie sie für immer.
281 Volltönend äußern sie, was für den Reichen gut ist;
282 (sagen) 'er ist ein König, ein reicher Besitz steht ihm zur Verfügung'.
283 Wie ein Dieb behandeln sie schlecht den schwächlichen Menschen;
284 mit Niedertracht beschenken sie ihn, stellen ihm mit Mord nach.
285 Bösartig packen sie ihm jegliches Übel auf, weil er der Führung ermangelt;
286 in Kraftlosigkeit lassen sie ihn vergehen, löschen ihn aus wie glühende Asche."[163]

Die Parallele zwischen diesen Zeilen der "Babylonischen Theodizee" und dem Niedrigkeitsmotiv besteht lediglich in der Feststellung, daß dem Menschen eine bestimmte geschöpfliche Disposition zukommt. Dabei wird die These, daß die Götter den Menschen mit Lügen und Unwahrheit beschenkten (Z.279-280), paradigmatisch an dem Verhalten der Menschen entfaltet, die dem Reichen schmeicheln und den schutzlosen Armen mißhandeln (Z.281-286)[164]. Die Z.279-280 fungieren so als versteckte Anklage gegen die Götter, indem sie diese für das Unrecht *unter* den Menschen verantwortlich machen. Eine derartige Funktion ist den die Gerechtigkeit Gottes betonenden Niedrigkeitsmotiven in Hi 4,17 *par.* ganz fremd. In der Hiobdichtung dienen 4,17 *par.* der Wahrung von Gottes absoluter Gerechtigkeit, in der "Babylonischen Theodizee" bewirken die Z.276ff. eine Resignation und eine Aufgabe des Glaubens an einen gerechten Gott[165]. Eine Gegenüberstellung von Gott und Mensch über Gerechtigkeitstermini findet in der "Babylonischen Theodizee" Z.276ff. nicht statt, ebensowenig ein angelologischer oder kosmologischer Vergleich. Der wesentliche makrokompositionelle Gegensatz zur Hiobdichtung besteht schließlich darin, daß in der "Babylonischen Theodizee" der Dulder dem Verweis auf die durch die Götter gewirkte Bosheit des Menschen *unmittelbar* zustimmt (Z.287) und dadurch die Wende im Streitgespräch er-

---

[162] Vgl. die Übersichten bei H.-P.Müller, Hiobproblem, 52, und J.Lévêque, Job, 26.

[163] Übersetzung von W.v.Soden, in: TUAT III/1, 156f.

[164] Daß die Z.283ff. keine generelle Aussage über die Hinfälligkeit des Menschen machen, sondern über die Schutzlosigkeit des Armen, zeigt der Parallelismus mit Z.281, in der vom Reichen die Rede ist. In der Übersetzung von W.G.Lambert (in: W.G.Lambert, Babylonian Wisdom Literature, 335) wird diese soziologische Gegenüberstellung noch deutlicher, der das akkadische Wort *i-RI-tú* mit "protection" wiedergibt (siehe dazu auch die Deutung in: W.G.Lambert, Babylonian Wisdom Literature, 65).

[165] Vgl. BT Z.135; vgl. dazu W.v.Soden, in TUAT III/1, 145; ders., Gerechtigkeit, in: BZAW 162, 71.

folgt. Dagegen besitzt das Motiv der kreatürlichen Unwürdigkeit des Menschen im Hiobbuch keinen Einfluß auf die Hiobreden und übt (zunächt) keinen Impuls auf die Lösung des Problems aus[166].

Die der "Babylonischen Theodizee" aufgrund der dialogischen Struktur vergleichbare, aus der Zeit Hammurabis stammende Dichtung Louvre AO 4462[167] enthält, soweit angesichts des fragmentarischen Charakters des Textes derzeit erkennbar, keinen Hinweis auf die kreatürliche Sündhaftigkeit.

Der "Sumerische Hiob"[168]

Gegen die Einordnung des "Sumerischen Hiob" (SH) in die Weisheitsliteratur bzw. die Theodizeedichtungen sprechen das Fehlen der Infragestellung der göttlichen Gerechtigkeit und seine monologische Struktur[169]. Es handelt sich vielmehr um eine Klage eines einzelnen, die ihre größten strukturellen und motivischen Parallelen zum Hiobbuch in den Elendsmeditationen Hiobs in c.7; 10; 14; 16; 19 und 29f. besitzt[170]. Innerhalb dieser Klage des "Sumerischen Hiob" findet sich dann die Wendung (Z.101-103):

"Man sagt (und zwar) weise Jünglinge, ein rechtes (und) richtiges Wort: Noch nie hat einen sündlosen Sohn seine Mutter geboren, (auch) wer sich abmüht, erreicht (es) nicht, einen sündlosen *éren*-Arbeiter hat es seit ferner Zeit nicht gegeben."[171]

Ähnlich heißt es in einem akkadischen Bußgebet:

"Wen gibt es, der ohne Sünde gegen seinen Gott wäre, wer ist da, der immer das Gebot beachtete? Die Menschheit, so viel es gibt, ist voller Sünde."[172]

---

[166] Zu unserer Auslegung von Hi 42.1-6 s.u.S.175ff.

[167] Zu Louvre AO 4462 vgl. J.Nougayrol, in: RB 59. 239-250; W.v.Soden. Gerechtigkeit, in: BZAW 162. 63-64; TUAT III/1. 135-140. Während J.Nougayrol. W.v.Soden und H.D.Preuss (Jahwes Antwort, in: FS Zimmerli. 334) in dieser Schrift einen Dialog zwischen einem Leidenden und dessen Freund sowie Gott sahen. beschränkte W.G.Lambert. Babylonian Wisdom Literature. 10-11 Anm.3. den Dialog auf den Dulder und Gott; zur Datierung von AO 4462 vgl. J.Lévêque. Job. 29.

[168] Zum "Sumerischen Hiob" vgl. die Textausgaben und Übersetzungen bei S.N.Kramer. in: VT.S 3. 170-182; ANET[2-3]. 589-591; W.Beyerlin (Hg.). ATD ErgBd.1. 164f.; wir zitieren nach der von W.H.Ph.Römer besorgten Übersetzung in TUAT III/1. 102-109.

[169] So mit W.H.Ph.Römer. in: TUAT III/1. 22 mit Anm.45; W.v.Soden. Gerechtigkeit, in: BZAW 162. 62. und M.Weinfeld. Parallels. 221f.

[170] Vgl. SH Z.8 mit Hi 23.2; SH Z.11.44 mit Hi 3.24; SH Z.26 mit Hi 19.13; 29.7; SH Z.71 mit Hi 6.2f.; SH Z.42 mit Hi 30.1; SH Z.68 mit Hi 3.2; SH Z.98 mit Hi 6.19; SH Z.99 mit Hi 23.3f.

[171] Übersetzung von W.H.Ph.Römer. in: TUAT III/1. 107. S.N.Kramer. in: ANET[2-3]. 590. übersetzte den *éren*-Arbeiter in Z.103 einfach mit "workman". H.Schmökel. in: W.Beyerlin (Hg.). ATD ErgBd. 1. 165. gibt den dunklen Ausdruck frei mit "ein unschuldiger Knabe" wieder.

[172] Übersetzung von K.Hecker. in: TUAT II/1. 779; vgl. H.Schmökel. in: W.Beyerlin

Trotz der motivischen Verwandtschaft zwischen beiden Texten und dem Niedrigkeitsmotiv im Hiobbuch bestehen erhebliche Unterschiede:

1. begegnen die Verweise auf die kreatürliche Sündhaftigkeit im "Sumerischen Hiob" und in dem akkadischen Gebet *im Munde des Leidenden* und werden von ihm ausdrücklich bejaht.

2. wird in diesen altorientalischen Texten kein angelologischer und kosmologischer Vergleich wie in Hi 4,18; 15,15 und 25,5 durchgeführt.

3. fehlt eine summarische Gegenüberstellung göttlicher Majestät und menschlicher Inferiorität wie in Hi 4,19; 15,16; 25,6.

4. folgen *unmittelbar* im Anschluß an das Niedrigkeitsmotiv im "Sumerischen Hiob" und in dem akkadischen Gebet ein dem *Hiobdialog* fremdes Sündenbekenntnis des Dulders[173] und die Restitution des Leidenden[174]. Die Erkenntnis der Sündhaftigkeit ist der entscheidende Faktor zur Wende im Schicksal des Leidenden, während in der Hiobdichtung das Niedrigkeitsmotiv keinen Impuls zur Problemlösung liefert.

Weitere Beispiele für eine nicht entfaltete Klage über die allgemeine Sündhaftigkeit finden sich dann u.a. im "Zweiten Pestgebet" des Hethiterkönigs Mursilis II. (um 1320 v.Chr.):

"Es ist (leider) so: sie/man sündigen/t immer wieder."[175]

und in der Lehre des Amenemope XIX,18 (um 1100 v.Chr):

"Sage nicht (Ich) habe keine Sünde, und strebe nicht nach Aufruhr. Die Sünde gehört/sie gehört dem Gott, sie ist mit seinem Finger besiegelt."[176]

"Ludlul bēl nēmeqi"[177]

Wie bei dem "Sumerischen Hiob" handelt es sich bei der sumerischen Dichtung *"Ludlul bēl nēmeqi"* (Lud) und deren möglichem Vorläufer, die in einer ugaritischen Kopie aus dem 13.Jh.v.Chr vorliegt (RS 25.460)[178], nicht

---

(Hg.), ATD ErgBd. 1, 133; A.Falkenstein u. W.v.Soden, Hymnen, Nr.19, 270; vgl. auch das akkadische Gebet Nr.43 in: A.Falkenstein u. W.v.Soden, Hymnen, 298-300.

173   SH Z.111, im akkadischen Gebet Z.148. Zur Beurteilung von Hi 42,5-6 s.u. S.175ff.

174   SH Z.118, im akkadischen Gebet Z.148.

175   Übersetzung von C.Kühne, in: W.Beyerlin (Hg.), ATD ErgBd. 1, 194 Anm.69.

176   Übersetzung von I.Shirun-Grumach, in: TUAT III/2, 242, je nach Zählweise (Papyrus bzw. Kapitel im Text) findet sich die Parallele in XIX.18-21 bzw. 18.8-11; vgl. auch die Übersetzung von H.Brunner, in: W.Beyerlin (Hg.), ATD ErgBd.1, 84.

177   Zum *"Ludlul bēl nēmeqi"* vgl. die Textausgaben in AOT², 273-281; W.G.Lambert, Babylonian Wisdom Literature, 21-62; ANET²⁻³, 596-601; W.Beyerlin (Hg.), ATD ErgBd. 1, 160-163; W.v.Soden, in: TUAT III/1, 110-135.

178   Zu RS 25.460 vgl. J.Nougayrol, in: Ug. V, 265-273; W.v.Soden, in: UF 1, 191-193; ders., in: TUAT III/1, 140-143; M.Dietrich u. O.Loretz, in: TUAT II/2, 823-826.

um eine Theodizeedichtung. Sie bildet eine Klage eines Dulders mit einem Gebet an Marduk, die weniger mit der Hiobdichtung als mit der atl. Klage des einzelnen verwandt ist[179]. Die Parallelen zum Hiobdialog ergeben sich dann auch vor allem für Motive in den Klagen Hiobs[180]. Ein dem Niedrigkeitsmotiv *vergleichbarer* Hinweis auf die kreatürliche Minderwertigkeit des Menschen fehlt im "*Ludlul bēl nēmeqi*" und in RS 25.460. Lediglich zu Hi 4,12-16 findet sich eine Parallele, insofern im "*Ludlul bēl nēmeqi*" eine (vierfache) Traumoffenbarung geschildert wird, die jedoch der Dulder selbst erlebt und seine Genesung bewirkt. Sie steht makrokompositionell also eher neben den Gottesreden des Hiobbuches[181].

Zusammenfassung

Angesichts der formalen, kompositionellen und intentionalen Unterschiede zwischen Hi 25,4-6 *par.* und dem in den vorgestellten altorientalischen Texten vorkommenden Motiv der kreatürlichen Sündhaftigkeit des Menschen ist der aus einer gewissen Parallelität gezogene Schluß, im Hiobdialog *müsse* das Niedrigkeitsmotiv ursprünglich sein, weil es auch in bestimmten altorientalischen Texten vorkomme, fraglich[182]. Als wesentlicher Unterschied hat sich ergeben, daß Sünde in den genannten altorientalischen Texten zwar auch als kreatürlicher Defekt, aber vornehmlich als eine intellektuelle Begrenztheit betrachtet wird, insofern der Mensch nicht wissen kann, ob er nicht unwissentlich eine Sünde begangen hat[183]. Damit liegt eher eine Parallele zu der Vorstellung von der unbewußten Sünde vor, wie sie auch in der Theorie der

---

[179] So mit H.-P.Müller, Parallelen, in: BZAW 200, 138, und M.Weinfeld, Parallels, 271, der zu Recht auf Ps 39,12ff.; 35,13; 88,9; Jer 12,6; 20,6; Thr 3,4 verwies. Dagegen sah W.v.Soden, Gerechtigkeit, in: BZAW 162, 65, im "Ludlul" die Hiobfrage gestellt.

[180] Vgl. Lud I,43 mit Hi 23,6; 27,2; Lud I,47 mit Hi 19,9; Lud I,50 mit Hi 19,13ff.; Lud I,80 mit Hi 19,19f. sowie RS 25.460 Z.1 mit Hi 7,14; RS 25.460 Z.17 mit Hi 3,24; RS 25.460 Z.18 mit Hi 7,4.13; RS 25.460 Z.34 mit Hi 5,18. Daneben betont Lud II,36-38 wie Hi 11,7; 38,2ff. die Unergründlichkeit Gottes, und führt Lud II,24ff. ein Unschuldsbekenntnis parallel zu Hi 6,24; 9,21; 10,7; 13,18; 16,17; 19,6; 23,2; 27,2.

[181] Zu dieser Traumoffenbarung im Lud III, 8ff. vgl. TUAT III/1, 127f.; AOT[2], 277-278; W.G.Lambert, Babylonian Wisdom Literature, 48-51; ANET[2-3], 598f.

[182] So warnte auch W.v.Soden, Gerechtigkeit, in: BZAW 162, 73, vor einer übereilten literarischen Abhängigkeitserklärung. Dabei konnte W.v.Soden, a.a.O., 101ff., mit W.G.Lambert, Babylonian Wisdom Literature, 2, darauf verweisen, daß auch die altorientalischen Texte einem mehrfachen Redaktionsprozeß unterworfen waren.

[183] Vgl. das akkadische Bußgebet Nr.19 in A.Falkenstein u. W.v.Soden, Hymnen, 270, Z.148: "*Sünde beging ich immer wieder bewußt und unbewußt*", ähnlich betont das akkadische Gebet Nr.43, a.a.O., 298-300, das Verhältnis von Sünde und Wissen. Zu dieser Differenzierung im Sündenverständnis vgl. auch, W.G.Lambert, Babylonian Wisdom Literature, 16.

Freunde Hiobs, den "Frevel" zu entfernen, begegnet[184], als zu der Kombination von Geschöpflichkeit und Sündhaftigkeit in Hi 4,17 *par.* Daß sowohl in den altorientalischen Texten als auch in Hi 4,17 *par.* eine Einordnung des Ergehens des Leidenden in die "conditio humana" erfolgt[185], ist lediglich eine strukturelle Parallele. Sie zeigt eine möglicherweise allgemein menschliche Verknüpfung von Sündhaftigkeit und Leid[186]. Für die Ursprünglichkeit von Hi 4,17 *par.* in der vorliegenden Gestalt ("rhetorische Frage - angelologischer bzw. kosmologischer Vergleich - anthropologische bzw. hamartologische Folgerung") sind die genannten altorientalischen Texte *kein* Beweis.

Alttestamentliche Paralleltexte zum Niedrigkeitsmotiv

Obgleich das aus Hi 4,17 *par.* hervorleuchtende Bekenntnis zur kreatürlichen Unwürdigkeit und Sündhaftigkeit des Menschen im Angesicht der alles überstrahlenden Majestät Gottes gelegentlich im AT begegnet, sind die Texte, die aus inhaltlichen, formalen und terminologischen Gründen als Parallelen zum Niedrigkeitsmotiv in der Hiobdichtung herangezogen werden können, keineswegs weitgestreut[187]. Wie bei der Durchsicht der altorientalischen Texte werden im folgenden auch nur *die* atl. Abschnitte betrachtet, die in der Regel als Seitenstücke zu Hi 4,17 *par.* genannt werden.

Das Niedrigkeitsmotiv im Weisheitsspruch

In I Reg 8,46 bildet die Wendung כִּי אֵין אָדָם אֲשֶׁר לֹא־יֶחֱטָא innerhalb einer spät-dtr Erweiterung des salomonischen Tempelweihgebetes (I Reg 8,44-51) ihrerseits einen Zusatz, "der den Tenor des Verses verfälscht"[188], insofern er eine an "Israel" gestellte Bedingung (V.46) in einer für I Reg 8 untypischen Weise verallgemeinert. Die Aufgabe dieses gegenüber Hi 4,17

---

184 Vgl. 8.4-7; 11,6b(?).13-14; 22,23 sowie Lev 4.2.13.22.27; Ps 19,13; 90,8 im AT.
185 So H.-P.Müller, Parallelen, in: BZAW 200, 145 mit Anm. 54 und 148. Daß die Freunde mit ihrer These von der kreatürlichen Sündhaftigkeit des Menschen Hiob entgegenkämen, ist gegen H.-P.Müller im Blick auf die Formulierungen in 4,19-21 und 15,16 und die fehlende Rezeption dieses Theologumenons in den ursprünglichen Hiobreden unwahrscheinlich. Ebenso spiegelt die Beweisführung von H.Gese, Lehre, 76, und H.H.Schmid, Weisheit, 175 mit Anm.156, zur Ursprünglichkeit von Hi 4,17 *par.* aufgrund der altorientalischen Parallelen eine mangelnde Feinanalyse von Form, Kontext und Funktion des Niedrigkeitsmotives in der Hiobdichtung wider.
186 Vgl. dazu W.v.Soden, Einführung, 175-179; W.G.Lambert, Babylonian Wisdom Literature, 11ff., sowie die Einleitung zu A.Falkenstein u. W.v.Soden, Hymnen, 53.
187 So gegen J.L.Crenshaw, Ecclesiastes, 142. Aufgrund der prinzipiellen anthropologischen Formulierung des Niedrigkeitsmotives werden hier die prophetischen und dtn/dtr Verdikte über die wesenhafte Sündhaftigkeit des *Volkes* übergangen.
188 E.Würthwein, 1.Könige, ATD 11/1, 93 Anm.10.

par. nicht weiter ausgeführten Wahrspruchs ist ein Aufruf an Jahwes Nachsicht.

Die rhetorische Frage מִי־יֹאמַר זִכִּיתִי לִבִּי טָהַרְתִּי מֵחַטָּאתִי in Prov 20,9 stellt innerhalb der II. Proverbien-Sammlung trotz deren religiösen Ausrichtung (vgl. Prov 10,27; 14,26f.; 15,16.33; 16,6) einen Fremdkörper dar: nur hier kommt ein ausdrückliches Sündenbewußtsein zur Sprache. Dabei sind sowohl die Ursprünglichkeit des kolometrisch aus dem sonst geschlossenen Abschnitt Prov 20,5-13[189] herausfallenden V.9[190] als auch der Kontextbezug umstritten. Selbst bei einem Bezug des Bikolon auf Jahwe als der nach dem Vater und dem König "letzten Instanz"[191] bleibt dieser Einzelspruch ohne einen dem Niedrigkeitsmotiv der Hiobdichtung entsprechenden Vergleich oder eine sachliche Folgerung. Angesichts des "moralischen Optimismus"[192] der Prov und der Sonderstellung von 20,9 im unmittelbaren Kontext, war die Erhebung dieses Verses durch A.Dillmann (1891) zum "Fundamentalsatz der Weisheit"[193] zu undifferenziert.[194]

Ein Wahrspruch, der formal mit I Reg 8,46 und Prov 20,9 verwandt ist und der die Aussage des vorangegangenen Verses begrenzt, liegt in Koh 7,20 vor כִּי אָדָם אֵין צַדִּיק בָּאָרֶץ אֲשֶׁר יַעֲשֶׂה־טּוֹב וְלֹא יֶחֱטָא. Auch wenn es fraglich ist, ob dieser Zitatkommentar ohne echtes "Bewußtsein der Schuldhaftigkeit"[195] ist, fallen doch die gegenüber Hi 4,17 *par.* gewandelte Funktion und das aus Koh 7,20 erkennbare Menschenbild auf: So steht der Verneinung wesenhafter Gerechtigkeit des Menschen vor Gott in Hi 4,17 *par.* hier eine eingeschränkte Ungerechtigkeit gegenüber[196], die einer Selbstrelativierung des Weisen dient[197]. Koh 7,20 will somit als Lebenshilfe vor Selbsttäuschung

---

[189] Zu dieser Abgrenzung vgl. J.Krispenz, Spruchkompositionen, 95-97.

[190] Allein V.9 hat innerhalb des kolometrisch homogenen Abschnitts das Metrum 4+2. Bei einer Isolation von V.9 ergibt sich ein Chiasmus, in dem sich die V.5 und 13, V.6 und 12, V.7 und 11 entsprechen und die Observanz Jahwes über das gerechte Urteil des Königs das inhaltliche Zentrum bildet (V.8.10). Dieser Gedanke liegt genau in der Linie der Königssprüche in 20.2.26.28; 21,1.

[191] O.Plöger, Sprüche, 229.

[192] H.Ringgren, Sprüche, 10.

[193] Dillmann⁴, 48.

[194] Ein ebenfalls in eine rhetorische Frage gekleidetes Sündenbekenntnis findet sich in Ps 19,13f. (שְׁגִיאוֹת מִי־יָבִין מִנִּסְתָּרוֹת נַקֵּנִי). Es steht terminologisch und inhaltlich aber eher neben Hi 19,4f. als neben Hi 4,17 *par.*

[195] A.Lauha, Kohelet, 136.

[196] Der relative Charakter der Aussage in Koh 7,20 wird noch deutlicher, wenn man mit W.Zimmerli, Prediger, 105, בָּאָרֶץ als "im Lande" übersetzt, und wenn man mit N.Lohfink, Kohelet, 55, in dem Abschnitt einen Bezug auf die Gesetzestreue erkennt. Zu einer generellen Deutung des Verses vgl. H.W.Hertzberg, Prediger, 115f.

[197] N.Lohfink, Kohelet, 56.

schützen, während Hi 4,17 *par.* die Vernichtung des Menschen widerspiegelt. Dabei steht der Prediger, der wie die Elendsmeditationen in Hi 7,1ff. *par.* das Leben als eine vergängliche Größe betrachten kann[198], mit einer realistischen Einschätzung des menschlichen Lebens fern der düsteren Anthropologie von Hi 4,19; 15,16 und 25,6[199].

Obgleich ohne direkte terminologische und strukturelle Parallele, wird häufig Gen 8,21 mit Hi 4,17 *par.* verglichen. Wie in I Reg 8,46 bildet der Wahrspruch כִּי יֵצֶר לֵב הָאָדָם רַע מִנְּעֻרָיו in Gen 8,21 eine Einschränkung einer generellen Aussage und dient dem Selbstaufruf Jahwes zur Nachsicht. Dabei fällt auf, daß diese Wendung in Gen 8,21 den Parallelismus לֹא־אֹסִף (8,21aα.b) unterbricht und daß die Formel כָּל־הַיּוֹם (Gen 6,5), die die Aktualität der menschlichen Bosheit betont, in Gen 8,21 durch die stärker in die Richtung einer Wesenhaftigkeit zeigende Bestimmung מִנְּעֻרָיו ersetzt ist.

Das Niedrigkeitsmotiv im prophetischen Berufungsbericht

Das dem fiktiven Berufungsbericht des Jesaja inkorporierte Bekenntnis כִּי אִישׁ טְמֵא־שְׂפָתַיִם אָנֹכִי (Jes 6,3) weist trotz seines visionären[200] und angelologischen Kontextes charakteristische Unterschiede zu Hi 4,17 *par.* auf. In *formaler* Hinsicht steht einer theologischen These im argumentativen Dreischritt (Hi 4,17 *par.*) ein dialogischer Offenbarungsbericht gegenüber. *Inhaltlich* wird in ausschließlich kultischer Terminologie die Erkenntnis der Unreinheit des Menschen und die der Hiobdichtung und dem Niedrigkeitsmotiv fremde Entsündigung des Handlungsträgers beschrieben (Jes 6,7). Die Absicht des Abschnittes in Jes 6 liegt vor allem in der Herausstellung von Gottes absoluter Heiligkeit (Jes 6,3); der Nachdruck liegt nicht auf einer anthropologischen Definition (vgl. aber Hi 25,6). Eine gewisse Differenz zwischen Jes 6 und dem Niedrigkeitsmotiv in der Hiobdichtung besteht schließlich in der Angelologie: Zwar zeigt die Verhüllung der Seraphim in Jes 6,2 ebenfalls den Abstand zwischen Schöpfer und Geschöpf, doch wird aus Jes 6 keine so negative Charakteristik der "Engel" deutlich, wie sie aus Hi 4,18 und 15,15 spricht. Die Parallelität zwischen Jes 6 und dem Niedrigkeitsmotiv konzentriert sich auf die Betonung der Distanz zwischen dem allein heiligen Jahwe und dem vom "Gefühl schuldiger Todverfallenheit"[201] ergriffenen Menschen.

---

[198] Vgl. Koh 3,19-21; 6,12; 9,12 und 12,7.

[199] Vgl. Koh 3,12; 5,17f.; 7,13f.16-18; 8,15; 9,7-10; 11,5-10; zum Menschenbild Kohelets siehe P.Volz, Weisheit (1911), 245. und O.Kaiser, Sinnkrise, in: BZAW 161, 91ff.; ders., Ideologie, 112ff.

[200] Zur Gottesschau und der damit verbundenen Todesangst vgl. Gen 32,31; Ex 19,21; 33,20; Jdc 6,22f. und 13,22.

[201] O.Kaiser, Jesaja[5], 123.

Das Niedrigkeitsmotiv im Klage- und Bußpsalm

Die deutlichsten inneratl. Berührungen haben Hi 4,17 *par.* mit den Ps 39; 51; 90; 103 und 143. Dabei steht die Exegese bei den meisten Psalmen wie bei der Hiobdichtung aufgrund der poetischen Sprache und Struktur und der fehlenden historischen Anspielungen vor der Schwierigkeit der literarischen Abgrenzung und der chronologischen Einordnung. Allerdings fällt auf, daß alle Psalmen, die aufgrund ihrer Terminologie und Motivik als Vergleich herangezogen werden, zumindest in ihrer redaktionellen Endgestalt exilisch-nachexilisch zu datieren sind[202]. Ps 8, der zwar die kreatürliche Niedrigkeit betrachtet, aber durch die Herrlichkeitsbegabung des Menschen in V.5ff. neutralisiert und die für das Niedrigkeitsmotiv typische Gerechtigkeitsfrage nicht thematisiert, kann hier übergangen werden. Ebenfalls kann Ps 22 aus dem unmittelbaren Vergleich ausgeklammert werden. Er steht zwar über den Terminus תּוֹלֵעָה (V.7) neben Hi 25,6, sieht den Menschen, insbesondere den Frommen, aber nur vorübergehend, nicht wesensmäßig als "Gewürm" an[203]. Schließlich eignet sich auch Ps 14,3 nicht zu einem direkten Vergleich mit dem Niedrigkeitsmotiv[204], da der Vers הַכֹּל סָר יַחְדָּו נֶאֱלָחוּ אֵין עֹשֵׂה-טוֹב אֵין גַּם־אֶחָד nur die Frevler im Auge hat[205] und eine dem Niedrigkeitsmotiv vergleichbare kreatürliche Explikation fehlt[206].

Eine der nachkultischen Lehrdichtung Ps 39 eingefügte Klage in V.12 בְּתוֹכָחוֹת עַל־עָוֺן יִסַּרְתָּ אִישׁ וַתֶּמֶס כָּעָשׁ חֲמוּדוֹ אַךְ הֶבֶל כָּל־אָדָם ist aufgrund des Bildes "wie eine Motte" und des Wissens um die Hinfälligkeit des Menschen (V.5-7) zwar motivisch vergleichbar. Funktional aber hat sie eine größere Nähe zu den Elendsmeditationen in Hi 7,1ff.; 10,20ff. und 14,6*ff. So dient die Klage über die Vergänglichkeit in Verbindung mit einem Sündenbe-

---

[202] Die von F.Hitzig, Psalmen (1835/36 und 1863/65); J.Olshausen, Psalmen (1853) und B.Duhm, Psalmen (²1922) vertretene Spätdatierung der (meisten) Psalmen z.T. bis in die pharisäische Zeit hinein bedarf einer *redaktionsgeschichtlich erweiterten* und die Funde in Qumran berücksichtigenden erneuten Einzelfallprüfung, vgl. exemplarisch dazu die programmatische Arbeit von A.Deissler, Ps 119 (118) und seine Theologie, bes. 19-31; ders., Die Psalmen, I-III, ¹1963-1965, und den im Erscheinen begriffenen Kommentar von F.-L.Hossfeld u. E.Zenger, Die Psalmen, I, 1993; sowie zu Ps 37: O.Kaiser, Ideologie, 39, und zu Ps 102: O.H.Steck, in: ZAW 102 (1990), 357-372.

[203] Ps 8.5 könnte dagegen den Hintergrund zu Hi 7.17 bilden; zur vorexilischen Entstehung des Grundbestandes von Ps 8 und 22 vgl. H.Spieckermann, Heilsgegenwart, 237f.250.

[204] Gegen H.-J.Kraus, Psalmen⁵, 249.251, der Ps 14.3 direkt neben Hi 4.17 stellte.

[205] So mit J.Olshausen, Psalmen, 75, und W.Stärk, Lyrik¹, 239; tendenziell auch A.Weiser, Psalmen, ATD 14, 102, und A.Deissler, Psalmen, I, 59-62.

[206] Gleichwohl zeigen Röm 3.13-18 und die Glosse im Cod.Alex. zu Ps 13.3 (G) die universale Wirkungsgeschichte dieses Verses.

kenntnis als Appell an Gottes Barmherzigkeit. Zwar stellt Ps 39 wie auch die Vergänglichkeitsklage in Ps 90 den Menschen in eine dem Niedrigkeitsmotiv in der Hiobdichtung parallele Haltung vor Gott, doch fehlen beiden Psalmen eine Hi 4,17 *par.* entsprechende Gegenüberstellung von Gott und Mensch mittels des Begriffs צדק und eines angelologischen bzw. kosmologischen Vergleichs.

Die Parallelität des aus zitatähnlichen Elementen unterschiedlicher Traditionshintergründe[207] gewebten Ps 103 zu Hi 4,17 *par.* besteht nicht in expliziten terminologischen Überschneidungen, wohl aber in der motivischen Verwandtschaft der Verknüpfung von Sündhaftigkeit und Geschöpflichkeit (V.10.14). Dabei liegt der Akzent auf der Herausstellung von Gottes Barmherzigkeit und Majestät (V.11-13). Der Hinweis auf die Kreatürlichkeit ist wie in Ps 39 und 90 "das letzte Motiv für Gottes vergebende Gnade"[208] und berührt sich dadurch ebenfalls stärker mit Hi 7,1ff. *par.* als mit dem Niedrigkeitsmotiv in der Hiobdichtung.

Die mit einem Hilferuf und einem impliziten Sündenbekenntnis des Beters versehene Frage in Ps 130,3 אִם־עֲוֹנוֹת תִּשְׁמָר־יָהּ אֲדֹנָי מִי יַעֲמֹד findet ihre nächste Parallele in Hi 10,14 und 14,16. Sie fungiert wie dort als Aufruf an Gottes Erbarmen. Mit dem Niedrigkeitsmotiv ist dieser Vers insofern verwandt, als er ein Sündenbekenntnis darstellt. Dabei wird dieses von einer Vergebungsgewißheit getragen (vgl. V.4-8), die Hi 4,17; 15,14; 25,4 fremd ist.

Ps 143,2 (וְאַל־תָּבוֹא בְמִשְׁפָּט אֶת־עַבְדֶּךָ כִּי לֹא־יִצְדַּק לְפָנֶיךָ כָל־חָי) bildet terminologisch die nächste Parallele zum Niedrigkeitsmotiv[209]. Doch auch hier fehlen die für Hi 4,17 *par.* typischen Rahmenelemente und die negative Anthropologie. Die Einbettung des Bekenntnisses zur allgemeinen Ungerechtigkeit in diese Klage dient nicht wie im Niedrigkeitsmotiv der Bewußtmachung der menschlichen Minderwertigkeit, sondern stellt einen Versuch dar, Jahwe angesichts der Verfolgung des Beters durch innere und äußere Leiden zum Einlenken zu bewegen. Für V.2 trifft zwar die Deutung zu, daß der Beter "um die völlige Schuldverfallenheit der menschlichen Existenz weiß und daß für ihn die Unschuldsbeteuerungen wie Hi 27,6 fragwürdig geworden sind"[210], im Blick auf den ganzen Ps 143 aber nicht. Betrachtet man die iso-

---

[207] F.Hitzig, Psalmen, II (1865), 278, sah bereits, daß hier "atomistisch citiert" wird; vgl. auch B.Duhm, Psalmen[2], 371, und A.Deissler, Psalmen, III, 53-57, der zutreffend in Ps 103 ein Musterbeispiel anthologischer Dichtung erkannte.

[208] W.Stärk, Lyrik[1], 78; in dieser Funktion auch Ps 78,39; 89,48; 102,11f.; Jes 40,6ff.

[209] In Ps 143,2b lies mit S תָּבֹא, so auch H.Bardtke, in BHS; H.Gunkel, Psalmen, 602f., und B.Bonkamp, Psalmen, 603. 11QPs[a]24,8 liest תשפטנו, das hinsichtlich Ps 143,2 auch eher für die Umpunktierung in das *Hifil* spricht.

[210] H.-J.Kraus, Psalmen[5], 1117.

lierte Stellung von V.2b innerhalb dieses Psalms, in dem die Sündhaftigkeit des Menschen keineswegs die Zentralthese ist[211], und berücksichtigt man die metrischen Auffälligkeiten in V.1-3[212], so mag erwogen werden, ob V.2 nicht möglicherweise eine Ergänzung[213] in dem ohnehin als spät eingeschätzten Psalm darstellt[214].

Unmittelbar neben Ps 143,2 kommt der zunächst nur aus der syrischen Überlieferung, jetzt durch Funde in Qumran auch in seiner vermutlichen hebräischen Vorlage bekannte Ps 155 (PsSyr 3; 11QPs^a 24) zu stehen, der aus frühhellenistischer Zeit stammt[215]. In diesem Klage- und Danklied findet sich die Wendung יהוה אל תשפטני כחטאתי כי לוא יצדק לפניכה כול חי. Wie in Ps 143,2 bleibt dieser Wunsch allerdings ohne einen weiteren angelologischen bzw. kosmologischen Vergleich und eine anthropologische bzw. hamartologische Folgerung. Die Funktion dieses Sündenbekenntnisses ist wie in Ps 143 der Aufruf an Gottes Barmherzigkeit. Somit zeigt Ps 155,8 lediglich eine Parallele zu Ps 143,2, ist aber kein echter Nebentext zum Niedrigkeitsmotiv der Hiobdichtung.

Eine Besonderheit unter den Psalmen, die das Bekenntnis zur allgemeinen Sündhaftigkeit enthalten, stellt Ps 51 dar: die mit dem Niedrigkeitsmotiv vergleichbare Wendung in V.6b-7 (לְמַעַן תִּצְדַּק בְּדָבְרֶךָ תִּזְכֶּה בְשָׁפְטֶךָ: הֶן־בְּעָווֹן חוֹלָלְתִּי וּבְחֵטְא יֶחֱמַתְנִי אִמִּי) findet sich nicht in einer Vergänglichkeitsklage, die Kreatürlichkeitstermini als Appell an die Barmherzigkeit Jahwes verwendet (vgl. Ps 39; 103), sondern begegnet wie in den oben vorgestellten akkadischen Bußgebeten im Kontext eines umfassenden und über die knappen Notizen in Ps 130; 143 hinausgehenden Sündenbekenntnisses. Eine anthropologische Entfaltung findet nur insoweit statt, als der Beter sich in einer Schuldverhaftung mit der vorangegangenen Generation weiß (51,7)[216]. Unabhängig davon, ob Ps 51,6 als Wort der Gemeinde[217] oder als individuelle

---

[211] So mit H.Gunkel. Psalmen. 601ff.; anders A.Weiser. Psalmen. 545ff.; H.-J.Kraus. Psalmen^5. 1147.

[212] So werden V.1a(2a) durch die in V.3-12 vorliegende Feind- und Ichklage sowie die Bitte um Errettung expliziert. während V.2b ohne Entfaltung bleibt. Nur in V.1-3*.5.12 liegen Trikola vor.

[213] H.Schmidt. Psalmen. 249. sprach im Blick auf V.2 von einem (wenn auch ursprünglichen) "Fremdkörper": C.A.Briggs. Psalms. II. 515. zog die wohl richtige Konsequenz und hielt V.2 für sekundär.

[214] Neben der generellen Spätdatierung bei J.Olshausen. Psalmen. 491ff. F.Hitzig. Psalmen. II (1868). 435f., und B.Duhm. Psalmen^2. 467ff.. auch H.Gunkel. Psalmen. 603; H.-J.Kraus. Psalmen^5. 1116. und A.Deissler. Psalmen. III. 202-205.

[215] So nach A.S.van der Woude. Syrische Psalmen. in: JSHRZ IV. 31.

[216] Zu dieser Interpretation von Ps 51.7 siehe L.Köhler. Theologie. 168.

[217] So J.Olshausen. Psalmen. 228. und L.Köhler. Theologie. 168.

Konfession[218] verstanden wird, besteht die Parallele zum Niedrigkeitsmotiv in dem Wissen um die Verderbnis der menschlichen Existenz, das hier aber von einer unmittelbar folgenden Zuversicht des Beters auf Entsündigung getragen wird (51,9ff.) und in einer Scheidung der Menschheit in "Gerechte und Frevler" mündet (Ps 51,15ff.).

Zusammenfassung

Die Analyse der am häufigsten im Zusammenhang mit Hi 4,17 *par.* genannten atl. Texte zeigt, daß es sich hierbei weniger um echte Parallelen als vielmehr um Wegbereiter, möglicherweise auch um Weggefährten des Niedrigkeitsmotives in der Hiobdichtung handelt, keineswegs aber um Hi 4,17 *par.* bedingende Abschnitte, die als Beweis für die Ursprünglichkeit von Hi 4,17 *par.* angeführt werden können.[219]

Diese Konsequenz belegen die charakteristischen terminologischen, formalen und funktionalen Unterschiede:

1. begegnet der Ausdruck יְלוּד אִשָּׁה in keinem der angegebenen atl. Paralleltexte.

2. ist der über den Dreischritt "rhetorische Frage - angelologischer bzw. kosmologischer Vergleich - anthropologische Folgerung" verlaufende Syllogismus auf Hi 4,17 *par.* beschränkt. In den "Parallelen" findet sich das Wissen um die menschliche Unwürdigkeit in einem begründenden konzessiven Wahrspruch, eingeleitet mit כִּי (I Reg 8,46; Koh 7,20; Gen 8,21 und Ps 143,2), in einer rhetorischen Frage, eingeleitet mit מִי (Prov 20,9 und Ps 130,3) sowie in einer These (Jes 6,5; Ps 39; 51,6-7 und 90).

3. erfüllt das Motiv in den "Parallelen" die Funktion eines Appells an die Barmherzigkeit Jahwes (I Reg 8,46; Jes 6,5; Ps 39; 90; 103,14; 130,3; 143,2; und 11QPs^a24,8), steht in unmittelbarer Nähe zu dem auf die Überwindung des Leides blickenden Vertrauensbekenntnis (Ps 51) oder dient der realistischen Einschätzung des Lebens (Koh 7,20). Für das Niedrigkeitsmotiv in der Hiobdichtung ließ sich diese Funktion nicht nachweisen.[220] Auch bei der Annahme, daß in der Hiobdichtung aus der Tradition übernommene Formen in einem gewandelten Kontext eine neue Funktion erfüllen[221], bleibt die Schwie-

---

[218] So W.Stärk, Lyrik[1], 204; A.Weiser, Psalmen, ATD 15; 259ff., und H.-J.Kraus, Psalmen[5], 544. A.Deissler, Psalmen, II. 39ff., sah in Ps 51* ein nachexilisches individuelles Gebetsformular.

[219] Daß Hi 4.17 *par.* aus der psalmistischen Klagetradition herausfallen, betonte auch R.Albertz, Weltschöpfung (1974), 140.

[220] Zur Bestimmung der Funktion von Hi 4.17ff. *par.* in seinem "neuen" Kontext (Hi 5,1ff. bzw. 15.17ff.) s.u.S.224f.

[221] Vgl. G.Fohrer, Form. in: BZAW, 159. 60f.; ders., KAT 16, 50f; H. Graf Reventlow,

rigkeit, daß Hi 4,17 *par.* keinen direkten Anstoß auf die Hiobreden ausübt und keine Zustimmung oder Ablehnung in der(n) die Lösung des Hiobproblems erzielenden Gottesrede(n) aufweist.

4. findet sich außer in Hi 4,12-21 innerhalb der genannten Texte keine Einbettung des Motives in eine Offenbarung.[222]

5. können hinsichtlich des in Ansätzen wesenhaften Sündenverständnisses in Hi 4,17 *par.* vor allem Ps 39; (103); 143 und 11QPs[a]24 (Ps 155) als die inner-atl. nächsten Verwandten betrachtet werden. I Reg 8,46; Koh 7,20; Prov 20,9 und Ps 51 sind hingegen noch stärker einem aktuellen Bezug des sich als צַדִּיק-Erweisens verbunden. Eine Zwischenstellung nimmt Gen 8,21 ein.

Exkurs: Hi 25,2-6; 4,12-21 und 15,11-16 in den Versiones

Tg. G. S. V und 4QTgJob[223] wahren den makrotextlichen Grundbestand von 4.12-21; 15.11-16 und 25.2-6. Sie zeigen aber charakteristische Abweichungen von MT im Mikrotext und in den V.4,7-11 und 15.10.18, die das Niedrigkeitsmotiv umgeben. Die Tendenz dieser Abweichungen ist, die These von der generellen Unwürdigkeit des Menschen mit der Scheidung der Menschheit in צַדִּיק und רָשָׁע auszugleichen und somit eine glattere Argumentation der Freundesreden, insbesondere der ersten Eliphasrede zu erzielen. Als wesentlicher Unterschied gegen MT hebt sich die Wiedergabe von 4.19 heraus. So bestimmt Tg diejenigen, die vernichtet werden als רשׁיעיא. S ersetzt עָשׁ durch ʿrplʾ "Dunkelheit". G nimmt den Sprecher selbst mit in die Vernichtungsaussage (ἐσμεν). V modifiziert עָשׁ von der Vergleichsgröße zur handelnden *a tinea*. Auf dieser Linie liegen auch die vergleichende Übersetzung von 4.17 מֵאֱלוֹהַ durch V *Dei comparatione iustificabitur* (vgl. auch 25,4) sowie die Wiedergabe von מֵעֹשֵׂהוּ mit ἀπὸ τῶν ἔργων in G[224]. In S und Tg wird 4,17 zusätzlich als Zitat verdeutlicht, indem S am Ende von V.16 ein dʾmr einfügt und Tg zu Beginn von V.17 ein אכריז ואמר ergänzt. Ebenso dienen die Modifikationen der Rahmenverse in 4.7-11 und 15.10.18 durch Tg einer Glättung der Eliphasrede: Durch die *Historisierung* von 4.7-11[225] und durch die *Identifikation* der "Weisen" in 15.10 mit Abraham, Isaak und Jakob[226] wird der Gegensatz von "Gerechten" und Frevlern" stärker herausge-

---

Tradition. 279f., und H.-P.Müller. Hiobproblem, 120ff.; s.o. S.22 und S.57.

[222] Jes 6.5 ist keine durch Vision und Audition vermittelte *Erkenntnis*, sondern ein im Anblick Gottes um Erbarmen suchendes *Bekenntnis*, das parallel zu den Berichten einer Gottesschau ist (s.o. S.108 Anm. 200).

[223] Das aus Höhle 11 in Qumran bekannte Targum zum Hiobbuch beginnt erst mit c.17.14. K.Beyer. Texte. 284. fügte in seiner Ausgabe des Targums daher die zunächst in DJD VI. 90, von J.T.Milik publizierten Fragmente aus 4Q157 bei.

[224] Demgegenüber sah G.Beer. Text. 26. dies nur als einen Übersetzungsfehler von G an.

[225] Vgl. den Bezug auf Abraham. Isaak und Jakob in Tg zu 4.7; auf die Sintflut in Tg zu Hi 4.8: auf Esau bzw. Edom. Ismael und Lot in Tg zu 4.10f. mit doppelter Targumüberlieferung.

[226] Eine Tg-Variante zu Hi 15.10 setzt die Weisen mit Eliphas. Bildad und Zophar gleich. Dabei wird Zophar. der aufgrund seiner jeweils an dritter Stelle hinter Eliphas und Bildad positionierten Reden bereits in der altkirchlichen Ikonographie und in der neuzeitlichen Forschung immer als der jüngste der drei Freunde angesehen wird. als "älter als Hiobs Vater" bezeichnet.

stellt und die Möglichkeit unterstrichen, trotz der generellen Aussage in 15,14 *par.* gerecht zu sein.[227] Typisch für Tg sind auch die angelologischen Modifikationen des Niedrigkeitsmotives in 15,15 und 25,2, ohne daß sich hieraus allerdings eine Veränderung der grundsätzlichen Aussage ergäbe.[228] In 15,15 charakterisiert Tg die קְדֹשָׁיו (*v.l.*) durch den Zusatz עִלָּאֵי als Heilige der Höhe und verdeutlicht die שָׁמַיִם mit einem griechischen Lehnwort als אַנְגְלֵי מְרוֹמָא. Ähnlich ist in einer Tg-Variante zu 25,2 das Hendiadyoin הַמְשֵׁל וָפַחַד angelologisch aufgelöst, wenn es heißt:

> "Michael auf der Rechten, und er ist für das Feuer zuständig, und Gabriel auf der Linken, und er ist für das Wasser zuständig und die heiligen Geschöpfe mischen[229] Feuer und Wasser, und in seiner Stärke und seinem Schrecken macht er Frieden in seinen höchsten Himmeln".

2.1.3.4. Zwischenergebnis

In der literarischen Analyse von c.25 wurde gezeigt, daß die V.2-6 eine kunstvoll komponierte Einheit darstellen, die als "Rede" aus der Struktur aller sonstigen Reden der Hiobdichtung herausfällt. Während sich die Bildad- und Zopharreden des ersten Redegangs nach dem Kompositionsprinzip einer argumentativen Partizipation an den jeweils vorangegangenen Eliphasreden orientieren und inhaltlich das Leid im Rahmen einer in צַדִּיק und רָשָׁע geschiedenen Menschheit interpretieren, findet c.25 seine nächsten Parallelen in 4,17-19, das eng mit 4,12-16.20-21 verwoben ist, und in 15,14-16, das von 15,11-13 untrennbar ist. Diese drei zu theologischen Thesen verdichteten Stücke mit ihrer Betonung der vollständigen geschöpflichen und sittlichen Verderbtheit des Menschen sind Fremdkörper in den Reden, in welche sie eingebettet sind. Wenn nun 4,12-21 und 15,11-16 sekundär sind, 25,2-6 aber von dem für jene Stücke verantwortlichen Dichter stammt, so folgt daraus notwendig, daß 25,1 sekundär ist und damit die ganze dritte "Rede" Bildads als nicht ursprünglich zu betrachten ist. In einer traditionsgeschichtlichen Analyse des in 25,4ff. *par.* vertretenen Niedrigkeitsmotives konnte gezeigt werden, daß die immer wieder

---

[227] Auch für 15,18f. bietet eine Tg-Variante eine historisierende Identifikation durch die Gegenüberstellung der Stämme Jakobs mit Esau und Ismael. Diese bei B.Walton und P.de Lagarde unter תה geführten Targumvarianten, die die genannten Abweichungen von MT liefern, repräsentieren vermutlich nicht die *eine* ursprüngliche Targumüberlieferung, während die MT genauer folgende Übersetzung auf *eine* planmäßige Verbesserung des ganzen Targums zurückgeht (so noch W.Bacher, Targum zu Hiob. 218), sondern basieren auf einer Vielzahl von disparaten Targumüberlieferungen (vgl. dazu jetzt F.J.Fernández Vallina, Targum 7f.1ff. und C.Mangan, Targum, 7ff..

[228] In 4,18 identifiziert Tg die עֲבָדָיו mit den "Propheten".

[229] So nach der aktiven Punktation von פתכין bei Tg[W]. Dagegen lesen Tg[L], Tg[V] und die Übersetzung von C.Mangan, Targum, als Part. Passiv פְּתִיכִין, demnach sind die heiligen Geschöpfe aus Feuer und Wasser gemischt.

angeführten altorientalischen und atl. Texte aufgrund erheblicher stilistischer und funktionaler Differenzen nicht als Beweis für seine Originalität in der Hiobdichtung dienen können. Das Kriterium der Ursprünglichkeit ist nicht das Alter eines bestimmten Gedankens, sondern die Stimmigkeit dieses Gedankens in seinem Kontext.[230] Da trotz motivischer Verwandtschaft keine echte formale und inhaltliche Parallele zum Niedrigkeitsmotiv der Hiobdichtung im Alten Orient und AT gefunden wurde, wird die Frage nach den nächsten Parallelen zu 4,17 *par.* in einem späteren Schritt nochmals aufgegriffen werden.

C.22* ist deutlich als eine Abschlußrede komponiert, die sich eng an die erste Eliphasrede anschließt. Es besteht kein Anlaß, ihre Ursprünglichkeit zu bestreiten. Daher ist es unwahrscheinlich, daß 25,2-6 den Platz einer originalen dritten Rede Bildads eingenommen hat. Vielmehr bestätigt auch der resultative Charakter von c.22 die Vermutung, daß es in der ursprünglichen Hiobdichtung keine dritte Rede Bildads gegeben hat. Existierte aber ursprünglich keine dritte Rede Bildads, so gab es kaum eine dritte Rede Zophars. Mithin sind die Versuche des Editionsmodells (vgl. S.25ff.) verfehlt, eine vollständige dritte Rede beider zu rekonstruieren. Aber auch die literarkritische und redaktionsgeschichtliche Annahme (vgl. S.36ff.), c.25 sei die sekundäre Imitation[231] der ursprünglichen Abschnitte in 4,17ff. und 15,14ff., scheitert daran, daß c.25 von derselben Hand stammt wie diese Stücke. Für die Kompositionsgeschichte der Hiobdichtung bedeutet unser bisheriges Ergebnis, daß es ursprünglich neben den drei Reden des Eliphas nur die jeweils parallel komponierten und sich an den Reden des Eliphas ausrichtenden Reden des Bildad in c.8 und 18 und des Zophar in c.11 und 20 gegeben hat (vgl. S.78.90). Für die weitere Untersuchung ist mit dieser Erkenntnis das Ziel gesetzt, die ebenfalls in ihrem Kontext befremdlichen Abschnitte in den Hiobreden des dritten Redegangs (24,18ff.; 26; 27,13ff. und 28) zu analysieren. Diese können wir nun nicht mehr als Ergebnis der Vertauschung einer vermeintlichen dritten Bildad- bzw. Zopharrede betrachten, sondern müssen sie entweder als ursprünglichen Bestandteil einer Hiobrede oder als sekundäre Erweiterung interpretieren.

Da sich mit c.22* der ursprüngliche Abschluß des vorangegangenen *Redewechsels* findet, betrachten wir nun zunächst die zwischen der dritten Eliphasrede und dem sekundären c.25 stehenden c.23-24.

---

[230] Zu diesem hermeneutischen Konzept vgl. programmatisch und exemplarisch. ausgehend von der Prophetenexegese. O.Kaiser, Jesaja[1] (1973). 4.

[231] Vgl. L.Laue. Composition (1895/96). 71. und T.Mende. Leiden. 179. die nur c.25 für das Produkt eines Nachbearbeiters hielten, und F.Baumgärtel. Hiobdialog. 146. der auch 15.14-16 als "bloße Variation" des allein ursprünglichen Abschnittes 4.17-19 betrachtete. Zur Beurteilung einer solchen literarkritischen und redaktionsgeschichtlichen Inkonsequenz vgl. bereits E.Würthwein. Gott. in: Wort und Existenz. 238 Anm. 55.

2.1.4. Die Rede Hiobs in c.23-24

2.1.4.1. Literarische Analyse von c.23-24

Vorbemerkung zu c.23-24

Trotz zahlreicher neuer philologischer Erkenntnisse, eines breiteren semitischen Sprachvergleichs durch die Funde in Ugarit und Qumran sowie der Fortschritte in der althebräischen Poetik gehört die achte Rede Hiobs in c.23-24, zumal wegen der textlichen Probleme in c.24, zu den dunkelsten Abschnitten des AT. Charakteristisch für seine Beurteilung sind die Feststellungen von J.Chr.Döderlein (1779) und F.Hesse (1978):

> "ceterum per hoc caput in multis lucem desidero maiorem"[232];
> "... so daß es in diesem Fall geratener erscheint, sich mit einer fragmentarischen Übersetzung zu begnügen, statt eine Übersetzung zu bieten, die auf einer höchst unsicheren Textgrundlage beruht"[233].

Wir werden daher versuchen, unter Berücksichtigung der alten Versiones, die in diesem Kapitel z.T. erheblich gegen MT und untereinander abweichen, unter Zuhilfenahme der Kolometrie und der für alle Reden der Hiobdichtung nachweisbaren Strophik eine textlich wahrscheinliche Ausgangsbasis für die weitere Analyse zu schaffen. Besonders in dem durch ständige Wechsel der Tempora, Modi und Numeri, das Vorkommen überdurchschnittlich vieler absoluter Hapaxlegomena und das verstärkte Auftreten von Aramaismen auffallenden Abschnitt 24,13ff. ist ein Neuansatz nötig, der auch die von MT vertretene Verseinteilung zur Disposition stellt.

Zum Text

23,2a für מְרִי lies מַר; vgl. Tg; S; V; 3,20; 7,11; 10,1; 27,2.

2b für יָדִי lies יָדוֹ; vgl. G; S; 5,13; 13,21; 19,21.

3a streiche וְיָדַעְתִּי; vgl. Ms^{K253}; G; S.

7b für מִשְׁפָּטִי lies מִשְׁפָּט; vgl. 4Mss^K; G; S; V; Hab 1,4.

9a für בַּעֲשֹׂתוֹ lies בְּקַשְׁתִיו; vgl. S.

9b für יַעְטֹף lies אֶעֱטֹף; vgl. S; V.

12b für מֵחֻקִּי lies בְּחֵקִי; vgl. G; V; 10,13; 22,22; Ps 119,11.

13a für בְאֶחָד lies בָחַר; vgl. 9,12; 11,10; 31,14; Ps 132,12; Jes 43,13.

17b für וּמִפָּנַי lies וּמִפָּנָיו; vgl. 10,4; 13,20ff.; 23,4.

24,1a streiche לֹא; vgl. Ms^{K30}; Ms^{R230}; G.

2a ergänze רְשָׁעִים; vgl. G; V; Tg^L; Tg^V.

5b ziehe den Atnach unter עֲרָבָה; für לֶחֶם לוֹ lies לַלֶּחֶם.

6 für בְּלִילוֹ lies בְּלִיל; vgl. S; Hi 6,5.

9b für וְעַל lies יָעֵל; vgl. Jes 49,15; 65,20.

---

232 Döderlein, Scholien, 40.
233 Hesse, 145, ähnlich urteilten Merx, 129, und H.Bobzin, Tempora, 334f.

12a   für מְתִים lies מֵתִים; vgl. Ms^{K100}; Ms^{R193}; S; A; Ps 88,6.

12c   für תִּפְלָה lies תְּפִילָה; vgl. Ms^{K245}; Ms^{R780}; S.

14c   für יְהִי כַנֹּב lies יְהָךְ גַּנָּב (aram. Impf. von הלךְ).

15c   verbinde mit V.16a חָתַר בַּחֹשֶׁךְ בָּתִּים; vgl. PsSal 4,5.

16b   יוֹמָם חִתְּמוּ־לָמוֹ לֹא־יָדְעוּ אוֹר verbinde mit V.17a.

17b   verbinde mit V.18* קַל־הוּא עַל־פְּנֵי־מַיִם (עַל־פְּנֵיהֶם).

18   für יְפֻנֶה lies יְפֻנוּ.

19   für מֵימֵי־שֶׁלֶג lies מַיִם וְשֶׁלַח; vgl. 33,18; 36,12.

24a   für וְאֵינֶנּוּ lies וְאֵינָם.

24b   für כַּכֹּל lies כִּיבוּל; vgl. G; 11QTgJob.

Übersetzung

23,1   Und Hiob hob an und sprach:

2   Auch heute ist meine Klage bitter,
lastet seine Hand auf meinem Seufzen.

3   Ach, könnte ich ihn nur finden,
gelangen bis vor seinen Thron.

4   Ich legte den Fall ihm selber vor
und füllte meinen Mund mit Gründen.

5   Ich erführe die Worte, die er mir antwortete,
und verstünde, was er mir sagen würde.

6   Stritte er in starker Kraft mit mir?
Nein, vielmehr gäbe er acht auf mich.

7   Da würde ein Rechter mit ihm streiten,
und auf immer erhielte ich mein Recht.

8   Siehe, gen Osten gehe ich, aber er ist nicht da,
und gen Westen, aber ihn erblicke ich nicht.

9   Im Norden suche ich ihn, aber ich fasse ihn nicht,
ich wende mich gen Süden, aber ich sehe ihn nicht.

10   Doch er kennt meinen Weg, auf dem ich stehe.
Prüfte er mich, wie Gold ginge ich hervor.

11   An seinem Pfad hielt fest mein Fuß,
seinen Weg bewahrte ich und bog nicht ab.

12   Von den Geboten seiner Lippen, da wich ich nicht,
und ich wahrte seines Mundes Worte in meiner Brust.

13   Aber er wünscht etwas, und wer hindert ihn daran?
Und er begehrt etwas, und er vollbringt's.

14   Ja, er wird mir meinen Teil vollenden,
und wie dieses ist noch viel bei ihm.

15   Deshalb erschrecke ich vor seinem Angesicht,
ich sehe klar und fürchte mich vor ihm.

16   Denn El hat mein Herz in Angst versetzt,
      und Schadday hat mich erschreckt.

17   Doch nicht verstumme ich vor der Finsternis
      und vor seinem Angesicht, das Dunkel deckt.

24,1 Warum sind verborgen von Schadday die Zeiten,
      und sehen seine Tage nicht, die ihn kennen?
      < .... >
      < .... >

2   <Die Frevler> verrücken Grenzen,
      sie rauben Herden und weiden sie.

3   Den Esel der Waisen treiben sie weg,
      sie pfänden selbst der Witwe Rind.

4   Die Armen drängen sie vom Wege ab,
      alle Schwachen im Land verbergen sich.

5   Siehe, wie Wildesel in der Wüste,
      so ziehen sie aus an ihre Arbeit,
      spähen aus nach Beute in der Steppe,
      nach Nahrung für die Jungen.

6   Auf dem Felde sammeln sie die Stoppel,
      und raffen zuammen im Weinberg des Reichen.

7   Nackt nächtigen sie ohne ein Gewand
      und ohne eine Decke in der Kälte.

8   Vom Regen der Berge werden sie durchnäßt,
      und ohne Zuflucht umklammern sie den Fels.

9   Sie rauben von der Mutterbrust die Waise,
      und das Kind des Armen pfänden sie.

10   Nackt gehen sie einher ohne ein Gewand
      und tragen hungernd Garbenbündel.

11   Zwischen Mauern pressen sie das Öl,
      die Kelter treten sie und leiden Durst.

12   Aus der Stadt, da stöhnen Sterbende,
      und die Seele der Durchbohrten klagt,
      doch Eloah hört nicht auf das Bitten.

13   Diese sind unter den Feinden des Lichts,
      sie kennen seine Wege nicht
      und wohnen nicht auf seinen Pfaden.

14   Beim Licht erhebt der Mörder sich,
      um den Armen und Elenden zu töten.
      Und in der Nacht, da schleicht der Dieb,
      < .... >

15   Und des Ehebrechers Auge erspäht das Dämmern,
      und er sagt zu sich: "Mich erblickt kein Auge".
      Und einen Schleier legt er auf sein Angesicht,

16   dann bricht er ein in Häuser in der Finsternis.

Am Tage siegeln sie sich ein,
sie kennen nicht das Licht,

17 denn als Morgen gilt all ihnen dunkler Schatten.
Doch er kennt des dunklen Schattens Schrecken,

18 [schnell tritt er selbst wider ihr Angesicht].
Verflucht ist dann ihr Teil im Lande,
nicht mehr treten sie auf den Weg der Reben.

19 Wie Glut und Hitze die Wasser rauben,
verschlingt der Fluß der Unterwelt die Sünder.

20 Es vergißt ihn selbst der Leib, der ihn gebar,
es saugen ihn die Maden,
seiner wird nicht mehr gedacht,
und zerbrochen wird wie Holz der Frevel.

21 Er weidet die Unfruchtbare, die nicht gebiert,
und die Witwe, der man nichts Gutes tut.

22 Aber die Starken zieht er hin in seiner Kraft,
Erhebt er sich, vertrauen sie nicht mehr auf's Leben.

23 Er gebe ihm Schutz und Sicherheit,
doch seine Augen ruhen auf ihren Wegen.

24 Erhöht sind sie, doch nur kurz und weg sind sie,
und wie Halme, die man rauft, werden sie gebeugt,
und wie die Ährenspitzen welken sie dahin.

25 Ist es nicht so, wer nennt mich Lügner,
und wer erklärt für nichtig meine Rede?

Analyse

Die achte Rede Hiobs hebt mit einem klagenden Aufschrei über die von Gott erfahrene Bedrückung an (23,2 vgl. 3,24; 7,11; 9,27; 10,1 und 21,4), der stilistisch durch ein zweifaches Homoioteleuton (אֲנָחָתִי - שִׂחִי bzw. נַם־הַיּוֹם)[234] betont ist. Sie entfaltet sich zu einem *Monolog*. Einzig unter den mit וַיַּעַן אִיּוֹב וַיֹּאמַר überschriebenen, ursprünglichen Reden[235] fehlt ihr eine direkte Anrede der Freunde[236].

a) Ausgehend von dem Wunsch, Gott zu begegnen (V.3: בוא, מצא)[237], führen die V.3-5 in einer Steigerung der in ihnen gebrauchten Verben von der erhofften Begegnung mit Gott über die Vorbereitung des Rechtsstreits[238] mit

---

[234] Zu מְרִי und יָדִי vgl. die Anmerkungen zum Text (S.116).

[235] Der originale Anfang von c.9-10 ist nicht erhalten. vgl. unsere Analyse auf S.94.

[236] Erklärt man 23,2 für sekundär bzw. tertiär (vgl. T.Mende. Leiden. 171f.). verkennt man die Verankerung des Verses in den vorangegangenen Hiobreden und die kompositionelle Position der Hiobrede in c.23-24*.

[237] Zu תְּכוּנָתוֹ vgl. Ez 43,11 und Nah 2,10.

[238] Zu רִיב vgl. Hi 9,3; 13,19; 33,13; 40,2; Jer 12,1 und Num 20,13.

ihm (V.4: עֲרֹךְ, מִלָּא)[239] und die darin erwartete Erfahrung und Erkenntnis
(V.5: יָדַע, בִּין) zu der Gewißheit, als ein יָשָׁר ("Rechtschaffener")[240] in die-
sem Streit מִשְׁפָּט ("das dem Rechtschaffenen zustehende Recht") zu erhalten
(V.6-7).

b) An die erste sich über die V.2-7 erstreckende Eingangsstrophe knüpft
ein ebenfalls sechs Bikola umfassender Abschnitt an (V.8-13). In ihm beschreibt Hiob einerseits die Unmöglichkeit der direkten Begegnung mit Gott
(V.8-9)[241], andererseits stellt er sein eigenes Unschuldsbewußtsein[242] der un-
berechenbaren Willkürmacht Gottes gegenüber (V.10-13). Die V.8-13 bilden
so eine Entfaltung der ersten Strophe: Das vergebliche Bemühen Hiobs, Gott
zu finden (V.8-9 im Kontrast zu Ps 139,5) unterstreicht den Wunsch nach der
direkten Begegnung (V.2); das Wissen um die eigene Integrität (V.10-12) verdeutlicht das Selbstbewußtsein, mit Gott streiten zu können (V.4-6a). Das
dreiteilige Unschuldsbekenntnis in V.10-12 gipfelt in dem durch einen Chiasmus (אִמְרֵי־פִיו x מִצְוַת שְׂפָתָיו) besonders betonten V.12 mit dem Bekenntnis, Gottes Wort stets bewahrt zu haben[243]. Die abschließende verzwei-
felte Einsicht in Gottes Unverfügbarkeit[244] in V.13 entspricht dem Summarium der ersten Strophe in V.7.

c) Wie die erste und zweite Strophe, so setzt auch die dritte (23,14-17 +
24,1[...]) mit einer Partikel ein (כִּי, V.14)[245]. Der Neubeginn wird wie am
Übergang von V.2-7 zu V.8-13 mit einem gegenüber dem unmittelbar vor-
hergehenden Distichon wechselnden kolometrischen Verhältnis von 12:15 zu
15:14 (V.7/8) bzw. von 16 (v.l.):13 zu 10:12 (V.13/14) unterstrichen. Wie die

---

239   Vgl. 13,18; 32,14; Ps 50,21; Sap 12,12.

240   Zu dieser (Selbst)bezeichnung vgl. Hi 1,1.8; 2,3; Prov 2,7; 21,8.29; Koh 7,29; Ps 7,11;
     119,37; u.ö.

241   Wie die Aufbauanalyse zeigt, sind 23,8-9 keine sekundären Erweiterungen, so aller-
     dings Siegfried; G.Beer, Text; Budde, HK²II; Duhm; P.Volz, Hiob (1921), 33; Driver u.
     Gray; Hölscher; Fohrer; Fedrizzi; Hesse; u.a. T.Mende, Leiden, 173, hielt V.8-9 für
     eine Einfügung des zweiten Elihu-Bearbeiters in den auf den Hiobdichter zurückgeführ-
     ten Grundbestand von 23,3-7.10-15.

242   Diese Konfession bedient sich zahlreicher geprägter Wendungen: zu 23,10 vgl. Prov
     17,3; Mal 3,3; Sir 2,5; Sap 3,6; 1QH 5,15f.; I Petr 1,6f.; zu 23,11 vgl. Ps 18,22; 37,34;
     Prov 8,32; Gen 18,19; u.ö. Zu 23,12 vgl. Ps 119,11; Prov 2,1 und 7,1.

243   Vgl. Ps 119,11; Prov 2,1; 7,1; Dtn 32,1; Hos 6,5 und Jer 9,19.

244   Vgl. 9,12 (sekundär?); 11,10; Jes 14,27; 43,13; Jer 2,24.

245   Gegen Siegfried; Duhm; G.Beer, Text; Driver u. Gray; Hölscher; Fohrer; Fedrizzi;
     Hesse; u.a. gehört 23,14 fest zu dieser Rede (vgl. Hi 10,13 und Ps 34,20) und ist keine
     sekundäre Ergänzung. So führten auch F.Baumgärtel, Hiobdialog, 143; V.Maag, Hiob,
     146f.; J.Vermeylen, Job, 27; und T.Mende, Leiden, 154, unbeschadet ihrer literarkriti-
     schen Gesamtlösung von c.23, V.14 zu Recht auf den ursprünglichen Hiobdichter zu-
     rück.

Eröffnungsverse der ersten und der zweiten Strophe wird auch das erste Distichon der dritten durch ein Homoioteleuton (כִּי יַשְׁלִים חֻקִּי) hervorgehoben.[246] Während die V.8-13 die in der ersten Strophe bekannte Hoffnung Hiobs zur Begegnung mit Gott und seine Gewißheit entfalten, gegenüber Gott im Recht zu sein, explizieren die V.14-17 den Gipfelpunkt der zweiten Strophe: Die in V.13 beklagte Unverfügbarkeit Gottes wird in V.14 zur Erwartung neuer Leiden und, in Umkehrung atl. Heilsbilder[247], zum Erschrecken vor Gott (V.15-16)[248]. Dabei korrespondiert V.17 (לֹא נִצְמַתִּי) mit der Redeeröffnung in V.2 über das Motiv des auf seiner Klage (שִׂיחַ) beharrenden Hiobs. Die auffallende Kürze von V.16, das kolometrische Ungleichgewicht der Stichen in V.17[249] sowie die philologischen Probleme des Verses deuten darauf hin, daß der Text nicht unversehrt ist[250]. Anzeichen für eine spätere Ergänzung von V.16-17 liegen aber weder sprachlich noch kompositionell vor[251]. Hingegen spricht auch der folgende, kolometrisch disharmonische Vers 24,1 für die Annahme der Textverderbnis. Gegenüber einer Isolierung[252] von 24,1 und 23,17 muß ihre Zusammengehörigkeit[253] vertreten werden. Die Anknüpfung des מַדּוּעַ-Satzes in 24,1 an die Negation in 23,17a entspricht der Konstruktion in 21,6-7. Sie erweist sich als sinnvolle Entfaltung der nicht verstummenden Klage Hiobs. Diese wird wie in 21,4-7 (s.u.) zur Anklage des sich in eine Wolke hüllenden Gottes[254]. Hiob erschrickt vor Gott selbst und illustriert dies an seinem Entsetzen über die von Gott zugelassenen Freveltaten in der Welt und über das Ausbleiben des göttlichen Gerichts[255]. Hinter 24,1

---

[246] Vgl. die Homoioteleuta in 23,2 גַּם־הַיּוֹם und שְׁחִי...אַנְחָתִי; in 23,8 die Alliteration וְאֶרְאֶנּוּ וְאָחוֹר bzw. die Paronomasie לֹא־אָבִין לוֹ.

[247] Vgl. Ps 27,1; Jer 12,2 und 51,2; im Kontrast zu Hi 3,25.

[248] Vgl. 4,5; 21,6; 22,10; Ps 30,8; 90,7; 104,29 und Koh 8,3.

[249] Vgl. das doppelte Graphem מִפָּנָי, die etymologische Ableitung von נִצְמַתִּי, die Syntax in V.b und die erheblichen Abweichungen der Versiones gegen MT und untereinander.

[250] Zu 23,17 vgl. 15,22.30; 17,12; 22,11; 37,19 und Ps 130,10f.

[251] Dies vermutete allerdings T.Mende. Leiden, 172f., die mit dem schwachen Argument, hier liege die für den Elihudichter typische Verknüpfung von אֵל und שַׁדַּי vor (vgl. aber 8,3.5; 13,3 und 15,25), 23,16-17 auf den Verfasser des Grundbestandes von c.32-37 zurückführte.

[252] Vgl. P.Volz. Hiob (1921), 27; F.Baumgärtel, Hiobdialog, 143; Hölscher, 61; Fohrer, 367ff.; de Wilde, 253ff.; u.a.

[253] So mit allen Vertretern eines integralen Modells (vgl. S.10ff.); auch V.Maag. Hiob, 147, und J.Vermeylen. Job, 27f., vertraten die Ursprünglichkeit von 24,1*.

[254] Der Begriff אֹפֶל als "Wolkenhülle" Gottes begegnet auch in Sir 45,5 [H].

[255] Zu עֵת als Terminus der für das Gericht Gottes festgesetzten Zeit vgl. besonders 1QS 1,14; 4,18; 1QH 5,11; 9,23 und 1QM 14,13. Zum Gerichtswunsch des Frommen vgl. Ps 10,12f. und Ez 30,3. Zu מַדּוּעַ als Ausdruck des verwunderten Fragens vgl. A.Jepsen, Warum?, 110ff.

dürfte dann ein Bikolon ausgefallen sein: zwischen der prinzipiell formulierten, alliterativ untermalten (מַדּוּעַ מִשַּׁדַּי) Frage in V.1 (vgl. Ps 10,1) und der sie begründenden Folge in V.2ff. fehlt eine Verbindung. Ein explizites Subjekt zu V.2ff. ist nicht vorhanden. Daß vor V.2 ein Abschnitt verlorengegangen ist, in dem dieses Subjekt, die רְשָׁעִים, erwähnt waren, zeigt auch der metrisch zu kurze Stichos in V.2a. Dafür, daß mit dem Ausfall eines Bikolon zu rechnen ist, spricht der bisher für c.23 gezeigte jeweils sechs Bikola umfassende Strophenaufbau, der sich auch in dem folgenden (ursprünglichen) Abschnitt nachweisen läßt. Diese sich von 23,17-24,1[...] erstreckende Strophe leitet von dem ersten Teil des Monologs, in dem die Unerreichbarkeit Gottes und das Unschuldsbekenntnis Hiobs im Mittelpunkt standen, zu dem zweiten über, in dem Hiob von der Klage über sein persönliches Schicksal zur Anklage Gottes angesichts der ungestraften Verbrechen der רְשָׁעִים an den אֶבְיוֹנִים ge-langt.[256]

d) Diese Anklage wird in einer vierten, ebenfalls sechs Bikola umfassenden Strophe ausgeführt (24,2-4.<9>.10-12). Die Beschreibung der sozialen Miß-stände, für welche die Mißhandlung und Ausbeutung der Armen, Witwen und Waisen (V.2-4), ihre Fron und ein (alliterativ) betonter Hilferuf Sterbender beispielhaft genannt werden (V.10-12)[257], mündet in einem direkten Angriff auf Gott: אֱלוֹהַ nehme an all diesen Vorgängen keinen Anstoß (V.12). Die Zusammengehörigkeit von V.2-4.10-12 zeigt sich in mikrokompositionellen Verschränkungen: Die V.2-4 bieten eine sich steigernde Verschärfung des Frevels; in V.2 werden die Verbrechen an den Armen indirekt über den Zugriff auf ihren Lebensbedarf geschildert, in V.4 direkt über den Angriff auf die אֶבְיוֹנִים selbst, V.3 ist ein Verbindungsglied von der indirekten "neutralen" Bedrückung (V.3a) zur direkten "personalen" (V.3b). Die V.10-12 zeigen eine Klimax der Verben (שׁוֹעַ נָאַק צָמָא צְמָא צָהַר נָשָׂא, הִלֵּךְ). Hinzu kommen in den V.10-11 ein Chiasmus der jeweils zweiten Halbverse (וּרְעֵבִים x נָשְׂאוּ וַיִּצְמָאוּ, עָמֶר דַּרְכוּ x יְקָבִים) sowie der Dreiklang der Grundnahrungsmittel von Brot (vgl. עָמֶר), Öl (vgl. *צְהַר) und Wein (vgl. יֶקֶב). So entfalten die V.10-11 die Leiden der Armen aus V.2-4 mittels der Betonung ihres Hungerns und Dür-stens bei der Arbeit. Demgegenüber nehmen die V.5-8 eine inhaltliche Son-

---

[256] Mit dem Hinweis auf die יְדָעָיו (v.l.) "die ihn [Gott] kennen", d.h. die Frommen (vgl. Ps 9,11; 36,11; 87,4; I Sam 2,12; Jer 2,8; Hos 4,1 und Dan 11,32; das Gegenteil in Hi 18,21) legt Hiob nochmals ein (implizites) Unschuldsbekenntnis ab.

[257] Vgl. im einzelnen zu V.2: Dtn 19,14; 27,17; Hos 5,10; Mi 6,14; Prov 22,28 und 23,10. Zu V.3: Hi 22,6; Dtn 24,6; Ex 22,25; Ez 18,6; Am 2,8; Prov 20,16 und 27,3. Zu V.4: Prov 18,5; Jes 10,2; 29,21; Am 5,12 und Mal 3,5. Zu V.10: Jes 58,7; Prov 25,21; Dtn 24,19 und Ruth 2,7.15. Zu V.11: Thr 5,4f. Zu V.12: Ez 18,32; 30,24; 26,15; Sach 11,9; Ps 88,9; Jes 22,6; Jer 51,52; Thr 2,12 und Num 19,16.

derstellung ein: Die Ausführung der Klage über die von Gott geduldeten Taten der Frevler in V.2-4.10-11 wird durch die Identifikation der אֶבְיוֹנִים mit
verarmten Steppenbewohnern unterbrochen. Die V.2-4.10-12a beschreiben
die Bedrückung der "Armen" im Kulturland und im städtischen Bereich[258].
Dagegen zeigen die V.5-8 eine offenbar mittellose Größe, die ihr Dasein in der
Wüste führt[259]. Der Bezug der V.5-8 auf die als Reiche gedachten Frevler[260]
scheitert an der Darstellung der kärglichen Lebensverhältnisse in V.7-8, die
sich eindeutig auf bestimmte Elende bezieht[261]. Die Besonderheit von V.5-8
wird außer der inhaltlichen Spannung zu V.4 (Kulturland - Steppe) durch vier
weitere Auffälligkeiten unterstrichen:

1. durch das metrisch unausgewogene Tetrakolon in V.5,[262]

2. durch die für die Hiobdichtung untypische Verwendung von רָשָׁע im
Sinn von "reich" in V.6,[263]

3. durch die wörtliche Überschneidung von V.7a mit V.10a,

4. durch die Parallele zu dem Abschnitt in 30,1b-8, in dem ebenfalls eine
außerhalb des Kulturlandes lebende asoziale Gruppe beschrieben wird.[264]

In V.9 liegt ein erneuter Bruch vor: nun sind wieder die Frevler Subjekt.
Dabei schließt dieser Vers weder an V.4b noch an V.8 noch an V.10 an. Aufgrund der terminologischen Wiederholungen aus V.2 (גזל), V.3 (יָתוֹם und
חֶבֶל) und V.4 (עָנִי) dürfte es sich nicht um einen dislozierten Vers[265], sondern um eine Ergänzung handeln[266], die auch gegenüber V.5-8 sekundär ist[267].

---

[258] Vgl. die Termini der Feldarbeit גְּבוּל .עֶדֶר .רעה .חֲמוֹר .עֹמֶר .שׁוֹר .צהר und יֶקֶב und
des städtischen Milieus דֶּרֶךְ und עִיר.

[259] Vgl. die Begriffe פֶּרֶא .מִדְבָּר .עֲרָבָה .הָרִים und צוּר sowie Jes 32.14 und Ps 104.11.

[260] Dies wäre im Blick auf Gen 16.12 noch denkbar. Zumeist symbolisiert der פֶּרֶא aber
den Armen und Bedürftigen (vgl. Hi 6.4; Dan 5.21; Sir 13.19; Jer 2.24; 14.6; Hos 8,9).

[261] Gegenüber G und V. die V.5-8 durch einen Subjektwechsel kontextuell harmonisieren,
hat die Mehrheit der neueren Ausleger hier zu Recht die Armen als handelnde Größe
erkannt.

[262] Aus Gründen des Parallelismus bietet sich an, unter בַּמִּדְבָּר und unter עֲרָבָה einen Atnach zu setzen.

[263] Vgl. Umbreit. 191; Oettli. 79; P.Volz. Hiob (1921). 28 Anm.1; A.Guillaume. Studies.
49.108; Gordis. 266. und O.Loretz. Probleme. 264.

[264] Vgl. bes. in 30.3-8 die Beschreibungen מִן־הָאָרֶץ .עֲרוּץ .מִן־גֵּוּ .שִׂיחַ .צִיָּה.

[265] So schon J.J.Reiske; dann G.Beer. Text; Hontheim; Dhorme; TurSinai; de Wilde; Hartley; u.a.

[266] So mit Siegfried; Bickell; Duhm; Budde. HK²II; Steuernagel. in: HSATK II; Peters;
Hölscher und Fohrer (vgl. auch O.Loretz. Probleme. 264).

[267] Unabhängig von der Gesamtbeurteilung von c.24 erkannten J.Grill. Komposition. 74ff.;
G.Bickell. Iobdialog; Oettli; P.Volz. Hiob (1921). 28 Anm.1. (mit erheblicher
Textänderung); F.Baumgärtel. Hiobdialog. 141f.; Fohrer und O.Loretz. Probleme.
264f.. zutreffend in V.5-8 eine in sich geschlossene spätere Einfügung. T.Mende. Lei-

e) Mit V.10 wird die Beschreibung der Leiden der Armen aus V.4 fortgesetzt - dem Bild vom Abdrängen der Armen an den Rand der Gesellschaft (V.4) folgt die Schilderung ihrer Fronarbeit (V.10-11). In V.12 umschreibt dann ein Trikolon die Folgen der Freveltaten in der Welt hyperbolisch mit dem Bild des unerhörten Hilfeschreis Sterbender und tödlich Verwundeter. Es bildet antithetisch zu dem Glauben an den aus der Bedrückung errettenden Gott[268] das Summarium der von Hiob gegen Gott geführten Anklage (vgl. V.12b mit Thr 3,8 und Ps 5,3). Die Rede findet mit diesem Tristichon "ihren Höhepunkt und wirkungsvollen Abschluß"[269], indem sie das Bild des Gebete erhörenden Gottes[270] radikal in Frage stellt.

f) V.13 eröffnet eine Charakteristik von "lichtscheuen" Verbrechern, die sich formal und inhaltlich stark von der Beschreibung der aus V.2-12* bekannten Frevler und Armen unterscheidet. In V.13-16 finden sich gehäuft Tristichen, die nur im Blick auf V.14 und 15 als Ergebnis einer Textkorruption zu beurteilen sind (s.u.). Der Abschnitt besitzt mit dem stilistisch besonders hervorgehobenen, allgemein formulierten V.13 eine neue Überschrift[271]. An diese schließt sich in den V.14-16 eine Reihe an, in der die רְשָׁעִים nun nicht mehr als soziale Übeltäter, sondern als in der Nacht tätige Verbrecher vorgestellt werden. So treiben der "Mörder" (V.14a)[272], der "Dieb" (V.14b.#) und der "Ehebrecher" (V.15a.15b und 16a*) in der nächtlichen Dunkelheit ihr Unwesen. In V.14b ist vermutlich ein Stichos ausgefallen, der die Taten des גַּנָּב entfaltete (vgl. Jer 49,9).[273] Für die in V.15-16 vorgeschlagene neue Versteilung sprechen der Numeruswechsel in V.16 sowie die parallele Beschreibung des נֹאֵף in PsSal 4,5 (vgl. auch Sap 14,25f. und Sir 23,18). Dabei zeigt das "Ehebrecher"-Tetrastichon einen schönen doppelten Chiasmus (עֵין x וְעֵין, שָׁמְרָה בַּחשֶׁךְ x וְסֵתֶר, חָתַר x יָשִׂים). Mit V.16b und 17a setzt ein zu V.13 paralleles, allgemein formuliertes Summarium an.

---

den, die c.24 *insgesamt* als sekundär (vgl. auch Hölscher), tertiär und quartär beurteilte, hielt die V.5-8 für einen Einschub des zweiten Elihubearbeiters.

[268] Vgl. Ex 22,21-22; Dtn 10,17-18; Ps 68,6; Prov 23,10-11; Sir 32,17.

[269] Lamparter, 150; ähnlich V.Maag, Hiob, 147. Daß V.12 den Höhepunkt einer Anklage gegen Gott darstellt, betonten auch F.Baumgärtel, Hiobdialog, 140ff., der allerdings die V.2-4.9.12 für sekundär bzw. tertiär hielt, und zuletzt (mit einer integralen Deutung von c.24) D.Wolfers, in: VT 43 (1993), 387.

[270] Vgl. Hi 22,25; Ps 30,3; 31,23; 72,12; 88,14

[271] So mit Rosenmüller; Hirzel; Dillmann; Duhm; Budde, HK²II; Driver u. Gray; Hölscher; Weiser; Fohrer; TurSinai; Gordis; Hesse; O.Loretz, Probleme, 262; de Wilde und Hartley.

[272] Vgl. Jer 7,9; Hos 4,2; Ex 20,13; Dtn 5,17; I Reg 21,19 und Ps 37,10.

[273] Die häufig vorgenommene Umstellung von V.16a zu V.14b ist bei dieser Annahme unnötig.

Damit besteht V.13-17a aus zwei generell gefaßten Trikola mit dem Terminus אוֹר, die den Abschnitt rahmen, und vier Bikola, die Verbrecher in der Nacht und in der Finsternis beschreiben.[274]

Daß in 24,13.16b.17 ein Kleinmythos von "Aufstand und Strafe der Sterne" vorliege, der sekundär um die Beschreibung menschlicher Übeltäter gelegt worden sei,[275] ist zumindest aus literarkritischer Sicht zweifelhaft.

g) Der textkritisch nicht zu beseitigende Numeruswechsel von V.17a zu V.17b deutet darauf hin, daß mit V.17b ein neues Subjekt eingeführt wird. Die Wiederholung von צַלְמָוֶת sowie die Parallele zu 34,25 legen es nahe, in V.17b "Gott" als implizites Subjekt zu vermuten. V.17b ist dann Teil eines antithetischen Neuansatzes[276]. Er bildet zusammen mit dem textlich problematischen V.18aα die Überschrift zu der in V.18b-24 entfalteten Bestrafung der Frevler[277]: Sie, die nicht das Licht kennen (נכר Hifil, V.13), werden von dem, der auch die Finsternis durchschaut (נכר Hifil, V.17b), gerichtet. V.17b.18a fungiert wie V.13 als eine allgemein formulierte Themaangabe. Stilistisch ist sie durch die Paronomasie כִּי־יַכִּיר und das Homoiteleuton בַּלְהוֹת צַלְמָוֶת hervorgehoben. Inhaltlich benennt sie Gottes Gerichtsfähigkeit (V.17b) und (soweit textlich rekonstruierbar) seine Gerichtstätigkeit (V.18a). Vier responsorisch aufeinander bezogene Distichenpaare in den V.18-24 entfalten die Bestrafung der Frevler. Der Ankündigung der Zerstörung des Lebensraums in V.18aβ (vgl. Ps 37,22) folgt die in einen Naturvergleich gefaßte Sentenz zum Ende der Sünder selbst in V.19.[278] Der Ankündigung des Vergessenwerdens in V.20a schließt sich die wiederum ein Bild aus der Natur entlehnende Sentenz zur Vernichtung des Frevels in V.20b an. Die ebenfalls antithetisch aufeinander bezogenen V.21-22 und V.23-24 beschreiben das Handeln Gottes als ein Bewahren der Wehrlosen (V.21) und Niederschlagen der Mächtigen (V.22)[279] bzw. als ein kurzfristiges Gewährenlassen der Frevler, dem ihre baldige Vernichtung folgt (V.24)[280]. Den Abschluß bildet ein Tristichon, das

---

[274] Zur Beurteilung von V.13-17* als eine in sich geschlossene, sekundäre Größe vgl. auch P.Volz. Hiob (1921). 27: F.Baumgärtel. Hiobdialog. 142: C.Westermann. Aufbau³, 129, und Fohrer. 368ff. Zu einer ähnlichen Strophik für die V.13-17 vgl. de Wilde. 258.

[275] So G.Fuchs. Mythos. 129-133.

[276] So mit T.Mende. Leiden. 158f.

[277] Sollte הוא in V.18aα ursprünglich sein, spräche dies ebenfalls für ein neues Subjekt.

[278] Zur Deutung von 24,19-20 als chtonisch gefärbte Mythologeme vgl. G.Fuchs. Mythos. 180.

[279] Zu V.21: vgl. bes. Ps 23.1: 146.9 und 147.6. Zu V.22 vgl. bes. Ps 10.12 und 68.2. Gleichfalls sahen T.Mende. Leiden. 177. und D.Wolfers. in: VT 43 (1993). 393, in V.22 "Gott" als Subjekt. vgl. auch W.B.Stevenson. Notes.

[280] Ebenso erkannten Hirzel: Ewald: Merx: Fz.Delitzsch: Dillmann: Hontheim: Budde: HK²II: Driver u. Gray: Dhorme: Weiser: Fohrer: Fedrizzi: Hesse und Hartley in

ebenfalls ein Phänomen aus der Flora heranzieht (vgl. Ps 37,10).[281] Wie die motivischen Verflechtungen zwischen den jeweiligen Verspaaren in V.17b-24 zeigen, handelt es sich um eine zwar textlich schlecht überlieferte, inhaltlich aber in sich geschlossene Beschreibung des Untergangs der Frevler.

h) V.25 als Abschlußvers des *Monologs* stellt ein kolometrisch wenig ausgewogenes Summarium dar. Es erinnert formal an 9,24c und gibt inhaltlich den vorangegangenen Versen den Charakter der *Streit- und Lehrrede*, die mit einem direkten (menschlichen) Gegenüber rechnet. Dadurch steht V.25 in einer gewissen Spannung zu der Redeeröffnung in 23,2ff., die den folgenden Versen als eine an Gott gerichtete Klage und Anklage kennzeichnet. Da V.25 schließlich das für 23,1-17; 24,1[...].2-4.10-12 gezeigte jeweils sechs Bikola zu einer Strophe vereinigende Schema sprengt, dürfte auch dieser Vers mindestens sekundär sein[282].

i) Zusammenfassung: Betrachtet man die stilistisch und inhaltlich herausfallenden Verse in 24,5-8.9.13-17.18-24.25 als eine eigene Größe, so erhält man in c.23-24 einen zweiteiligen Monolog, der aus vier Strophen zu je sechs Bikola (23,2-7|8-13|14-24,1[...]|2-4+10-12) besteht, wobei die letzte Strophe in einem Trikolon mündet. Hiob gelangt von dem Wunsch der Gottesbegegnung und dem Bekenntnis der eigenen Unschuld zu einer Klage über Gottes unberechenbare Macht und zu einer Anklage Gottes, der den Frevel in der Welt ungestraft duldet. Die aus dieser Rede herausfallenden Abschnitte verdeutlichen dagegen mittels eines Exkurses über die Armen und über bestimmte Verbrechen das Gericht Gottes an den Frevlern in der Welt:

1. werden in fünf Distichen die אֶבְיוֹנִים mit armen Steppenbewohnern (24,5-8) identifiziert;

2. werden in einem Bikolon die Freveltaten ausgeweitet (24,9);

3. wird in zwei Distichen und zwei Tetrastichen (bzw. vier Distichen) ein Verbrechertypus näher vorgestellt (24,13-17a);

4. wird in vier Bikola-Paaren die noch in 24,1-4.10-12 geleugnete immanent vergeltende Gerechtigkeit Gottes (24,17b-24.24) bekannt;

5. erhält der Monolog eine Unterschrift (24,25).

V.22a.23 "Gott" als Subjekt. Zu unserer Annahme, daß auch in V.22b Gott Subjekt ist, vgl. Hi 19.25; 31.14; Ps 68.2 und Jes 28.21, sowie die Ausführungen bei Dhorme.

[281] Von den literarkritisch arbeitenden Exegeten wurden häufig nur die V.18-20/21 als zusammengehörig betrachtet (vgl. P.Volz. Hiob [1921]. 27; C.Westermann. Aufbau[3], 129; Fohrer. 368ff.. und T.Mende. Leiden. 178 [V.18-20.24 als Text des dritten Elihubearbeiters]). Wie unsere Analyse aber zeigt, lassen sich V.18-24 gut verknüpfen, vgl. die Vertreter eines integralen Modells sowie F.Baumgärtel. Hiobdialog. 157; V.Maag. Hiob. 147; de Wilde. 258. und J.Vermeylen. 28.

[282] Zur sprachlichen Besonderheit von V.25 s.u. S.128.

Inwieweit die hier gewonnene literarkritische Scheidung von c.23-24 berechtigt ist, wird nun zunächst am Wortschatz und Sprachstil sämtlicher Hiobreden, sodann im Vergleich mit direkten Parallelen zu c.24 innerhalb der Hiobdichtung überprüft.

2.1.4.2. Begriffsphänomenologie der Hiobreden

a) Wie in den Eliphasreden[283] findet sich auch in den Reden Hiobs ein fester Begriffsschatz, der ausschließlich oder überwiegend in ihnen vorkommt. Zu diesen typischen "Hiob-Worten" gehören: אתה, אפר, אנכי, אנחה, אנחה, אמנם, אמה, איפה, איפה, אימה, אחר, אחז, אתה, חק, חמר, חמס I חמה, חלף, חלף I חי, חטאת I חול, זמה I הנה, הבל, דרך, גוע, גדוד, בוש, עטרה, עזרה, עזר, עזב, עון, עויל, עד, סתר, סלל, נפש, נחמה, נחם, מרין, מר II מאס, כף, קבר, צר, צר II צלמות, צל, צור, צדק, צבא, פשע, פרין, פער, פלט, עצם, עצב, עפר, עמדי, עיפה, קוה II קרא, רדף, ריב, רמה, רק, רשע II שיח, שאול, שוע, שנה, שמם, שמר II תקוה und תעב.

b) Eine Auswertung des Wortschatzregisters (S.249ff.) für die Hiobreden unter dem Gesichtspunkt des Auftretens von absoluten und relativen Hapaxlegomena und Überschneidungen mit Begriffen in literarkritisch als sekundär beurteilten Abschnitten kommt zu dem Ergebnis, daß die Hiob zugeteilten Reden der Dichtung im Durchschnitt ca. 2% absolute und ca. 7% relative Hapaxlegomena enthalten. Dabei führen die Texte, die auch aus literarkritischen Gründen verdächtig sind, die Mehrzahl der absoluten und relativen Hapaxlegomena einer Rede und weisen eine Konzentration von ausschließlichen Begriffsüberschneidungen mit als nicht ursprünglich erkannten Stücken der Dichtung außerhalb der Hiobreden auf.

c) Die literarkritisch und poetologisch herausgearbeitete Besonderheit von 24,5-9.13-25 wird durch begriffsphänomenologische Beobachtungen unterstützt:

1. enthält dieser Abschnitt 66% aller absoluten Hapaxlegomena in c.23-24 und 61% aller relativen bei 52% Anteil am Gesamtwortbestand der Rede. Damit führen die V.5-9.13-25 nach c.26 mit 2,6% den höchsten Prozentsatz von absoluten Hapaxlegomena bezogen auf die in diesem Abschnitt vorliegende Wortzahl. Mit 8,6% relativen Hapaxlegomena wird dieser Abschnitt nur von c.16-17 (11%), c.28 (9,6%) und c.6-7 (9,8%) übertroffen.

2. begegnen folgende Auffälligkeiten:

V.5: פֹעַל im Sinn von "Tun" bzw. "Werk" begegnet in Hi nur noch in den Elihureden (vgl. 34,11; 36,9.24 und 37,12).[284]

V.6: לקש ist ein absolutes Hapaxlegomenon. קצר wird nur hier in Hi im *Hifil* konstruiert.

V.7: קרה erscheint in Hi nur noch in den Elihureden (37,9).

V.8: רטב ist ein absolutes Hapaxlegomenon. חבק, זרם und מַחְסֶה sind relative Hapaxlegomena.

V.13: מרד, hier partizipial in der Bedeutung "Feind", ist in Hi einmalig, vgl. aber Ez 2,3; 20,28; Dan 9,5.9; Esr 4,12.15.19; 1QpHab 8,2 und häufig im Aramäischen[285].

---

283 S.o. S.69.

284 Zu לָטֶרֶף als Aramaismus vgl. E.Kautzsch, Aramaismen, 35f.107.

285 Zu מרד vgl. M.Wagner, Aramaismen, 80; E.Kautzsch, Aramaismen, 108.

<u>V.14</u>: קטל findet sich alttestamentlich nur noch in Hi 13,15 und in Ps 139,19, dagegen oft im Aramäischen[286]. Aramaismen sind auch die Verwendung von לְאוֹר als Bezeichnung für den Abend (vgl. Tg^V zu Hi 24,14)[287] und die Impf.-Bildung יְהָךְ ([v.l.] von הלךְ vgl. Esr 5,5; 6,5; 7,15).

<u>V.15</u>: Die unpoetische Konstruktion לֶאֱמֹר ist singulär in Hi.

<u>V.16</u>: חתם begegnet in Hi nur in den sekundären V. 9,7 und 33,16.

<u>V.18</u>: Wenn in V.a der Text richtig überliefert ist, folgt die Konstruktion קַל־הוּא der aram. Syntax. קלל in V.b wird nur hier in Hi im *Pual* gebildet.

<u>V.19</u>: צִיָּה findet sich in Hi nur noch in dem sekundären V. 30,3.

<u>V.20</u>: מתק im Sinn von "saugen" entspricht dem aram. Gebrauch.

<u>V.24</u>: Die Formen הֻמְּכוּ, יִקָּפְצוּן und רוֹמּוּ sind Aramaismen[288].

<u>V.25</u>: כזב im *Hifil* und שִׂים לְאַל sind nur hier in der Hiobdichtung verwendete Konstruktionen.

Aus begriffsphänomenologischen Gründen könnte auch für V.11 eine spätere Entstehung angenommen werden, da sich hier mit שׁוּרָה und צֹהר zwei absolute und mit יֶקֶב ein relatives Hapaxlegomenon finden. Allerdings besteht aus literarkritischen Erwägungen kein Anlaß, diesen Vers herauszunehmen. Er ist stilistisch und inhaltlich eng mit 24,2-4.10 verbunden.[289]

2.1.4.3. Parallelen zu 24,5-8.13-24 in der Hiobdichtung

Zu der literarkritisch und sprachlich begründeten Annahme der sekundären Entstehung der V.5-8<9>.13-24<25> kommt als weiteres Kriterium die Interdependenz von c.23-24 mit anderen Abschnitten der Hiobdichtung.

a) So zeigen sich die V.2-4.10-11.12 als erste Antwort Hiobs auf die durch Eliphas an ihn gerichtete Beschuldigung sozialen Fehlverhaltens. In den von uns als ursprünglich ermittelten Versen von c.24 bezeichnet Hiob die zuvor gegen ihn erhobenen Vorwürfe *objektiv* als Taten der Frevler:

1. "Mißhandlung der Witwen und Waisen": V.2-3 vgl. 22,6.9.
2. "Bedrückung des Landes": V.2.4 vgl. 22,8.
3. "fehlende Bekleidung der Armen": V.10a vgl. 22,6.
4. "Hunger und Durst der Armen": V.10b-11 *par.* 22,7.

In dem abschließenden Reinigungseid (c.31) widerlegt Hiob in einer zweiten Antwort die Anschuldigungen des Eliphas (vgl. 22,6-9 und 24,2-4.10-11 bes. mit den Integritätserklärungen in 31,17.19 sowie allgemein in 29,16 und 31,16).

b) Die V.5-8 bilden dagegen eine über 22,6-9 hinausgehende Beschreibung

---

[286] Zu קטל vgl. M.Wagner, Aramaismen, 100; E.Kautzsch, Aramaismen, 109.

[287] Vgl. den aram. Gebrauch von אור (Dalman, Handwörterbuch, 10.4.) und Gordis, 268.

[288] Zu מכךְ vgl. E.Kautzsch, Aramaismen, 56f.

[289] Demgegenüber hielten F.Baumgärtel, Hiobdialog, 141; J.Vermeylen, Job, 28, und T.Mende, Leiden, 175 (als Teil des dritten Elihubearbeiters), V.10-11 für sekundär.

der Armen als "outlaws", die ihre nächste Parallele in dem *sekundären* Abschnitt 30,1b-8 besitzt[290]:

1. "Arme als Wüstenbewohner": V.5 vgl. 30,3b;
2. "Nahrungssuche der Armen": V.6 vgl. 30,4;
3. "Ungeschütztes Wohnen der Armen": V.7-8 vgl. 30,6.

c) Die Beschreibung der "lichtscheuen Verbrecher" in V.13-17a und die Ankündigung ihrer Bestrafung in V.17b-24 besitzt in dieser *Motivkombination* innerhalb des Hiobbuches seine einzige direkte Parallele in den Elihureden:

1. "Unkenntnis der Wege [des Lichts/Gottes]": V.13 vgl. 34,27.
2. "Vermeintlicher Schutz der Dunkelheit": V.15-17a vgl. 34,22.
3. "Gott kennt die Werke der Finsternis": V.17b vgl. 34,25.
4. "Gott vernichtet die Mächtigen": V.22 vgl. 34,20b.
5. "Gott achtet auf den Weg der Frevler": V.23 vgl. 34,21.

Demgegenüber steht 34,28f. in einem scharfen Kontrast zu dem als original beurteilten 24,12. Für die Bestimmung des literarischen Abhängigkeitsverhältnisses könnte dies bedeuten, daß c.34* einerseits auf die ursprüngliche Anklage Hiobs gegen Gott in 24,12 reagiert, andererseits mit der Beschreibung der Frevler die aus dem Grundbestand von c.24 herausfallende Explikation in den V.13-17a.17b-24 veranlaßt hat. Damit deutet sich bereits hier eine redaktionsgeschichtliche Abfolge der Bearbeitungen des Buches an.

Zusammenfassung

23,2-24,1[...].2-4.10-12 bildet einen gleichmäßig aufgebauten Monolog Hiobs, der gut an die letzte Freundesrede in c.22* anschließt. In seinem ersten Hauptteil (23,2-13) wird die von einem berechenbaren Gottesbild ausgehende Mahnung und Verheißung des Eliphas (22,21-30*), sich an Gott zu wenden und dadurch neues Heil zu erfahren, mit der Klage über die Unmöglichkeit der Gottesbegegnung und über die Unverfügbarkeit Gottes kontrastiert. In seinem zweiten Hauptteil (24,[...].2-4.10-12) wird der Vorwurf, Hiob habe die zentralen Gebote der Menschlichkeit und der Frömmigkeit verletzt (22,6-9.10-20*), mit einer Anklage der objektiv von Gott zugelassenen Frevel in der Welt entkräftet. Als Überleitung von der persönlichen Klage zur Klage über das Chaos in der Welt und damit zur Anklage Gottes fungiert der Abschnitt

---

[290] Zur sekundären Entstehung von 30,1.2-8 vgl. J.Grill, Komposition, 74; Duhm; Oettli; P.Volz, Hiob (1921), 27; Driver u. Gray; F.Baumgärtel, Hiobdialog, 131f.147; Fohrer; Fedrizzi; H.Bobzin, Tempora; Hesse; V.Maag, Hiob, 150, und T.Mende, Leiden, 207 (30.1-8 als Einschub des zweiten Elihubearbeiters in die insgesamt für sekundär erachteten Herausforderungsreden). Bereits Magnus, Hiob (1851), 8 und 320-328, erkannte, daß 30,2-8 nicht in die Hiobrede passen, hielt dies aber für ein disloziertes Stück der verlorenen dritten Bildad- oder Zopharrede.

23,13-24,1. Als entscheidendes Kriterium für die Beurteilung von 24,5-8.<9>.13-25 treten neben die stilistischen, inhaltlichen, sprachlichen und kompositionellen Gründe die inhaltlichen Parallelen zur Schilderung der Bestrafung der רְשָׁעִים in den Freundesreden (s. S.78ff.) sowie der Widerspruch zum Skopus der Hiobrede in c.21. Im Vergleich mit der Beschreibung des Wohlergehens der Frevler in c.21 verschärft sich makrokompositionell die Spannung, die zwischen der Klage über ihr von Gott geduldetes Treiben in 24,1-4.10-12 und der Gewißheit ihrer Bestrafung in 24,13-17a.17b-24 besteht.

2.1.5. Die Rede Hiobs in c.21

2.1.5.1. Literarische Analyse von c.21

Zum Text

3b   für תַּלְעִיג lies תַּלְעִיגוּ; vgl. 11QTgJob; S; G; σ'; V.

5a   für וְהָשַׁמּוּ lies וְהָשַׁמּוּ; vgl. S.

8a   streiche עִמָּם, vgl. S; G; V.

11b   ergänze m.c. כְּעֶגְלִים o.ä.; vgl. V; Ps 114,4; Mal 3,20.

12   für כְּתֹף lies בְּתֹף; vgl. Mss; Tg; S; G; V; Ps 149,3; 150,4.

13   für יְחַתּוּ lies יַחְתּוּ (von נחת), vgl. Tg^W; Tg^L; S; G; σ'; V.

16a   הֵן לֹא entspricht hier הֲלֹא; vgl. G.

16b   für מֶנִּי lies מֶנּוּ; vgl. G.

21a   streiche m.c. אַחֲרָיו.

23b   für שַׁלְאֲנָן lies שַׁאֲנָן; vgl. Ms^{K76}.

24a   für עֲטִינָיו lies עֲטָמָיו, für חָלָב lies חֵלֶב; vgl. S; G; V.

27b   für תַּחְמֹסוּ lies תַּחְמֹסוּ.

28b   streiche m.c. אֹהֶל.

30   für לְיוֹם lies בְּיוֹם; vgl. 20,28; Ps 18,19; Jer 18,17; Ob 13.

30b.31.a für יוּבָלוּ: מִי־ lies וּמִי־ :יָצָל; vgl. S; V.

33a   מָשַׁךְ hier intr.; vgl. S; θ'.

Übersetzung

1   Und Hiob hob an und sprach:
2   Hört doch, hört doch meine Rede,
    und schenkt mir damit euren Trost.
3   Ertragt mich, daß ich reden kann,
    und spottet erst nach meinem Reden.
4   Ich, ja - gilt einem Menschen meine Klage,
    oder warum soll ich nicht ungeduldig sein?

5 Wendet euch doch zu mir und staunt,
   und legt die Hand auf euren Mund.

6 Aber denke ich daran, so erschrecke ich,
   und ein Schaudern packt mein Fleisch.

7 Warum leben denn die Frevler,
   kommen voran, wachsen gar an Kraft?

8 Ihr Nachwuchs gedeiht vor ihrem Angesicht,
   und ihre Sprößlinge blühen vor ihren Augen.

9 Frieden haben ihre Häuser, ohne Furcht,
   und Eloahs Rute kommt nicht über sie.

10 Ihr Stier bespringt und geht nicht fehl,
   ihre Kuh kalbt und verwirft es nicht.

11 Ihre Knaben lassen sie wie Schafe streunen,
   und wie Lämmer hüpfen fröhlich ihre Kinder.

12 Die Pauke und die Leier spielen sie
   und freuen sich am Klang der Flöten.

13 Im Glück verleben sie stets ihre Tage,
   und in Ruhe steigen sie zur Unterwelt.

14 Und doch sprachen sie zu El:"Weiche von uns,
   und von deinen Wegen wollen wir nichts wissen".

15 "Wer ist Schadday, daß wir ihm dienen sollten,
   und was nützt es, daß wir bittend zu ihm treten?"

16 Liegt denn nicht in ihrer Hand ihr Glück,
   und bleibt ihm der Frevler Rat nicht fern?

17 Wie oft verlischt denn der Frevler Leuchte,
   und wie oft kommt ihr Unheil über sie,
   [teilt er Verderben aus in seinem Zorn]?

18 Sie mögen sein wie Häcksel vor dem Winde
   und wie Spreu, die der Sturm wegstiehlt!

19 Eloah spart sein Unglück auf für seine Söhne?
   Er vergelte doch ihm selbst, auf daß er es merke!

20 Es mögen seine Augen sehen seinen Sturz,
   und vom Zorn Schaddays, da trinke er.

21 Ja, welche Freude hat er an seinem Hause [nach ihm],
   wenn abgeschnitten wurde seiner Monde Zahl?

22 Kann man denn El selber Wissen lehren,
   ihn, der auch die Hohen richtet?

23 Der eine stirbt in seiner vollen Kraft,
   inmitten seiner Fülle ruhig und friedlich.

24 Es strotzten seine Schenkel voller Fett,
   und sein Knochenmark war reich getränkt.

25 Und der andere stirbt mit bitterer Seele
   und schmeckte doch nie etwas vom Glück.

26 Gemeinsam liegen sie im Staube,
    und die Maden decken beide zu.
27 Seht, ich kenne wahrlich euer Denken
    und das Sinnen, das ihr heget wider mich.
28 Wenn ihr sprecht: "Wo ist des Tyrannen Haus,
    und wo sind der Frevler schöne Wohnungen?",
29 befragtet ihr nicht die des Weges ziehen,
    und kennt ihr nicht ihre Zeichen,
30 daß am Unheilstag der Böse verschont,
    er am Zornestage gar gerettet wird?
31 Aber wer hält ihm seinen Weg vor Augen?
    Und wer vergilt ihm denn, was er getan?
32 Und zu Grabe wird er geleitet,
    und für seinen Hügel wird gesorgt.
33 Süß sind ihm des Wadis Steine,
    und hinter ihm zieht ein jeder
    [und vor ihm ohne Zahl].
34 Ach, wie nichtig tröstet ihr mich doch,
    und von euren Antworten bleibt nur Trug.

Analyse

a) Die siebte Rede Hiobs hebt mit einer sich über vier Bikola erstreckenden *Eröffnung* (V.2-5) an, in der Hiob seine Freunde aufruft, sich ihm aufmerksam zuzuwenden (V.2+5) und sich durch ihr ernsthaftes Zuhören als Tröster zu erweisen (V.2b). Dabei verteidigt Hiob in V.4 mit dem Hinweis auf den ihm von Gott selbst zugefügten Schmerz das Recht seiner Klage[291] und äußert den Wunsch zu reden[292]. Das intensive Werben um das Gehör der Freunde wird in V.2 durch den alliterativ verstärkten Aufmerksamkeitsruf (שְׁמְעוּ שָׁמוֹעַ)[293] und die ihm folgenden Imperative in V.3 und V.5 unterstrichen. Charakteristisch für diese erste Strophe ist die Betonung von Hiobs "Ich" (vgl. מִלָּתִי, doppeltes אָנֹכִי, דְּבָרִי, שִׂיחִי, רוּחִי, אֵלַי) in seinem Gegenüber zu den Freunden (תַּנְחוּמֹתֵיכֶם, תַּלְעִיגוּ [v.l.], פֶּנוּ, הַשַּׁמּוּ [v.l.], שִׂימוּ). Zahlreiche Stilmittel betonen die Besonderheit der Eingangsstrophe. So bilden die V.2-3 einen Chiasmus, in dem der Appell Hiobs, ihn zunächst reden

---

291 Vgl. bereits in 6.2; 12.2; 16.2-6 und 19.6.
292 Vgl. 7.11; 9.35; 10.1; 13.3; 16.4 und 19.23.
293 Auch die vorangegangenen Hiobreden weisen in ihrem ersten Vers gehäuft eine Alliteration, ein Homoioteleuton oder eine Paronomasie auf (vgl. 3.3; 6.2; 12.2; 16.2b; und 19.2; zu der Alliteration in 21.2 vgl. 13.17; 37.2; Jes 6.8 und 55.2). Lediglich in 9.2 findet sich, abgesehen von כִּי־כֵן, kein vergleichbares Wortspiel, wodurch die Vermutung verstärkt wird, daß hier nicht der ursprüngliche Text vorliegt; s.o. S.94.

zu lassen (V.2a und V.3ba), und die Bitte, ihn dadurch zu trösten (V.2b und V.3a), sich kreuzen[294]. Vertikal verläuft eine Klimax von der "Rede" Hiobs (V.2) über sein "Wort" (V.3) hin zu seiner "Klage" (V.4). Gipfelpunkt der Strophe ist das durch einen lautmalenden formalen Chiasmus und ein ganz ausgeglichenes kolometrisches Verhältnis hervorgehobene Schweigegebot an die Freunde (V.5: אֵלָי‎־פְנוּ x פֶּה‎־עַל; [*v.l.*] וְהַשָּׁמֻּו x וְשִׂימוּ).

b) Ein adversatives וְאִם und eine dreifache Betonung von Hiobs Gedenken und dem daraus für ihn resultierenden Schrecken (בְּשָׂרִי, וְנִבְהָלְתִּי, זָכַרְתִּי) eröffnen in V.6 die zweite Strophe (V.6-9). Dieser Vers hat die Freunde nicht mehr *direkt* im Blick, sondern dient als Überschrift für den ersten Hauptteil der Rede. In den syntaktisch aufeinander bezogenen V.6 und V.7 läßt der Dichter Hiob sein Entsetzen über das Wohlergehen der רְשָׁעִים schildern (vgl. Ps 48,6). Die in V.7 als Frage formulierte und durch die Klimax יִחְיוּ, עָתְקוּ, גָּבְרוּ unterstrichene These wird in V.8-9 mit den Hinweisen auf die fest gegründete Nachkommenschaft[295] und ihr gesichertes Leben[296] entfaltet.[297] In V.4 blickt Hiob darauf zurück, daß sich seine Klage[298] in den vorangegangenen Reden vornehmlich gegen das ihm von Gott persönlich zugefügte Unrecht richtete (vgl. 7,11.13; 10,1; 13,22; 16,7 und 19,6). Angesichts des dreimaligen Hinweises seiner Freunde auf das Schicksal der Frevler (vgl. 15,20ff.; 18,5ff. und 20,5ff.), beschreibt er in c.21 seinerseits das unter den Menschen allgemein erfahrene Unrecht: entgegen der Theorie der Freunde bleiben die Frevler ungestraft (vgl. bereits 9,24*)[299]. Die bisherige persönliche Leidklage Hiobs in den c.3; 6-7; 9-10*; 12-14*; 16-17 und 19 über und zu Gott wird so in c.21 um den Aspekt der allgemeinen Klage לְאָדָם ("zu und über Menschen" V.4) am Beispiel des Wohlergehens der Gottlosen (V.6ff.) erweitert. לְאָדָם ist in V.4 also synthetisch verwendet: es bezieht sich auf die Freunde Hiobs als Adressaten seiner in c.21 ausgeführten Klage und auf die Gottlosen als Ge-

---

[294] Kleinere Stilmittel der Eingangsstrophe bilden das Homoioteleuton וּתְהִי מִלָּתִי und die verkappte Alliteration תַּנְחוּמֹתֵיכֶם‎...וּתְהִי) in V.2. sowie das Homoioteleuton שְׁאוּנִי וְאָנֹכִי und die Paronomasie אֲדַבֵּר וְאַחַר דַּבְּרִי in V.3.

[295] Vgl. zu V.8 bes. I Sam 7.16.26 und I Reg 2,45.

[296] Vgl. zu V.9 bes. Dtn 28.67 und Prov 1.33.

[297] Wie im Abschlußbikolon der ersten Strophe liegt auch im letzten Distichon der zweiten Strophe ein Chiasmus vor (בָּתֵּיהֶם x עֲלֵיהֶם‎:מִפַּחַד שָׁלוֹם x אֱלוֹהַ שֵׁבֶט לֹא). שֵׁבֶט findet sich u.a. als Terminus für die vernichtende Gewalt Gottes (vgl. Jes 9.3; 14.5.29 und Sir 39. 28). für seine erziehende Macht (vgl. Ez 21.18 [II Makk 9.11 und Tob 13.14]). aber auch für seine schützende Kraft (vgl. Ps 23.1).

[298] Zu שִׂיחַ vgl. Ps 55.3; 64.2; 102.1; 142.3; Sir 35.17 und I Sam 1.16.

[299] In 10.3b dürfte es sich um eine Glosse handeln. so mit Duhm; Budde. HK²II; Hölscher; Fohrer; H.Bobzin. Tempora; Hesse und de Wilde.

genstand der folgenden Ausführungen.

c) Das in V.8-9 generell behauptete Glück der רְשָׁעִים wird in der dritten Strophe (V.10-13) an den Beispielen ihres Viehreichtums (V.10)[300], ihres Kindersegens (V.11) und ihrer unbeschwerten Lebensfreude entfaltet (V.12). Nach einem Chiasmus in V.11 (יְשַׁלֵּחוּ x יְרַקֵּדוּן; עֲוִילֵיהֶם x וַיַלְדֵיהֶם) gipfelt die Strophe erneut in einen solchen (V.13), der parallel zu V.9 das Heil der Frevler mit dem Hinweis auf friedvolles Leben und Sterben beschreibt (יְבַלּוּ x יֵחָתּוּ [v.l.]; בְּטוֹב x וּבְרֶגַע).

d) Dem Glück der Frevler stellt Hiob in der vierten Strophe (V.14-17) ihr religiöses, von Gott ungeahndetes Fehlverhalten gegenüber. Eine Zitationsformel eröffnet eine Paraphrase der sich von Gott lossagenden Frevler (V.14aβ-15; vgl. Ps 10,4; 14,1; Mal 2,17; 3,14)[301], die Termini der Frömmigkeitssprache pervertiert[302]. Daran schließt sich unter Rückgriff auf 18,5 die rhetorische Frage nach dem "Wie oft" (כַּמָּה) der Bestrafung der Gottlosen an (V.17). Allerdings liegt diese vierte Strophe nicht in der ursprünglichen Form vor. V.16 läßt sich weder als objektive Position Hiobs[303] noch als Vorwegnahme bzw. Zitation eines Argumentes der Freunde verstehen[304]. Vielmehr bildet V.16 eine rhetorische Frage Hiobs[305] hinsichtlich des von Gott ([v.l.] מֶנּוּ) unbeachteten Glücks der Gemeinschaft[306] der Frevler (vgl. Jer 12,1f.)[307]. Da Trikola inmitten einer Rede für die Hiobdichtung ungebräuch-

---

[300] Der Numeruswechsel in V.10 ist gegen F.Baumgärtel, Hiobdialog, 101f., und T.Mende, Leiden, 165, kein Grund, dieses Distichon aus dem Zusammenhang der V.8-9.11-13 auszugliedern und für sekundär bzw. tertiär zu halten. Vielmehr handelt es sich um einen kollektiven Singular zur Hervorhebung des individuellen Glücks der Frevler, so auch die Mehrheit der Ausleger.

[301] Zur Distanzierungsformel מִן סוּר vgl. Ps 6,9; 34,5; 37,27; 119,15; 139,18; Prov 3,7.

[302] Zu חפץ bzw. חֵפֶץ als Begriff der Freude an Gott vgl. Ps 1,2; 111,2; 112,1; 119,5; zu עָבַד als Frömmigkeitsbegriff vgl. Hi 36,11; Jos 24,15ff.; zu פָּגַע vgl. Jer 7,16; 27,18.

[303] So z.B. Fz.Delitzsch; Weiser und Alonso Schökel.

[304] So z.B. schon Schnurrer; Chr.S.Pape; J.G.Eichhorn, Hiob; Umbreit; Hitzig; Budde, HK²II (nur V.a) und TurSinai. Als Fortsetzung des Zitates der Frevler aus V.14-15: W.B.Stevenson, Notes; Gordis und Habel.

[305] So mit Schultens; Dathe; Rosenmüller; Hirzel; Knabenbauer; Duhm; Driver u. Gray; Dhorme; Peters; Steuernagel, in: HSATK II; Lamparter; Rowley und R.Bergmeier, in: ZAW 79, 231.

[306] Zum soziologischen Verständnis des Terminus עֲצַת רְשָׁעִים vgl. R.Bergmeier, in: ZAW 79, 229ff.

[307] Demgegenüber hielten Siegfried; Hölscher; Fohrer; Fedrizzi; Pope; de Wilde; Kaiser, Ideologie, 74 (Annahme der Substitution), und T.Mende, Leiden, 165 (auch V.15 in dem von ihr ohnehin als nicht ursprünglich betrachteten c.21) V.16 für sekundär: Jedoch setzt gerade der sekundäre Vers 22,17 (s.o. S.86) 21,16, wenn auch in nicht ursprünglicher Form, voraus.

lich sind, ist V.17b entweder der Überrest eines ursprünglichen Distichons[308], oder, und dies ist aufgrund des bisherigen Strophenmusters in c.21 von je vier Bikola wahrscheinlicher, eine Glosse[309].

e) Ein selbständiger Wunschsatz[310], der nicht mehr von der rhetorischen Frage nach dem Gericht über die Frevler (V.17) abhängt, eröffnet die fünfte Strophe (V.18-21). Sie unterstreicht die Notwendigkeit einer immanenten, unmittelbaren Vergeltung an den Frevlern: Sollte Gottes Gerechtigkeit die Frevler tatsächlich treffen, so müßte die Strafe für ihr gottloses Treiben sie selbst und nicht erst ihre Nachkommen ereilen (V.19-20). Mit der impliziten Frage in V.19a[311] und der Forderung יְשַׁלֵּם אֵלָיו וְיֵדָע in V.19b ist der Nerv der einschlägigen Argumentation der Freunde getroffen (vgl. 18,17.19; 20,10.26; Ps 94,23; Prov 13,22; Sir 17,23). Mit V.17-21 wird gleichsam der zweite Hauptteil der Rede eingeleitet. Nach der Beschreibung des gesegneten Lebens und Sterbens der Frevler in den V.6-17 folgt der Ausblick auf den Tod, der ebenfalls kein Beleg für Gottes vergeltende Gerechtigkeit ist. Die Konzentration auf die unmittelbare Bestrafung der Frevler wird stilistisch durch den Numeruswechsel von der 3.P.Pl. zur 3.P.Sg. hervorgehoben, der die Forderung der Vergeltung an jedem einzelnen רָשָׁע verdeutlicht[312]. Dem gleichen Zweck dienen die zahlreichen, Homoioteleuta bildenden Suffixe der 3.P.Sg in V.19a אוֹנוֹ לְבָנָיו, in V.20a עֵינָו כִּידוֹ und in V.21a חֶפְצוֹ בְּבֵיתוֹ אַחֲרָיו.

f) Die den Schlußvers der fünften Strophe (V.21) unmittelbar fortsetzende Ausführung über die Gleichheit im Tode in der sechsten Strophe (V.23-26) wird im vorliegenden Text durch den später eingefügten V.22 retardiert. In Anlehnung an Jes 40,14 und Ps 94,10 stellt V.22 die den Gedankengang unterbrechende rhetorische Frage, ob es möglich sei, den selbst über die Engel (רָמִים) richtenden El zu belehren.[313] Dabei bedient sich dieses Theologume-

---

308 So Merx; Duhm; A.B.Ehrlich, Randglossen, und F.Baumgärtel, Hiobdialog, 105.

309 So mit Siegfried; Hölscher; Fohrer; Fedrizzi; Hesse; de Wilde; O.Kaiser, Ideologie, 74, und T.Mende, Leiden 165.

310 Zu dieser syntaktischen Beurteilung von V.18 vgl. GK §170n und Budde, HK²II. Zum Bild vgl. Prov 1.27; 10.25; Ps 1.4; Jes 17.13; 25.10; 29.5; 35.5; 41.5; Hos 13.3; Zeph 3.2 und Sap 6.14.23.

311 So mit Dhorme; Hölscher; Fohrer; J.Lévêque, Job, 283; Fedrizzi; u.a.; als Zitat betrachteten V.19: Schultens; Schnurrer; Dathe; Stuhlmann; Rosenmüller; Umbreit; Fz.Delitzsch; Driver u. Gray; Budde, HK²II; Hesse; Gordis; Hartley und T.Mende, Leiden, 147; als Wunsch: Duhm; Groß; u.a.

312 Bereits der Numeruswechsel in V.9.10.11 zeigt eine Konkretion und Individualisierung der Frevler an.

313 Driver u. Gray, I, 187; H.Torczyner, Hiob (1920), 146f.; P.Volz, Hiob (1921), 59; F.Baumgärtel, Hiobdialog, 105; Mo.Jastrow, Job, 272; C.Westermann, Aufbau³, 110

non der für das Hiobbuch einmaligen Verwendung von לָמַד *Piel*, das nur hier im AT mit durch לְ־ angezeigtem persönlichen Objekt konstruiert ist[314]. Schließlich verfügt V.22 mit רְמִים über eine angelologische Bezeichnung[315], die an die bereits als sekundär vermuteten Belege in 4,18 und 15,15 erinnert. In der stilistisch besonders ausgefeilten sechsten Strophe in V.23-26[316] werden der Zustand nach dem Tode des in diesem Leben reich gesegneten Frevlers (V.23-24 vgl. V.8-13) und des in diesem Leben ganz unglücklichen Gerechten (V.25 vgl. 3,20; 7,11 und 10,1)[317] gegenübergestellt. Die Strophe führt insgesamt den Nachweis, daß allein eine prämortale Vergeltung gerecht sei, weil am Ende jedes Lebens ohnehin der Tod stehe. Der Tod ist für Hiob nicht nur eine die sozialen Unterschiede aufhebende Macht, sondern auch die Grenze, vor der den רָשָׁע und צַדִּיק die Vergeltung seitens des gerecht handelnden Gottes treffen muß (vgl. V.21 sowie Ps 49,11; Koh 2,16; 3,19; 6,8; 9,1-6).

g) Nach dem *summary appraisal*[318] in V.26 läßt der Dichter Hiob sich abschließend den Freunden noch einmal in direkter Anrede zuwenden. So schildert Hiob in der siebten und achten Strophe (V.27-30 bzw. V.31-34), daß die Frevler nicht nur gesegnet leben (vgl. V.6-17) und ungestraft sterben (vgl. V.18-26*), sondern auch ein ehrenvolles Andenken nach dem Tode genießen (vgl. dagegen 18,17 und 20,7f.)[319]. Im Mittelpunkt steht dabei die Auseinandersetzung mit der durch eine Zitationsformel eingeleiteten These der

---

Anm.2; Pope und O.Kaiser, Ideologie, 75, beurteilten V.22 ebenfalls mindestens als sekundär. Schon Magnus, Hiob (1851), 14, hielt diesen Vers in einer Hiobrede für unpassend und verlegte ihn zwischen 18,3.4.

[314] Zur Verwendung des לְ־ als Anzeige für ein Akkusativ-Objekt vgl. GK §117n sowie den aram. und syr. Sprachgebrauch.

[315] רְמִים erscheint in drei Bereichen: anthropologisch für überhebliche Menschen (vgl. Ps 18,28; Prov 6,17; Jes 2,12 und 10,33; dort stets neben שָׁפֵל); geologisch für Gebirgshöhen (Dtn 12.2; Jes 2.14 und möglicherweise Ps 78,69). In Hi 21.22 spricht vor allem die Konstruktion mit שׁפט für eine angelologische Deutung (vgl. Ps 82.1f. und Jes 24.21), so mit Umbreit; Hirzel; Ewald; Hitzig; Fz.Delitzsch; Dillmann; Budde, HK²II; Driver u. Gray; Dhorme; Hölscher; Weiser; Fohrer; Rowley; J.Lévêque. Job, 283; Groß; u.a.; zu weiteren Deutungen siehe G.Fuchs. Mythos, 127f.

[316] Vgl. neben dem kolometrisch ganz ausgewogenen V.23.26 die Homoioteleuta תַּמּוּ כֻלּוֹ (V.23). וְרִמָּה תְּכַסֶּה (V.26). die Alliterationen יִשְׁלָיו (וְ)שַׁאֲנָן (V.23). עֲטָמָיו מָלְאוּ (V.24 *v./.*). (V.26) und den Parallelismus von V.23a.25a.

[317] Zur Identifikation des זֶה...וְזֶה mit dem רָשָׁע bzw. צַדִּיק vgl. Fz.Delitzsch; Peters; Fohrer; TurSinai; u.a. Zur Verwendung des Ausdrucks נֶפֶשׁ מָרָה im soziologischen Horizont vgl. I Sam 22.2; II Sam 17.8; Sir 4.6[H] und 7.11[H]; als Bezeichnung für Traurigkeit vgl. Hi 3,20; 34.29; Prov 31.6; I Sam 1.16 und Jes 38.15.

[318] Zu יַחַד in einer Sentenz bzw. einem Summarium zum Sterben vgl. Hi 34.15; Ps 14,3; Ps 37.38; 40.13; Jes 1.28 und 40.11.

[319] Wie in 5.17 und 8.20 ist der Neueinsatz mit der Interjektion הֵן / הִנֵּה gekennzeichnet.

Freunde, nach der die Wohnstätte der רְשָׁעִים zerstört werde (vgl. 8,22; 15,34; 18,6.21 und 20,7-9)[320]. Dieser Überzeugung stellt Hiob zunächst in einer Frage die Erfahrung der durch die Welt Ziehenden[321] gegenüber, daß der Frevler gerade am Tage des Unheils verschont werde (V.30)[322]. Stilistisch fallen in der siebten Strophe die strikten Parallelismen in V.28.30 sowie der gleichmäßige Wechsel der Versanfänge auf (ה - כ - ה - כ). Die Widerlegung der Freunde wird mit der rhetorischen Frage in V.31 (vgl. V.19)[323] fortgesetzt, welche die Theorie der Vergeltung (vgl. bes. Dtn 7,10; Jes 65,6 und Sir 17,23) grundsätzlich bezweifelt. Der angeblich verödeten, aus dem Gedächtnis der Nachwelt getilgten Wohnstätte stellt Hiob den feierlichen Leichenzug[324] und die sanfte Grabesruhe des Frevlers gegenüber (V.32-33)[325]. V.34, der auf V.27 und auf V.2 zurückblickt, weist endgültig die Freunde ab und charakterisiert die von ihnen vorgebrachten Tröstungsversuche als הֶבֶל ("absolut nichtig") und als מַעַל ("ganz trügerisch"). So beschließt V.34 die achte Strophe und insgesamt diese Rede. Auch in der letzten Strophe fällt außer dem Chiasmus in V.31 (וְהוּא־עָשָׂה x דַּרְכּוֹ; מִי יַשֶּׁלֶם x וּמִי־יַגִּיד)[326] und der

---

320 Wie der Parallelismus in V.28 zeigt, ist נָדִיב pejorativ als Tyrann zu verstehen, so mit Hirzel; Fz.Delitzsch; Budde; HK²II; Hölscher; Gordis; Hesse; Hartley; u.a. Wer den Vers als Ergänzung betrachtet (so T.Mende, Leiden, 165), übersieht die argumentative Verknüpfung in V.27-30. Gleichwohl wird אֹהֶל in V.28b als Dittographie von אַיֵּה oder als Glosse zu tilgen sein, so im Gefolge von V die Mehrheit der Ausleger.
321 Zu den עוֹבְרֵי דָרֶךְ vgl. Ps 80,13; 89,42; Prov 9,15; Thr 1,12 und 2,15. אֹתֹתָם dürfte sich auf die Berichte der durch die Welt Kommenden beziehen, so schon Chr.S.Pape, Hiob (1797): "die lebendige Zeitung".
322 Vgl. Ps 18,19; Prov 11,4; 27,10; Ez 7,19; Jer 18,17; Ob 13 und Hab 3,8.
323 V.31 gehört nicht mehr in das Zitat der עוֹבְרֵי דָרֶךְ (so Budde, HK²II, und Hölscher), sondern ist, wie die Parallelität zu V.16-17 zeigt, eine Position Hiobs (so mit Fz.Delitzsch; Driver u. Gray; Dhorme; Fohrer; Hesse; Gordis und Hartley).
324 V.33aβ beschreibt weder ein allgemeines Todesgeschick (so Schultens; Hufnagel; Hirzel; Budde; HK²II und Hartley) noch die sittliche Nachfolge des Frevlers (so J.Dav.Michaelis, Übersetzung; Umbreit; Dillmann und A.Guillaume, Studies, 105), sondern einen Trauerzug (so mit Dathe; J.H.Moldenhawer; Duhm; Driver u. Gray; Dhorme; Hölscher; Weiser; Gordis; J.Lévêque, Job, 280, und Hesse). Weitere Vorschläge machen Peters; Fohrer und TurSinai.
325 Die kolometrisch überschießende Wendung וּלְפָנָיו אֵין מִסְפָּר ist weder ein Fragment (so Merx und Steuernagel, in: HSATK II) noch ein ursprüngliches Stilmittel (so Dhorme), sondern eine Glosse, so mit Duhm; Driver u. Gray; A.B.Ehrlich, Randglossen; Beer, in BHK²; F.Baumgärtel, Hiobdialog, 106; Hölscher; Fohrer; H.Bobzin, Tempora; Hesse; de Wilde; Kaiser, Ideologie, 74f.; T.Mende, Leiden, 166; u.a.
326 Daß הוּא hier anders als in 23,13 (vgl. auch 9,12 [sekundär?]; 11,10) auf den Frevler zu beziehen ist, fordert der Kontext, so mit Dillmann; Fz.Delitzsch; Budde; HK²II; Driver u. Gray; Dhorme; Hölscher; Weiser; Fohrer; H.Bobzin, Tempora; Pope und TurSinai.

Paronomasie in V.32 (נָדִישׁ יִשְׁקֹוד)[327] ein gleichmäßiger Wechsel der Versanfänge auf (מ - ו - מ - ו). Gerade der Abschlußvers, der durch die direkte Anrede und die terminologische Anknüpfung an die Eröffnung in V.2 (תְּנַחֲמוּנִי - וּתְשׁוּבֹתֵיכֶם) der Rede den Charakter der besonderen Geschlossenheit verleiht, unterstreicht mit seiner scharfen Begrifflichkeit (מַעַל, הֶבֶל)[328] die hier beabsichtigte abschließende Widerlegung der Position der Freunde und die enttäuschte Abwendung Hiobs von ihren verfehlten Tröstungen.

h) Zusammenfassung: Die siebte Rede Hiobs in c.21 stellt eine dreiteilige weisheitliche *Streitrede* dar, die aus acht Strophen (V.2-5|6-9|10-13|14-17*|18-21|23-26|27-30|31-34) zu je vier Bikola besteht. Sie widerlegt die Theorie der Freunde von der immanenten Vergeltung argumentativ auf der Basis der Erfahrung des gesegneten Lebens und Sterbens der Frevler. Zwischen der Beschreibung des irdischen Glücks der Frevler im ersten Teil (V.6-13) und der Betonung ihres geachteten Ansehens nach ihrem Tod im dritten Teil (V.27-33) steht im zweiten Teil (V.14-26*) angesichts des Todes als absoluter Grenze Hiobs Einforderung einer von den Freunden behaupteten und von ihm mittels empirischer Argumente bestrittenen innerweltlichen prämortalen Bestrafung der Frevler. Als Rahmen der Rede fungieren die Eröffnungsstrophe in den V.2-5 sowie der Abschlußvers der letzten Strophe V.34. Als Ergänzungen sind V.17b.22.30b zu betrachten. C.21 bildet kompositionell eine auf die Freundesreden direkt und resultativ reagierende, den bisherigen Dialog einerseits abschließende, andererseits im Blick auf c.22 weiterführende Größe. Die Rede steht in einem scharfen Widerspruch zu den in c.24 literarkritisch isolierten Abschnitten in 24,5-8.<9>.13-24.25, in denen Hiob sich selbst zu der von ihm noch widerlegten immanenten Vergeltung bekennt (vgl. bes. die Spannung, die zwischen der Annahme des gesegneten Sterbens der Frevler in 21,13 und der Überzeugung ihres plötzlichen Todes in 24,19 besteht). Daß c.21 tatsächlich als ursprüngliche Hiobrede beurteilt und somit als Indikator für die Nichtursprünglichkeit bestimmter Abschnitte in c.24 herangezogen werden kann, wird ein Vergleich mit den über die stereotype Überschrift וַיַּעַן אִיֹּוב וַיֹּאמַר in den Dialog *unmittelbar* eingebundenen Hiobreden in c.6-7; 9-10*; 12-14*; 16-17 und 19 ergeben.

---

327 Subjekt ist ein unpersönliches "man".
328 Zur Beurteilung eines Redens und Tröstens als הֶבֶל vgl. bes. Sach 10.2 und Jes 30.7; zur Verwendung des aus der Sakralsprache stammenden Begriffs מַעַל (vgl. Lev 5.15 und Num 5.6) im profanen Bereich vgl. Sir 41.18 [H].

2.1.5.2. C.21 im Vergleich zu den vorangegangenen Hiobreden[329]

a) Mit den in das poetische Wechselgespräch integrierten Hiobreden in c.6-7; 9-10*; 12-14*; 16-17 und 19 teilt die siebte Rede Hiobs den *gleichmäßigen strophischen Aufbau*, in dem jeweils dieselbe Anzahl von Distichen eine inhaltlich und stilistisch in sich geschlossene Einheit (= Strophe) bilden. Aufgrund der jeweils aus vier Bikola bestehenden Strophen findet c.21 seine nächste Parallele in c.19.

b) Auch die *rhetorische Makrostruktur* von c.21 entspricht dem Aufbau der vorangegangenen Hiobreden. Wie in 6,2; 12,2; 16,2; 19,2 finden sich (1.) eine die Freunde direkt anredende *Eröffnung* (V.2-5)[330], (2.) eine als Wunsch (6,8; 13,2) oder als Klage (9,11; 16,7; 19,6) formulierte, das Redekorpus überschreibende *These* (V.6), (3.) ein (in c.21 implizit *ex negativo* formuliertes) *Unschuldsbekenntnis* (vgl. 6,28-30; 9,15.20-21; 13,16.18; 16,17; 19,6) und (4.) ein die Rede *abschließender Hinweis auf den Tod* (vgl. 7,20; 10,18-22; 14,13-22; 17,11-16; 19,25-26; s.u.).

c) Begriffsphänomenologisch und mikrotextlich ist c.21 zu c.6-7; 9-10*; 12-14*; 16-17 und 19 kohärent. Mit drei absoluten Hapaxlegomena, d.h. 1,2% des Gesamtwortbestands, liegt c.21 an der unteren Grenze aller Hiobreden, mit 16 relativen Hapaxlegomena, d.h. 6,7% des Gesamtwortbestandes, im Durchschnitt[331]. Sprachlich fällt außer dem textlich wohl gestörten Abschnitt in V.23-24 lediglich V.10 mit drei relativen Hapaxlegomena (שִׂכֵּל‎, פָּרָה‎, גָּעַל‎) und dem Aramaismus עֲבַר‎ (*Piel*) auf. Dabei liegt die Besonderheit von V.10 eher in dem gewählten Bild, als daß sie das Zeichen für eine spätere Ergänzung ist. Die ausschließlichen Begriffsüberschneidungen mit vermutlich sekundären Abschnitten des Hiobbuchs zwischen V.2 und 15,11 über das Wort תַּנְחוּמוֹת‎ / תַּנְחֻמִים‎ bzw. zwischen V.34 und 34,36 über das Wort תְּשׁוּבָה‎ sind kein unmittelbares Zeichen für eine spätere Entstehung dieser Verse[332]. Demgegenüber verfügt c.21 über neun ausschließliche Begriffsüberschneidungen mit den bisherigen Hiobreden und mit dem Wortschatz des Grundbestands der gesamten Hiobdichtung (vgl. S.249ff.).

d) Die Schilderung des Wohlergehens der Frevler in c.21 wird vor allem aufgrund ihrer Rahmenverse (V.2-5.27.34) und ihres Kontextes (vgl. c.20 und 22) zur Klage *und* zur Anklage, nicht nur der Freunde, sondern vor allem Gottes. Damit liegt c.21 funktional auf der Linie der Gott verklagenden Abschnitte in 7,20; 9,12; 14,5-6*; 16,8-16 und 19,6.

---

[329] Die literarische Untersuchung dieser Hiobreden kann hier nicht im einzelnen dargestellt werden. Zur Orientierung s.u. unsere Strukturanalysen (S.231ff.).

[330] Zu der Vermutung, daß in c.9 die ursprüngliche Eröffnung, welche die Freunde direkt in der 2.P. anredete, nicht erhalten ist, s.o. S.94.

[331] Echte absolute Hapaxlegomena in c.21 sind nur כִּיד‎ (V.20), מֹחַ‎ (V.24) und עָטִין‎ (V.24 עֲטָם‎ [*v.l.*]). Bei שַׁלְאֲנָן‎ (V.23) handelt es sich wohl um einen Schreibfehler.

[332] Zu תַּנְחֻמִים‎ vgl. Jer 16,7; Jes 66,11; Ps 94,9; zu תְּשׁוּבָה‎ vgl. I Sam 7,17; II Sam 11,1; I Reg 20,22.26; I Chr 20,21; II Chr 36,10.

e) Neben der strophischen (a), kompositionellen (b), begrifflichen (c) und funktionalen (d) Übereinstimmung von c.21 mit den vorangegangenen Hiobreden sind zwei Unterschiede zu verzeichnen. Als erste Differenz findet sich in c.21 der Redeschluß in V.34 mit einer direkten Anrede der Freunde. Er hebt sich von dem monologischen Ausblick auf den *eigenen* Tod ab (vgl. 7,21; 10,22; 14,22; 17,16; 19,26; s.o.).[333]

f) Gegenüber den Hiobreden in c.6-19 verwendet c.21 keine juridischen und psalmistischen Redeformen[334], sondern ausschließlich sapientielle Gattungen und verarbeitet diese in einem über das bisherige Maß hinausgehenden argumentativen Duktus. Die Besonderheit besteht in dem Verzicht auf eine *ausdrückliche* Klage über das eigene Leid bei einer Konzentration auf eine die Freunde überzeugende und Gott anklagende Reflexion. Dieser argumentative Stil veranlaßte zuletzt T.Mende (1990) in einer Radikalisierung der Beobachtungen von C.Westermann, nach denen c.21 "einzigartig unter den Reden Hiobs" stehe[335], zu der Beurteilung, die siebte Rede Hiobs sei insgesamt sekundär von dem Verfasser der Elihureden eingefügt worden[336]. Gegen C.Westermann und T.Mende[337] ist die Verwendung von מַדּוּעַ aber *kein* Indiz für einen anderen Autor. Wie 3,12 zeigt, sind im Hiobdialog מַדּוּעַ (im älteren Sprachgebrauch Einleitung einer Reflexionsfrage) und לָמָּה (ursprünglich Einführung der Klage) nicht mehr streng getrennt, sondern austauschbar[338].

g) Angesichts der großen Gemeinsamkeiten von c.21 mit den vorangegangenen Hiobreden sind die beiden Unterschiede jedoch *kein* Grund dafür, dieses Kapitel der ursprünglichen Dichtung abzusprechen. Vielmehr zeigen die Querverbindungen zwischen c.21 und den Freundesreden in c.15; 18 und 20[339], daß c.21* eine originale Hiobrede ist und daß die Besonderheit des Stils in der spezifischen Situation des Dialogs begründet liegt. Im einzelnen finden sich vor allem terminologische und motivische Anknüpfungspunkte zwischen c.21 und der Beschreibung des Ergehens der רְשָׁעִים in den unmittelbar vorangehenden Freundesreden:

---

[333] Die Anrede der Freunde in 19,28-29 (und 24,25) kann nicht als Vergleich herangezogen werden, da es sich hierbei vermutlich um sekundäre Abschnitte handelt.

[334] Die Schilderung des Glücks der Frevler ist mit Fohrer, 340, als "Parodie eines Weisheitsliedes" zu betrachten.

[335] C.Westermann, Aufbau[3], 80.

[336] T.Mende, Leiden, 165-168.339-347: Dabei hat T.Mende übersehen, daß die Höraufforderung in 21,2 nicht nur Parallelen in den Elihureden hat, sondern auch in den vorangegangenen Hiobreden (vgl. 6,24-30; 13,5b.6 und 19,21; die wörtliche Wiederholung von 21,2a in 13,17 in Hiobs vierter Rede ist eine Glosse, s.u. S.152 Anm.371).

[337] C.Westermann, Aufbau[3], 81 mit Anm.1; 100 mit Anm.1; T.Mende, Leiden, 166f.

[338] Vgl. dazu A.Jepsen, Warum?, 110ff.

[339] Auch T.Mende, Leiden, 278, hielt offenbar diese Reden (zu Recht) für ursprünglich.

21,7   רְנַנת רְשָׁעִים מִקָּרוֹב reagiert auf 20,5 רְשָׁעִים יַחְיוּ עָתְקוּ.

21,8   בְּנֵיו יָרֻצּוּ דַלִּים reagiert auf 20,10 זַרְעָם נָכוֹן.

21,9   בְּשָׁלוֹם שׁוֹדֵד יְבוֹאֶנּוּ reagiert auf 15,21 בָּתֵּיהֶם שָׁלוֹם.

21,12   יִשְׂמָחוּ reagiert auf 20,5 שִׂמְחַת חָנֵף.

21,13a כָּל־יְמֵי רָשָׁע הוּא מִתְחוֹלֵל reagiert auf 15,20 בַּטּוֹב יְמֵיהֶם.

21,13b וּבְרֶגַע reagiert auf 20,5b עֲדֵי־רָגַע.

21,17a גַּם אוֹר רְשָׁעִים יִדְעָךְ reagiert auf 18,5 כַּמָּה נֵר־רְשָׁעִים יִדְעָךְ.

21,17b אֵיד נָכוֹן reagiert auf 18,12 יָבֹא אֵידָם.

21,18   וְיָסוּר בְּרוּחַ פִּיו reagiert auf 15,30 לִפְנֵי־רוּחַ.

21,23-24 בְּעֶצֶם תֻּמּוֹ / (v.l.) עֲטָמָיו מָלְאוּ reagieren auf 20,11 עַצְמוֹתָיו מָלְאוּ.

21,28   reagiert auf 20,7: vgl. 8,22; 15,34; 18,14; 20,28.

21,30   בְּיוֹם אֵפוֹ (v.l.) reagiert auf 20,28 בְּיוֹם אֵיד.

21,32   עַל־גָּדִישׁ יִשְׁקוֹד reagiert auf 18,17 וְלֹא־שֵׁם לוֹ עַל־פְּנֵי־חוּץ.

Nachdem die Freunde Hiob dreimal ausführlich auf das böse Schicksal des רָשָׁע hingewiesen haben (15,20ff.; 18,5ff. und 20,5ff.), ist eine ausführliche Widerlegung dieser These durch Hiob geboten. Dabei zeigen der Rahmen in V.2-5.34, daß c.21 keine *reine* "sachorientierte Argumentation"[340] darstellt, sondern eine *klagende Argumentation*. Sie entspricht als Anklage Gottes spiegelbildlich der argumentativen Verwendung des Vergänglichkeitsmotives in den Hiobreden in c.3; 6-7; 9-10*; 12-14*; 16-17* und 19*.

Neben der *Reaktion* von c.21 auf c.20 steht die *argumentative* Wiederaufnahme von c.21 in c.22*, das sich bereits als kohärente Eliphasrede erwiesen hat und somit kompositionell eine vorangehende Hiobrede voraussetzt. Das implizit die ganze siebte Hiobrede durchziehende Unschuldsbekenntnis weist Eliphas in c.22 zunächst allgemein (V.2-4), dann in direkter, konkreter Beschuldigung Hiobs (22,6-9) zurück. Auf eine breite Wiederholung der רָשָׁע-Thematik verzichtet Eliphas in c.22. Hingegen bestreitet er scharf die von Hiob Gott unterstellte fehlende Bestrafung der Frevler (vgl. 22,13-14 gegenüber 21,17.19-21) und parallelisiert Hiob mit den von diesem zitierten Frevlern (vgl. 22,15-16[17-18][341] gegenüber 21,14-15). Das Zentrum der Gedankenführung von c.21, die fehlende Bestrafung der רְשָׁעִים, kontrastiert Eliphas mit dem Hinweis auf deren Vernichtung לֹא־עֵת. Trotz der Ablehnung des nichtigen Trostes (21,34) unternimmt Eliphas einen letzten Versuch, Hiob mit der Ansage einer gesegneten Zukunft zu ermahnen (22,21-30*). Dabei blickt das Summarium in 22,29-30 mit der Zusicherung, daß Gott die

---

[340] T.Mende. Leiden. 167.
[341] Zur Beurteilung von V.17-18 als Glosse s.o. S.86.

"Überheblichen" (22,29a [*v.l.*] - vgl. 21,7) doch erniedrigt, den "Unschuldigen" aber rettet (22,30 [*v.l.*] - vgl. 21,25), nochmals auf die ganze Hiobrede in c.21 zurück. Eliphas stellt dem von Hiob behaupteten gesegneten Leben der Frevler und unglücklichen Dasein der Gerechten nachdrücklich die Belohnung des צַדִּיק und die Vernichtung des רָשָׁע gegenüber.

2.1.5.3. C.21 im Vergleich zu c.24

Wenn c.21 als ursprüngliche Hiobrede beizubehalten ist, deren stilistische Besonderheit durch den Verlauf der makrokompositionellen Argumentationsstruktur des Dialogs bedingt ist, dann kann dieses Kapitel auch als der entscheidende Indikator für die Beurteilung der in c.24 angefochtenen Stücke herangezogen werden.

a) Die für 23,2-24,1[...].2-4.10-12 vorgeschlagene strophische Gliederung wird bereits durch einen analogen Aufbau von c.6-7; 9-10*; 12-14*; 16-17; 19 und 21 bestätigt[342].

b) 21,6ff. zeigt die kompositionelle und inhaltliche Möglichkeit einer von Hiob geführten, über die persönliche Leidklage hinausgehenden Klage über das Treiben der Frevler in der Welt (23,17-24,1[...].2-4.10-12). Damit bestätigt aber auch die inhaltliche Differenz, die zwischen der Bestreitung einer unmittelbaren Bestrafung der Frevler in 21,17ff. und der Überzeugung einer solchen Vergeltung in 24,17b-24 besteht, die Vermutung, daß in c.24* mit Erweiterungen zu rechnen ist.

c) Das kompositionelle Verhältnis von c.21 über c.22 zu c.23-24* ist dann so zu bestimmen: Hiob beschreibt in c.21 zunächst das glückliche Leben der Frevler. Dies bringt ihm in c.22 den offenen Vorwurf ein, selbst ein Frevler zu sein. Nach der Widerlegung dieser Beschuldigung in c.23 benennt er dann in c.24* die einzelnen von Eliphas gegen ihn erhobenen Anschuldigungen objektiv als Taten der רְשָׁעִים. C.24* ist somit ein Seitenstück zu c.21. Es besitzt die doppelte Funktion, den von Eliphas geführten Angriff auf Hiob zu entindividualisieren ("nicht ich, sondern die Frevler") und die Anklage gegen Gott zu verstärken ("Gott segnet nicht nur die Frevler [21,6ff.], sondern schweigt auch angesichts des Hilferufes ihrer Opfer [24,12]").[343]

---

[342] Vgl. dazu die Strukturanalysen (4.1.).

[343] In ähnlicher Weise beurteilten das kompositionelle Verhältnis von c.24 zu c.21 alle Exegeten, die c.24 insgesamt für ursprünglich hielten (vgl. den Forschungsbericht, S.9ff.) sowie die Forscher, die mit Recht zumindest einen Grundbestand von c.24 als original ansahen (vgl. J.Grill, Komposition, 74f.; G.Bickell, Iobdialog; Oettli, 79f.; Lamparter, 147; V.Maag, Hiob, 147, und J.Vermeylen, Job, 27).

Mit der Analyse von c.21 und der Verhältnisbestimmung zu c.24 ist der erste Abschnitt unserer bei c.25 einsetzenden literarischen Untersuchung des dritten Redegangs vorläufig abgeschlossen:

a) c.21 ist abgesehen von V.17b.22.30b als ursprüngliche Hiobrede beizubehalten.

b) c.22 stellt unter Ausscheidung von V.12.17-18.23-24 die originale dritte Rede des Eliphas dar.

c) c.23,1-24,1[...].2-4.10-12 bildet eine c.22* widerlegende und c.21 fortführende Hiobrede, die auf dem Übergang zu einem reinen Monolog steht.

d) Bei 24,5-8.9.13-24.25 handelt es sich um noch näher zu bestimmende, mindestens sekundäre Erweiterungen.

e) c.25 ist insgesamt eine sekundäre Größe und somit keine ursprüngliche dritte Bildadrede. Gab es in der originalen Hiobdichtung keine dritte Rede Bildads und fungiert c.22*, wie wir gezeigt haben, als abschließende Freundesrede, so ist es unwahrscheinlich, daß jemals eine dritte Zopharrede existierte.

f) Die Verknüpfung von c.21 einerseits mit den unmittelbar vorangehenden Reden, zumal mit den Freundesreden in c.15; 18 und 20, auf die c.21 *reagiert*, andererseits mit c.22 und 23-24*, die c.21 weiterführen, zeigt, daß eine Einteilung des Hiobdialogs in abgeschlossene *Redegänge*, bei denen c.21 dann entweder Abschluß des zweiten Redegangs oder Eröffnung des dritten ist, der Dichtung nicht gerecht wird.[344] Besser ist es, zumindest für c.3-24*, von einem sich in spiralförmiger Argumentation fortentwickelnden linearen Dialog zu sprechen[345]. Wie weit sich allerdings dieser lineare Dialog erstreckt, wird die weitere Analyse ergeben.

g) Der nächste Abschnitt unserer literarischen Analyse blickt nun auf die folgenden Hiobreden in c.26; 27-28 und 29-31, da diese nach der Beurteilung von 24,13-25 und 25 als sekundäre Größen unmittelbar an 24,12 anknüpfen. Ziel dieses Gangs ist es, den ursprünglichen Übergang vom Redewechsel Hiobs mit seinen drei Freunden Eliphas, Bildad und Zophar zu der direkten Herausforderung Gottes mit den abschließenden Gottesreden zu finden.

---

[344] Auch der zuletzt von D.Wolfers, in: VT 43 (1993), 385ff. unterbreitete Vorschlag, den Hiobdialog in zwei Redegänge zu gliedern, teilt die Schwäche aller Modelle, die von in sich *abgerundeten Redezyklen* ausgehen.

[345] So mit J.Vermeylen, Job, 35f.

2.1.6. Die Rede Hiobs in c.26

2.1.6.1. Literarische Analyse von c.26

Zum Text

4   אֶת ist hier *nota acc.* vgl. S; G; V.

5   הָ im Sinn von הֵן vgl. S; V. Für יְחוֹלָלוּ lies יָחִילוּ לוֹ.

10   für הֹק־חָג lies הָק־חוּג (*Partizip Qal* von חוק); vgl. 22,14; Prov 8,27
     und Jes 40,22.

12   für וּבִתְבוּנָתוֹ lies mit dem Qere וּבִתְבוּנָתוֹ.

14   für דְּרָכָו lies mit dem Qere דְּרָכָיו.

Übersetzung

1   Und Hiob hob an und sprach:

2   Wie halfst du doch dem ohne Kraft
     und standest bei dem schwachen Arm?

3   Wie gabst du Rat dem ohne Wissen
     und tatest reichlich Klugheit kund?

4   Wem verkündigtest du denn Worte,
     und wessen Geist ging aus von dir?

5   Siehe, die Totengeister vor ihm erzittern
     unterhalb der Wasser und seiner Siedler.

6   Nackt liegt die Unterwelt vor ihm,
     und keine Decke hat der tiefste Grund.

7   Den Himmel spannt er über Ödland aus,
     er hängt über dem Nichts die Erde auf.

8   Er bindet das Wasser in seinem Gewölk,
     daß die Wolken unter ihm nicht bersten.

9   Er verbirgt das Antlitz seines Throns,
     breitet aus um ihn sein Wolkenwerk.

10   Eine Grenze zieht er auf der Wasser Angesicht
     bis zum Ende selbst von Licht und Finsternis.

11   Sogar die Himmelssäulen schwanken,
     und vor seinem Schelten beben sie.

12   Durch seine Kraft beruhigte er das Meer
     und schlug in seiner Klugheit Rahab.

13   Durch seinen Hauch erhellte sich der Himmel,
     es durchbohrte seine Hand die flinke Schlange.

14   Siehe, dies sind die Säume seiner Wege,
     und welch Flüsterwort vernahmen wir von ihm,
     und wer kann den Donner seiner Macht verstehen?

Analyse

C.26 stellt eine in sich geschlossene, makro- und mikrotextlich kunstvoll aufgebaute *Lehrrede* dar, die aus den Elementen der rhetorischen Bestreitung (V.2-4), der hymnenähnlichen Unterweisung (V.5-13) und des weisheitlichen Summariums (V.14) besteht. Diese Bausteine kennzeichnen den dreiteiligen Aufbau der Rede.

a) Die *Eröffnung* bilden sechs ironische Fragen, die im Singular an einen Vorredner gerichtet sind und die dessen seelsorgerliche Kompetenz (V.2-3) und sapientielle Legitimation (V.4) bezweifeln. Mit der dreifachen negativen Prädikation לֹא־כֹחַ, לֹא־עֹז und לֹא חָכְמָה wird eine ebenfalls ironisch zu verstehende Selbstcharakteristik des Redners geboten, während das doppelte מִי־ und die vierfache Alliteration auf *Mem* in V.4 die Belanglosigkeit des vorher Gesagten unterstreichen[346].

b) Den *Hauptteil* (V.5-13) bildet ein vermutlich aus verschiedenen Vorlagen gewebter hymnenartiger Abschnitt. Es liegt kein reiner Hymnus vor, sondern eine anthologische Verknüpfung hymnischer Elemente mit weisheitlichem Stil[347]. So lassen sich zu jedem Vers zahlreiche atl. und altorientalische Parallelen nennen, die diese motivische Kombination verdeutlichen. In vier Abschnitten wird Gottes *creatio et conservatio mundi* beschrieben. Die Schilderung gelangt von der Beschreibung der Unterwelt (V.5-6) über die Darstellung von Erde und Himmel (V.7-8) zum Ausblick auf die Schöpfung von Himmel und Urmeer (V.11-13). Dabei gehören stilistisch und inhaltlich jeweils die V.5-6; 7-8; 9-10 sowie V.11-13 enger zusammen:

V.5-6 sind formal zusammengeschlossen durch dasselbe kolometrische Verhältnis, inhaltlich durch die Beschreibung der Unterwelt. V.5, stilistisch verfeinert durch die Alliteration מִתַּחַת מַיִם, vertritt den eher personalen Aspekt der Unterwelt, indem er das Zittern der רְפָאִים, der "Totengeister" beschreibt[348]. V.6 hebt die kosmologische Perspektive hervor[349], indem er die

---

[346] Diese *attributiva negativa* sind weder auf Gott zu beziehen (so im Gefolge von G und V Mercerus; Dathe; Schlottmann; Duhm; Peters und Szczygiel) noch auf dritte (so Fd.Delitzsch und Hölscher), sondern auf Hiob selbst (so mit Calmet; Schultens; Rosenmüller; Hirzel; Ewald; Hitzig; Fz.Delitzsch; Knabenbauer; Dillmann; Budde; HK²II; Driver u. Gray; Dhorme; Kissane; Weiser; Fohrer; Hesse; de Wilde; TurSinai; Alonso Schökel; Hartley; T.Mende. Leiden, 180; u.a.).

[347] Vgl. bes. F.Crüsemann, Hymnus, 118f.; Fohrer, 388, und G.Fuchs, Mythos, 135.

[348] Die Mehrheit der Ausleger hat in den רְפָאִים zutreffend die "Totengeister" erkannt, vgl. Jes 14,9; 26,14.19; Prov 9,18; Ps 88,11; sowie die ug. *rp'um* -Texte in KTU 1.20-22 und UT nr. 2346; vgl. dazu bes. O.Kaiser, Tod, 36.51.71. Hingegen sahen Grotius; Stuhlmann; Duhm; G.Richter, Erläuterungen, 36f.; P.Volz, Weisheit (1911), 34, und TurSinai nach σ' und V in den רְפָאִים die "Giganten"; vgl. Dtn 2,11.20; 3,11.13; Jos

Offenheit von שְׁאוֹל und אֲבַדּוֹן vor Gott hervorhebt - ein Motiv, das Hiob selbst in 14,13 und 17,13f. bezweifelt.

V.7-8 sind formal ebenfalls durch ein paralleles kolometrisches Verhältnis verbunden. Hinzu kommen auf stilistischer Ebene die alliterative Verknüpfung von תֹּהוּ תָּלָה, wobei תָּלָה im Zentrum einer Paronomasie auf *Lamed* steht (עַל־...תָּלָה...עַל־), und die sich bis V.10 (*v.l.*) hinziehende Konstruktion im Partizipialstil. Der auf Gott *nur* mittels Suffix verweisende hymnische Partizipialstil findet sich im Hiobbuch ausschließlich in sekundären Abschnitten (9,5-10; 12,13ff.; 25,2).[350] Die inhaltliche Verbindung von V.7-8 zeigt sich an der Explikation von Gottes Ausbreiten des Himmels[351] und der Erde über dem Nichts[352] sowie der Beschreibung des himmlischen Phänomens der wassertragenden Wolken[353].

V.9-10, die innerhalb des hymnenartigen Teils den Abschluß der Beschreibung der göttlichen *Welterhaltung* bilden, sind über ein kolometrisch verwandtes Verhältnis und den Anschluß von עַל־פְּנֵי־מָיִם an פְּנֵי־כִסֵּה verbunden. Dem Wortspiel von פַּרְשֵׁז mit מְאַחֵז in V.9 entspricht in V.10 die Alliteration חָק־חוּג (*v.l.*). Die inhaltliche Brücke bildet die Licht-Finsternis-Metaphorik. Der Schilderung der Verhüllung des Throns[354] steht die Festlegung des Horizontes über den Wassern als Grenze für אוֹר und חֹשֶׁךְ gegenüber[355].

12,4; 13,12 und I Chr 20,4.

349 Zum lokalen Verständnis von אֲבַדּוֹן vgl. 28,22; 31,12; Ps 88,12; Prov 15,11 und 1QH 3,10.19; zum Bild vgl. 12,22 sowie die Lehre des Merikare Z.41; Ps 135,6; 139,8; Am 9,2 und Sap 16,13.

350 Zu c.12 s.u. S.188.

351 צָפוֹן steht in V.7 nicht für die "Erde" (so Hirzel; Schlottmann; Ewald; Hitzig; Dillmann; Duhm; Budde; HK²II; TurSinai und Hartley), sondern als Terminus für den "Himmel" (so schon Mercerus; dann J.G.Eichhorn, Hiob; Dathe; Olshausen; Hahn; Fz.Delitzsch; Kissane; Hölscher; Fohrer; Hesse; de Wilde; Alonso Schökel; Habel und Hartley). Demgegenüber blieben Pope; Gordis; u.a. bei der mythologischen Bedeutung "Götterberg". Zum Bild vgl. Hi 9,8 sowie einen Hymnus des Assurbanipal, in: TUAT II, 765, Z.7; Jes 40,22; 44,24; 45,12; 51,13.16; Jer 10,12; 51,15; Ps 18,10; 104,2; 136,5f.; Neh 9,6 und 1QH 1,9.

352 Vgl. Gen 1,2; Jes 40,1.23; 49,4 und I Sam 12,21.

353 Vgl. Enuma Elisch I.V,49; ein sumerisches Lied auf Enki, in: A.Falkenstein u. W.v.Soden, Hymnen, 110; Gen 7,11; Jes 35,6; Prov 3,20; 30,4; Hi 36,27; 37,11 und 38,25.34.

354 Zur Beibehaltung der Lesart כִסֵּה "Thron" vgl. 36,30; Ps 11,4; 18,12; 103,19; Jes 40,22; Dan 2,22 und Sir 24,4 (θρόνος).

355 Vgl. ein akkadisches Opferschaugebet an Ninurta, in: A.Falkenstein u. W.v.Soden, Hymnen, 275; Gen 1,4; äthHen 17,16; 18,4; 23,1; 33,2 und 1QH 1,9.

Mit V.11 hebt eine sich über drei Bikola erstreckende Beschreibung von Phänomenen bei der Schöpfung, aber auch bei der Theophanie, an[356]. Nochmals verläuft die Linie von der "Erde" (V.11 - "Erzittern der den Himmel tragenden, in die Erde eingesenkten Säulen") zum "Himmel" (V.13). Formal wird dieser Neueinsatz durch das wechselnde Metrum (erstmals weist in c.26 das erste Kolon gegenüber dem zweiten ein leichtes Übergewicht auf) sowie durch die zu V.5 parallele Voranstellung des Subjektes (רְפָאִים + Verb; עַמּוּדֵי שָׁמַיִם + Verb) und die Verwendung des Imperfekts bzw. Perfekts gegenüber den Partizipien in V.5-9.10(v.l.) gekennzeichnet. Die Zusammengehörigkeit von V.11-13 wird durch die Aufeinanderfolge der "Adverbien", die Gottes Schöpferhandeln, aber auch die Umstände seines Erscheinens charakterisieren, unterstrichen: גְּעָרָה (V.11), כֹּחַ (V.12a; vgl. Ps 65,7; Jer 10,12; 51,15), תְּבוּנָה (V.12b; vgl. 12,13; Prov 3,19; Jes 40,14.28; Jer 10,12; 51,15; Ps 136,5; 147,5), רוּחַ (V.13a; vgl. Jes 40,7.13; 63,14; Ps 33,6). Die Beschreibung gipfelt in der Nennung von Gottes יָד als handelndem Subjekt in V.13b. Dabei zeigt sich eine enge Verbindung von V.12-13 durch die identische Konstruktion der Versanfänge (בְּכֹחוֹ, בְּרוּחוֹ) und die kosmologisch-mythologische Entfaltung[357]. Im Parallelismus folgt jeweils auf eine kosmologische Größe (שָׁמַיִם, יָם) eine mythologische Figur (רָהַב, נָחָשׁ)[358]. Auf diese Weise korrespondieren V.12a und 13a bzw. V.12b und 13b. Die Verknüpfung von V.11 und 13 wird auch an dem Terminus שָׁמַיִם deutlich, der beide Verse als Klammer um V.12 erscheinen läßt.

c) Den *Abschluß* nicht nur des hymnenähnlichen Teiles, sondern der ganzen in c.26 vorliegenden Rede bildet das als Tristichon komponierte *Summa-*

---

[356] Zum Bezug von V.11.12-13 auf das Schöpfungshandeln vgl. den Terminus עשׂה und die Parallele in Jer 10,12. Bei dem Bild in V.11 handelt es sich sowohl um ein die Schöpfung begleitendes als auch um ein sich bei Jahwes Erscheinen stets wiederholendes Phänomen, so daß eine Übersetzung im Präsens und im Präteritum möglich ist; vgl. A.Falkenstein u. W.v.Soden, Hymnen, 329; Ps 29,6; 65,7; II Sam 22,8; Nah 1,4 und 1QH 3.34.

[357] Zum Bild vgl. Hi 3,8; 7,12; 38,8ff.; Jes 51,3; 1QH 1,12-14; einen Hymnus des Assurbanipal, in: TUAT II, 765, Z.15; zwei akkadische Hymnen, in: A.Falkenstein u. W.v.Soden, Hymnen, 260.329; sowie in den verschiedenen Fassungen des Drachenkampfepos, des hethitischen (in: W.Beyerlin [Hg.], ATD ErgBd. 1, 179); des ugaritischen in KTU 1.3.III. (Z.36-39); Enuma Elisch I,130; IV 131f.,142-50; Lehre für Merikare 131; bis hin zur rabbinischen Tradition (vgl. bGit 56b).

[358] Zur Beurteilung von רָהַב und נָחָשׁ als mythologische Symbolfiguren vgl. O.Kaiser, Meer, 143ff.; K.D.Schunck, Rahab, 53, und G.Fuchs, Mythos, 135-137, sowie unter den Kommentaren bes. de Wilde, 250-252, und W.L.Michel, Ugaritic Texts. Eine Zwischenstellung nimmt der Begriff יָם ein, der hier ebenfalls noch als mythologische Chiffre verstanden werden könnte.

rium in V.14: die einzelnen Kola sind jeweils einem Bikolon der Redeeröffnung parallel[359]. Der grundsätzlich formulierten ironischen Abweisung der tröstenden Fähigkeiten des Vorredners (V.2) steht die als Schlußfolgerung zu V.5-13 ebenfalls allgemein gefaßte Eröffnung des Summariums in V.14a gegenüber: dem affirmativen מָה ist das betonte הֵן beigeordnet. V.14b korrespondiert mit V.3: die ebenfalls mit מָה eingeleitete spöttische Charakterisierung der "Menge (רֹב) des Wissens" (V.3b) korrespondiert mit dem Hinweis auf die "Kleinheit (שֵׁמֶץ) der Erkenntnis" (V.14b). V.14c, äußerlich mit V.4 über die betonte Stellung des מִי verbunden, korreliert inhaltlich mit diesem Vers über die Relativität der Erkenntnis: der Bestreitung der Legitimation, etwas zu sagen (V.4), steht die ausdrückliche Frage nach dem Verstehen Gottes gegenüber[360]. Dem menschlichen Gerede (מִלִּין, V.4) wird Gottes Donnerwort (רַעַם)[361] zur Seite gestellt. Wie sich bereits in V.11-13 eine Steigerung in der Beschreibung Gottes von Schöpfer- und Epiphaniehandeln zeigt (רוּחַ, תְּבוּנָה, כֹּחַ, גְּעָרָה), so findet sich auch innerhalb des Abschlußtrikolons eine Klimax. Hier verläuft die Linie über die Nennung von Gottes "Wegen" (דְּרָכָיו [*v.l.*]) über sein "Wort" (דָּבָר) bis zu seiner "Macht" (גְּבוּרָה).

d) Schematische Darstellung des Aufbaus von c.26:

2	1.Abweisung: Hilflosigkeit des Trösters	⎤	
3	2.Abweisung: Ratlosigkeit des Trösters	|	*Eröffnung*
4	3.Abweisung: Geistlosigkeit des Trösters	⎦	

zweiteilige hymnenartige Lehre

5-6	Unterwelt	⎤		⎤	
7-8	Himmel, Erde	|	*conservatio*	|	
9-10	Licht, Finsternis	⎦		|	
				|	*Korpus*
11	Erde	⎤		|	
12	Meer	|	*creatio*	|	
13	Himmel	⎦		⎦	

14a	1.Hinweis: Gottes Grenzenlosigkeit	⎤	
14b	2.Hinweis: Gottes Unerforschlichkeit	|	*Schluß*
14c	3.Hinweis: Gottes Unbegreiflichkeit	⎦	

---

[359] Daher sollte auch kein Stichos als Glosse getilgt werden (so Duhm und Hölscher) oder ein Kolon ergänzt werden (so Merx und P.Volz, Hiob [1921], 36). sondern V.14 als abschließendes Trikolon beibehalten werden, so auch die Mehrheit der Ausleger.

[360] Zum Topos der Unbegreiflichkeit Gottes vgl. 5.9; 9.10; 11.7-9; 1QH 9,16f.; 11.19f.; Enuma Elisch VII,145; Ludlul II.36; Babylonische Theodizee 24.256ff.; Amenemope 22.5ff.; 23.8ff.; Anchscheschonki 2.14; Pap.Insinger 31.3 und das ägyptische Tausend-Strophenlied IV.18ff. (in: W.Beyerlin [Hg.], ATD ErgBd. 1, 51).

[361] Vgl. Ps 77.17; 81.4; 104.7; Sir 43.17 und III Makk 2.2.

Kompositionell und inhaltlich stellt c.26 eine Sondergröße unter allen Hiobreden dar, die gleichwohl als eine *literarische* Einheit betrachtet werden kann[362]. An drei Hauptpunkten zeigt sich die Analogielosigkeit von c.26:

1. an der dreiteiligen Struktur, für die sich *keine feste Strophik* nachweisen läßt: Der erste Abschnitt enthält drei Distichen, der zweite drei Bikola-Paare sowie eine Reihe aus drei Bikola, der dritte ein Trikolon (vgl. dagegen den gleichmäßigen strophischen Aufbau von c.6-7; 9-10*; 12-14*; 16-17; 19; 21 und 23-24* anhand der Strukturanalysen auf S.231ff.);

2. an der dreifachen *singularischen Anrede* eines menschlichen Gegenübers: eine scheinbare Anrede *nur eines* Freundes findet sich lediglich in dem textlich nicht ursprünglichen תַלְעִיג in 21,3 (lies תַלְעִיגוּ), in dem sekundären Stück in 12,7-8 und in der zitatähnlichen Paraphrase in 16,3 (vgl. 15,2). An allen übrigen Stellen richtet sich die singularische Anrede eines Gegenübers in einer Hiobrede an Gott (vgl. 7,6; 9,28-31; 10,3-18; 13,20-27 und 17,3-7). Daß in 26,2-4 aber keinesfalls Gott angesprochen sein kann, zeigen vor allem der Terminus נְשָׁמָה in V.4, der für eine von Gott dem Menschen gegebene kreatürliche, dann auch inspiratorische Größe steht, und der hymnenartige Hauptteil, der Gott in der 3.P.Sg nennt;

3. an dem skizzierten *hymnenartigen Inhalt* (V.5-13), der weder ironisch zu verstehen ist[363], wie die anerkennende Schlußfolgerung in V.14 zeigt, noch rein resignativ[364], wie an der bewundernden Schilderung der Himmelsphänomene in V.7-8.13a deutlich wird[365]. Demütig lehrend wird das Kaleidoskop der Schöpfung entfaltet.

2.1.6.2. Begriffsphänomenologie von c.26

Die sprachliche Untersuchung bestätigt die kompositionelle und inhaltliche Besonderheit der achten Rede Hiobs in c.26.

a) c.26 besitzt mit vier nur einmal im AT begegnenden Begriffen (אחז im aram. Sinn; שְׁפָרָה) רפף und פַּרְשֵׁז) bei 98 Worten Gesamtbestand den höchsten Anteil von absoluten Hapaxlegomena aller Hiobreden (5,1%)[366].

---

[362] Zumal nach der Emendation von V.5a ist die häufig vertretene literarkritische Teilung von c.26 (so neben den Vertretern eines Editionsmodells [vgl. S.28ff.] zuletzt V.Maag, Hiob, 148; J.Vermeylen, Job, 28, und T.Mende, Leiden, 180) unnötig.

[363] Sei es als Anklage Gottes, wie K.L.Dell, Job, 132, vermutete, sei es als Verspottung Bildads, wie D.Wolfers, in: VT 43 (1990), 396, glaubte.

[364] So Budde, HK²II.

[365] Vgl. Ps 19,2; Sir 42.22; 43,1.27.

[366] Sollte חוג ("einen Kreis ziehen") in V.10 ursprünglich sein, fänden sich sogar fünf absolute Hapaxlegomena (d.h. 5,1%). Hält man פַּרְשֵׁז für eine Fehlschreibung und leitet מֵאָחֵז von II אחז ("überziehen") ab, so liegt c.26 mit 2% immer noch über dem Durch-

Der Prozentsatz der relativen Hapaxlegomena liegt mit 6,1% knapp unter dem Gesamtdurchschnitt.

b) c.26 enthält besonders viele ausschließliche Begriffsüberschneidungen und exklusive Begriffsverwendungen mit Abschnitten, deren spätere Entstehung bereits nachgewiesen wurde bzw. in der weiteren Analyse gezeigt wird:

V.2: עֹזֵר sonst in Hi nur als *Partizip* (vgl. 9,13; 29,12; 30,13); עֹז neben יֵשׁע vgl. 12,16; Ps 140,8; עֹז vgl. 37,6.

V.3: יָעַץ vgl. 3,14; 12,17.

V.4: נְשָׁמָה als Legitimationsprinzip vgl. 32,8 [33,4]; נגד vgl. 11,6; 12,7; 17,5; 33,23.

V.6: אֲבַדּוֹן vgl. 28,22; 31,12.[367]

V.7: תֹּהוּ als "Chaos" vgl. dagegen als "Wüste" in 6,18; 12,24; צָפוֹן vgl. 37,22.

V.8: בקע *Piel* vgl. 36,7.

V.10: תַּכְלִית vgl. 11,7; 28,3.

V.11: עַמּוּד vgl. 9,6.

V.12: רגע im Sinn von "erregen", vgl. aber 7,5 "verharschen".

V.14: גְּבוּרָה vgl. 12,13; [39,19]; 41,4; שֵׁמֶץ vgl. 4,12[368].

2.1.6.3. Parallelen zu c.26 in der Hiobdichtung

In der Analyse von c.21 konnte bereits gezeigt werden, daß alle in den Dialog unmittelbar integrierten Hiobreden über einen ähnlichen makrokompositionellen Aufbau verfügen, der auf den Elementen der pluralischen Anrede der Freunde, einer Klage, einer Anklage Gottes und einer Aussicht auf den Tod basiert. In c.26 findet sich keine dieser Komponenten. Dagegen kommt zu den begrifflichen Überschneidungen von c.26 mit sekundären Abschnitten eine motivische und inhaltliche Berührung mit den nicht ursprünglichen Passagen in 9,5-10; 12,7ff. und c.36 sowie mit der originalen Gottesrede in c.38.

a) Ausgehend von dem sekundären Hymnenstück in 9,5-10 (vgl. S.94), findet sich zu jedem Vers eine Parallele in c.26:

9,5-6	Erzittern der Berge und der Himmelssäulen	26,11
9,7	Verhüllen der Sterne und des Himmelsthrons	26,9
9,8a	Ausspannen (נטה) des Himmels	26,7
9,8b	Niederschlagen des Meeres (יָם)	26,12
9,9	Himmelsschmuck (Gestirne, Klarheit)	26,13
9,10	Summarium zur Unerforschlichkeit Gottes	26,14.

Über den in c.9 eingeschobenen Lobpreis hinaus bietet c.26 eine Beschreibung der Macht Gottes über die Unterwelt und das Totenreich (V.5-6).

---

schnitt aller Hiobreden (1,7%).

[367] Zu אֲבַדּוֹן vgl. M.Wagner, Aramaismen. 17.

[368] Zu קְצוֹת vgl. M.Wagner, Aramaismen. 102.

b) Auch mit der zweiten, sekundär in eine Hiobrede eingelegten hymnenartigen Lehre in 12,7-25 (vgl. S.179.188) zeigt c.26 auffallende Affinitäten.
Nachdem die Rede Hiobs in c.12-14 parallel zu 8,2; 11,2; 15,2; 16,2; 19,2 und
21,2 mit einer ironischen Abweisung eröffnet worden ist (12,2-3a), folgt ein
textlich mehrfach erweiterter Abschnitt in 12,3b.4-6. Diese Verse schildern,
soweit angesichts des schlecht überlieferten Textes erkennbar, den Kontrast
zwischen dem Schicksal des צַדִּיק und des רָשָׁע. Hieran schließt mit V.7 ein
Lob auf die Schöpfermacht Gottes, das mit einem אוּלָם und einem singularischen Imperativ deutlich als Neueinsatz gekennzeichnet ist. Von einem
rhetorischen Zwischenruf in V.11 (vgl. 34,3) unterbrochen, wird dieses Lob
mit dem Bekenntnis zu Gottes Weisheit und Geschichtsmächtigkeit
fortgesetzt. Es gipfelt in einem Summarium in 13,2b, das der Redeeröffnung
in 12,3aβ fast wörtlich entspricht. Gerade dieses Schlußformel und der
Neueinsatz der Rede in 13,3 mit אוּלָם, das kolometrisch überschießt, zeigen
neben weiteren formalen und inhaltlichen Erwägungen, daß 12,7-13,2
sekundär sind[369]. Die Zusammengehörigkeit von 12,3aβ und 13,3ff. ergibt sich
aus der bewußten Antithese der Abweisung der im Plural angeredeten Freunde
(12,2-3a) und dem Wunsch Hiobs, mit Gott zu reden (13,3ff.). Zu dem
formalen Bruch zwischen 12,7-13,2 und seinem Kontext kommen innere
Gründe gegen die Ursprünglichkeit des Abschnittes. So findet sich allein in
12,7 im *Hiobbuch* ein singularischer Imperativ an einen Freund, nur hier begegnet innerhalb der *Hiobdichtung* der יהוה-Name. Begriffsphänomenologisch betrachtet, führt der Abschnitt in 12,3b.4-6.7-13,2 83% aller
absoluten Hapaxlegomena in c.12-14 bei einem Textanteil von 38%[370]. Nach
Ausscheidung von 12,3b.4-6.7-13,2 ergibt sich für die vierte Hiobrede in c.12-
14 ein festes strophisches Muster von sechs Strophen zu je sechs Bikola mit
einer dreigliedrigen Überleitung zu je vier Bikola: (a) Hiob wendet sich von
den Freunden ab (12,2-3a; 13,3-6), lehnt ihren Trost als nichtig ab (13,7-12)

---

[369] So betrachteten 12.4-13.2 bzw. Teile davon ebenfalls als sekundär: J.Grill. Komposition. 80; Siegfried und M.T.Houtsma. Studien. 25. (12,4-13,1); Duhm (12,4-25);
Budde. HK²II (12.22-25); Driver u. Gray (12,4-12); F.Baumgärtel. Hiobdialog. 57 (c.12
insgesamt); Hölscher (12.7-10); Fohrer (12.7-25); Hesse (12.7-25); de Wilde (vorsichtig
12.4-25); J.Vermeylen. Job. 28 (12.11-25); H.D.Preuss. Theologie. I. 263 (12,7-11) und
H.-M.Wahl. Schöpfer. 177-178 (12.7-11).

[370] Absolute Hapaxlegomena sind נָכוֹן ("Stoß". V.5); עַשְׁתּוּת ("Meinung". V.5); בַּטֻּחוֹת
("Sicherheit". V.6); II אָפִיק ("stark". V.21; vgl. HALAT); מְזִיחַ ("Gürtel". V.21). An
ausschließlichen Begriffsüberschneidungen finden sich בּוּז
(V.5.21 vgl. 31.34); פתח *Nifal* (V.14 vgl. 32.19); מָתְנַיִם (V.18 vgl. 40.16); אֵיתָן (V.19
vgl. 33.13); זָקֵן (V.20; 32.4.9); שׂנא *Hifil* (V.23 vgl. 36.24); עָמֹק (V.22 vgl. 11.8).

und fordert die Freunde zum Schweigen auf (13,13-16+18-19)[371]; (b) sodann wendet er sich in direkter Anrede an Gott (13,20-23|24-27*|14,1*.2.5*.6); (c) abschließend verweist er als Appell an Gottes Barmherzigkeit auf die eigene Vergänglichkeit (14,7-12*|13-17*|18-22)[372]. An einzelnen Überschneidungen zwischen c.12 und 26 finden sich:

12,9	Gottes Hand (יָד) als Schöpfungsmacht	26,13
12,12f.	Gottes alleinige Klugheit (תְּבוּנָה)	26,12
12,13	Gottes alleinige Macht (גְּבוּרָה)	26,14
12,15	das Zusammenbinden (צרר) der Wasser	26,8.

c) Insbesondere mit der Gottesrede in c.38-39 als ein in rhetorische Fragen gegossenes, die gesamte Schöpfung, die belebte und unbelebte Natur - mit Ausnahme des Menschen - in den Blick nehmendes hymnisches Selbstlob besitzt c.26 zahlreiche motivische Überschneidungen. Zunächst überrascht makrokompositionell, daß ein Abschnitt, der wie c.26 die schöpfende und erhaltende Macht Gottes preist, weite Teile der Gottesrede vorwegnimmt.[373] Mikrotextlich findet sich eine z.T wortgetreue Vorwegnahme von Motiven, die in der Gottesrede als Teil der Lösung der Hiobdichtung fungieren:

38,4.6	Gründung der Erde (vgl. 9,5-6)	26,11
38,5	Ausspannen (נטה) des Himmels (vgl.9,8a)	26,7
38,8	Bezwingen des Meers (יָם) [vgl. 9,8b]	26,12
38,17	Offenheit der Unterwelt	26,5-6
38,19	Grenze für Licht und Finsternis	26,10.

Im Blick auf die Beschreibung der Gründung der Erde zeigt sich eine Nuance zwischen c.38 und c.26, die möglicherweise auf ein fortentwickelteres kosmologisches Denken in c.26 hindeuten könnte. So spricht 38,4 von einem "fest Gründen" (יסד) der Erde und 26,7 in einer nur hier im AT begegnenden Wendung von einem "Aufhängen über dem Nichts" (תֹּלֶה עַל־בְּלִי־מָה).

---

[371] 13,17 ist sekundär, so mit G.Bickell, Iobdialog; Duhm; Hölscher; Fohrer; Hesse und O.Kaiser, Ideologie, 72.

[372] Zur Analyse von c.14 s.o. S.94ff. In 14,5b.7b.12aβ.14aα handelt es sich um Glossen, in V.13b und V.19b ist jeweils ein vierter Stichos ausgefallen. Die Fragmente von 4QpaleoJob^c zu 14,13-18 setzen die Verderbnisse in den von MT gebotenen V.12-15, soweit erkennbar, schon voraus. Wie der genaue Text und die Datierung des Fragments 4QHi^b (4Q100), das ein Bruchstück von Hi 14,4-6 bietet, zu beurteilen sind, ist derzeit noch offen; vgl. dazu künftig G.W.Nebe, in: ZAW 106 (1994).

[373] Treffend bemerkte bereits F.Baumgärtel, Hiobdialog, 136, zu dieser Antizipation: c.26 "verherrlicht die Macht Gottes, und ein solcher Hymnus auf Gott klingt im Munde des Hiob unglaublich genug". Ähnlich (allerdings ohne literarkritische Konsequenzen zu ziehen) betonte in jüngster Zeit G.Fuchs, Mythos, 138f., daß in c.26 Gott als "Garant der Schöpfungsordnung verherrlicht" werde.

d) Unter den Elihureden berührt sich vor allem c.36 mit c.26. Daß der kosmologische Hymnus in c.36-37*, der die Elihureden beschließt, ebenfalls eine Vorwegnahme und eine partielle Überbietung der Gottesreden darstellt, gehört bereits seit den Ausführungen von J.G.Eichhorn (1787)[374] zu einer von den überwiegenden Teilen der neueren Forschung vertretenen Überzeugung. Neben dieser makrokompositionellen Gemeinsamkeit zwischen c.26 und c.36-37 finden sich zwei charakteristische motivische Berührungen:

36,29   Unverständlichkeit (בִּין) Gottes (vgl. 37,5)   26,14
36,30   Ausbreiten (פרשׂ) des Lichtes   26,10.

Erkennt man als Zentrum von c.32-37* die Verteidigung des gerechten Schöpfergottes, angesichts dessen Hiob sich beugen soll, so nimmt c.26 nicht nur die Gottesrede vorweg, sondern auch ein Herzstück der Argumentation des Elihu. Damit deutet sich bereits hier eine mögliche redaktionsgeschichtliche Position von c.26 an.

2.1.6.4. Der kompositionelle Ort von c.26

Hat man die sekundäre Entstehung von 24,13-25 und 25,1-6 erkannt, so bedeutet das für c.26, daß diese Rede im Falle ihrer Ursprünglichkeit an 24,12 anknüpfte. Gegen eine originale Folge *zweier identisch überschriebener* Hiobreden (23,1 und 26,1) sprechen die kompositionelle Struktur der Hiobdichtung und der argumentative Duktus des Wechselgesprächs: nach der Unschuldserklärung Hiobs (23,2-13), die auf eine direkte Anrede der Freunde verzichtet, und nach der monologisch geführten Anklage gegen Gott (23,14-24,1[...].2-4.10-12), ist eine erneute Hinwendung zu den Freunden, zumal in singularischer Anrede, unwahrscheinlich. Andererseits setzt c.26 eine Freundesrede voraus. Gegen die Annahme, daß c.26 auf eine ursprüngliche Rede reagiere, die c.25 verdrängt habe, und daher als *ursprüngliche* Hiobrede beizubehalten sei, sprechen nun wieder die Unterschiede von c.26 gegenüber allen vorausgegangenen Hiobreden (vgl. S.149) sowie die Antizipation der Elihu- und Gottesreden (vgl. S.152). C.26 muß daher aus strukturellen, stilistischen, sprachlichen und kompositionellen Gründen als eine die Tendenz der Hiobdichtung und des Hiobbildes umakzentuierende Erweiterung betrachtet werden.[375] Gleichwohl stellt c.26 eine in sich geschlossene, auf literarischer

---

[374] Vgl. J.G.Eichhorn, Rezension J.G.Michaelis (1787), 461ff.
[375] Dies vertraten auch J.Grill, Komposition, 39.74f.; F.Baumgärtel, Hiobdialog, 136; H.Gese, Lebenssinn, 164, und H.-J.Hermisson, Notizen, 125; zumindest für die V.5-14 auch L.Laue, Composition, 73ff.; Fohrer, 381ff.; Hesse, 151; V.Maag, Hiob, 147.195;

Ebene einheitliche Lehrrede dar, die auf die sekundäre dritte "Rede" Bildads in c.25 reagiert. Die Versuche, zumindest die V.2-4 trotz der singularischen Freundesanrede als ursprünglich zu bewahren[376], erübrigen sich mit der Erkenntnis des sekundären Charakters von c.25 ebenso wie die Experimente, die V.5-14 in eine Freundesrede zu verlegen[377]. Gegen eine solche Umstellung spricht auch, daß in dem einzigen *längeren* ursprünglichen hymnischen Abschnitt einer Freundesrede anders als in c.26 nicht das kosmologische, sondern das geschichtlich-anthropologische Handeln Gottes beschrieben wird, das allein durch den sekundären 5,10 einen naturhaften Aspekt erhalten hat (vgl. S.72)[378]. Angesichts des geschlossenen Aufbaus von c.26 ist aber auch eine Aufteilung auf *mehrere* redaktionelle Hände unnötig[379]. C.26 ist weder Teil einer ursprünglichen Freundesrede noch eine originale Hiobrede, sondern eine sekundär Hiob in den Mund gelegte hymnenartige Lehrrede. Da c.26 auf eine unmittelbar vorangehende Freundesrede, d.h. aber die sekundäre dritte Bildad-"Rede" in c.25, reagiert, indem sie in V.2-4+14 den Vorredner ironisch abweist, muß c.26 im Blick auf die gesamte Hiobdichtung mindestens tertiär sein. Dies führt zu der makrokompositionellen Konsequenz, die Fortsetzung der ursprünglichen Hiobdichtung nach 24,12 in 27,1ff. zu suchen. Da in der Forschung bis auf wenige Ausnahmen c.28 allgemein als eine sekundäre Einfügung erkannt worden ist[380], kann sich die folgende Analyse auf eine literarische Untersuchung von 27,1-23 konzentrieren und sich darauf beschränken, c.28 zu der Rede, in die es eingebettet ist, sowie zu bereits als sekundär erkannten Abschnitten in Beziehung zu setzen.

J.Vermeylen. Job 15ff.. und H.D.Preuss. Theologie. I. 263 (nur V.7-13).

[376] Vgl. dazu in der Forschungssynopse (4.2.): Cheyne (1887); Laue; Siegfried; Dhorme; Stevenson; Lindblom; Lefèvre; Lamparter; Westermann; Fohrer; Pope; Snaith; Lévêque; Rowley; Gordis; Hesse; de Wilde; Maag; Alonso Schökel; Habel und Vermeylen.

[377] So T.K.Cheyne. Wisdom; G.Bickell. Iobdialog; Siegfried; Duhm; Dhorme; Hölscher; Pope; J.Lévêque. Job; Rowley; Gordis; de Wilde; Habel und Alonso Schökel. Zu weiteren Umstellungen vgl. die Forschungssynopse (4.2.).

[378] In 11.6.7*-9 handelt es sich ebenfalls um eine spätere Erweiterung (vgl. S.66).

[379] So T.Mende. Leiden. 160f.. die V.1-4 ihrem zweiten Bearbeiter nach dem Elihudichter zuteilte und V.5-14 ihrem dritten Bearbeiter.

[380] Vgl. den Forschungsbericht (S.28 und S.37ff.) sowie die Synopse (S.239ff.).

2.1.7. Die Rede Hiobs in c.27

2.1.7.1. Literarische Analyse von c.27

Zum Text

8 für יְבְצָע lies יְבַצֵּע; vgl. 6,9 und Jes 38,12.
15 für שְׂרִידְו lies mit dem Qere שְׂרִידָיו.
19 für יֶאָסֵף lies יוֹסִיף; vgl. G.

Übersetzung von c.27

1 Und Hiob erhob erneut seine Rede und sprach:
2 So wahr El lebt, der mir mein Recht entzog,
   und Schadday, der meine Seele bitter werden ließ!
3 Denn es fließt mein Lebensodem noch in mir,
   und Eloahs Hauch weht in meiner Nase noch.
4 Fürwahr, es reden meine Lippen keinen Frevel,
   und meine Zunge murmelt gewißlich keinen Trug.
5 Fern sei es von mir, [euch recht zu geben], bis ich sterbe,
   meine Frömmigkeit lasse ich nicht von mir weichen.
6 An meiner Gerechtigkeit halte ich fest [und lasse sie nicht],
   nicht tadelt mich mein Herz wegen eines meiner Tage.
7 Meinem Feinde ergehe es wie dem Frevler
   und meinem Widersacher wie dem Übeltäter.
8 Denn was ist des Bösen Hoffnung, [wenn abschneidet],
   wenn Eloah seine Lebenskraft entzieht
9 Wird El sein Schreien noch erhören,
   wenn die Not ihn überfallen wird?
10 Oder darf er sich freuen an Schadday,
   wird er rufen können zu Eloah jederzeit?
11 Ich will euch belehren über Els Hand,
   was Schadday betrifft, nicht verbergen.
12 Schaut, ihr habt es alle doch gesehen,
   und warum redet ihr denn nur so nichtig?
13 Dies ist des Frevelmenschen Teil bei El
   und dies das Erbe der Tyrannen von Schadday:
14 Werden seine Söhne zahlreich, so für's Schwert,
   und seinen Sprößlingen fehlt es selbst an Brot.
15 Seine Überlebenden werden durch die Pest begraben,
   und seine Witwen halten keine Trauerklage.
16 Häuft er auch Silber an wie Staub
   und beschafft Gewänder sich wie Sand,

17 so beschaffe er's, doch der Gerechte trägt's,
    und das Silber wird der Unbescholtene erben.
18 Wie die Motte erbaute er sein Haus
    und wie die Hütte, die der Wächter macht.
19 Reich legt er sich nieder, doch nicht noch einmal,
    er öffnet seine Augen und dahin ist er.
20 Wie Wasserfluten holt ihn ein der Schrecken,
    mitten in der Nacht raubt der Sturmwind ihn.
21 Der Ostwind greift nach ihm, daß er vergeht,
    und reißt ihn fort von seinem Platz.
22 Und er schleudert wider ihn und erbarmt sich nicht,
    vor seiner Hand ergreift er schnell die Flucht.
23 Er klatscht in seine Hände über ihn
    und zischt ihn weg von seinem Platz.

Analyse

Bereits die Überschrift וַיֹּ֤סֶף אִיּ֗וֹב שְׂאֵ֣ת מְשָׁל֣וֹ וַיֹּאמַ֑ר, die sich in dieser Form nur noch in 29,1 und ähnlich in 36,1 findet, stellt die zehnte Rede Hiobs in c.27 als eine besondere Größe heraus. Die Untersuchung des Aufbaus, Stils und Inhalts bestätigt diese Sonderstellung.

a) Einmalig unter den Reden des Hiobdialoges erfolgt die Eröffnung mit einem Schwur חַי־אֵל (V.2), in dem Hiob Gott direkt als den Bestreiter seines Rechts (vgl. 9,28; 10,2; 13,26f.; 19,6; 23,14) und als den Urheber seines Leids (vgl. 6,4; 7,12ff.; 13,26f.; 16,7; 19,6; 23,2.1) anklagt. In Formeln, die aus dem Bereich des feierlichen Eides stammen (V.4 אִם; V.5 חָלִילָה לִּי), unterstreicht Hiob seinen fortgesetzten Wunsch, mit Gott zu rechten (V.3), und legt ein umfassendes Unschuldsbekenntnis ab, das in dem betonten בְּצִדְקָתִי הֶחֱזַקְתִּי (V.6) gipfelt (vgl. 6,29f.; 9,28; 13,18; [19,7]; [21,6f.]; 23,7.10-12). Dabei erweist sich diese stilistisch besonders ausgefeilte Eröffnungsstrophe in V.2-6 als nachträglich bearbeitet. So fällt V.5 nicht nur metrisch gegenüber den ausgewogenen V.2-4 aus dem Rahmen, sondern führt auch mit der Wendung אִם־אַצְדִּיק אֶתְכֶם eine sowohl der Redeüberschrift in V.1 und Redeeröffnung V.2 als auch dem kompositionellen Ort von c.27 widersprechende direkte Anrede der Freunde. Wie der Vergleich von 27,1 und 29,1 mit dem Vorkommen der Formel נשׂא מָשָׁל in Num 23,7.18; 24,3.15.20f.; Ps 49,5; 78,2 und Sir 50,27 [H] zeigt, ist in 27,1 mit מָשָׁל ein "normativer Ausspruch"[381], ein Monolog, überschrieben, der auf eine *direkte* Anrede eines Gegenübers verzichten kann. Ebenso spricht die fehlende Anrede der Freunde in der letzten originalen Hiobrede in c.23-24* gegen die Ursprünglichkeit einer erneuten Hinwendung

---

[381] E.König. Stilistik. 80.

Hiobs zu den Freunden. Erkennt man hingegen in אִם־אַצְדִּיק אֶתְכֶם eine nachträgliche Einfügung[382], so verfügt V.5 über ein metrisches Gleichgewicht und schließt inhaltlich und kompositionell gut an V.2-4 an. Im Abschlußvers der ersten Strophe (V.6) stellt וְלֹא אַרְפֶּה eine metrische Überfüllung dar und ist möglicherweise als Glosse zu tilgen[383]. Nach der Ausscheidung von V.5aβ.6aβ werden in der ersten Strophe eine Vertikale und eine Horizontale deutlich, in der jeweils das "Ich" Hiobs im Mittelpunkt steht. So finden sich in der Senkrechten der jeweils *ersten Halbverse* die zwei juridische Begriffe gebrauchende Linie צִדְקָתִי, לִי, שְׂפָתַי, נִשְׁמָתִי, מִשְׁפָטִי; in der Senkrechten der jeweils *zweiten Halbverse* zeigt sich die überwiegend anthropologische Termini verwendende Linie לְבָבִי, מִיָּמַי, (תָמְתִי), מִמֶּנִּי, לְשׁוֹנִי, אַפִּי, נַפְשִׁי. Auf der Horizontalen entsprechen sich einerseits die V.2 und V.6, verbunden über die Rechtsbegriffe מִשְׁפָט und צְדָקָה bzw. über die anthropologischen Ausdrücke נֶפֶשׁ und לֵב. Andererseits korrespondiert V.3 mit V.5, verbunden über die Betonung des Festhaltens Hiobs an seinem Gerechtsein während seines ganzen Lebens (כִּי־כָל־עוֹד נִשְׁמָתִי בִי bzw. עַד־אֶגְוָע). Im Zentrum der Strophe steht mit V.4 das kolometrisch ganz ausgewogene Unschuldsbekenntnis Hiobs, keine עַוְלָה und רְמִיָּה zu reden (vgl. Sir 14,1 [G; H]; Ps 1,1; Ps 17,3; 39,2; 141,3). Neben den durch die Suffixe der 1.P.Sg. gebildeten Homoioteleuta in V.2-6, welche die Subjektivität der Strophe stilistisch hervorheben, unterstreichen weitere Stilmittel[384] den feierlichen Charakter dieser Verse, die ein Kompendium atl. Anthropologie und Rechtsterminologie darstellen.

b) Der Fluch in V.7, daß es dem Feinde[385] Hiobs wie dem רָשָׁע ergehen solle[386]. folgt in den V.8-9 eine in rhetorische Fragen gefaßte Beschreibung des Schicksals des Frevlers, die sich begrifflich eng mit den Freundesreden berührt[387]. Abgesehen von der Doppelung יְבַצַּע כִּי יִשָׁל (*v.l.*) כִּי in V.8[388], bildet dieser vierzeilige Abschnitt eine kolometrisch ausgewogene Einheit. Er

---

[382] So mit E.Baumann. in: ZAW 20 (1900). 305f., und Peters.

[383] Vgl. Prov 4.13 und Cant 4.13.

[384] Vgl. in V.3 die Alliteration כִּי־כָל. in V.4 das Homoioteleuton הַוָּה רְמִיָּה. in V.5 die Paronomasie הָלִילָה לִי und in V.2-3 die unmittelbare Sequenz der drei in der Hiobdichtung genannten Gottesnamen אֱלוֹהַ. שַׁדַּי. אֵל.

[385] Die V.8-10. die V.7 entfalten. zeigen. daß אִיְבִי einen menschlichen Feind im Blick hat (so mit der Mehrheit der Ausleger) und nicht Gott (so Habel).

[386] Zur Begründung für diese existentielle Übersetzung von יְהִי. vgl. I Sam 17,36: II Sam 18.32.

[387] Vgl. V.8 mit 8.13 und 11.20: V.9 mit 15.24 und 22.27: V.10 mit 11.15 und 22.26.

[388] Streiche mit Duhm: G.Beer. Text: Driver u. Gray: Peters: Hölscher: Weiser: Fohrer: H.Bobzin. Tempora: de Wilde: T.Mende. Leiden. 183: u.a. יְבַצַּע (*v.l.*) כִּ als Glosse.

weist in V.7 und V.10 zwei Chiasmen auf[389] und enthält in einer direkten Folge die zentralen Bezeichnungen für den "Frevler" (רָשָׁע, עַוָּל und חָנֵף). Gleichwohl stehen die V.7-10 in scharfem Widerspruch zu V.2 und zu den vorangegangenen Hiobreden. Denn einerseits ist Hiob von dem gesegneten Leben der Frevler überzeugt (vgl. 21,6ff.). Andererseits erlebt doch gerade er, der sich als Gerechter weiß, daß Gott ihm die Hoffnung raubt (vgl. V.8a mit 17,15), ihm die Seele betrübt (vgl. V.8b mit V.2 und 10,1), seinen Hilferuf nicht erhört (vgl. V.9 mit 19,7) und ihm die Möglichkeit, Gott anzurufen, nimmt (vgl. V.10 mit 13,22). Aufgrund dieser Erfahrung, die Hiob, der Gerechte, macht und die doch den Frevler treffen sollte, können die V.7-10 auch nicht als eine ursprüngliche Folie des Unschuldsbekenntnisses in V.2-6* dienen[390]. Vielmehr handelt es sich in V.7-10 um eine spätere Ergänzung[391].

c) Die Fragenreihe zum Gottesverhältnis des Frevlers in V.8-10 wird in V.11-12 von einer Lehrankündigung Hiobs abgelöst, die mit einer Abweisung der Freunde verbunden ist. Sprachlich fällt an dieser chiastisch gestalteten[392], alliterativ einsetzenden[393] Lehreinführung auf, daß nur hier innerhalb des Hiobbuchs ירה ("lehren") mit der *nota acc.* konstruiert ist (vgl. dagegen 6,24; 8,10; sowie das sekundäre וְתֹרֶךָ in 12,7)[394]. In der folgenden Polemik gegen die Freunde hat die Formel לָמָּה־זֶּה הֶבֶל ihre nächste Parallele in dem

---

[389] Vgl. in V.7 (כְּרָשָׁע x כְּעַוָּל :אֹיְבִי x מִתְקוֹמְמִי) und in V.10 (עַל־שַׁדַּי x אֱלוֹהַּ :אֶתְעַנָּג x יִקְרָא).

[390] Sei es, daß Hiob hier zeige, daß er im Gegensatz zum Frevler noch Hoffnung habe, sei es, daß er seiner Motivation, gerecht zu sein, Ausdruck gebe; vgl. dazu die integralen Deutungen im Forschungsbericht (S.15f.).

[391] So mit G.H.Bernstein, Gestalt (1813), 133ff.; J.Wellhausen, in F.Bleeks Einleitung⁴ (1878), 541; H.G.S.Preiss, in W.Vatkes Einleitung (1886), 551; J.Grill, Komposition (1890), 47f. und 74f.; P.Volz, Hiob (1921), 27; F.Baumgärtel, Hiobdialog, 137ff.; Fohrer; Hesse; H.Gese, Lebenssinn, 164; H.-J.Hermisson, Notizen, 125; J.Vermeylen, Job, 17, und T.Mende, Leiden 180ff. (27,7-23 als Teil der dritten Elihubearbeitung). Zu den Vorschlägen, V.7-10.13-23 in eine Freundesrede zu verlegen, vgl. den Forschungsbericht (S.26ff.) und die Synopse (S.239ff.).

[392] אֲשֶׁר עִם־שַׁדַּי בְּיַד־אֵל x und לֹא אֲכַחֵד x אוֹרֶה.

[393] אוֹרֶה אֶתְכֶם...אֲשֶׁר...אֲכַחֵד.

[394] Es fällt auch auf, daß G ירה in 6,24 und 8,10 mit διδάσκειν übersetzt, während er hier wie in dem sekundären 12,7 ἀναγγέλλειν wählt, womit er sonst חוה wiedergibt (13,17; 15,17 und 32,6.10). Weitere sprachliche Besonderheiten sind der für Hi einmalige Ausdruck בְּיַד־אֵל sowie die für das AT einmalige *figura etymologica* הֶבֶל תֶּהְבָּלוּ. Die *nota acc.* erscheint innerhalb der Hiobdichtung außer in den Redeüberschriften in 3,1; 38,1; 40,1.3.6 und 42,1 in überwiegend sekundären oder textlich unsicheren Stücken (vgl. 7,21; 12,3; [13,9-11]; 13,25 [lies אִם]; 14,3; 26,4; 27,5aβ; 28,23; 32,1.3.4.6; 35,4; 36,7; 41,26).

sekundären 9,29[395]. Schließlich überrascht wie schon in V.5 die erneute Anrede der Freunde, die Hiob direkt zuletzt in 21,34 im Blick hatte. In V.11-12 stellt Hiob einerseits den Freunden in Aussicht, etwas von ihnen zwar auch Gesehenes (V.12a), aber offensichtlich noch nicht Genanntes (V.11b כֹּה) darzulegen, andererseits charakterisiert er ihre bisherige Reden als "Unsinn" (הֶ֫בֶל).

    d) Die folgenden V.13-23 sind hingegen alles andere als eine *neue* Lehre. Vielmehr bilden sie eine summarische Paraphrase der Freundesreden, zumal von 15,20ff.; 18,5ff. und 20,5ff. An die sich wörtlich mit 20,29 berührende Überschrift in V.13 zum Schicksal des רָשָׁע schließt sich eine Reihe von fünf Bikola-Paaren an, die beschreiben, was der Frevler durch Gott verlieren wird:
- seine Nachkommen (V.14-15 vgl. 18,19; 20,10.26);
- seinen Besitz (V.15-16 vgl. 15,19; 20,7.11.18)[396];
- seinen Wohnraum (V.18-19 vgl. 8,15.22; 15,29.34; 18,14.19);
- sein Leben (V.20-21 vgl. 15,30; 20,7.11.23);
- seine Ehre (V.22-23 vgl. 8,18; 18,17; 20,7).

In diesem poetisch weniger kunstvollen Abschnitt[397] bilden die ersten drei Bikola-Paare konditionale Satzgefüge, während die letzten beiden parallel gebaut sind. Ein zu den vorangegangenen Reden kongruenter Strophenbau ist nicht vorhanden. Inhaltlich wird die syntaktische Zusammengehörigkeit jeweils zweier Bikola durch bestimmte Stichworte herausgestellt. In V.14-15 fungieren die Dreier- bzw. Viererreihe מָוֶת, לֹא לֶחֶם, חֶרֶב bzw. בָּנָיו, שְׂרִידָיו, צֶאֱצָאָיו (*v.l.*) und אַלְמְנֹתָיו als Klammer. In V.16-17 halten die Begriffe כֶּסֶף und מַלְבּוּשׁ / לבשׁ die Stichen zusammen. In V.18-19 wird die Verknüpfung über die Motivassoziation בַּיִת, סֻכָּה und שׁכב erzielt. In V.20-21 bilden die meteorologischen Begriffe סוּפָה und קָדִים den Anknüpfungspunkt. In V.22-23 kommt zu der Verbindung über das gemeinsame Subjekt "Gott" die Korrespondenz von יָדוֹ und כַּפֵּימוֹ. Dafür daß in V.22-23 weder der "Wind" aus V.21[398] noch ein unpersönliches "man"[399] oder der "מָקוֹם" des

---

[395] Duhm und Hölscher betrachteten ebenfalls 9,29 als sekundär. F.Baumgärtel, Hiobdialog, 39ff., und J.Vermeylen, Job, 17f., sogar 9,25-31.

[396] הֹמֶר erscheint nur in 27,16 für eine "Menge", sonst steht der Begriff für Hinfälligkeit (vgl. Hi 4,19; 10,9; 30,19; Jes 10,6 und 29,16) und Wertlosigkeit (Hi 13,12).

[397] Zwar verfügen die V.13-23 auch über einzelne Alliterationen (V.14.16.18), doch sind die zusammengehörenden Bikola-Paare kolometrisch weniger ausgewogen als in den sonstigen Hiobreden. Die Wortwiederholungen in V.16.17.21.23 wirken eher behäbig denn als glattes Stilmittel.

[398] So für V.22: Schultens; D.G.Moldenhawer; Reiske; Stuhlmann; Ewald; Merx; Fd.Delitzsch; Szczygiel; Weiser; Fohrer; H.Bobzin; Hesse; Gordis; Alonso Schökel; Habel und Hartley. Für V.23: D.G.Moldenhawer; Szczygiel; Pope und Habel.

Frevlers"[400] Subjekt sind, sondern "Gott"[401], sprechen: (1.) die häufig belegte Verbindung von "Gott" mit שׁלךְ *Hifil*[402], (2.) der versimmanente Kontext mit החמל[403], (3.) die absolute Nennung von דיַ[404] und (4.) die Einleitung des Verses mit *Waw*, wodurch ein Neueinsatz gekennzeichnet ist.

e) c.27 bietet somit das Bild von vier disparaten Blöcken, von denen der zweite und der vierte eng zusammengehören:

1. die V.2-6*, die inhaltlich und stilistisch den vorangegangenen Hiobreden entsprechen. Sie bilden in Weiterführung der bisherigen punktuellen Integritätserklärungen das umfassendste Unschuldsbekenntnis Hiobs bei einer gleichzeitigen Anklage Gottes.

2. die V.7-10*, die ein Bekenntnis Hiobs zur immanenten Vergeltung und zur Gerechtigkeit Gottes darstellen.

3. die V.11-12, die als Überschrift einer *besonderen* Lehre gedacht sind und daher weder eine direkte Fortsetzung von V.2-6[405] noch eine ursprüngliche Einleitung für V.13-23 sein können[406].

4. die V.13-23, welche die Überzeugung der strafenden Gerechtigkeit Gottes aus V.7-10 am Beispiel des Schicksals des Frevlers in einer poetisch hinter den inhaltlich parallelen Abschnitten in den Freundesreden (vgl. 15,20ff.; 18,5ff. und 20,5ff.) zurückbleibenden Weise entfalten. Wie alle Ver-

---

[399] So für V.22: Hontheim; Dhorme; Hölscher; Fedrizzi und de Wilde. Für V.23: Schultens; Schnurrer; Stuhlmann; Rosenmüller; Umbreit; Hirzel; Ewald; Schlottmann; Merx; Hitzig; Dillmann; Budde. HK²II; Fd.Delitzsch; Dhorme; Hölscher; Weiser; Terrien; Fohrer; Fedrizzi; H.Bobzin, Tempora; Gordis; de Wilde; Alonso Schökel; Groß; Hartley und T.Mende, Leiden, 163.

[400] So für V.22: Schnurrer und J.G.Eichhorn, Hiob. Für V.23: G.Richter, Erläuterungen, 37; A.B.Ehrlich, Randglossen; Beer, in BHK³; und Szczygiel (V.b).

[401] So für V.22 mit Mercerus; J.Dav.Michaelis, Übersetzung; Dathe; Böckel; Rosenmüller; Umbreit; Hirzel; Schlottmann; Hitzig; Fz.Delitzsch; Knabenbauer; Dillmann; Duhm; Driver u. Gray; Peters; König; Terrien und D.Wolfers, in: VT 43 (1993), 399 (nur V.b). Mit Änderung von עָלְיו in עֶלְיוֹן: G.Beer, Text; Budde, HK²II; und Peters; ähnlich Pope und W.L.Michel, Ugaritic Texts; für V.23 mit Mercerus; J.Dav.Michaelis, Übersetzung; Houbigant; Döderlein; Hufnagel; Dathe; Olshausen; Duhm; Peters; W.L.Michel, Ugaritic Texts, und D.Wolfers, in: VT 43 (1993), 390.

[402] Vgl. Thr 2,1; Ps 60,10; 102,11; 108,10; Jes 38,17; Ez 28,17; Mi 7,9; Jon 2,4, Dtn 29,27; Jos 10,11 und Neh 9,11 sowie die spezifische Verwendung im Sinn von "verwerfen" Ps 51,13; 71,9; Jer 7,15 und II Reg 13,2.

[403] Vgl. Hi 16,13; Thr 2,2.17.21; 3,43; Ez 5,11. 7,4.9; 8,18; 9,10; Sach 11,5.6; Sap 11,26 und 12,8.

[404] Vgl. Hi 6,9; 10,7; [12,8]; 19,21; 23,2 (*v.l.*); [26,12]; Sap 16,13 und Tob 13,2.

[405] So unter den neueren redaktionsgeschichtlichen Ansätzen aber J.Vermeylen, Job, 28.

[406] So zuletzt aber T.Mende, Leiden, 183, die zwar die Spannung zwischen V.1-6 (das sie dem Elihudichter zuwies) und V.7-23 (das sie als Einlage des dritten Elihubearbeiters beurteilte) gesehen hat, die aber den Bruch zwischen V.7-10.11-12.13-23 nivellierte.

treter eines Editions- und Redaktionsmodells gesehen haben (vgl. S.25ff. bzw. 36ff.), sind diese Verse kein ursprünglicher Bestandteil einer Hiobrede. Wie unsere bisherige Analyse zeigt, kann es sich aber auch nicht um ein disloziertes Fragment einer Freundesrede handeln, vielmehr liegt hier eine mindestens sekundäre Erweiterung vor.[407]

2.1.7.2. Das Verhältnis von c.27 zum Weisheitslied in c.28

Der Nachweis, daß c.28 sekundär ist, braucht hier nicht mehr geführt zu werden. Seit G.H.Bernstein (1813) werden als Hauptgründe gegen die Ursprünglichkeit des Weisheitsliedes vor allem sein reflektierend-argumentativer Stil, die inhaltliche Antizipation der Gottesrede(n) sowie der spezifische Weisheitsbegriff geltend gemacht[408]. Für uns geht es darum, c.28 auf der *literarischen* Ebene in seiner stilistischen und kompositionellen Struktur, seinem inhaltlichen Skopus und seiner Zugehörigkeit zu einer in der bisherigen Analyse der Hiobdichtung bereits erkennbaren literarischen Schicht zu bestimmen[409]. Auf die Versuche, in c.28 die Teile einer dritten Rede Bildads oder Zophars zu erblicken oder c.28 zusammen mit c.27 als Fragment eines der jetzigen Dichtung vorlaufenden Buches zu verstehen[410], braucht angesichts der sekundären Entstehung von c.25 und der Kohärenz von 27,2-6 mit den vorangegangenen Hiobreden bei gleichzeitiger Inkongruenz zu 27,7-10.11-12.13-23 nicht mehr eingegangen zu werden. Wenn c.28 sekundär ist, bieten sich für die Bestimmung der in 27,11-12 angekündigten *neuen* Lehre folgende Möglichkeiten:

1. Die Lehre besteht in 27,13-23[411]: dagegen sprechen die inhaltliche Parallelität von V.13-23 zu den als הֶבֶל (V.12) bezeichneten Freundesreden und die fehlende Verbindung zwischen 27,23 und 28,1.

2. Die erneute Überschrift in 29,1 wird als sekundär betrachtet; die Lehre findet sich in 29,2ff. 27,13-23 sind eine Rezension der Argumente der

---

[407] So mit den auf S.158 unter Anm.391 genannten Exegeten.

[408] Vgl. den Forschungsbericht (S.18f. und S.37ff.) sowie C.Kuhl, Literarkritik, 281.

[409] Die formgeschichtliche Frage der Entstehung und des möglichen Wachstums von c.28 aus Rätselwort mit Antwort (vgl. C.Westermann, Aufbau³, 130-133; ders. Weisheitsliteratur, 48, und P.Doll, Menschenschöpfung [1980], 219ff.) kann hier nicht verfolgt werden. Die kunstvolle Gestaltung bestätigt die Einschätzung von Fohrer, 393. nach der c.28* "von vornherein als geschlossene Komposition angelegt" ist; vgl. auch T.Mende, Leiden, 193.

[410] Vgl. dazu den Forschungsbericht (S.39 Anm.189) und die Synopse (S.239ff.).

[411] Zu V.13-23 als ursprüngliche Lehre vgl. den Forschungsbericht (S.16f.).

Freunde[412]. Hiergegen ist einzuwenden, daß in der Dichtung sonst keine sich über zehn Bikola erstreckende zitatähnliche Paraphrase nachweisbar ist und daß c.29 keine Lehrrede darstellt. C.29 ist vielmehr eine mit einem Wunsch eröffnete und auf das frühere Glück zurückblickende Klage Hiobs, die seine Herausforderungsreden und seinen Reinigungseid einleitet.

3. Da 27,11-12 eine lehrhafte Fortsetzung verlangen (vgl. 8,10; 12,7 und 15,17), ist es auch nicht möglich, c.28 als *Interludium* zu verstehen[413]. Will man daher nicht annehmen, daß die ursprüngliche Fortsetzung von V.11-12 verlorengegangen ist [414] so bleibt allein der Schluß, daß c.28 die angekündigte Unterweisung darstellt[415]. Auf der nun erreichten literarkritischen Stufe der Annahme, das sekundäre Stück V.11-12 gehöre zu dem seinerseits sekundären c.28, können wir partiell die inhaltlichen Erwägungen eines Integrationsmodells heranziehen[416].

Literarische Analyse von c.28

Eröffnet mit einem affirmativen כִּי ("Wohlan")[417] beschreiben zwei Strophen (V.1-5|6-11) das ungeheure technische Leistungsvermögen des Menschen am Beispiel des bis in das Innere der Erde vordringenden Bergbaus, und stellen ihm in einer dritten und vierten Strophe die menschlichen Unfähigkeit, wahre Weisheit zu erwerben, gegenüber (V.12-22*|23-28).

Den Neueinsatz einer Strophe des stark reflektierenden Liedes[418] kennzeichnet jeweils eine refrainartige Stichwortwiederholung. So findet sich der

---

412 Zu V.13-23 als Rezension vgl. den Forschungsbericht (S.17).

413 Zu c.28 als Interludium vgl. den Forschungsbericht (S.18). P.Zerafa, Wisdom, 20, vertrat hier die modifizierte Position, daß c.28 ursprünglich als Interludium gedacht war und erst von einem Redaktor zur einer Hiobrede umfunktioniert wurde. Auch bei dieser Erklärung bleibt offen, worin die in 27,11-12 angekündigte Unterweisung liegt.

414 So aber Driver u. Gray; Dhorme; Hölscher; Fohrer; Terrien; J.Lévêque, Job, 229; Habel und Hartley, die V.11-12 als Teil einer ursprünglichen Hiobrede ansahen.

415 Zur sachgemäßen Verknüpfung von 27,11-12 mit 28,1 vgl. auch T.K.Cheyne, Wisdom, 41; J.Lindblom, Composition, 79; Fedrizzi, 194ff., und C.Westermann, Aufbau³, 24-27. Zu c.28 als Lehre vgl. den Forschungsbericht (S.18).

416 Vgl. dazu bes. F.Giesebrecht, Wendepunkt, 12ff., und J.Ley, Hiob (1903), 78ff.; sowie unter den noch älteren Exegeten J.G.Eichhorn, Hiob (1800); Böckel, Hiob (1830) und Hitzig (1874), die (wenn auch nicht unter Rückführung auf einen anderen Verfasser als den Hiobdichter) die eigentliche Fortsetzung von V.11-12 ebenfalls in c.28 sahen.

417 Zum affirmativen Verständnis dieser Partikel vgl. Fd.Delitzsch; Driver u. Gray; Dhorme; Hölscher; Terrien; Hesse; Gordis; Habel und Hartley.

418 Zum reflektierenden Stil in c.28 vgl. unter den Kommentaren vor allem Duhm; Hölscher; Fohrer; sowie W.Eichrodt, Theologie³, II (1950), 40-43; C.Kuhl, Literarkritik, 281f.; H.-P.Müller, Hiobproblem, 129ff.; P.Doll, Menschenschöpfung (1980), 219ff.; B.L.Mack, Logos, 21ff.; H.D.Preuss, Weisheitsliteratur, 86, und ders., Theologie, I, 221f.

Begriff מָקוֹם stets *am Anfang* einer neuen Sinneinheit (V.1.6.12.20.23)[419]. In
den V.12.20 wird das refrainähnliche Gliederungsprinzip besonders deutlich.
Ein ähnliches Distichon zu Beginn des Liedes einzusetzen[420], ist auf der literarischen Ebene innerhalb der Hiobdichtung unnötig. Allerdings liegt das Lied
(auch) jetzt nicht in der ursprünglichen (literarischen) Form vor. So ist in den
V.1-4 durch zwei Tristichen der aus jeweils sechs Bikola bestehende Stophen-
aufbau verwischt. Durch eine Verknüpfung von V.3a und 3b, V.3c und 4a
sowie V.4b und 4c zu je einem Bikolon läßt sich die ursprüngliche Strophik
wieder herstellen[421]. Im dritten Abschnitt (V.12-22) sind die V.15-19 vermutlich ein Zusatz. Der Aspekt der Unerreichbarkeit der חָכְמָה wird mit Meta-
phern, die auch in Prov 3,14-15.19 und 8,10-11 begegnen, um das Motiv ihrer
Unvergleichlichkeit ergänzt[422]. Immerhin fällt auf, daß die V.14-19 in G fehlen
und daß auch in 11QTgJob zwar für die V.1-13.20-28 zumindest Bruchstücke
erhalten sind, für die V.14-19 sich aber noch kein Fragment gefunden hat.
Gliedert man im ersten Abschnitt wie vorgeschlagen und betrachtet man die
V.15-19 als Zusatz, erweist sich c.28 als ein dreiteiliges Lied, dessen Zentrum
eine parallel gebaute doppelte Dreierreihe zur Verborgenheit der Weisheit bildet (V.12-14+20-22). So entsprechen sich V.12 und V.20, welche die Kern-
these nennen, V.13 und V.21, welche die Unauffindbarkeit im Bereich des
Lebendigen beschreiben (כָּל־חָי ;בְּאֶרֶץ הַחַיִּים), und V.14 und V.22, welche
die Verborgenheit vor den größten Tiefen schildern (תְהוֹם, יָם bzw. אֲבַדּוֹן,

---

[419] Zur Beurteilung von V.12 und V.20 als Eröffnungsrefrain vgl. J.Ley, Hiob (1903);
Duhm; Weiser; Fohrer und Habel. Dagegen betrachteten Terrien; de Wilde; P.van der
Lugt, Form, 293; u.a. diese Verse als Abschlußrefrain.

[420] So z.B. Duhm und Fohrer.

[421] In der Textrekonstruktion folgen wir weitgehend J.Ley, Hiob (1903), 78; in der Neu-
gliederung der Stichen schließen wir uns Gordis, Job, 304f., an:
קֵץ שָׂם לַחֹשֶׁךְ תַּכְלִית הוּא חוֹקֵר: 3a+3b.
אֶבֶן אֹפֶל וְצַלְמָוֶת פָּרִיץ נַחַל מֵעִם־גָּר: 3c+4a.
הַנִּשְׁכָּחִים מִנִּי־רָגֶל דַּלּוּ מֵאֱנוֹשׁ נָעוּ: 4b+4c.
Ein Ende setzt er der Finsternis, erforscht sogar die größten Tiefen.
Im Gestein des Dunkels und des Schattens, da gräbt er Schächte fern vom Licht.
Die vom Tritt des Fußes Vergessenen schweben fern vom Menschen, schwanken.

[422] Wie wir beurteilten bereits Fd.Delitzsch, 115; Mo.Jastrow, Job, 312; M.Buttenwieser,
286; J.Lindblom, Composition, 78, und B.L.Mack, Logos, 21, die V.15-19 als sekun-
där. Darüber hinaus wurden in der Forschung weitere Verse in c.28 als mindestens se-
kundär beurteilt:
V.12-19: G.Bickell, Iobdialog, 8;
V.13-20: C.Kuhl, Literarkritik, 282f.;
V.14-19: H.Grimme, in: ThQ 81, 116ff., und G.A.Barton, Composition, 77.
V.15-20: Dillmann[4]; Budde, HK[2]II; Hölscher; G.Pfeiffer, Ursprung, 24; M.Küchler,
Weisheitstraditionen, 47; H.Bobzin, Tempora, 300, und J.Vermeylen, Job, 28 (V.7-
8.15-20.22.28 im Rahmen seiner vierten Bearbeitungsschicht).

מָוֶת). Als Rahmen fungieren die anthropologische und die theologische Perspektive (V.1-11 bzw. V.23-28).

Damit erschließt sich eine dreifach gestufte Argumentation:

1. Für alles Irdische gibt es einen מָקוֹם, so daß der Mensch aufgrund seiner kreatürlichen Fähigkeiten dieses auffindet.

2. Für die Weisheit aber existiert keine Fundstätte, sie bleibt dem Menschen verborgen.

3. Hingegen weiß allein Gott, der Schöpfer aller Dinge, wo die חׇכְמָה zu finden ist (V.23), hat er doch der Welt eine Ordnung (V.24-26) und der Weisheit ihren Platz gegeben (V.27).

In der jetzt vorliegenden Form gipfelt das Weisheitslied in dem Trikolon וַיֹּאמֶר לָאָדָם הֵן יִרְאַת אֲדֹנׇי הִיא חׇכְמָה וְסוּר מֵרׇע בִּינׇה :V.28. Damit erfolgt im Rückgriff auf die anthropologische Perspektive des ersten Teils (V.1-11) die Verhältnisbestimmung des Menschen zu der ihm verborgenen Weisheit, die nun *als* Gottesfurcht identifiziert ist. Da sich das Summarium in V.28 gut in das jeweils sechs Bikola umfassende Strophenmuster der V.1-5|6-11|12-14+20-22|23-28 einfügt, dürfte dieses abschließende Trikolon, unabhängig davon, ob es auf einer früheren Traditionsstufe bereits zum Weisheitslied gehörte, ähnlich wie 26,14 auf *die* Hand zurückgehen, welche das ganze Gedicht für die Integration in die Hiobdichtung bearbeitet hat[423]: Angesichts der Unerreichbarkeit der Weisheit ist es die dem Menschen gebotene Weisheit, Gott zu fürchten. Bei einer gewissen hieraus klingenden Skepsis im Sinne einer letzten Unerkennbarkeit Gottes und seines Wirkens (vgl. 26,14) ist diese Konsequenz jedoch kein Sarkasmus[424], sondern die fromme Selbstbescheidung des Weisen, der auf eine vollkommene Durchdringung der Rätselhaftig-

---

[423] Wie wir sahen bereits Peters; König; Kissane; Weiser; TurSinai; Rowley; Gordis; Alonso Schökel; Habel; Hartley; de Wilde; P.Doll, Menschenschöpfung (1980), 221.223f.; P.van der Lugt, Form, 293; V.Maag, Hiob, 149, und T.Mende, Leiden, 193, in V.28 einen auf der literarischen Stufe der Einfügung von c.28* in die Hiobdichtung "ursprünglichen" Teil der Weisheitslehre Hiobs (vgl. natürlich auch alle älteren Ausleger, die c.28 insgesamt für original hielten, vgl. den Forschungsbericht, S.17f.). Dagegen vermuteten Duhm; P.Volz, Hiob (1921), 113; Driver u. Gray; Dhorme; Hölscher; C.Kuhl, Literarkritik, 283; Lamparter; Terrien; J.Lévêque, Job, 595; Pope; Fohrer; Hesse; H.Bobzin, Tempora; G.Pfeiffer, Ursprung, 24; B.L.Mack, Logos, 21; P.Zerafa, Wisdom, 155f., und Preuss, Theologie, I, 222, daß nach der (sekundären) Interpolation von c.28* ein frommer Bearbeiter (tertiär) V.28 hinzugefügt und somit die Tendenz des Gedichtes umgedeutet habe.

[424] J.Wellhausen, in F.Bleeks Einleitung⁴ (1878), 541, sprach etwas zu negativ von einem "Substitut der Weisheit"; ähnlich glaubte Budde, HK²II, 163, hier einen "Pessimismus" zu erkennen, vgl. auch A.Régnier, La distribution, 197f., und Habel, Job, 393: V.28 diene in einem orthodoxen Gewand ironisch "as a deliberate foil for the climactic protestation of the hero".

keit der Welt verzichtet und die Gottesfurcht *als* die ihm von Gott verliehene Form der Weisheit annimmt[425].

Zusammenfassung

a) c.27-28 erweist sich nunmehr als eine dreischichtige Größe:

1. 27,2-6* bilden ein eidlich eingeleitetes Unschuldsbekenntnis Hiobs, das inhaltlich und stilistisch den vorausgegangenen Unschuldserklärungen in c.6; 9; 13; 16 und 19 entspricht, so daß seine Ursprünglichkeit nicht fraglich ist. Gleichsam stellt es, wie an seinem Schwur- und Fluchcharakter deutlich wird, eine gedankliche und kompositionelle Weiterentwicklung dar.

2. In 27,7-10.13-23 liegen zwei Bekenntnisse Hiobs zu der immanenten Vergeltung am Beispiel der Bestrafung der רְשָׁעִים vor. Dieser Abschnitt findet seine nächsten Parallelen *innerhalb der Hiobreden* in dem sekundären Teil in 24,13-24.25 und muß wie dieser aufgrund seiner inneren Spannungen zu 27,2-6* und seiner externen Widersprüche zu 21,6ff. als nicht ursprünglich betrachtet werden.

3. Bei 27,11-12 handelt es sich um die Ankündigung einer besonderen und *neuen* Belehrung der Freunde durch Hiob. Diese wird mit dem aus dem Rahmen des ganzen Buches herausfallenden Gedicht auf die verborgene, allein Gott zugängliche Weisheit vollzogen (28,1-14.[15-19].20-28). Auf *die* Hand, die 27,11-12 und 28,1-14.[15-19].20-28 als eine die Freunde unterweisende Rede Hiobs einfügte, könnten auch die Erweiterungen in 27,5.6 zurückgehen, die der an Gott gewandten eidesstattlichen Erklärung Hiobs eine die Freunde einbeziehende dialogische Struktur verleihen.

b) Aufgrund der Zusammengehörigkeit von 27,11-12 und 28,1-14.[15-19].20-28 ist es wahrscheinlicher, daß dieser Zusammenhang sekundär durch die Einfügung von 27,7-10.13-23 aufgespalten wurde, als daß 27,11-12 die formal weniger eng verbundenen und poetisch weniger kunstvollen V.7-10.13-23 zerschnitten haben. Im Blick auf den gesamten Hiobdialog heißt dies, daß 27,7-10.13-23 als tertiär anzusehen sind. Diese Verse stellen eine schalenförmig um die Einleitung der Weisheitsrede Hiobs gelegte Konfession des Dulders zu Gottes vergeltender Gerechtigkeit dar. Sie bilden kompositionell und inhaltlich eine Erweiterung der Unschuldserklärung und der Rede über die הָכְמָה. Eine solche Ergänzung der Unschuldserklärungen Hiobs durch eine schalenartige Anlagerung von Bekenntnissen zur immanenten Vergeltung, die Hiobs massive Anklagen Gottes entschärfen sollen, hatte sich bereits in den mindestens sekundären Abschnitten in c.24 gezeigt.

---

[425] So mit Merx; Fz.Delitzsch; F.Giesebrecht. Wendepunkt. 30ff.; Peters; Kissane; Bückers; Gordis; de Wilde; Hartley und H.F.Fuhs. Art. יָרֵא in: ThWAT III. 891.

c) Da das Unschuldsbekenntnis in 27,2-6* auf eine *unmittelbare* Entfaltung angelegt ist (vgl. bes. V.3), eine solche Explikation aber erst in 29,2ff. erfolgt, muß zumindest die zu 27,1 parallele Überschrift in 29,1 ebenfalls sekundär sein. Sie wird auf die Hand zurückzuführen sein, die 27,11-12 und c.28* eingelegt und mit 29,1 wieder den ursprünglichen Faden von 27,2-6 aufgenommen hat. Hingegen spricht die makrokompositionelle Entwicklung des Dialogs dafür, in 27,1 die originale Überschrift von V.2-6* und den folgenden Herausforderungsreden zu sehen. Auf eine Beibehaltung von 27,1 deutet auch die Parallelität zu c.3. Die einleitende Lebensklage Hiobs in c.3 besitzt wie 27,2-6* und c.29-31 keine direkte Anrede der Freunde, verwendet wie diese Elemente aus dem Fluch und dem Schwur und hat mit V.1 [אַחֲרֵי־כֵן] פָּתַח אִיּוֹב אֶת־פִּיהוּ וַיְקַלֵּל אֶת־יוֹמוֹ ebenfalls eine über die Reden des Dialogs hinausgehende Überschrift.[426] Die inhaltliche und kompositionelle Zugehörigkeit von 27,1.2-6* zu 29,2-25* zeigt sich: (1.) an der Verwendung gemeinsamer Redeformen (Eid, Wunsch, Unschuldsbekenntnis und Klage) und Redetypen (Monolog), (2.) an demselben strophischen Muster, wonach in c.29 jeweils fünf Distichen eine Strophe bilden[427], sowie (3.) an der inhaltlichen Explikation, die 29-31 zu 27,2-6* bietet:

- c.29* entfaltet 27,6 im Rückblick auf die יָמִים Hiobs,

- c.30* führt die in 27,2-3 angedeutete Anklage gegen Gott,

- c.31* als ein in Eidesform gestaltetes Unschuldsbekenntnis
  krönt die Integritätserklärung von 27,4-6*.

2.1.8. Ergebnis der literarischen Analyse

Unter Rückgriff auf die Zusammenfassung auf S.114ff. können nun das Gesamtergebnis der literarischen Analyse formuliert und erste Schlußfolgerungen für den Aufbau und die Redaktionsgeschichte der ganzen Dichtung gezogen werden.

Ausgehend von der Beobachtung, daß c.25 eine in sich geschlossene, kunstvoll aufgebaute, sich aber von der gedanklich und stilistisch parallelen Struktur der *Reden* der Freunde in c.8; 18; 11; 20; 4-5* und 15* unterschei-

---

[426] Hält man allerdings 3.1 für eine sekundäre Verknüpfung von Rahmenerzählung und Dichtung, so empfiehlt es sich, in 3.2 die originale Überschrift der Eingangsklage zu sehen und 27.1 in die übliche Formel וַיַּעַן אִיּוֹב וַיֹּאמַר zu ändern, wie dies im Gefolge von Ms$^{K137.454}$ Stuhlmann; Dillmann; G.Bickell, lobdialog; Siegfried; Beer, Text; Budde, HK^{2}II; Duhm; Dhorme; Kissane; Hölscher; W.B.Stevenson, Notes; Terrien; Fohrer; Pope und Hartley erwogen haben.

[427] In c.29 dürften die V.17.18-20.25b sekundär sein. Zur literarischen Analyse von c.29-31 wird auf die Strukturanalysen im Anhang (S.231ff.) verwiesen.

dende theologische *These* darstellt, die ihre engsten Parallelen in den aus ihrem Kontext ebenfalls herausragenden Abschnitten 4,12-21 und 15,11-16 findet, wurden die Fäden zur Analyse des dritten Redegangs nach vorne und hinten ausgezogen (vgl. S.59ff.).

Als Teilergebnis der Untersuchung der Freundesreden ergab sich, daß c.22* eine aus sechs Strophen zu je vier Bikola bestehende ursprüngliche Rede des Eliphas ist, die aufgrund ihrer zahlreichen persönlichen Anreden Hiobs, der *direkten* Identifizierung Hiobs als Frevler und der umfassenden Ermahnungen und Verheißungen deutlich den Charakter einer Abschlußrede trägt. Insbesondere nach der Ausgliederung von 4,12-21 und 15,11-16 aus der ersten bzw. zweiten Rede des Eliphas erweist sich c.22 in seinem Grundbestand als kohärente Eliphasrede. Zentraler Skopus von c.22 ist wie in c.4-5* und 15* die Bestimmung der Gottesfurcht und des rechten Verhaltens im Leid, nämlich auf die gegen Gott gewandte Klage zu verzichten und die eigenen Sünden zu bekennen. Als Erweiterungen mußten in c.22 die rhetorische Frage zur kosmischen Weite Eloahs in V.12, die auf 21,14-15 zurückblickende zitatähnliche Paraphrase der Worte der Frevler in V.17-18 und das die Verheißung an Hiob verstärkende Wortspiel in V.24-25 betrachtet werden. Der resultative Charakter von c.22* und die sekundäre Entstehung von c.25 enthoben dann einerseits der Suche nach Teilen einer möglichen dritten Bildad- oder Zopharrede, andererseits wurde mit c.22* als echter Eliphasrede eine obere Mindestgrenze für den ursprünglichen dritten Redegang gefunden (vgl. S.81ff.).

Im Anschluß wurde das in 25,2-6; 4,12-21 und 15,11-16 vorliegende Motiv der kreatürlichen Unreinheit und Sündhaftigkeit des Menschen sowohl in seiner stilistischen, inhaltlichen und kompositionellen Exklusivität im Rahmen des Hiobbuches als auch in seiner atl. und altorientalischen Bezogenheit und Besonderheit herausgestellt (vgl. S.91ff.).

In der weiteren literarischen Analyse des dritten Redegangs zeigte sich, daß die c.25 unmittelbar vorangehenden c.23-24 im Grundbestand eine sich über vier Strophen zu je sechs Bikola erstreckende, ursprüngliche Rede Hiobs darstellen. Hiob kontrastiert die von Eliphas betonte Mahnung, sich zu Gott zu wenden (22,21-30*), mit der Herausstellung der Unmöglichkeit einer Gottesbegegnung und weist die gegen ihn erhobenen Beschuldigungen mit einem kräftigen Unschuldsbekenntnis zurück (23,2-7|8-13); sodann verschärft er durch eine Darstellung dieser Vorwürfe als Taten der Frevler die Anklage gegen den ihm als Dämon erscheinenden Gott (23,14-24,1[...]|2-4+10-12). Aus c.24 mußten die V.5-8.9.13-25 ausgeschieden werden: Sie identifizieren die Opfer der Frevler (V.5-8.9), konkretisieren die Frevler (V.13-17a), bezeugen ihre innerweltliche Bestrafung (V.17b-24) und bieten eine Unterschrift (V.25), welche die gegen Gott geführte Anklage zu einer die Freunde in den Blick nehmenden Streitrede umakzentuiert (vgl. S.116ff.).

Als entscheidendes Kriterium für die Nichtursprünglichkeit von 24,5-8.9.13-24.25 erwies sich außer der stilistischen und sprachlichen Besonderheit sowie dem immanenten Widerspruch zu den 24,1[...]2-4.10-12 der Gegensatz zu c.21, das entgegen der jüngsten Bestreitung seiner Echtheit in seinem Grundbestand eine ursprüngliche Hiobrede darstellt. Daß zwischen den originalen Reden des Eliphas in c.22* und des Zophar in c.20 Hiob selbst noch einmal das Wort ergreifen muß, ergibt sich aus der kompositionellen Architektur der Dichtung, nach der innerhalb der Abfolge von c.3-24 stets eine Hiob- und eine Freundesrede auf der Basis einer argumentativen Reaktion und Partizipation in einem dynamischen Wechsel stehen. Dieses Kompositionsprinzip ließ sich auch für die aus acht Strophen zu je vier Distichen bestehende Rede in c.21 zeigen, in der Hiob aufgrund der Erfahrung des gesegneten Lebens der Frevler die Theorie der weltimmanenten Vergeltung und so den Glauben an die berechenbare Gerechtigkeit Gottes widerlegt: Hiob reagiert damit auf die zweite Rede des Zophar in c.20, die ihrerseits argumentativ an der Rede des Eliphas in c.15 teilhat, und gibt den Anstoß für die direkten Anschuldigungen durch Eliphas in c.22. Die besondere argumentative Struktur von c.21, das die für die vorausgehenden Hiobreden typischen Elemente der Bestreitung des Gegners, der Anklage Gottes, der Erklärung der eigenen Unschuld, der Klage über das persönliche Leid und den Ausblick auf den Tod *implizit* enthält, erklärte sich aus der makrokompositionellen Position und Situation. Als sekundär mußten in c.21 lediglich V.17b und der die allwissende, gerechte Macht Gottes bekennende V.22 betrachtet werden. Aus der Erkenntnis von c.21* als originaler Hiobrede ergab sich neben der Bestätigung der Ausscheidung von 24,5-8.9.13-24.25 auch die Beibehaltung von 24,1[...].2-4.10-12 als Teil einer verstärkten, ebenfalls empirisch begründeten Anklage Gottes (vgl. S.130ff.).

Im Blick auf die c.25 *folgenden* Texte wurde festgestellt, daß c.26 eine einheitliche Lehrrede darstellt, welche die Majestät Gottes am Beispiel der *conservatio* (V.5-10) und *creatio mundi* (V.11-13) hymnenartig betont und die in einem weisheitlichen Summarium gipfelt (V.14). Aufgrund seiner sprachlich und stilistisch singulären Eröffnung in V.2-4, seiner Parallele zu den sekundären Abschnitten in 9,2-4.5-10.11-14; 12,7-25 und 36,29f. und seiner Antizipation der Gottesrede(n) (c.38-39) mußte c.26 insgesamt als sekundär betrachtet werden. Da c.26 einerseits keinen Anschluß an 24,12 aufweist, andererseits als Reaktion und Modifikation auf das sekundäre c.25

komponiert ist, konnte diese Lehrrede im Gesamtgefüge der Dichtung als tertiär beurteilt werden (vgl. S.144ff.).

Die sich in c.27 anschließende Hiobrede erwies sich als eine dreischichtige Größe. Das eidesstattliche Unschuldsbekenntnis (V.2-6*), das diese Rede einleitet, erwies sich als originaler Anfang der in 29,2 beginnenden Herausforderungsrede. 27,11-12 hingegen zeigten sich als Beginn des als Korpus einer Lehrrede in die Hiobdichtung interpolierten Weisheitsliedes in c.28*. Diese sekundäre, erneut die Majestät Gottes preisende und die Relativität menschlicher Welterkenntnis bekennende Unterweisung der Freunde (27,11-12; 28,1-14.[15-19].20-28) ist ihrerseits sekundär durch eine die Einleitung der Lehre rahmende und erweiternde Zustimmung Hiobs zur immanenten Vergeltung (27,7-10.13-23) aufgeteilt worden. Mit der Zugehörigkeit von 27,2-6* zu der Herausforderungsrede in c.29-31 konnten wir dann die gegenüber den unmittelbar in den Dialog integrierten Reden modifizierte Überschrift in 27,1 als ursprünglich ansehen (vgl. S.155ff.).

Eine systematische Zusammenstellung der einzelnen literarischen Schichten in c.21-28 und der damit verbundenen makrokompositionellen Konsequenzen für den Aufbau der Hiobdichtung ergibt somit folgendes Bild:

1. Auf den eigentlichen Hiobdichter [HD] gehen zurück:
- die Hiobrede in 21,1-17a.18-21.23-34 als endgültige *dialogische* Widerlegung der von den Freunden vertretenen Theorie der Vergeltung am Beispiel des Schicksals des רָשָׁע (vgl. bes. 15,20ff.; 18,5ff. und 20,5ff.),
- die Eliphasrede in 22,1-11.13-16.19-23.26-30 als Abschlußwort der Freunde,
- die Hiobrede in 23,1-24,1[...].2-4.10-12 als Übergang vom Dialog mit den Freunden hin zur direkten Wendung an Gott,
- das Unschuldsbekenntnis in 27,1.2-6* als Einleitung der umfassenden, an Gott gerichteten Lebensklage und der direkten Herausforderung Gottes zum Rechtsstreit (29,2-31,37*).

Nach der klassischen Terminologie umfaßte der dritte Redegang somit ursprünglich nur noch ein Abschlußgespräch Hiobs mit Eliphas und eine als Brücke zwischen dem Dialog und dem Monolog fungierende Rede. Unmittelbar daran schloß sich der dreigliedrige Reinigungseid und die Herausforderung Gottes. Unsere literarische Analyse bestätigt damit einerseits *makrokompositionell* die Vermutungen eines dualen Redaktionsmodells, wie es mit spezifischen Modifikationen J.Grill (1890), P.Volz (1921), C.Westermann (1956; [3]1978), H.Gese (1982) und H.-J.Hermisson (1989) andeuteten[428], und liefert

---

[428] Vgl. bei unterschiedlicher mikrotextlicher Abgrenzung J.Grill. Komposition. 74ff.; P.Volz. Hiob (1921). 27: C.Westermann. Aufbau[3]. 128: H.Gese. Lebenssinn. 164.169;

andererseits den Ausgangspunkt für eine über die bisherigen Versuche hinausgehende redaktionsgeschichtliche Erklärung des Wachstums des dritten Redegangs und damit der gesamten Hiobdichtung.

2. Aufgrund ihrer inhaltlichen und stilistischen Geschlossenheit wurden
erstmals in der Forschung jene die kreatürliche Unreinheit des Menschen besonders hervorhebenden Abschnitte in 4,12-21; 15,11-16 und 25,1.2-6 als eine
eigene literarische Schicht betrachtet. Diese Stücke gehen auf eine im folgenden "Niedrigkeitsredaktion" genannten Verfasserkreis zurück.

3. Ebenfalls eine eigene, sich aber von der Niedrigkeitsredaktion unterscheidende Schicht stellen die Lehrreden Hiobs über die unbegreifliche Schöpfermacht Gottes und über die allein Gott zugängliche verborgene Weisheit in
26,1-14 und 27,11-12; 28,1-14.[15-19].20-28 dar. Sie werden einer im folgenden "Majestätsredaktion" genannten Schicht zugeschrieben.

4. Eine dritte, sich von der Niedrigkeits- und der Majestätsredaktion unterscheidende Schicht dürfte für die Einfügung der poetisch und sprachlich gegenüber dem Kontext abfallenden Abschnitte in 24,5-8.13-25 und 27,7-10.13-
23 verantwortlich sein. Durch eine Konkretion der Freveltaten und durch die
nun auch von Hiob vertretene Überzeugung einer unmittelbaren Bestrafung
der Frevler wird nachhaltig der Glaube an die weltimmanent vergeltende Gerechtigkeit Gottes manifestiert: Gott kennt die Frevler genau (vgl. bes. 24,5-
8.13-17a) und richtet sie auch (vgl. bes. 24,17b-24; 27,13.21-23). Die Hand,
auf die diese Modifikation der Hiobreden im dritten Redegang zurückgeführt
werden kann, wird im weiteren als "Gerechtigkeitsredaktion" bezeichnet.

5. Ohne nähere Einordnung blieben bisher die mindestens als sekundär
bzw. tertiär angesehenen Abschnitte in 21,17b.22; 22,12.17-18.24-25; 24,9
und 28,15-19.

6. Die von der Niedrigkeitsredaktion komponierte dritte Bildadrede hat als
die im kanonischen Hiobbuch letzte Freundesrede die Funktion des Ab-
schlußwortes von der Freundesseite aus c.22 übernommen. Dadurch wurde
die Argumentation der ursprünglichen Freundesreden korrigiert, aber auch in-
tensiviert. Mit der Positionierung von c.25 vor der Eröffnung der Herausforderungsreden in 27,1-6; 29,2ff. ist auf der Stufe der Niedrigkeitsredaktion der
Reinigungseid Hiobs erheblich relativiert worden. Kompositionsgeschichtlich
ist mit der Einfügung einer zusätzlichen Freundesrede der Keim für eine Umgestaltung des *einen Abschlußgesprächs* zwischen Hiob und Eliphas hin zu ei-

---

H.-J.Hermisson. Notizen. 125f., und O.Kaiser. Ideologie. 73. Die u.a. von T.K.Cheyne.
Art. Job (1901). 2464; Mo.Jastrow. Job. 74; K.Fullerton. Conclusion. 122f.; P.Weimar.
Ijobnovelle. 65 Anm.16; R.Brandtscheidt. Gotteszorn. 308f. Anm.127, und zuletzt
T.Mende. Leiden. 278, vertretene Konzentration auf zwei Redegänge (bis max. c.20)
scheitert daran, daß c.21-24.12 ursprünglich sind.

ner *Fortsetzung der Streitgespräche* gelegt. Diese kompositionelle Tendenz hat zunächst die Majestätsredaktion durch die Bildung einer weiteren, nun einer sich "zu Gunsten Hiobs im Verhältnis zu den Freunden"[429] auswirkenden Rede in c.26 und durch die Ausgestaltung der Einleitung des umfassenden Unschuldsbekenntnisses zu einem die Freunde in den Blick nehmenden Vorwort (27,5aβ.11-12) einer weisheitlichen Lehrrede (28,1-14.20-28) verstärkt. Die Gerechtigkeitsredaktion hat die von der Majestätsredaktion initiierte Veränderung des Hiobbildes durch die Erweiterung der Hiobreden in c.24 und 27 fortgesetzt. Durch die Bekenntnisse Hiobs zur vergeltenden Gerechtigkeit Gottes erhielten die Unschuldserklärungen Hiobs eine zusätzliche Stütze. Mit der Tätigkeit dieser drei Redaktoren ist somit das in der ursprünglichen Dichtung als Übergang von den Wechselreden der Freunde zu den Herausforderungs- und Gottesreden fungierende Abschlußgespräch zwischen Hiob und Eliphas (c.21-24,12) zu einem, wenn auch im Vergleich zu den ersten beiden Redegängen asymmetrischen "dritten Redegang" angewachsen.

Auf die inhaltlichen und theologischen Konsequenzen dieser kompositionellen Modifikationen der ursprünglichen Dichtung wird im dritten Teil unserer Studie eingegangen. Zunächst gilt es, Spuren weiterer redaktioneller Tätigkeit dieser drei Bearbeiter innerhalb der Dichtung zu suchen, um eine breitere Ausgangsbasis für ihre Einordnung in einen größeren literar- und theologiegeschichtlichen Horizont zu gewinnen und ihr jeweiliges, die Tendenz der Dichtung modifizierendes Profil beschreiben zu können.

---

[429] J.Grill. Komposition. 76.

2.2. Redaktionsgeschichtliche Skizze

2.2.1. Relative Chronologie der Redaktionsschichten in c.21-28

Im gegenseitigen Abhängigkeitsverhältnis der gegenüber der ursprünglichen Dichtung in beiden Fällen sekundären Größen c.25 als Komposition der Niedrigkeitsredaktion und c.26 als Werk der Majestätsredaktion ist der "dritten Rede Bildads" und damit der Niedrigkeitsredaktion die Priorität zu geben. Denn c.26 reagiert ausdrücklich auf etwas unmittelbar vorher von einem anderen Redner Gesagtes und relativiert einen vorausgehenden Gedanken. Die Gerechtigkeitsredaktion, welche die Bekenntnisse Hiobs zur immanenten Vergeltung einfügt, zerreißt die formale Zusammengehörigkeit von 27,11-12 und 28,1-28*. Mit ihrer kalkulierbaren Theologie steht sie im Widerspruch zu den skeptisch gestimmten Summarien der Majestätsredaktion in 26,14 und 28,12.20.28. Die Posteriorität der Gerechtigkeitsredaktion zumindest gegenüber der Niedrigkeitsbearbeitung zeigt sich auch daran, daß c.25 mit der den Abstand von Schöpfer und Geschöpf und die menschliche Unreinheit betonenden Theologie nicht die von der Gerechtigkeitsredaktion eingesetzte Passage in 24,13-25 zurückweist, sondern Hiobs Wunsch der Erreichbarkeit Gottes, seine Heraushebung der eigenen Integrität und die Ausmalung des von Gott geduldeten Chaos in der Welt in 23,2-24,1[...].2-4.10-12 abwehrt. Für die Abfolge der Redaktionen innerhalb der c.21-28 heißt dies, daß die Umgestaltung des "dritten Redegangs" mit der Niedrigkeitsredaktion beginnt, von der Majestätsredaktion fortgesetzt und von der Gerechtigkeitsredaktion im Rückblick auf diese beiden Bearbeitungen beendet wird. Im Blick auf weitere redaktionelle Tätigkeit *innerhalb der Hiobdichtung* kann die Erkenntnis, daß es sich bei den Elihureden in c.32-37* um eine *makrotextlich weitgehend* in sich geschlossene Redaktionsschicht handelt[1], als Ausgangspunkt dienen. Nun tadeln die Elihureden Positionen der Freunde und Hiobs und liefern einen in sich stimmigen theologischen Entwurf mit dem Skopus, Gott argumentativ und prädikativ als den gerechten Schöpfer zu erweisen. Daher ist es unwahrscheinlich, daß der Elihudichter, seiner Interpolation den Weg bereitend, selbst zusätzlich in die vorangegangenen Reden eingegriffen hat[2]. Vielmehr hat der Dichter des Grundbestandes der c.32-37 seinen Anknüpfungspunkt in

---

[1] Zur Beurteilung der Elihureden als sekundäre Größe vgl. die forschungsgeschichtliche Anm. 164 auf S.36.
[2] Dies vermutete jedoch T.Mende, Leiden, bes. 139f.275.

der ursprünglichen Hiobdichtung vorgefunden. Dies verdeutlicht auch seine Zitationstechnik[3]. Andererseits wäre die Kritik des Elihudichters unverständlich, wenn er bereits auf die seiner eigenen Theologie nahestehenden Abschnitte der Niedrigkeits- und der Gerechtigkeitsredaktion hätte zurückblicken können. An keiner Stelle wird sichtbar, daß der Elihudichter die Texte der drei in c.21-28 feststellbaren Redaktionsschichten voraussetzt. Die vereinzelten terminologischen und motivischen Überschneidungen mit den nachfolgenden Redaktionen zeigen vielmehr eine partielle Aufnahme der Elihureden durch die Niedrigkeits-, Majestäts- und Gerechtigkeitsredaktion[4]. D.h. für die relative redaktionsgeschichtliche Chronologie: mit der "Mahnschrift" des weisen Mannes Elihu[5] ist ein Bearbeitungsprozeß der Dichtung in Gang gesetzt[6], an den sich die Niedrigkeits-, Majestäts- und Gerechtigkeitsredaktion mit einer je eigenen Akzentsetzung anschließen. Für den Elihudichter können allein aus kompositionellen Gründen seines Entwurfes weitere Eingriffe in die Hiobdichtung ausgeschlossen werden. Für die Niedrigkeits-, Majestäts- und Gerechtigkeitsredaktion gilt dies nicht im gleichen Maß. Bereits bei der literarischen Analyse zeigte sich, daß (1.) die Niedrigkeitsredaktion auch in c.4-5 und 15 am Werk war, (2.) c.26 seine nächsten Parallelen *innerhalb der Dichtung* in den mindestens sekundären Abschnitten 9,5-10[7] und 12,7-25 besitzt und (3.) eine zu 24,5-8 vergleichbare Beschreibung von armseligen Steppenbewohnern in dem nicht ursprünglichen Abschnitt 30,1*.2-8 vorliegt. Von diesen punktuellen Beobachtungen ausgehend, fragen wir nun zur genaueren Charakteristik dieser drei Bearbeitungsschichten nach weiteren Spuren ihrer redaktionellen Tätigkeit in der Dichtung. Im Mittelpunkt steht die Frage, wo sich in der Dichtung Texte finden, die einerseits inhaltlich und stilistisch aus

---

3   Vgl. u.a. 33,8 im Rückgriff auf 9.21; 10.7; 13.18ff.; 16.17 und 23.10-12. 33,13 im Rückgriff auf 9.16ff.; 19.7 und 30.20. 34,5 im Rückgriff auf 6.4; 9.21; 10.7; 13.18; 16.16; 21.7.13 und 27.2.5f.

4   Vgl. für die Niedrigkeitsredaktion 33,12bβ mit 4.17; 34,7 mit 15.6; vgl. für die Majestätsredaktion 36,29f. mit 26.9f.; 36,11 mit 26.8. vgl. für die Gerechtigkeitsredaktion 34,22 mit 24.13-17; 34,8 mit 22.15 und 31.3 [?]. Dagegen ist 33,15aβ eine schon vor G und 11QTgJob eingedrungene Erweiterung, die von einer Hand stammt, die bereits 4,13 kannte (so mit G.Beer. Text; G.Bickell. Iobdialog; Budde. HK[2]II; Duhm; Hölscher; Fohrer; H.Bobzin, Tempora; Hesse; Fedrizzi; de Wilde; V.Maag. Hiob, 207, und T.Mende. Leiden, 30).

5   P.Volz. Hiob (1921). 90ff.

6   Hierin ist T.Mende. Leiden, 143, zuzustimmen die ebenfalls in der Tätigkeit des Elihudichters die Wurzel für die spätere Bearbeitung der Dichtung sah; vgl. auch O.Kaiser, Ideologie. 76f., und H.-M.Wahl. Schöpfer. 175-181.

7   Die phänomenologische Gegenüberstellung von 26.5-14 und 9.5-10 beinhaltet noch keine redaktionsgeschichtliche Verhältnisbestimmung. Wie sich noch zeigen wird. stammt 9.5-10 vermutlich von einem anderen Verfasser als c.26.

ihrem Kontext herausfallen und die andererseits starke Parallelen zu der Un-
würdigkeitstheologie der Niedrigkeitsredaktion, der Weisheits- und Schöpfungstheologie der Majestätsredaktion oder der Vergeltungstheologie der Gerechtigkeitsredaktion aufweisen. Dabei dient dieser Gang der Konturierung
der Niedrigkeits-, Majestäts- und Gerechtigkeitsredaktion, um eine breitere
Basis für ihre literar- und theologiegeschichtliche Einordnung zu erhalten. Als
Nebenprodukt wird eine das ganze Hiobbuch umfassende redaktionsgeschichtliche Skizze entstehen.

2.2.2. Die Tätigkeit der Niedrigkeitsredaktion

2.2.2.1. Die Antwort Hiobs auf die Gottesrede(n)

Verbindet man die zwei Reaktionen Hiobs auf die Gottesrede(n) in 40,3-5
und 42,1-6 aufgrund der in 40,5 vorliegenden Schweigeverpflichtung Hiobs zu
einer Antwort[8] und betrachtet man 42,3a.4, als modifizierte Zitate aus 38,2
bzw. 7,11[9], so bildet die "ursprüngliche" Schlußantwort Hiobs einen aus sechs
Bikola bestehenden stilistischen und inhaltlichen Megachiasmus.

וַיַּעַן אִיּוֹב אֶת־יְהֹוָה וַיֹּאמַר:	40,3
הֵן קַלֹּתִי מָה אֲשִׁיבֶךָ יָדִי שַׂמְתִּי לְמוֹ־פִי:	40,4
אַחַת דִּבַּרְתִּי וְלֹא אֶעֱנֶה וּשְׁתַּיִם וְלֹא אוֹסִיף:	40,5
יָדַעְתִּי כִּי־כֹל תּוּכָל וְלֹא־יִבָּצֵר מִמְּךָ מְזִמָּה:	42,2
לָכֵן הִגַּדְתִּי וְלֹא אָבִין נִפְלָאוֹת מִמֶּנִּי וְלֹא אֵדָע:	42,3b
לְשֵׁמַע־אֹזֶן שְׁמַעְתִּיךָ וְעַתָּה עֵינִי רָאָתְךָ:	42,5
עַל־כֵּן אֶמְאַס וְנִחַמְתִּי עַל־עָפָר וָאֵפֶר:	42,6

Wie an dieser Zusammenstellung deutlich wird, entsprechen sich 40,4 und
42,6 über das Motiv der kreatürlichen Unwürdigkeit (עַל־עָפָר x הֵן קַלֹּתִי
וָאֵפֶר) und des menschlichen Verstummens vor Gottes Angesicht (יָדִי שַׂמְתִּי

---

8   Zur Kombination von 40,3-5 mit 42,2-6* zu *einer* Hiobantwort vgl. bereits die Text-
    folge in 11QTgJob (41,25-42,2; 40,5; 42,4-6) sowie G.Bickell, Iobdialog; Duhm;
    Budde, HK[2]II; Driver u. Gray; M.Simon, Gottesreden, 37ff.; E.Würthwein, Gott, in:
    Wort und Existenz, 284; Hölscher; Fohrer; Rowley; C.Westermann, Aufbau[3], 124f.; de
    Wilde; J.Lévêque, Job, 505ff.; E.Kutsch, Unschuldsbekenntnis, in: BZAW 168, 335;
    J.van Oorschot, Gott, 174; u.a. Bereits E.I.Magnus, Hiob (1851), verknüpfte 40,3-5 mit
    42,5a.3bc.5b.2.6.
9   Vgl. auch 10,2; 13,22; 14,15 und 23,3. Zur Ausscheidung von 42,3a.4 siehe auch
    Merx; G.Bickell, Iobdialog; Budde, HK[2]II; Duhm; G.Beer, Text; Dhorme; Hölscher;
    Fohrer; C.Westermann, Aufbau[3], 125; V.Maag, Hiob, 201; Pope; de Wilde; J.Lévêque,
    Job, 505f.; J.van Oorschot, Gott, 190. H.-M.Wahl, Schöpfer, 178-180, sah in diesen
    Zitaten einen Beitrag des Elihudichters.

לְמוֹ־פִי x וְנִחַמְתִּי אֶמְאַס עַל־כֵּן). 40,5 und 42,5 korrespondieren über das antithetische Begriffspaar דבר und שמע miteinander. Im Zentrum der Rede stehen 42,2 und 42,3, die über den Begriff ידע und die theologischen Prädikationen מְזִמָּה und נִפְלָאוֹת verbunden sind. Die Antithetik der Motive der göttlichen Macht (תּוּכָל כִּי־כֹל) und der menschlichen Ohnmacht (לֹא אָבִין x לֹא אֵדַע) verstärken die Entsprechung dieser Verse. Schließlich verfügt das zentrale Distichen-Paar über ein kolometrisch verwandtes Verhältnis; singulär innerhalb dieses Widerrufs ist in 42,2 und 42,3 jeweils der erste Stichos kürzer als der zweite. Neben der vertikalen chiastischen Struktur findet sich eine horizontale Parallelität zwischen den Bikola-Paaren 40,4 und 5; 42,2 und 3 sowie 42,5 und 6. Jeweils der erste Vers bildet eine implizite Protasis, zu welcher der zweite Vers eine implizite (in V.3.6 sogar explizite) Apodosis darstellt. Zu den makrotextlichen Stilmitteln kommen mikrotextliche Ornamente. So finden sich neben dem Homoioteleuton יָדִי שַׂמְתִּי לְמוֹ־פִי in 40,4 die Alliterationen in 42,2a כִּי־כֹל, verstärkt durch die Paronomasie zu תּוּכָל, in 42,2b מְזִמָּה מִמְּךָ, in 42,5 שְׁמַעְתִּיךָ...לְשֵׁמַע; עֵינִי עַתָּה (וְ) und in 42,6 עַל־עָפָר, unterstrichen durch den Gleichklang zu וְאֶפֶר. 40,5 bietet im Ansatz einen Zahlenspruch[10]. Die zentrale Aussage von 40,3-5; 42,2-6* besteht in dem Verzicht Hiobs auf einen weiteren Streit mit Gott (42,6a) und der Anerkennung des ungeheuren Abstandes zwischen Schöpfer und Geschöpf (42,6b): *"Deshalb widerrufe ich und bereue, weil ich von Staub und Asche bin".*[11] Die immer wieder konstatierten textlichen Schwierigkeiten von 42,6 lösen sich durch eine kausale Übersetzung von עַל. Für eine solche Wiedergabe sprechen (1.) die Parallele zu Gen 18,27, (2.) die Übersetzung des Verses in G ἥγημαι δὲ ἐμαυτὸν γῆν καὶ σποδόν (*"Ich aber halte mich für Staub und Asche"*), und (3.) die Tatsache, daß in den Beschreibungen des Bußritus אֵפֶר stets alleine begegnet (vgl. Jes 58,5; Jer 5,20; Jon 3,6; Est 4,1.3; Dan 9,3; etwas anders liegt der Fall in Ez 27,28), während die *unmittelbare* Begriffskombination אֵפֶר - עָפָר nur in Kreatürlichkeitsaussagen auftaucht (vgl. 30,19 und 1QH 10,5).[12] In 42,5-6 findet sich damit nicht primär ein Bild für den *auf Staub und Asche* büßenden Hiob, sondern vor allem ein

---

10   So mit Fohrer, 532.
11   אֶמְאַס ist mit Schlottmann; Bückers; Weiser; Fohrer; Gordis; V.Maag, Hiob, 201;
     T.Mende, Leiden, 225; H.-M.Wahl, Schöpfer, 179; HALAT und T.F.Dailey, in: ZAW
     105 (1993), 205ff., von II מאס "verwerfen" abzuleiten und נִחַמְתִּי als *Nifal* "bereuen"
     zu lesen.
12   Zur ausführlichen philologischen Begründung für eine kausale Wiedergabe von עַל
     siehe König, 452f.; vgl. auch M.Buttenwieser, 292: "Therefore, though I am wasting
     away, I am comforted for my lot of dust and ashes"; ähnlich H.Torczyner, Hiob (1920),
     332f.

zu 4,19 paralleler Ausdruck. Hiob bekennt sich nun zu seiner geschöpflichen Niedrigkeit - und zwar nicht mehr als Appell an Gottes Barmherzigkeit wie in der ursprünglichen Dichtung (vgl. 10,7ff. und 30,19)[13], sondern als Ausdruck des Wissens, als Mensch (עָפָר וָאֵפֶר) ein Sünder zu sein: מאס und נחם sind hier wie in Num 11,20; I Sam 8,7; 10,19; 15,23.26; II Reg 17,15; Jes 5,24; Ez 20,24; Am 2,4. und Jer 8,6 als hamartologische Termini verwendet. Wie in 4,19; 15,17 und 25,6 findet sich somit in 42,5-6 durch die Verknüpfung mit Sündenbegriffen (מאס und נחם)[14] eine hamartologische Definition von Kreatürlichkeitsaussagen (עָפָר und אֵפֶר).[15] Mit ihrer chiastischen und konditional argumentierenden Kompositionsstruktur sowie ihrem inhaltlichen Skopus entspricht diese Antwort der Tendenz der Niedrigkeitsredaktion, die in besonderer Weise das Motiv der kreatürlichen Unwürdigkeit des Menschen in einer stilistisch kunstvollen Form (vgl. die literarische Analyse von 25,2-6) zu einer Erkenntnis (יָדַעְתִּי) und einem Bekenntnis (תּוּכָל) verdichtet. Die enge Verwandtschaft zwischen der Hiobantwort und den Texten der Niedrigkeitsredaktion zeigt sich auch an direkten terminologischen Überschneidungen (vgl. 40,4 mit 15,12-13; 42,5a mit 4,12b; 42,5b mit 4,16aβ und 42,6b mit 4,19aβ).[16] Die Annahme, daß der Verfasser von 40,3-5; 42,2-6* mit der Niedrigkeitsredaktion identisch ist, wird schließlich durch die in 4,12-21 und 42,5 begeg-

---

13 S.o. S.96.

14 Daneben findet sich נחם als Bußbegriff zumeist mit Gott, den etwas reut, wenn er die Buße des Menschen sieht vgl. Jer 26.3.13.19; 31,9; Jes 57,6; Joel 2,13; Am 7,3; Jon 3.10; 4,2; u.ö.

15 Zu dieser synthetischen, den Kreatürlichkeits- und den Bußaspekt integrierenden Deutung vgl. auch König. 451ff.; H.W.Hertzberg, Hiob. 171; Hartley; T.F.Dailey, in: ZAW 105 (1993), 206ff.; mit der Änderung von עַל in עֵל (vgl. 24,9) A.Wolters. "Child", 116-119, und mit erheblichen Textmodifikationen, die den Sündenaspekt verwischen, de Wilde.

16 Gegen die Ursprünglichkeit von 40,3-5; 42,2-6* sprechen weitere sprachliche und mikrotextliche Auffälligkeiten:
- III בצר (42,2) ist ein relatives Hapaxlegomenon und findet sich im *Nifal* im AT nur noch in Gen 11,6.
- die Formel שׂים + יָד פֶה wird im Hiobdialog mit der Präposition עַל konstruiert (vgl. 7,16 und 21,5), in 40,4 dagegen mit לְמוֹ.
- קלל im *Qal* (40,4) begegnet nur hier in der Hiobdichtung im Sinn von "gering sein" (vgl. I Sam 2,30; Gen 16,4f. und Sir 8,16), während es in 7,6 und 9,25 als "schnell sein" auftritt (in 24,18 ist der Text gestört, vgl. S.117 und S.125).
- נחם (42,6) begegnet nur hier in der Hiobdichtung im *Nifal* "bereuen", sonst im *Piel* "trösten" (vgl. 7,13; 16,2; 21,34 und 29,25).
- Begriffsüberschneidungen mit überwiegend sekundären Abschnitten: לְכֵן (42,3 vgl. 32,10; 34,10.25; 37,24; Ausnahme: 20,2); נִפְלָאוֹת (42,3; vgl. 9,10; 37,5.14; Ausnahme: 5,9); אָז (42,5; vgl. 4,12; 12,11; 13,1; 28,22; 33,8.16; 34,3; 36,10.15; Ausnahmen: 13,17; 15,21; 29,11); שָׁמַע (42,5; vgl. 28,22).

nende Schrecken verbreitende und Unterwerfung fordernde Offenbarung verstärkt (vgl. bes. 4,16 mit 42,5b.6). Diese steht im Gegensatz zu der von Zuversicht getragenen Offenbarungserwartung in 19,26-27. Die Andeutung, Gott
selbst gesehen zu haben (42,5b), knüpft unmittelbar an 4,12-16 an und reagiert in modifizierender und korrigierender Weise auf 19,26f.: Erwartet Hiob
in 19,26-27 hoffnungsgewiß, Gott als seinen ihn ins Recht setzenden גֹּאֵל zu
sehen, so erblickt er hier den Gott, vor dessen Majestät er sich entsetzt, sich
seiner Niedrigkeit bewußt und zum Widerruf niedergerungen wird. Für die
theologische Charakteristik der Niedrigkeitsredaktion bedeutet dies, daß der
Mensch als ein kreatürlich[17] und hamartologisch[18] unwürdiges Wesen einem
ihm in jeder Hinsicht überlegenen[19] und von ihm in unendlicher Distanz[20] geschiedenen, aber nicht weltfernen Gott[21] unterworfen ist.

Parallele Größen zu den vier analysierten Texten 4,12-21; 15,11-16; 25,1-
6 und 40,3-5; 42,2-6*, die alle zu einem stilistischen Kunstwerk verdichtete
theologische und anthropologische Thesen darstellen, finden sich im Hiobbuch
nicht mehr.

2.2.2.2. Kompositions- und redaktionsgeschichtliche Konsequenzen

Da im heute vorliegenden Buch die von der Niedrigkeitsredaktion geschaffene *eine* Schlußreaktion Hiobs in *zwei* Teilantworten vorliegt, muß eine spätere Redaktion für die Aufteilung verantwortlich sein. Kompositionsgeschichtlich bedeutet die Zuweisung der *einen* Antwort Hiobs auf die Gottesrede an die Niedrigkeitsredaktion und die Teilung dieser Antwort durch eine noch näher zu bestimmende Redaktion, daß die originale Dichtung mit *einer* Rede Gottes endete und *keine* Schlußantwort Hiobs besaß[22]: die Klage

---

17 Vgl. die entsprechenden Termini בָּתֵּי־חֹמֶר und עָפָר in 4,19; רִמָּה und תּוֹלֵעָה in 25,6;
    עָפָר und אֵפֶר in 42.6.
18 Vgl. die entsprechenden Ausdrücke נִתְעַב, נֶאֱלָח und עַוְלָה in 15,16; מָאַס und נחם in
    42.6.
19 Vgl. die Wendung כִּי־כֹל תּוּכָל in 42.2.
20 Vgl. die angelologische, kosmologische und anthropologische Stufung in 4,18-19;
    15,15-16 und 25,5-6.
21 Vgl. die Zuwendung Gottes in 4.16; 15,11; 25.3b und 42.5.
22 So mit H.H.Schmid, Weisheit, 182f., und V.Maag, Hiob, 118f. Die Exegeten, die auch
    die Gottesreden grundsätzlich für sekundär hielten, betrachteten dann zwangsläufig ei-
    ne Reaktion Hiobs auf diese als nicht ursprünglich, so G.L.Studer, Integrität (1875),
    718ff.; ders., Hiob (1881); Mo.Jastrow, Job, 82ff.; P.Volz, Hiob (1921), 80;
    F.Baumgärtel, Hiobdialog, 1; J.Hempel, Althebräische Literatur, 179; Hesse, 11f.; siehe
    dazu auch die Übersichten bei Dillmann⁴, XXVII; C.Kuhl, Literarkritik, 264;
    J.Lévêque, Job, 500, und J.van Oorschot, Gott, 231ff.

Hiobs und seine Frage nach dem Warum seines und der Menschen Leid (vgl. bes. 3,10 bzw. 21,6ff. und 24,1-12*) und die Klugheit seiner Freunde verstummten so in der ursprünglichen Dichtung an der einen Rede Gottes, auf die es kein menschliches Erwidern gibt - nach dem Willen des Hiobdichters hat Gott stets das letzte Wort.[23]

2.2.3. Die Tätigkeit der Majestätsredaktion

Wie wir bereits bei der Analyse der Texte, die wir der Majestätsredaktion zugeteilt haben (26,1-14; 27,11-12 mit 28,1-28*), zeigen konnten, versucht sie, ihre Gedanken von der verborgenen Weisheit, über die allein der die Welt erhaltende Gott in seiner Majestät verfügt, harmonisch als Lehrreden in die vorliegenden Hiobreden einzupassen: zwischen die von der Niedrigkeitsredaktion gebildete "dritte Bildadrede" und die ursprüngliche Eröffnung der Herausforderungsrede in 27,1 ist sorgfältig die weisheitliche Schöpfungs- und Gotteslehre in c.26 eingebettet; nach der Einfügung der Weisheitslehre in 27,11-12 mit 28,1-14.20-28 wird die Überschrift aus 27,1 in 29,1 wieder aufgenommen. Diese rahmende Einfügungstechnik zeigt sich auch bei weiteren Abschnitten, die aufgrund ihres spezifischen Weisheitsbegriffes und wegen ihrer lehrhaften, dabei die Würde Hiobs hervorhebenden Tendenz auf die Majestätsredaktion zurückgehen könnten.

2.2.3.1. Der Lehrhymnus in 12,7-25

Auf die stilistisch und strophisch aus dem Kontext herausfallende hymnische Belehrung der Freunde durch Hiob in seiner vierten Rede (12,1-14,22) wurde bereits hingewiesen (vgl. S.151). Die aus 12,7-10 erkennbare Schöpfungstheologie berührt sich eng mit 26,5-14, die Relativierung der menschlichen Erkenntnis und die Betonung der alleinigen Weisheit Gottes in 12,11.12-13.16 steht neben 26,14 und 28,1-14.20-28. Ebenso erinnern der refrainartige Stil in 12,13.16 sowie die Art, 12,7-25 durch die auf 12,3a zurückgreifenden Rahmenverse 13,1-2 in die vorliegende Hiobrede einzubetten, an 28,12.20 bzw. 27,11-12 und 29,1. Findet sich in 28,28 mit der Gottesbezeichnung אֲדֹנָי ein für das Hiobbuch einmaliger Titel, so fällt auch 12,9 durch die für die *Dichtung* singuläre Verwendung des יהוה-Namens auf. Schließlich deutet die Aufnahme traditioneller Texte, wie dies zumindest für den Grundbestand von 12,7-10 und 12,17-25 anzunehmen ist, auf die Majestätsredaktion.

---

[23] S.u. den Abschnitt über die theologischen Grundstrukturen der Hiobdichtung (S.223ff.).

2.2.3.2. Das Straußenlied in 39,13-18

Die Selbständigkeit des in G fehlenden[24] und in der Forschung häufig als sekundär[25] betrachteten Gedichtes auf die רְנָנִים zeigt sich an fünf Punkten:

1. fällt 39,13-18 aus dem für die Gottesrede nachweisbaren Strophenmuster heraus (vgl. die Strukturanalyse auf S.238): Als Redeeröffnung der Gottesrede dienen 38,2-3, daran schließen sich 18 Strophen zu je vier Bikola an; in 39,26-30 ist der schlecht überlieferte Text neu zu gliedern[26]; als Glossen sind 38,19.20.28 zu betrachten[27]. Wird 39,13-18 als eine Erweiterung erkannt, ergibt sich folgendes strophisches Bild der (ersten) Gottesrede:
38,1|2-3|4-7|8-11|12-15|16-18+21|22-25|26-27+29-30|31-34|35-38|39-41#|
39,1-4|5-8|9-12|19-22|23-25#|26+27aα.b.28aβb.29aβb.30.

2. fehlen die direkten Anreden Hiobs bzw. Fragen[28].

3. liegt gegenüber den anderen Strophen der Gottesrede eine extrem hohe Anzahl von Stilmitteln vor[29].

---

24 Auch wenn man berücksichtigt, daß 11QTgJob nur sehr fragmentarisch ist, so fällt doch auf, daß die Gottesrede(n) weitgehend erhalten ist und daß 39,1-10.20-29 vorhanden sind, während 39,12.13-18.19, also genau die Passage des Straußenliedes, fehlen. Bereits bei c.28 konnte beobachtet werden, daß in 11QTgJob zwar zu V.1-13.20-28 zumindest Fragmente erhalten sind, nicht aber zu dem vermutlich sekundären Teil in V.15-19.

25 Vgl. Dillmann; G.Bickell, Iobdialog; G.Beer, Text; Duhm; Fd.Delitzsch; Steuernagel, in: HSATK II; J.Boehmer, in: ZAW 53, 289-291; E.Würthwein, Gott, in: Wort und Existenz, 286; H.W.Hertzberg, Hiob; W.B.Stevenson, Notes, 147; Horst, XII; Hesse; V.Maag, Hiob, 115f.; O.Kaiser, Ideologie, 94; J.van Oorschot, Gott, 166f.; tendenziell auch H.-P.Müller, Straußenperikope, 90ff. bes. 104 (zwar unter weitgehender Ausblendung literarkritischer Fragen, aber mit gewichtigen philologischen Argumenten). T.Mende, Leiden, 217ff., wies den Abschnitt wie auch 39,5-8.10.19.24.29-30 dem Elihudichter zu.

26 Wir orientieren uns an den hier immer noch überzeugenden textkritischen Vorschlägen von Duhm, 192: In V.27aβ streiche וְ נֶשֶׁר יַגְבִּיהַּ, in V.28aα streiche סֶלַע יִשְׁכֹּן und ziehe V.28aβ.bα als zweites Kolon zu V.27 (אִם־עַל־פִּיךְ כִּי יָרִים קִנּוֹ וְיִתְלֹנָן). in V.29a ersetze מִשָּׁם durch וּמִצּוּרָה aus V.28b. Damit ergeben sich drei Distichen, die das Bild vom Adler aus V.26 explizieren.

27 So mit J.van Oorschot, Gott, 175.

28 Vgl. dagegen eine direkte Anrede Hiobs bzw. eine Frage in 38.4 (אֵיפֹה); 38.8 (מִי [v.l.] mit V, Merx; Budde, HK²II; Duhm; G.Beer, Text; Dhorme; Fohrer; Hartley; u.a.); 38.12 (ה); 38.16 (ה); 38.22 (ה); 38.31 (ה); 38.35 (ה); 38.39 (ה); 39.1 (ה); 39.5 (מִי); 39.9 (ה); 39.19 (ה); 39.26 (ה).

29 V.13: Alliteration אִם־אֶבְרָה; Homoioteleuton וְנֹצָה חֲסִידָה אֶבְרָה; Versanfang entsprechend zu V.18 auf Kaph. V.14: Alliteration עַל־עָפָר; Chiasmus תַּעֲזֹב x תְּחַמֵּם; לָאָרֶץ x עַל־עָפָר. V.15: Homoioteleuton: הַשָּׂדֶה תְּדוּשֶׁהָ. V.16: Alliteration: לֹא־לָהּ. V.17: Homoioteleuton: הִשָּׁהּ אֱלוֹהַּ חָכְמָה; Paronomasie: בְּבִינָה. V.18: וְלֹא־חָלַק לָהּ. Alliteration: תַּמְרִיא תִשְׂחָק; Paronomasie: תַּמְרִיא בַּמָּרוֹם.

4. findet sich auf dichtestem Raum eine Häufung von relativen Hapaxlegomena[30].

5. führt sich nur hier in c.38-39 Gott selbst mit dem Namen אֱלוֹהַ als Subjekt ein[31]. Eine ähnliche Selbsteinführung Gottes findet sich ebenfalls innerhalb des partiell ehemals selbständigen Weisheitsliedes in 28,28.

Auf die Abfassung bzw. Einfügung des Straußengedichtes durch die Majestätsredaktion deutet dann auch die Vorstellung, daß Gott der ganzen Schöpfung die *ihr zukommende* Ordnung und Weisheit eingesenkt hat (vgl. 39,17 mit 28,23-28): dem Straußenweibchen hat Eloah zwar die חָכְמָה und בִּינָה versagt, dafür aber die Schnelligkeit geschenkt (39,18). Das in der Weisheitsliteratur sonst weit gestreute Wortpaar "Weisheit - Einsicht" begegnet außer in c.28 in der ursprünglichen Dichtung nur noch in 38,36. Vermutlich hat die Majestätsredaktion, welche der Schöpfungstheologie von c.38-39 unter den Bearbeitungen der Dichtung am nächsten steht, das Straußenlied dem Vers über den Ibis und den Hahn in 38,36 gegenübergestellt und aufgrund der Stichwortassoziation mit סוּס (39,18.19) zwischen die Schilderung von "Auerochs" (39,9-12) und "Roß" (39,19-25#) eingefügt.

2.2.3.3. Kompositions- und redaktionsgeschichtliche Konsequenzen

Der sich motivisch ebenfalls mit c.26 berührende Abschnitt in 9,5-10 weist nicht die für die Majestätsredaktion typischen Rahmenelemente und innere Geschlossenheit auf. Vielmehr bildet 9,5-10 zusammen mit 9,2-4.11-14 ein auf die Texte der Niedrigkeits- und Majestätsredaktion zurückblickendes lose verbundenes Mosaik (vgl. S.183). Das Werk der Majestätsredaktion dürfte somit auf die Abschnitte 26,1-14; 27,11-12 mit 28*; 12,7-13,2 und 39,13-18 zu beschränken sein. Danach läßt sich das theologische und kompositionskritische Profil dieser Redaktionsschicht bestimmen. Die Majestätsredaktion mo-

---

30 Vgl. an seltenen Begriffen bzw. an für die Hiobdichtung ungewöhnlichen Konstruktionen: in V.13 ein absolutes Hapaxlegomenon (רְנָנִים) und vier relative Hapaxlegomena (אֶבְרָה, חֲסִידָה, נוֹצָה [nur noch in Ps 68,14; 91,4 und Dtn 32,11], עזב [nur hier im AT im *Nifal*; als *Qal* in Hi 20,18]); in V.14 ein relatives Hapaxlegomenon (בֵּיצָה [nur noch in Dtn 22,6; Jes 10,14; 59,5]); in V.15 zwei bzw. drei relative Hapaxlegomena (דוש, II זוּר, חַיַּת הַשָּׂדֶה findet sich nur noch im sekundären 5,23]); in V.16 zwei relative Hapaxlegomena (קשׁח *Hifil* [nur noch in Sir 30,12 [H *v.l.*]; Jes 63,17]; ריק mit der Präposition לְ); in V.17 wird חֵלֶק mit Partizip und der Präposition בְּ konstruiert (vgl. dagegen 38,26); in V.18 findet sich ein absolutes Hapaxlegomenon (II מרא).

31 In 38,41 und 40,9 begegnet der Gottesname אֵל in präpositionalen Wendungen, in 40,2 finden sich die Namen שַׁדַּי und אֱלוֹהַ als Genitive (in einem sekundären Vers).

delliert ehemals z.T. selbständige Texte[32], welche die verborgene Weisheit und die an der Schöpfung partiell erkennbare, letztlich für den Menschen aber unbegreifliche Majestät Gottes betonen, stilistisch und kompositionell. Sie versieht diese Texte mit Rahmenversen und paßt sie argumentativ in die Dichtung ein. Ziel dieser Interpolation in die Reden Hiobs ist seine Herausstellung als des die Freunde belehrenden, dabei dezent skeptischen, gottesfürchtigen Weisen[33]. Der um Gottes alleinige Weisheit Wissende (26,2-4 und 27,11-12) verzichtet in frommer Demut (28,28) auf eine letzte rationale Durchdringung (26,14) der von Gott geschaffenen, erhaltenen und regierten Welt. Gegenüber der Niedrigkeitsredaktion, welche die Distanz von Schöpfer und Geschöpf heraushebt, vertritt die Majestätsredaktion stärker den Aspekt einer Korrelation zwischen Gott und Mensch: Das Geschöpf besitzt einen festen Platz in der von Gott geschaffenen, wenn auch in ihrer letzten Rätselhaftigkeit nur punktuell verstehbaren Welt (12,7-10; 26,14 und 28,1-11.24-28). Die Majestätsredaktion bewegt sich zwischen den Polen einer von der kreatürlichen Sündhaftigkeit überzeugten Anthropologie der Niedrigkeitsredaktion und des sich seines Weisheitsbesitzes bewußten Elihu (vgl. 32,7-10; 35,11; 36,2 und 37,4-9). Sie kommt so der ursprünglichen Tendenz der Dichtung am nächsten, welche die Gott suchende Leid- und Rechtsklage an der Vorführung der allein von Gott getragenen Schöpfung verstummen läßt. Im Blick auf die Kompositionsgeschichte des dritten Redegangs modifiziert die Majestätsredaktion die Reden Hiobs durch eine Rahmung der Einleitung seines abschließenden Unschuldsbekenntnisses (27,1-6) mit zwei Lehrreden (26,1-14 und 27,11-12 mit c.28*): in der dem Menschen von Gott gesetzten Ordnung, das Böse zu meiden und den Herrn zu fürchten (28,28) und dabei auf eine letzte Durchdringung des göttlichen Mysteriums zu verzichten (26,14), gilt Hiob als ein Gerechter. Makrokompositionell setzt die Majestätsredaktion die von dem Elihudichter und der Niedrigkeitsredaktion in Gang gebrachte Ausweitung des Streitgespräches auf menschlicher Ebene fort.[34]

---

[32] Dies ist zumindest für 12,7-10; 28* und 39,13-18 wahrscheinlich.

[33] Diese Tendenz beobachtete bereits J.Grill, Komposition (1890), 79f., der einen auf die "Maschaldichtung" zurückgreifenden Dichter für die Modifikation des Hiobbildes in 12,4-13,2; 24,5-9.14-21; 26,2-27,1 und 27,7-31,1 verantwortlich machte.

[34] Daß zwischen 28,12-14.20-23; 26,10 und 11,6-9* eine Verwandtschaft besteht, ist offensichtlich; ebenso, daß 11,6-9* nicht in der ursprünglichen Form vorliegt (vgl. die Analyse von 11,6-9*, S.66f.). Allerdings ist es fraglich, ob die Majestätsredaktion, deren Tendenz es ist, Hiob als Lehrer seiner Freunde auftreten zu lassen, diese Zeilen dem Zophar in den Mund gelegt hat. Demgegenüber ist es wahrscheinlicher, daß ein die Impulse der Majestätsredaktion rezipierender Bearbeiter für die Einfügung bzw. Umgestaltung von 11,6-9* verantwortlich ist.

2.2.4. Die Tätigkeit der Gerechtigkeitsredaktion

Die quantitativ umfassendste Modifikation *innerhalb* der ursprünglichen Dichtung (c.3-31*; 38-39*) geht, soweit erkennbar, auf die Gerechtigkeitsredaktion zurück. Wie bereits die Umwandlung von Hiobs Lehrrede durch die Einfügung von 27,7-10.13-23 zeigt, sind für diese Bearbeitungsschicht *stilistisch* eine "schalenartige Redaktionstechnik" und *inhaltlich* eine Konkretisierung von Verbrechen in der Welt und eine Präzisierung der immanent vergeltenden Gerechtigkeit Gottes, zu der sich auch Hiob ausdrücklich bekennt, typisch. Vor allem vier Abschnitte teilen diese redaktionstechnische und gedankliche Auffälligkeit mit den Texten der Gerechtigkeitsbearbeitung, wobei die Wahrscheinlichkeit der Zuweisung unterschiedlich groß ist.

2.2.4.1. Die Einleitung der Hiobrede in 9,2-14

Die Gerechtigkeitsredaktion kann auf die Ergänzungen der Niedrigkeits- und der Majestätsbearbeitung zurückblicken. Daher ist es nicht ausgeschlossen, daß sie für die Umarbeitung der Einleitung von c.9 (vgl. S.94) verantwortlich ist. So knüpfen 9,2-4 an die von der Niedrigkeitsredaktion geschaffenen Abschnitte in 25,4 sowie an die Hiobantwort auf die Gottesrede (40,4) an. 9,5-10.11-14 zeigen sich als eine Blütenlese aus 38,4ff. und 26,5-13. Gegen die Annahme, die Niedrigkeitsredaktion habe die Bearbeitung der dritten Hiobrede in c.9-10 geschaffen, spricht, daß sich für diese Bearbeitungsschicht innerhalb des Dialogs nur Eingriffe in die Freundesreden (4,12-21; 15,11-16 und 25,1-6) und abschließend die Komposition der Hiobantwort (40,3-5 mit 42,1-6*) mit in sich geschlossenen, kunstvoll aufgebauten Einfügungen nachweisen lassen. Gegen die Annahme, die Majestätsredaktion sei in 9,2-4.5-10.11-14 am Werk gewesen, ist einzuwenden, daß sich keine zu 12,7; 13,1-2; 26,1-4.14; 27,11-12 und 28,28 parallele *didaktische* Rahmung findet. Vielmehr handelt es sich in 9,2-4.5-10.11-14 um eine relativ lose verbundene, die Unterwürfigkeit Hiobs und die Schöpfermacht Gottes hervorhebende *Zitatensammlung*. Der Intention der Gerechtigkeitsredaktion entsprechend, stellt der Abschnitt in 9,2-14 ein Gegengewicht zu der scharfen Anklage Gottes durch Hiob in 9,20-24 dar und zähmt somit den leidenden Gerechten.

2.2.4.2. Die Identifikation der Spötter in 30,1b-8

Wie schon in der Analyse von c.24 angemerkt (s.o. S.123), bestehen große formale und inhaltliche Parallelen zwischen der Identifikation der אֶבְיוֹנִים als verarmte Steppenbewohner in 24,5-8 und der Beschreibung der am Rande des Kulturlandes lebenden Gruppe in 30,1b-8. Diese Verse unterbrechen einerseits die Klage über die durch Gott verursachten, gegenwärtigen Leiden Hiobs, andererseits fallen sie aus dem in c.30 vorliegenden viergliedrigen Strophenmuster (30,1a+9-11|12-15|6-19|20-23|24-27|28-31) heraus. Erkennt man in der in 30,1b-8 gebotenen Schilderung von "outlaws" eine Schablone zur Herausstellung von Hiobs Integrität und zur Präzisierung von Gottes gerechter Vergeltung, so entspricht dies intentional den von der Gerechtigkeitsredaktion eingefügten Texten in 24,5-8.13-17a und 27,13-23.

2.2.4.3. Der Reinigungseid Hiobs in c.31

In c.31 ist nach unserer Untersuchung eine Bearbeitung durch die Gerechtigkeitsredaktion am wahrscheinlichsten nachzuweisen. Isoliert man V.1-3 und V.38-40 von dem umfassenden, eidlich gefaßten Unschuldsbekenntnis Hiobs, so verfügt dieses über einen besseren Anschluß an die Klage über das gegenwärtige Leid in 30,31 als das durch die unvermittelte *konkrete* Unschuldserklärung in 31,1 der Fall ist. Bei einem Einsatz mit V.4-6 besitzt der Reinigungseid eine dreigliedrige, allgemein formulierte Eröffnung. Diese wird in V.7ff. entfaltet und findet in V.35-37 einen ebenfalls dreigliedrigen, über das Stichwort צָעַד mit der Eröffnung in V.4 korrespondierenden Abschluß. Der unmittelbare Anschluß von 31,4 an 30,31 wird auch daran deutlich, daß Hiob in c.29-30* sowohl seinen gerechten als auch vom Leid gezeichneten Weg beschrieben hat (vgl. הלך in 29,6 und 30,28). Dies wird mit der Frage הֲלֹא־הוּא יִרְאֶה דְרָכָי in komplexer Weise aufgenommen und fortgeführt. Stellt man 31,4 und 37 nebeneinander, so ergibt sich die ursprüngliche äußere und innere Rahmung des Eides (V.4 und V.37 bzw. V.5-6 und V.35-36):

4a	*Sieht er denn nicht meine Wege,*	
3b	*und zählt nicht alle meine Schritte?*	***Eröffnung***
5-6	[innerer Rahmen]	
7-34*	[Unschuldsbekenntnis]	***Korpus***
35-36	[innerer Rahmen]	
37a	*Meiner Schritte Zahl will ich ihm künden,*	***Abschluß***
37b	*wie ein Herzog mich ihm nahen.*	

Die Korrespondenz der Glieder des inneren Rahmens (V.5 und V.36 bzw. V.6 und V.35) wird durch zwei Textkorrekturen deutlicher:

1. indem man in V.35a für מִי יִתֶּן־לִי שֹׁמֵעַ לִי den Ausfall eines א annimmt und מִי יִתֶּן אֵל יִשְׁמַע לִי liest: dadurch beseitigt man einerseits das sprachlich harte, doppelte לִי und erhält andererseits zu שַׁדַּי in V.35b eine

parallele Gottesbezeichnung, wie dies in allen ursprünglichen Teilen der Dichtung der Fall ist.[35]

2. indem man וְסֵפֶר כָּתַב אִישׁ רִיבִי ("und eine Schrift fasse mein Rechtsgegner ab")[36] als erklärende Glosse zu תָוִי "mein Zeichen" erkennt, das bereits die Versiones nicht mehr verstanden haben[37]. Die Erklärung in V.35c orientiert sich möglicherweise an 19,23.[38]

Nach den beiden textlichen Korrekturen in V.35 beziehen sich die Suffixe aus V.36 dann nicht auf סֵפֶר, sondern auf תָוִי. Dabei bedeutet תָוִי hier möglicherweise nicht, wie zumeist vertreten, das "die Unterschrift ersetzende Handzeichen" im Prozeßverfahren[39], sondern *metaphorisch* ein Stigma, unter dessen Schutz sich Hiob Gott nahen zu können glaubt (vgl. Ez 9,4): Hiob legt sich keinen סֵפֶר um, sei es eine Anklageschrift[40] oder seine *schriftliche* Integritätserklärung[41]. Vielmehr nimmt er (jeweils *bildhaft* gesprochen) in der Gewißheit, daß sein "Fuß auf keinen Frevel trat" (31,5) seine "Unschuld auf seine Schultern" (31,36). Damit entsprechen sich im Rahmen des Reinigungseides die Distichen, die einen Wunsch ausdrücken (V.6 und V.35), und die Bikola, die eine Eidesformel verwenden (V.5 und V.36).

Die V.1-3 und V.38-40, welche die ursprüngliche Rahmung des Reinigungseides verwischen, weisen dagegen die für die Gerechtigkeitsredaktion charakteristischen Merkmale auf: die Konkretisierung möglicher Verbrechen (vgl. 24,13-17a)[42] und die Motivierung für frommes Verhalten durch die auch

---

35 So mit Driver u. Gray; M.T.Houtsma, Studien 69; E.F.Sutcliffe, in: Bib 30 (1949), 71f.; Terrien; de Wilde; Fedrizzi und J.Lévêque, Job, 489; vgl. dazu auch unsere Zusammenstellung auf S.88.

36 Zu der Interpretation von כָּתַב als optativisches Perfekt vgl. P.Joüon, Grammaire, § 112.

37 Tg mit רגוגי und V mit *desiderium* haben möglicherweise תַּאֲוָתִי "mein Wunsch" gelesen. S verstand תָוִי offenbar verbal als Form von היה: ʾn ʾytwhy "wenn das so ist". G paraphrasiert vollständig χεῖρα δὲ κυρίου εἰ μὴ ἐδεδοίκειν.

38 So mit Fd.Delitzsch, 132.168f. Damit erübrigen sich die Versuche, in V.35b einen Stichos zu ergänzen (so Duhm; Driver u. Gray; Hölscher; Hesse; de Wilde; u.a.) oder die Halbverse umzustellen (vgl. P.Volz, Hiob [1921], 72; V.Maag, Hiob, 153; u.a.).

39 Fohrer, 443.

40 So Fohrer; Hesse, 175, und de Wilde, 304.

41 So Hartley, 424f.

42 Bereits J.Grill, Komposition, 75, sah in 31,1 ein *sekundäres* "Zeugnis von Hiobs strenger Sittlichkeit". W.B.Stevenson, Notes, 139, erkannte in 31,1.3 eine Ergänzung. Mit G hielten G.Bickell, Iobdialog; Duhm; P.Volz, Hiob (1921), 70; E.Hatch (zitiert bei Driver u. Gray, I, 261) und Fedrizzi V.1-4 für sekundär. Kissane und de Wilde umgingen die Schwierigkeit des Beginns mit V.1 durch Textänderungen. Mo.Jastrow, Job, 304 verlegte 31,2-4 in eine dritte Zopharrede (vgl. bereits E.I.Magnus, Hiob [1851], 101, der 31,3 in eine Freundesrede zwischen 16,3 und 22,20 einfügte); M.T.Houtsma, Studien, 66, eliminierte 31,1 und verlegte 31,2-3 hinter 22,15(17) und

von Hiob betonte Gültigkeit der zweiseitigen immanenten Vergeltung (vgl. V.2-3 mit 27,7-10.13-23). Erkennt man in den V.1-3 und V.38-40 eine sekundäre, sprachlich und tendenziell der Gerechtigkeitsredaktion entsprechende Größe, so erübrigen sich die Umstellungshypothesen für die Abschlußverse des Reinigungseides[43].

Möglicherweise gehen auf die Gerechtigkeitsredaktion dann auch die Verwünschungen in den V.11-12.15(?).18.23-28.34 zurück, die die konditionalen Ketten gedanklich und stilistisch[44] durchbrechen. Gerade V.11 (vgl. mit V.28), V.12 und V.23 stehen der aus 24,19 erkennbaren die "Unterwelt" (אֲבַדּוֹן, שְׁאוֹל) als Sündenterminus einbeziehenden Gerichtsvorstellung nahe. Ebenso begegnet die Wendung des "von oben" (V.2a.28: מִמַּעַל und V.2b: מִמְּרֹמִים) vergeltenden Gottes in dem der Gerechtigkeitsredaktion zugeteilten Vers 27,13 und in einer Ergänzung zu 3,4a[45].

2.2.4.4. Die zweite Gottesrede und Hiobs Schlußantworten

Mit der Beurteilung von 40,3-5 als Beginn der von der Niedrigkeitsredaktion geschaffenen Antwort Hiobs auf die Gottesrede sind bereits die Verse 40,1 und 6 als tertiär klassifiziert. Gegen die Annahme, 40,2 gehöre in die ursprüngliche Gottesrede, spricht neben dem Fehlen dieses Verses in G[46] die Unterbrechung des Strophenschemas von c.38-39* und der neutral שַׁדַּי und אֱלוֹהַּ nennende Sprachstil[47]. Da die Niedrigkeits- und die Majestätsredaktion vornehmlich in sich abgerundete Texte in die Dichtung eingefügt haben, andererseits für die Gerechtigkeitsredaktion bereits in 27,7-10.13-23 und 31,1-

---

31,4 hinter 31,6. T.Mende, Leiden, 209ff. hielt 31,1-37.40b insgesamt für ein einheitliches Produkt des dritten Elihubearbeiters.

43 So von J.Bolducius (1638) [zitiert bei Knabenbauer, 367] und T.Heath (1756) bis hin zu J.E.Hartley (1988).

44 Umgeben von dem jeweils drei Distichen umfassenden Rahmen in 31,4-6.35-37 finden sich fünf Strophen zu je vier Bikola: V.7a+8-10|13-14+16-17|19-22.24-27|29-32.

45 Häufig wird 3,4aα als Glosse angesehen (vgl. G.Beer, Text; Horst; Hölscher; Fohrer; Hesse; u.a.). Da aber 3,4aα mit 3,7a* korrespondiert, ist es wahrscheinlicher, daß 3,4aβ sekundär ist. "Gott" (אֱלוֹהַּ) wird in der Eingangsklage bewußt erst am Ende explizit (V.23) genannt; zum Aufbau von c.3 vgl. die Strukturanalyse auf S.231.

46 Auch in 11QTgJob fehlt wieder auffälligerweise die Passage 39,30-40,4, während die vorangegangenen und die folgenden Verse zumindest fragmentarisch erhalten sind. Zu der von 11QTgJob gebotenen Textfolge im Schlußteil der Gottesrede (41,25-42,4; 40,5; 42,4-6) vgl. E.Kutsch, Textgliederung, 221ff.

47 So beurteilten 40,2 ebenfalls als sekundär bzw. tertiär: Hesse; V.Maag, Hiob, 197; J.Vermeylen, Job, 28 (40,1-2 als Werk der vierten und letzten Redaktionsschicht) und T.Mende, Leiden, 219f. (39,29-40,2 als Produkte des Elihudichters).

3.38-40 eine "schalenartige", ursprünglich zusammengehörige Texte zertrennende Redaktionstechnik beobachtet werden konnte, dürfte sie auch für die Teilung der Schlußantwort Hiobs und die Verdopplung der Gottesrede verantwortlich sein. Vermutlich gehen dann auch 40,7-14 auf sie zurück, die nicht den Rahmen der Gottesrede bilden[48], sondern die Tendenz der ursprünglichen Gottesrede umbiegen[49]: Verstummte Hiob ursprünglich angesichts der ihm von Gott vorgeführten weisen Leitung und Ordnung der Schöpfung und Natur (c.38-39*), welche die Fragen nach dem Grund seines Leidens und nach der immanent vergeltenden Gerechtigkeit Gottes in einem kosmologischen Mysterium umfaßt, so fallen 40,7-14 mit ihrem Hiob vernichtenden und die Scheidung der Menschheit in צַדִּיק und רָשָׁע erneut betonenden Impetus hinter die originale Lösung zurück. In 40,7-14 finden sich in dieser Häufung für die ursprüngliche Dichtung untypisch viele wörtliche Wiederholungen einzelner Wendungen aus vorangegangenen Reden (vgl. 40,7 mit 38,3; vgl. 40,8a mit 15,4; 23,5.7; vgl. 40,11 mit 22,29)[50]. Daß die in c.38-39* vorliegende Gottesrede mit einem Naturbild endete (39,30)[51], ist angesichts der rahmenden Eröffnung in 38,2-3 kompositionell unwahrscheinlich. Vermutlich hat der Einschub 40,7-14, welcher der gesamten Rede nur scheinbar einen festen Abschluß verleiht, wie in 9,2-14 einen originalen Rahmenteil verdrängt. Jedenfalls entspricht die Verdopplung der Gottesrede und der Schlußerwiderungen Hiobs der Tendenz der Gerechtigkeitsredaktion: Hiob wird durch einen zweifachen Widerruf wie in 24,13-25; 27,7-10.13-23 und 31,1-3.38-40 verstärkt als treuer Bekenner von Gottes sich immanent in der Bestrafung der Frevler und der Belohnung der Frommen erweisender Gerechtigkeit charakterisiert. Diesen Effekt intensivierte die Gerechtigkeitsredaktion schließlich durch die zitatähnliche Auffüllung von 42,3a.4: Hiob unterwirft sich ausdrücklich Gottes *gerechter* Schöpfermacht.

    Ob die immer wieder als sekundär betrachteten Gedichte auf בְּהֵמוֹת und לִוְיָתָן (40,15-41,26)[52], die sprachlich und stilistisch auch von der Majestätsre-

---

[48] Dies vermuteten allerdings u.a. E.Würthwein, Gott. in Wort und Existenz, 284; Fohrer und J.van Oorschot. Gott, 154ff.

[49] So mit Driver u. Gray; H.H.Schmid, Weisheit, 182ff.; V.Maag, Hiob, 196ff. und K.L.Dell, Job, 207.

[50] Vgl. weiterhin 40,10 über גָּאוֹן mit 38,11 und über הוֹד mit 39,20. 40,11 über הפִץ mit 18,11; 38,24 und über עֶבְרָה mit 21,30. 40,13 über טמן mit 3,16; 18,10; 20,16. 40,14 über יָמִין mit 23,9; 30,12.

[51] Dies vermutete allerdings V.Maag, Hiob, 118ff.

[52] Tendenziell betrachteten bereits Stuhlmann (1804), 135, und G.H.Bernstein, Gestalt (1813), 135ff., Hi 41,4-26 als sekundär. H.Ewald (1829) [zitiert bei K.F.Keil, Lehrbuch, 368] und J.G.Eichhorn, Einleitung⁴ (1824). V, 203ff., dehnten dies dann auf 40,15-41,26 aus, ihnen folgten u.a. Dillmann⁴; L.Laue, Composition; 136;

daktion stammen könnten, auf die Gerechtigkeitsredaktion zurückgehen, muß hier offenbleiben. Für die Gerechtigkeitsredaktion sprechen allerdings (1.) die Motivation, nach der Teilung der Hiobschlußantwort und der Einfügung von 40,7-14 einen zur ursprünglichen Gottesrede parallelen kosmologisch-mythologischen Exkurs in die Dichtung zu integrieren, (2.) das Fehlen der für die Majestätsredaktion typischen Hinweise auf die חָכְמָה und בִּינָה und (3.) der abrupte Schluß in 41,26, der an die wenig auf den Kontext Rücksicht nehmenden Einfügungen in 9,2 und 27,23 erinnert.

2.2.4.5. Weitere Spuren der Gerechtigkeitsredaktion

a) Die Beobachtung, daß 12,7-25 durch die Majestätsredaktion mit den auf 12,3a zurückblickenden Rahmenversen 13,1-2 eingesetzt wurde, legt es nahe, daß dieser Redaktor noch nicht 12,(3b).4-6 vor sich hatte (vgl. S.151 und S.179). Nun entspricht, soweit angesichts des schlecht erhaltenen Textes erkennbar[53], die Gegenüberstellung des kurzfristigen Wohlergehens der Frevler (V.4-5) und ihrer unmittelbar folgenden Bestrafung durch Gott (V.6b) dem von der Gerechtigkeitsredaktion in c.24 eingesetzten Abschnitt in V.13-25. Stammt 12,(3b).4-6 tatsächlich von der Gerechtigkeitsbearbeitung, so würde sich hier dieselbe Anlagerungstechnik an die Majestätsredaktion zeigen wie in 27,7-10.<11-12>.13-23: dem lehrenden Hiob wird der auch angesichts des Glücks der רְשָׁעִים nicht (mehr) verzweifelnde, sondern auf Gottes vergeltende Gerechtigkeit vertrauende Hiob zur Seite gestellt.

b) Die Verse 19,28-29 kündigen ein für die Hiobreden ungewöhnliches Strafgericht an und berühren sich ebenfalls vor allem mit der Gerichtsvorstellung in 24,17b-24. Sie zeigen eine zu 42,4 parallele Zitationstechnik (vgl. 19,22 mit 19,28 und 42,4 mit 38,3) und lagern sich *ohne* harmonische, strophische Verbindung mit dem Kontext an die vorangegangenen Verse an.

Fd.Delitzsch; Ley; M.Simon, Gottesrede, 52; Driver u. Gray; Steuernagel, in: HSATK II; Hölscher, Fohrer; Horst, XII; Rowley; J.Lévêque, Job, 502ff.; Hesse; C.Westermann, Aufbau³, 124; V.Maag, Hiob, 200; E.Kutsch, Unschuldsbekenntnis, in: BZAW 168, 334f.; J.van Oorschot, Gott; J.Vermeylen, Job, 26f. (40,6-41,26 als Werk des Elihudichters); K.L.Dell, Job, 207 (40,6-41,26); u.a.

53　Zu der Textverderbnis kommt eine Konzentration von seltenen Begriffen, Konstruktionen und Aramaismen, wie sie in der Hiobdichtung nur noch in den Elihureden und in 24,13-25 auftaucht. 12,5: בּוּז findet sich nur noch in den sekundären Versen 12,21; 31,34; נָכוֹן und עַשְׁתּוּת sind absolute Hapaxlegomena; מֹעֵד ist ein relatives Hapaxlegomenon (vgl. Sir 16,16 [H]); 12,6: בַּטֻּחוֹת ist ein absolutes Hapaxlegomenon; רגז begegnet nur noch in dem sekundären 9,6; בוא *Hifil* erscheint nur noch in 14,3. לְשֹׁדְדִים und לְמַרְגִּיזִים sind syntaktische Aramaismen.

Demgegenüber verfügt der Abschnitt 19,2-27 über einen gleichmäßigen vier-
teiligen Aufbau mit sieben Strophen zu je vier Bikola[54]. Auf die Redeeröffnung in V.2-5 folgen im zweiteiligen Korpus eine Klage Hiobs über die Lei-
den, welche der ihm als Dämon begegnende Gott bereitet (V.6-9|10-12#), und
eine Beschreibung der Isolation des Leidenden von seinen Freunden und
Verwandten (V.13-16|17-20). Den Abschluß und Höhepunkt bilden ein Auf-
ruf an die Barmherzigkeit Gottes und ein Vertrauensbekenntnis, das auf eine
durch Gott selbst gewährte, *prämortale* Anerkennung der Unschuld hofft
(V.21-24|25-27#)[55]. Gegenüber dieser inneren Geschlossenheit wirken die
V.28-29 als ein Anhang, der (1.) hinter den Gipfelpunkt der Rede zurück-
fällt[56], (2.) eine erhebliche inhaltliche Spannung zum Barmherzigkeitsaufruf an
die in V.21 noch als רֵעַי bezeichneten Gefährten Hiobs aufweist[57] und (3.) mit
seinen Aramaismen[58] erneut neben 24,13ff. zu stehen kommt.

c) Weitere aus ihrem Kontext herausfallende Abschnitte, die ebenfalls einer
Unterstreichung der vergeltenden Gerechtigkeit Gottes und der Herausstellung von Hiobs Sündenbewußtsein im Kontrast zu den ihn verklagenden
Freunden dienen, finden sich dann in 7,20a.21; 14,1*.3.4 und 17,8-10, ohne
daß hier zwingend auf die Gerechtigkeitsredaktion geschlossen werden kann.

2.2.4.6. Kompositions- und redaktionsgeschichtliche Konsequenzen

Der entscheidende makrokompositionelle Beitrag der Gerechtigkeitsredaktion besteht in der Umgestaltung des Reinigungseides und der Hiobantwort auf die Gottesrede sowie der damit verbundenen Verdoppelung von Gottesrede und Hiobs Unterwerfung. Insofern die Gerechtigkeitsredaktion die Integrität Hiobs unterstreicht, berührt sie sich hinsichtlich der redaktionellen
Tendenz mit der Majestätsredaktion, während sie zu der Niedrigkeitsredaktion
nur punktuelle Affinitäten aufweist. Mit ihrer an die Vergeltungstheorie der

---

[54] Vgl. die Strukturanalyse von c.19 auf S.235.

[55] Zu der innerweltlich-juridischen Deutung von 19,25-26 vgl. z.B. unter den älteren
W.F.Hufnagel, Hiob (1780), 110f.; B.Kennicott, Remarks (1787), 167f.; unter den
neueren dann ausführlich Fohrer, 317ff., vgl. dazu jetzt R.Kessler, "Erlöser", 1ff.

[56] Der Ausblick auf den Tod in 19,25-27# bildet wie in 7,21; 10,20ff.; 14,22 und 17,16
den Redeabschluß.

[57] Die Polemik Hiobs gegen seine Freunde ist sonst auf eine Bestreitung ihrer sapientiellen und solidarischen Fähigkeiten beschränkt (vgl. 6,21-30; 12,2-3a; 13,8-11; 17,10;
19,2-5 sowie 21,2-5.34) und enthält keine Ansage eines Gerichts.

[58] 19,28: רדף mit לְ als Anzeige für einen Akkusativ, vgl. dagegen in V.22 mit Suffix;
19,29: III גור vgl. 41,17; שַׁ als Relativpartikel begegnet nur hier im Hiobbuch; zu דִּין
vgl. 35,14 und 36,17. Auffällig ist auch die Wortwiederholung in 19,29 (חֶרֶב).

Freunde erinnernden Präzisierung von Gottes Gerechtigkeit liegt die Gerechtigkeitsredaktion aber jenseits der die geheimnisvolle Souveränität Gottes betonenden ursprünglichen Hiobdichtung und der von der Majestätsredaktion vertretenen frommen Skepsis. Von dieser unterscheidet sie sich auch in formaler Hinsicht durch eine unharmonische Anlagerung ihrer Texte[59] und durch ihre weniger originelle, poetisch mattere Zitationstechnik[60]. Die Gerechtigkeitsredaktion mit ihren die Anstöße der Niedrigkeits- und der Majestätsredaktion selektiv aufnehmenden und diese Schichten um den Aspekt der auch von Hiob genau beschriebenen vergeltenden Gerechtigkeit Gottes erweiternden Ergänzungen stellt die letzte zu konturierende Bearbeitungsschicht der Hiobdichtung dar. Die kompositionsgeschichtlichen Folgen ihrer redaktionellen Tätigkeit bestehen in einer Auflösung der ursprünglich "pyramidalen"[61] Kompositionsstruktur (zwei Redegänge mit jeweils drei Freundesreden, ein Abschlußgespräch Hiobs mit Eliphas, Hiobs umfassendes Unschuldsbekenntnis, Gottesrede) und der ursprünglich klaren Gestaltung der Position der einzelnen Redner. Positiv ausgedrückt: die Gerechtigkeitsredaktion hat durch die Bearbeitung der Reden Hiobs die inhaltliche Komplexität erhöht - Hiob klagt in seinem Leid nicht nur gegen Gott, sondern er weiß auch um die sich stets am Geschick der Gerechten und der Frevler innerweltlich realisierende gerechte Vergeltung, die allein אֱלוֹהַ מִמַּעַל (31,2) garantiert.

2.2.5. Synopse der redaktionellen Schichten der Hiobdichtung

Unsere von der literarischen Analyse der c.21-27(28) ausgehende Untersuchung ist zu dem Ergebnis gekommen, daß die im dritten Redegang erkennbaren drei Redaktionsschichten in der ganzen Dichtung ihre Spuren hinterlassen haben. Dabei konnte auf die redaktionellen Eingriffe der Niedrigkeits-, Majestäts- und Gerechtigkeitsredaktion in c.3-20 und 28-42 nur exemplarisch hingewiesen werden. Zur Übersicht fügen wir eine Tabelle der vermuteten Anteile der Redaktionen bei.

---

[59]   Vgl. bes. 12,4-6; 24,5-8.13-25; 27,7-10.13-23 und 31,1-3.38-40.

[60]   Vgl. bes. 9,2-14 und 40,7-14 sowie die metrisch unausgewogenen Abschnitte in 27,13-23 und die unrhythmischen Einschaltungen in 31,11-12.15.18.23.28.33-34.

[61]   Wir nehmen hier den von P.Volz, Hiob (1921), 27, geprägten Begriff kompositionsgeschichtlich modifiziert auf, wobei wir gegen P.Volz die Spitze der Pyramide nicht in Hiobs Reinigungseid, sondern in dem Grundbestand der Gottesrede sehen.

- Auf den ursprünglichen Hiobdichter gehen zurück:

erste Hiobrede	3,1*-13*.17-26.
erste Eliphasrede	4,1-11; 5,1-5aαb.6-9.11-21.23-27.
zweite Hiobrede	6,1-10*.11-13.15-26.28-30; 7,1-20aβb.21aβb.
erste Bildadrede	8,1-6aαb.7-22.
dritte Hiobrede	9,1[...].15-28.30-35; 10,1-22.
erste Zopharrede	11,1-5.7*.10-20.
vierte Hiobrede	12,1-3a; 13,3-16.18-27a;14,1*.2.5a.6.7a-12*.13*-22.
zweite Eliphasrede	15,1-10.17.20-28a.29.30aβb.32-35.
fünfte Hiobrede	16,1-22; 17,1-4.6-7.11-16.
zweite Bildadrede	18,1-4aβb.5-21.
sechste Hiobrede	19,1-12#.13-27#.
zweite Zopharrede	20,1-23aβb.24.25*.26*.27-29.
siebte Hiobrede	21,1-17a.18-21.23-34.
dritte Eliphasrede	22,1-11.13-16.19-23.26-30*.
achte Hiobrede	23,1-17; 24,1[...].2-4.10-12.
neunte Rede Hiobs	27,1-6*; 29,2-16.21-25a; 30,1a*.9*-31; 31,4-10.13-14.16-17.19-22.24-27.29-32.35-37.
Gottesrede	38,1-18.21-27.29-41#; 39,1-12.19-25#.26-30*[...].

- Auf den Elihudichter gehen zurück:
Der wesentliche Grundbestand[62] der vier Monologe des Elihu in c.32-37*.

- Auf die Niedrigkeitsredaktion gehen zurück:

Erweiterung der Eliphasreden	4,12-21; 15,11-16.
Komposition der dritten Bildadrede	25,1-6.
Komposition der Unterwerfung Hiobs	40,3-5; 42,2.3aβb.5-6.

- Auf die Majestätsredaktion gehen zurück:

Erweiterung der Hiobreden	12,7-13,2; 27,5aβ.11-12; 28,1-14.20-28; 29,1.
Komposition einer Hiobrede	26,1-14.
Erweiterung der Gottesrede	39,13-18.

---

[62] Ohne die Elihureden wie T.Mende. Leiden. auf vier verschiedene Verfasser zurückzu-führen. dürften c.32-37 doch stärker überarbeitet sein. als dies die zuletzt erschienene. die innere Einheit der Elihureden nachweisende Studie von H.-M.Wahl. Schöpfer. annahm. Zumal die angelologischen Passagen in c.33 zeigen Spuren einer Nachbearbeitung.

- Auf die Gerechtigkeitsredaktion gehen zurück:

Erweiterung der Hiobreden	7,20a.21(?); 9,2-14; 12,4-6;
	17,8-10(?); 19,28f.(?); 24,5-8.
	13-25; 27,7-10.13-23; 30,1b-8.
Erweiterung des Reinigungseides	31,1-3.11f.15(?).18.23.28.33f.
	38-40.
Umgestaltung der Gottesrede /	40,1-2.6-14.[40,15-41,26?].
Teilung der Hiobantwort	42,1.3a.4.

- Nicht eindeutig zuzuordnende Abschnitte bzw. Glossen:
5,5aβ.10.22; 6,10b.27; 7,20aα.21; 9,29; 10,15b.17b; 11,6*.7*.8-9*(?);
12,3b; 13,17.28; 14,1*.3-4.5b; 15,18-19.30aα.31; 17,5; 20,23aα.26b;
22,12.17-18.24-25; 24,9; 27,6aβ; 28,15-19; 29,17.18-20; 39,19.20.28.

Ohne auf den mehrschichtigen Entstehungsprozeß der Rahmenerzählung in
1,1-2,13 und 42,7-17 eingehen zu können, sei angemerkt, daß sich die Hände
der Majestäts- und der Gerechtigkeitsredaktion vermutlich auch in der sekundären Charakteristik von Hiob als הָאִישׁ הַהוּא תָּם וְיָשָׁר וִירֵא אֱלֹהִים
וְסָר מֵרָע (1,1b vgl. 28,28) sowie in den Satansszenen (1,6-12 und 2,1-10)
bemerkbar machen. Angesichts der jungen Sprachstufe der Prosaerzählung[63],
angesichts der ursprünglich ohne Rahmen fixierten altorientalischen Theodizeedichtungen[64] und angesichts der zur Dichtung überleitenden Satansssze-
nen[65] sind die Majestäts- oder die Gerechtigkeitsredaktion möglicherweise
auch für die Verknüpfung des ursprünglich selbständigen Grundbestandes von
1,1-2,13 und 42,7-17 mit der Dichtung verantwortlich.[66]

---

[63] Zur sprachlich begründeten Annahme der nachexilischen Abfassung des Prosarahmens
vgl. bes. E.Kautzsch, Volksbuch. 22-39 (der freilich die Rahmenerzählung auf den Verfasser der Dichtung zurückführte) und A.Hurvitz, The Date of the Prose Tale, 17-34;
sodann H.-P.Müller, Hiobproblem, 45f.; V.Maag, Hiob, 44.87f.; H.D.Preuss, Weisheitsliteratur, 73.83, und P.Weimar, Ijobnovelle, 79f.

[64] Vgl. die "Babylonische Theodizee" und "Ludlul bel nemeqi" (s.o. S.101ff.) und die
sekundäre Verknüpfung der Sprüche und der Erzählung Achiqars (vgl. dazu
I.Kottsieper, in: TUAT III/2, 321).

[65] O.Kaiser, Ideologie. 105.147.

[66] So vermuteten wohl zu Recht eine spätere Entstehung des Rahmens bzw. seine sekundäre Verknüpfung mit der Dichtung R.Simon. Histoire (1678/1685), 30; A.Schultens
(1737), in der Vorrede zum Kommentar, XXXIIIf.; J.G.Hasse, Vermuthungen (1789),
171; M.H.Stuhlmann (1804), Einleitungsteil Abschnitt 3; W.M.L.de Wette, Hebraismus
(1807), 285; G.H.Bernstein, Gestalt (1813). 122ff.; E.I.Magnus, Hiob (1851). 8; in
neuerer Zeit C.Kuhl, Literarkritik. 194f.; R.H.Pfeiffer, Introduction. 668; V.Maag,
Hiob. 13ff., und O.Kaiser. Ideologie. 51.; vgl. dazu auch unsere Ausführungen auf S.36
Anm 164.

3. Literar- und theologiegeschichtliche Skizze

3.1. Einordnung der Redaktionsschichten

Ausgehend von den Kerngedanken der drei im Hiobdialog (c.3-31 und 38-42,6) feststellbaren Redaktionsschichten kann nun ihre Einordnung in ein bestimmtes Umfeld der israelitischen Literatur- und Theologiegeschichte versucht werden. Mit der redaktionsgeschichtlichen Sequenz "Hiobdichtung" - "Elihureden" - "Niedrigkeitsredaktion" - "Majestätsredaktion" - "Gerechtigkeitsredaktion" ist bereits der *terminus post quem* für die drei Bearbeiter gesetzt, die sich an den im 4./3.Jh.v.Chr. wirkenden Dichter von c.32-37* anschließen[1]. Die maximale zeitliche Obergrenze markieren die Versiones, welche die Abschnitte der Niedrigkeits-, Majestäts- und Gerechtigkeitsredaktion enthalten. Die jüngst veröffentlichten althebräischen Fragmente 4QpaleoJob[c], welche möglicherweise in die Zeit zwischen 225-150 v.Chr. zu datieren sind[2], zeigen mit 13,13-18.23-27 und 14,13-18 nur Versteile, die in dieser Studie ohnehin der ursprünglichen Hiobdichtung zugeteilt wurden. Wenn man annimmt, daß 11QTgJob schon im 2.Jh.v.Chr.[3] und die Septuaginta zu den Ketubim spätestens im 1.Jh.v.Chr. entstanden sind[4], so ergibt sich als äußere chronologische Einordnung unserer Bearbeitungsschichten die Epoche vom auslaufenden vierten bis zum anbrechenden zweiten Jahrhundert v.Chr., somit also ein Zeitraum von ca. 150 Jahren, oder, im Blick auf die Antike, von vier bis fünf Generationen. Als inneres Kriterium einer Einordnung für die Niedrigkeits-, Majestäts- und Gerechtigkeitsredaktion können die nächsten li-

---

[1]   Zur Fixierung des Elihudichters im 4./3.Jh.v.Chr. vgl. zuletzt de Wilde, 58; J.Vermeylen, Job, 78; H.-M.Wahl, Schöpfer, 181ff.; bis in das frühe 2.Jh.v.Chr. hinein ging T.Mende, Leiden, 442ff.

[2]   Zu dieser Datierung vgl. M.D.McLean und E.Ulrich in DJD IX, 155f. Zur Beurteilung des Befunds von 4QHi[b] (4Q100) s.o. S.95.

[3]   Zwar stammt die Rolle, auf der 11QTgJob erhalten ist, erst aus der ersten Hälfte des 1.Jh. n.Chr., doch sprechen philologische Gründe für eine Ansetzung im 2.Jh.v.Chr, vgl. J.P.M.van der Ploeg u. A.S.van der Woude, Introduction, 4.8 (150/100 v.Chr.); M.Sokoloff, Targum, 25: (spätes 2.Jh.v.Chr.) und A.D.York, Targum, 329-333. K.Beyer, Texte, 283, verlegte aufgrund der Hypothese, daß das Hiobbuch im 4.Jh. abgeschlossen worden sei, die Wurzeln von 11QTgJob in das 3.Jh.v.Chr.

[4]   So mit B.Schaller, Septuaginta, in: Bib 61, 400, der G zu Hiob auf das Ende des 2.Jh.v.Chr. bzw. den Beginn des 1.Jh.v.Chr. datierte. G.Gerleman, Studies, 74f., ging bis in die Mitte des 2.Jh.v.Chr. zurück.

terarischen Parallelen zu den von diesen Bearbeitungen eingefügten Texten herangezogen werden. Gegenüber dem redaktionsgeschichtlichen Ansatz von T.Mende, die scheinbare zeitgeschichtliche Anspielungen in der Hiobdichtung überbetonte und auf eine Verhältnisbestimmung zum Qumranschrifttum verzichtete[5], liegt der Akzent der hier vorlegten Einordnung der Redaktionsschichten auf einem geistes- und theologiegeschichtlichen Vergleich. Dabei wird insbesondere eine nähere Charakteristik der Niedrigkeitsredaktion versucht, weil die ihr zugeschriebenen Texte hier erstmals in der Forschung als selbständige Größen betrachtet und mit den Funden aus Qumran in Verbindung gebracht werden können.

3.1.1. Die Niedrigkeitsredaktion

Als theologische und anthropologische Quersumme des der Niedrigkeitsredaktion zugeteilten argumentativen Dreitaktes zum Verhältnis zwischen Gott und Mensch (4,17-19; 15,14-16; 25,4-6; daneben 40,3-5; 42,2-6*) konnte formuliert werden, daß der Mensch aufgrund seiner Geschöpflichkeit von dem allein gerechten und heiligen Gott in kreatürlicher Sündhaftigkeit geschieden ist. Daß der Mensch angesichts des ihm in seiner Majestät begegnenden Gottes von einem Grauen gepackt wird, im unmittelbaren Anblick der Gottheit in den Staub niedersinkt und sich seiner Kreatürlichkeit sowie seines Abstandes zu der Gottheit bewußt wird, ist eine den meisten Religionen bereits auf früher Entwicklungsstufe inhärente Vorstellung[6]. Daß mit dieser Distanzerfahrung auch ein Sündenbewußtsein verbunden sein kann, zeigte sich bereits in unserem Abschnitt zum Vorkommen des Niedrigkeitsmotives in altorientalischen und atl. Texten (S.100ff.). In Hi 4,17 *par.* liegt dieses Bewußtsein in einer gesteigerten Form vor, wobei die Funktion der Unwürdigkeitsaussagen der Niedrigkeitsredaktion die Erkenntnis und die Annahme der Sündhaftigkeit, also ein reflektierend-paränetisches Moment sind. Ließen sich im Blick auf die altorientalischen und atl. Texte punktuell gedankliche Analogien nachweisen, so fanden sich doch bisher keine Abschnitte, die in *terminologischer, kompositioneller* und *funktionaler* Hinsicht neben 4,17 *par.* zu stehen kamen[7]. Vielmehr konnte bei den altorientalischen Texten

---

[5]   So kam T.Mende, Leiden, 428ff., über hypothetische Anspielungen von Hi 34 auf Ereignisse der Makkabäerzeit zu der Ansetzung ihrer Redaktionsschichten in die Zeit von 175-160 v.Chr.

[6]   Siehe dazu R.Otto, Das Heilige, bes. seine Ausführungen im 4.Kap. über das *Mysterium tremendum*, 13ff., und J. Licht, Hymnenbuch, in: K.E.Grözinger (Hg.), WdF 410, 288.

[7]   Die prophetische Klage über die Sündenverfallenheit Israels konnte in unserer Untersuchung ausgeblendet werden, weil die Niedrigkeitsredaktion eine generelle anthropolo-

und insbesondere bei Ps 143 und 155 (11QPs^a24) nur auf eine mit Hi 4,17 *par.* verwandte, die Abschnitte der Niedrigkeitsredaktion aber nicht notwendig bedingende Tradition hingewiesen werden. Als wesentlicher Unterschied zeigte sich die *Verwendung* des Niedrigkeitsmotives: Dient es in den behandelten altorientalischen und atl. Texten als Appell an Gottes Barmherzigkeit und führt zur unmittelbaren Wende im Schicksal des Leidenden, so verhallen Hi 4,17 *par.* in der Dichtung ohne *diesen* Impuls.[8] Am Horizont der zwischentestamentlichen Zeit tauchen nun Texte auf, welche über die bisher betrachteten "Parallelen" hinaus die für die Niedrigkeitsredaktion typische Argumentationstechnik (1.) der als rhetorische Frage formulierten Gegenüberstellung "Gott - Mensch" mit den Begriffen זכה, צדק, זכך, טהר, (2.) dem kosmologischen bzw. anthropologischen Vergleich und (3.) der anthropologischen bzw. hamartologischen Schlußfolgerung mit den Kreatürlichkeitsbegriffen עָפָר, רִמָּה, תּוֹלֵעָה, (אָדָם), (אֱנוֹשׁ) bzw. den Sündentermini אלח, תעב aufweisen und die so zu einer literar- und theologiegeschichtlichen Verortung beitragen können.

3.1.1.1. Das Niedrigkeitsmotiv im Sirachbuch

Obgleich die in der Identifikation der חָכְמָה mit der תּוֹרָה gipfelnde Weisheitsschrift des Ben Sira (vgl. 17,11ff.; 24,23; 45,5; u.ö.) eine den Proverbien vergleichbare optimistische Anthropologie enthält, deren Ethik auf die Erlangung der Gottesfurcht ausgerichtet ist[9], begegnen doch vereinzelt Aussagen, die das Niedrigkeitsmotiv führen und sich auf der Linie von Ps 143,2 mit der Niedrigkeitsredaktion berühren.

Dabei handelt es sich zunächst um einen Bedenkruf in Sir 8,5 (זכר כי כלנו חייבים bzw. μνήσθητι ὅτι πάντες ἐσμὲν ἐν ἐπιτίμοις) und um einen negativen Wahrspruch in 10,18 (לא נאוה לאנוש זדון ועזות אף

---

gische Aussage trifft. Damit schließen wir nicht aus, daß die "nationale" Erkenntnis der Sündhaftigkeit des Volkes Israels (vgl. besonders das Jesaja- und das Jeremiabuch) zu den traditionsgeschichtlichen Wurzeln der im AT insbesondere durch Hi 4,17 *par.* vertretenen "universalen" Erfahrung menschlicher Sündhaftigkeit gehört. Ein später Nachfahre der prophetischen Klage über die Bosheit Israels mit einem Bekenntnis zur wesenhaften Sündhaftigkeit des Volkes und zur Allmacht Gottes findet sich dann u.a. in Sap 12,10-12.

8   Zur Bestimmung der Funktion von Hi 4,17ff. *par.* in seinem "neuen" Kontext (Hi 5,1ff. bzw. 15,17ff) s.u. unsere Auslegung auf S.224ff.

9   Siehe dazu W.Dommershausen, Vergeltungsdenken, 37ff., und O.Kaiser, Sittlichkeit, in: BZAW 161, 110-121, bes. 116f.

אשה לילוד bzw. οὐκ ἔκτισται ἀνθρώποις ὑπερηφανία οὐδὲ ὀργὴ θυμοῦ γεννήμασιν γυναικῶν). Vor allem aber der nur in der griech. und der syr. Version[10] vorhandene Abschnitt in Sir 17,30-32 bietet eine interessante Vergleichsmöglichkeit zu der Niedrigkeitsredaktion, insbesondere zu Hi 25,4f. Da bisher keine hebr. Vorlage für Sir 17,32 gefunden wurde, orientiert sich der hier vorgelegte Vergleich an dem griech. Text des Sir[11]. Auf die Begründung der menschlichen Unvollkommenheit (οὐ γὰρ δύναται πάντα) durch den Verweis auf die Sterblichkeit des Menschen (ὅτι οὐκ ἀθάνατος υἱὸς ἀνθρώπου) in 17,30 folgt die an Hi 25,5 erinnernde kosmologische Komparation menschlicher Sündhaftigkeit: τὶ φωτεινότερον ἡλίου; καὶ τοῦτο ἐκλείπει καὶ πονηρὸν ἐνθυμηθήσεται σάρξ καὶ αἷμα (17,31)[12]. Aus dem sich anschließenden Vers 17,32 wird dann allerdings die von der Niedrigkeitsredaktion abweichende Intention sichtbar: Gott, der die Pracht des Himmels und die aus Staub und Asche bestehenden Menschen mustert, *erbarmt* sich angesichts der kreatürlichen Schwäche des Menschen. D.h. Sir 17,30-32 dient der Herausstellung von Gottes Güte und steht funktional dichter neben den Elendsmeditationen in der Klage Hiobs (vgl. Hi 10,4)[13]. Sir 17,30-32 gibt somit zu erkennen, daß sein Verfasser (möglicherweise unter Rückgriff auf Gen 6,5; 8,21; Ps 103; 130; 143; Koh 7,20)[14] um die sündige Natur des Menschen und den leichten Übergang von Kreatürlichkeit und Schwachheit weiß und daß er dieses Bewußtsein wie in der psalmistischen Tradition als Argument für die ἐλεημοσύνη τοῦ κυρίου (Sir 17,29a) einführt[15]: "der Mensch darf die barm-

---

[10] Zum Verhältnis zwischen der griech. und der syr. Version des Sirachbuches und zur Frage einer hebräischen Vorlage der Sirach-Peshitta vgl. F.Vattioni, Ecclesiastico, XXV-XXVI; G.Vermes, in: E.Schürer - G.Vermes, History, III/1, 205; H.P.Rüger, Text und Textform, 4ff.112-116; G.Sauer, Sirach, in: JSHRZ III, 486, sowie M.D.Nelson, The Syriac Version, 132.

[11] So mit G.Sauer, Sirach, in: JSHRZ III, 548.

[12] Zum Vergleich kann nur auf die masoret. Fassung von Hi 25,5 rekurriert werden, da G die hebr. Partikel עד irrtümlich verbal aufgelöst hat: eine wortgetreue griech. Wiedergabe von MT lautete etwa ἰδοὺ ἡ σελήνη αὐτὴ καὶ οὐκ ἐπιφαύσκει.

[13] Die von V.Ryssel, in: APAT I, 318, vorgeschlagenen Konjektur אף כי אנוש אשר יצרו בשר ודם, verdeutlicht die Parallelität: auf den kosmologischen Vergleich folgt nun explizit wie in Hi 4,18f.; 15,15f.; 25,5f. die anthropologische und hamartologische Konklusion.

[14] So R.Smend sen., Sirach erklärt, 162.

[15] Interessant ist in diesem Zusammenhang, daß im Cod.Alex. hinter Sir 17,16 die auf Gen 8,21 anspielende Wendung αἱ ὁδοὶ αὐτῶν ἐκ νεότητος ἐπὶ τὰ πονηρά folgt. G.Sauer, Sirach, in: JSHRZ III, 547, und P.Volz, Weisheit (1911), 149, führen dies im Obertext.

herzige Kehrseite" Gottes erfahren[16]. Die in G vorliegende Begründung von 17,30b (ὅτι οὐκ ἀθάνατος) könnte, falls sie keine originär griech. Interpretation ist[17], auf eine über die atl. Parallelen, aber jetzt auch über Hi 4,17 *par.* hinausgehende Entwicklung hindeuten, insofern hier menschliche *Unvollkommenheit* (οὐ πάντα) und *Sterblichkeit* (οὐκ ἀθάνατος) parallelisiert werden, während allein Gott der *Vollkommene* und *Unsterbliche* ist (Sir 17,29; 18,1f.). Nimmt man an, daß Sir 17,30-32 angesichts der Parallele zu Hi 25,4-6 (vgl. bes. Sir 17,31) die Niedrigkeitsredaktion *voraussetzt*, so würde Sir 17,30ff. unter Aufnahme der Funktion der Niedrigkeitsaussagen in der psalmistischen Klage[18] (des Appells an Gottes Barmherzigkeit) die Niedrigkeitsredaktion korrigieren.[19]

Eine genauere Verhältnisbestimmung von Sir zu der Niedrigkeitsredaktion und damit ein Ansatz zu ihrer genaueren Datierung ist allerdings erst über den Vergleich mit den Texten der Majestäts- und der Gerechtigkeitsredaktion möglich, da Sir zu diesen beiden Bearbeitungsschichten eine textlich eindeutigere und umfassendere Basis bietet. Hier kam es auf den Nachweis an, daß

---

[16] P.Volz, Weisheit (1911), 150; Hiob (1921), 153.

[17] Für die Annahme, daß Sir 17,30 ein original griech. Text ohne eine entsprechende hebr. Basis ist, könnte neben der abstrakten Formulierung (ἀθάνατος) der Befund in den Versiones sprechen. So führt S in 17,30: *ʾp lʾ trᶜyh ʾyk trᶜytʾ dbnynšʾ* ("Denn sein Sinn ist nicht wie der Sinn der Menschen" (vgl. Jes 55,8), während V wie ein Kompilat aus G und S erscheint: *quoniam non est inmortalis filius hominis et in vanitate malitiae placuerunt*. Zum Versuch einer hebr. Rückübersetzung aus S siehe V.Ryssel, in: APAT I, 317; vgl. dazu aber auch H.P.Rüger, Text, 4ff.112-16, und G.Sauer, Sirach, 486, die sich gegen die Gewinnung eines hebr. Urtextes auf Basis des S ausgesprochen haben, ohne deswegen auszuschließen, daß S auf *eine* hebr. Vorlage zurückgehen könnte; s.o. S.196 Anm. 10.

[18] Zur Verankerung Sirachs in der atl. Tradition und der Neukombination im AT vorhandener Theologumena und ihrer damit verbundenen Weiterentwicklung vgl. O.Kaiser, Sittlichkeit, in: BZAW, 161; 114ff.

[19] Für die Annahme, daß Sirach die Niedrigkeitsredaktion voraussetzt, könnten noch zwei weitere Beobachtungen sprechen: Wie die Niedrigkeitsredaktion eine Inferiorität der Engel vertritt (vgl. Hi 4,18 und 15,15): So findet sich in Sir 42,17a eine sich besonders mit Hi 15,15 berührende, partielle negative Charakteristik der himmlischen Wesen, die allerdings durch die positive Aussage in 42,17b neutralisiert wird. Auffällig ist auch, daß Sir 10,11 [H] das im AT nur in Hi 25,6 und Jes 14,11 vorliegende Worte תּוֹלֵעָה wie die Niedrigkeitsredaktion im Parallelismus zu רִמָּה verwendet (vgl. noch 11QPsᵃ19,1). N.Peters, Jesus Sirach, 198f., vermutete - freilich unter einer integralen Beurteilung des Hiobbuches (s.o. S.12 Anm.30) -, daß dem Siraciden die "Grundstelle Job 4,18f." vorschwebte; zur Verwandtschaft zwischen den Texten der Niedrigkeitsredaktion und dem Sirachbuch vgl. auch künftig die Beiträge von F.V.Reiterer und J.Vermeylen, in: W.A.M.Beuken (Hg.), Job, BEThL.

zumindest in der ca. 130 v.Chr. verfaßten griech. Übersetzung[20] des Sir eine Wiederaufnahme und möglicherweise eine Fortentwicklung des von der Niedrigkeitsredaktion bekannten Motivs der kreatürlichen Unwürdigkeit des Menschen vorliegt.

3.1.1.2. Das Niedrigkeitsmotiv im äth. Henochbuch

Eine, wenn auch innerhalb des apokalyptischen Sammelwerkes des äthHen singuläre, so doch hinsichtlich ihrer Form und Funktion enge Parallele zu den Texten der Niedrigkeitsredaktion stellt ein sekundär in das "Astronomische Buch"[21] integrierter himmlischer Auftrag an Henoch in c.80-81 dar. Der ursprüngliche Ort und die Datierung dieses Stückes sind umstritten[22]. Eingebettet in eine angelologische Vision und Audition, ergeht an Henoch der Befehl:

> "Verkündige alles deinem Sohn Methusala und zeige allen deinen Kindern, daß kein Sterblicher vor dem Herrn gerecht ist, denn er ist ihr Schöpfer"[23] (äthHen 81,5).

Nur in diesem Abschnitt des äthHen findet sich, soweit bisher erkennbar, innerhalb der altorientalischen, atl. und zwischentestamentlichen Literatur eine Rahmung des Motives kreatürlicher Sündhaftigkeit des Menschen mit einer himmlischen Schau, die der Offenbarung des Eliphas in Hi 4,12-16 vergleichbar ist (vgl. bes. Hi 4,16 mit äthHen 81,4). Parallel zu der in Hi 4,12-21 an Eliphas durch eine geheimnisvolle תְּמוּנָה und דְּמָמָה וָקוֹל vermittelten Er-

---

[20] Zu dieser Datierung der Übersetzung des griech. Sir vgl. L.Rost, Einleitung, 47f., und G.Sauer, Sirach, in: JSHRZ III, 490.

[21] Unter dem "Astronomischen Buch" versteht man die c.72-82 des äthHen. Zu Fragen der literarischen Abgrenzung der disparaten Teile des äthHen vgl. G.Beer, Henoch, in: APAT II, 221; O.Eißfeldt, Einleitung[3], 837; L.Rost, Einleitung, 104; S.Uhlig, Henoch, in: JSHRZ V, 468, M.Black, Enoch, 12-24.386-388, sowie J.C.VanderKam, Enoch, 76ff., der für das "Astronomische Buch" eine Datierung im 3.Jh.v.Chr. vertrat, ohne eine frühe Entstehung auszuschließen (88).

[22] C.80-81 ist nicht unter den bisher bekannten aram. Fragmenten des Henochbuches erhalten, vgl. dazu die Übersicht bei S.Uhlig, Henoch, in: JSHRZ V, 479-481, sowie zur Sache G.Vermes, in: E.Schürer - G.Vermes, History, III/1, 257ff., und F.Garcia Martinez, Qumran, 58f. O.Eißfeldt, Einleitung[3], 837.839, betrachtete die Passage 81,1-82,4a, als Schluß von Henochs Reisen (c.20-36), die er um 150 v.Chr. datierte. Für J.C.VanderKam, Enoch, 106-109, ist c.81 nach der Komposition des Traumbuches in der Mitte des 2.Jh.v.Chr. entstanden. F.Garcia Martinez, Qumran, 58, hingegen schloß eine Entstehung vor der Mitte des 2.Jh.v.Chr. weitgehend aus. "but the exact date of composition after this limit is impossible to ascertain".

[23] Übersetzung von S.Uhlig, Henoch, in: JSHRZ V, 666; vgl. dazu auch Übersetzung und Kommentar bei M.Black, Enoch, 70.253.

kenntnis hat die dem Henoch durch sieben Engel überbrachte Botschaft eine paränetische Tendenz (vgl. äthHen 81,6: *"ein zweites Gebot"*). Wie in der Niedrigkeitsredaktion dient die Einbettung des Motivs in eine Offenbarung der besonderen Bevollmächtigung des Redners. Der Argumentationsstruktur der Texte der Niedrigkeitsredaktion entsprechend, erfolgt in äthHen 81,5 die Gegenüberstellung von Gott und Mensch über Kreatürlichkeits- und Rechtsbegriffe. Ein über den Spruch in äthHen 81,5 hinausgehender angelologischer bzw. kosmologischer Vergleich und eine anthropologische Schlußfolgerung finden allerdings nicht statt[24]. Daß in der vielschichtigen Angelologie des äthHen die Engel wie in Hi 4,18 und 15,15 auch als minderwertige Größen betrachtet werden können, zeigen jedoch insbesondere die Abschnitte über den Engelfall (vgl. äthHen 1-16). Gerade die Verbindung von Vision / Audition und Belehrung über die kreatürliche Sündhaftigkeit in äthHen 81 zeigt, daß die ironische Deutung von Hi 4,12ff. ebenso verfehlt ist wie das Urteil, zwischen Offenbarungsumstand und Offenbarungsinhalt bestehe ein Mißverhältnis[25]. Vielmehr bedient sich die Niedrigkeitsredaktion wie der hinter äthHen 81,5 stehende Verfasser des Stilmittels der fiktiven Offenbarung zur Legitimation des Sprechers und zur Bestätigung der Wahrheit seiner Worte. Insofern weist gerade die Einbettung von Hi 4,17-21 in eine Offenbarung (4,12-16) theologiegeschichtlich in eine Epoche, die besonders intensiv das literarische Mittel der Schilderung von Träumen, Visionen und Offenbarungen gebrauchte, d.h. aber in das Umfeld der sich im 3.Jh.v.Chr. entfaltenden Apokalyptik[26]. Auf diese Epoche deutet auch die Beobachtung, daß weite Teile des äthHen "große Übereinstimmungen mit den in Qumran gefundenen Schriften" zeigen, so daß hinter den ältesten Teilen des äthHen möglicherweise "eine der Qumrangemeinschaft ähnliche" (dieser aber zeitlich vorausgehende) "Gruppe als Verfasserschule" anzunehmen ist[27].

---

[24] In äthHen 81,6 folgt eine weitere Unterweisung Henochs, die auf die endzeitliche Bewährung des Gerechten ausgerichtet ist.

[25] Zur Behandlung des Niedrigkeitsmotives in der Forschung s.o. S.98ff.

[26] Vgl. dazu die Schilderung von Träumen und Visionen in Dan 2; 3,31-4.34; 9,23ff.; Sach 1-6; 4QAmram 2,9-4,2; II Makk 15,11-16; Sap 18,17-19; in den Zusätzen zu Esther; im Jubiläenbuch und im IV. Esrabuch sowie im außerisraelitischen semitischen Kontext: die Inschriften von Safa L 325 und L 405 (bei O.Eißfeldt, KS III, 289ff.) und das aram. Ostrakon CIS III/1, 137 (bei A.Jirku, Altorientalischer Kommentar, 236).

[27] So mit S.Uhlig, Henoch, in: JSHRZ V, 492; vgl. dazu auch die Zusammenstellung der Überschneidungen zwischen äthHen und Qumranschriften bei S.Uhlig, 492-494, sowie die Ausführungen bei O.Eißfeldt, Einleitung[3], 839, und L.Rost, Einleitung, 105, und zuletzt vor allem bei F.Garcia Martinez, Qumran, 45ff.

3.1.1.3. Das Niedrigkeitsmotiv im Qumran-Schrifttum

Die deutlichsten Überschneidungen der aus Hi 4,12-21; 15,11-16; 25,2-6; 40,3-5; 42,2-6* sprechenden Theologie und Anthropologie mit Schriften der zwischentestamentlichen Zeit begegnen in der genuin aus Kreisen der Qumrangemeinschaft stammenden Literatur. Insbesondere die "Regel der Einung" ("Gemeinschafts- bzw. Sektenregel"; 1QS)[28] und die in ihrem Grundbestand auf den Lehrer der Gerechtigkeit zurückgehenden "Loblieder" ("Hodayot"; 1QH)[29] zeigen die bisher größten Parallelen zu der Niedrigkeitsredaktion.

Die "Gemeinschaftsregel" (1QS)[30] schließt mit einem Hymnus, der in einer Gegenüberstellung der unbegreiflichen Majestät Gottes mit der kreatürlichen Sündhaftigkeit des Menschen mündet und sich eng mit Hi 4,17 *par.* berührt (1QS 11,9-22). Wie in Hi 25,6 wird der Mensch als רמה beschrieben (1QS 11,9-10). Dabei stellt dieser Ausdruck nicht nur die Sterblichkeit, sondern auch die Sündhaftigkeit des Menschen heraus. Wie der Parallelismus von 1QS 11,9-10 zeigt, sind Kreatürlichkeitsbegriffe mit Sündentermini verknüpft und dadurch hamartologisch bestimmt:

> "Doch ich gehöre zur ruchlosen Menschheit, zur Menge des frevelnden Fleisches. Meine Sünden, meine Übertretungen, meine Verfehlungen samt der Verderbtheit meines Herzens gehören zur Menge des Gewürms und derer, die in Finsternis wandeln"[31].

Wie in Hi 4,17 *par.* wird in Form einer Reflexion die rhetorische Frage ומה אף הואה בן האדם gestellt (1QS 11,20) und im Blick auf die geschöpfliche Hinfälligkeit und Sündhaftigkeit beantwortet (1QS 11,21). In diesen Kontext fällt dann auch die außer in Hi 14,1; 15,14 und 25,4 atl. nicht belegte Wendung ילוד אשה (1QS 11,21). Dieser Ausdruck, der, soweit bisher erkennbar, nur noch in 1QH 13,14; 18,13.16.23; 4Q482,4-5;[32] Sir 10,18[H]; TestNaph 2 (Ende); IV Esr 8,35; und in der griech. Variante als γεννητὸς

---

28   1QS ist nach G.Vermes, in: E.Schürer - G.Vermes, History, III/1, 384, in seiner *kompositionellen Endgestalt* auf die Zeit um 100 v.Chr. zu datieren. Diese Datierung schließt aber nicht aus, daß ältere Teile, die in 1QS aufgenommen sind, bereits in der Mitte des 2.Jh.v.Chr. entstanden sind.

29   So rechnete G.Jeremias, Lehrer, 171, damit, daß der Gründer der Qumrangemeinde selbst 1QH 2,1-19; 2,31-39; 3,1-18; 4,5-5,4; 5,5-19; 5,20-7,5; 7,6-25 und 8,4-40 verfaßt habe; ähnlich L.Rost, Einleitung, 139f.; J.Licht, Hymnenbuch, in: K.E.Grözinger (Hg.), WdF 410, 276; H.Lichtenberger, Studien, 27, und J.Becker, Heil, 50-56. Hingegen verlegte G.Vermes, in: E.Schürer - G.Vermes, History III/1, 455, die Hodayot in das 1.Jh.v.Chr.

30   Zitiert nach E.Lohse, TQu, 1-51.

31   Übersetzung von E.Lohse, TQu, 41.

32   Bei 4Q482 handelt es sich möglicherweise um ein Fragment aus dem Jubiläenbuch, das jedoch ohne direkte Korrespondenz zum äthJub ist; vgl. dazu M.Baillet, in: DJD VII, 1.

γυναικός in Hi 11,2 [G] bzw. als γεννητὸς γυναικῶν in Mt 11,11 *par.* Lk 7,28 sowie im rabbinischen Schrifttum[33] begegnet, erlaubt zwar keinen Rückschluß auf eine Weitergabe der Sündhaftigkeit im Sinn der Erbsündenvorstellung[34]. Dennoch steht er, wie der jeweilige Kontext zeigt, für eine besonders abschätzige Charakteristik des Menschen[35]. Den Abschnitten der Niedrigkeitsredaktion entsprechend, erfolgt in 1QS 11 eine über die inneratl. "Parallelen" (vgl. bes. Ps 39; 90; 103 und 143) hinausgehende anthropologische Konkretion und Definition. Die Schöpfungstermini עָפָר, רִמָּה und חֹמֶר sind nicht mehr als direkter Aufruf an Gottes Barmherzigkeit verwendet (so noch in Hi 7,7ff. und 10,8ff.), sondern dienen der Wesensbeschreibung des an sich unwürdigen, sündhaften und von Gott in weiter Distanz geschiedenen Menschen (vgl. Hi 4,17; 15,14; 25,4; 40,3-5). Mit diesem Funktionswechsel der Elendsmeditation wird der Abstand von Schöpfer und Geschöpf besonders betont (vgl. Hi 4,19 mit 1QH 4,29)[36], Sünde und Geschöpflichkeit bilden eine Einheit: "Alle Menschen sind Sünder, weil sie בשר sind"[37].

Diese Sicht des Menschen, die den Unterschied zwischen Gott und Mensch bis in seine äußerste Radikalität treibt[38] und die kreatürliche Sündhaftigkeit besonders hervorhebt, spricht verstärkt aus den Lobliedern (1QH)[39]. So durchzieht diese am Vorbild der atl. Danklieder und Hymnen orientierte, literarisch gewachsene Anthologie die Erkenntnis der und das Bekenntnis zur kreatürlichen und moralischen Unwürdigkeit des Menschen, wie sie in einer solchen Konzentration im AT nur in Hi 4,17 *par.* begegnete. Das Sündenbewußtsein ist in 1QH *das* "Merkmal der gesamten lyrischen Sammlung"[40]. Reflexionen, die in Elendsmeditationen und Hymnen eingegliedert sind, definieren das Wesen des Menschen mit Niedrigkeitstermini, konkretisieren es hamartologisch und radikalisieren die Distanz von Gott und Mensch (vgl. bes. 1QH 1,22f.; 3,23f.; 4,29f.; 12,24f.; frag. 1,8; 52,3). Der Mensch ist vollkom-

---

33 Vgl. die Angaben bei H.P.Rüger. Sprache. 113ff.
34 So jedoch tendenziell J.Licht. Hymnenbuch. in: K.E.Grözinger (Hg.). WdF 410. 290, und M.Delcor. Hymnes. 47; dagegen H.Lichtenberger. Studien. 90, und J.Lévêque. Job. 269ff.
35 So mit H.Lichtenberger. Studien. 90f.
36 So mit R.Albertz. Weltschöpfung. 166.
37 J.Becker. Heil. 112; ähnlich M.Delcor. Hymnes. 48f.
38 So mit S.Holm-Nielsen. Poesie. 169. und E.M.Merill. Qumran. 37.
39 E.Lohse. TQu. 109-175. zu den Fragmenten zu 1QH vgl. den Anhang bei M.Delcor. Hymnes.
40 J.Licht. Hymnenbuch. in: K.E.Grözinger (Hg.).WdF 410. 289.

men mit der Sünde durchdrungen (vgl. Hi 15,16; 1QH 4,29; 13,15; frag.1,4)[41] und steht in ungeheuerem Abstand zu dem allein gerechten Gott (vgl. Hi 40,3-5 mit 1QH 4,30; und Hi 42,2-6* mit 1QH 1,21; 10,3-6; 12,31-32; frag. 4,9-10). Auf diese Weise bietet 1QH die für die Niedrigkeitsredaktion typische Beschreibung menschlichen Wesens im Stil der rhetorischen Frage und der den Gegensatz von Gott und Mensch verstärkenden anthropologischen Folgerung (vgl. 1QH 1,21; 3,23f.; 7,28ff.; 9,13f.; 10,3; 16,11 mit Hi 4,17 *par*.). Daneben begegnet die sich äußerster Kürze bedienende Definition כי לא יצדק כול (1QH 9,14; 12,31). Wie in Hi 4,17; 15,14, 25,4 ist dies als eine *wesenhafte* Aussage zu verstehen: "keiner *ist* gerecht"[42]. In einer sich direkt mit der Niedrigkeitsredaktion berührenden Form und Terminologie begegnet eine Zusammenstellung von Aussagen zur Kreatürlichkeit und Sündhaftigkeit in 1QH 18,3.11-13.16.22.25-26.31. Ein die Diastase von Gott und Mensch unterstreichender kosmologischer Vergleich, der analog zu Hi 25,5 die Gestirne zur Herausstellung der alleinigen Reinheit Gottes aufführt, erscheint in abstrakterer Form in 1QH 10,11: ומי בכול מעשי פלאכה הגולים יעצור כוח להתיצב לפני כבודכה:

Schließlich findet sich für die in Hi 15,11 begegnende Wendung תַּנְחֻמוֹת אֵל, die im AT nur in dem sehr späten Psalm 94,19 eine Parallele hatte, ein äquivalenter Gebrauch in den aus Qumran bekannten Schriften, insofern der Terminus תנחמים in 4Q176 als Überschrift einer Anthologie aus Dtjes und dem Psalter fungiert[43]. Ein Hi 4,18 und 15,15a entsprechender angelologischer Vergleich liegt in 1QH nicht vor, doch wissen auch die Hodayot um ein zu Hi 25,2 paralleles Gericht Gottes an den Engeln (1QH 10,34f.): ואפחדה בשומעי משפטיכה עם גבורי כוח וריבכה עם צבא קדושיכה. Zu den formalen und inhaltlichen Parallelen zwischen der Niedrigkeitsredaktion und den Niedrigkeitsdoxologien und Elendsbetrachtungen der Hodayot kommt die dreifache funktionale Verwandtschaft:

1. Wie in Hi 4,12-21 die Einbettung des Niedrigkeitsmotives in eine Offenbarungsszene eine *didaktische* Absicht verfolgt, so findet sich auch in 1QH eine Verbindung mit dem Lehrstil[44] (vgl. 1QH 1,20-21.26-34; 4,30; 10,4f., besonders hervorgehoben in 1QH 1,34f.[45] durch die "Lehreröffnungsformel"

---

[41] In 1QH 4,29f. liegt nach G.Jeremias, Lehrer, 216 Anm.4, die älteste Verwendung des Niedrigkeitsmotives in 1QH vor, während es sich bei den weiteren Vorkommen um jüngere Texte der "Loblieder" handelt.
[42] Vgl. E.M.Merill, Qumran, 38; G.Morawe, Aufbau, 103, und J.Licht, Hymnenbuch, in: K.E.Grözinger (Hg.).WdF 410, 290f.
[43] Vgl. dazu J.M.Allegro, in: DJD V, 60-67.
[44] Vgl. dazu G.Morawe, Aufbau, 70ff.
[45] Vgl. auch CD 2.14: ועתה בנים שמעו לי.

שמעו חכמים ושחי דעת und in 1QH 4,30 durch eine "Erkenntnisformel" (ואני ידעתי כי).

2. Parallel zur Schilderung des Entsetzens in Hi 4,12-16 erschrickt der Fromme angesichts der *Erkenntnis* der Sündhaftigkeit (vgl. die Termini פחד und רעד in Hi 4,14; 1QH 4,33; 1QH 5,3, bzw. 1QH 10,34.)[46]. Wie in Hi 42,2-6* dankt er mit einem Unterwerfungsbekenntnis Gott für die ihm als Geschöpf geschenkte *Erkenntnis* (vgl. 1QH 1,21; 10,5; 1QS 10,11)[47]. Analog zu Hi 42,6 wird נחם als Sündenterminus verwendet (vgl. 1QH 5,3; 9,13; 11,32)[48].

3. Der in Hi 25,2-3 und 42,2-3* erkennbaren *doxologischen* Funktion des Niedrigkeitsmotives entsprechend, preisen die vorgestellten Texte aus 1QH auf der Folie der Unwürdigkeit des Menschen die Herrlichkeit Gottes[49].

Aufgrund der mit der Niedrigkeitsredaktion gemeinsamen didaktischen und doxologischen Funktion des Niedrigkeitsmotives in 1QH und 1QS, fällt die formale Differenz, daß es in den Qumranschriften im Munde des Beters vorliegt, während es die Niedrigkeitsredaktion zunächst gerade nicht in die Hiobreden einfügt, hier anders als in den altorientalischen und atl. Klagen bzw. Theodizeedichtungen *nicht* ins Gewicht. Hinzu kommt, daß sich die Frage nach der Gerechtigkeit Gottes für die Verfasser von 1QS und 1QH nicht stellt. Charakteristische Unterschiede zwischen der Verwendung des Niedrigkeitsmotives in Hi 4,17 *par.* und in den Hodayot zeigen jedoch, daß die Qumrangemeinde eine weiterentfaltete Anthropologie und Hamartologie vertritt. In Hi 4,17 *par.* wird das Motiv der kreatürlichen Unwürdigkeit durch die sekundäre kompositionelle Zusammenstellung mit dem Motiv der Scheidung der Menschen in Gerechte und Frevler seiner letzten Schärfe enthoben (vgl. Hi 4,7; 5,2; 15,20ff.). In 1QH wird die negative Anthropologie durch das Wissen um die Möglichkeit der durch Gott an seinen Auserwählten gewirkten Reinigung und Gabe des Heiligen Geistes aufgefangen (vgl. 1QH 1,32; 3,21; 4,37; 7,6-7.34; 9,32; 12,12; 16,12; 1QS 11,14; u.ö.). Dadurch gehen anders als bei der Niedrigkeitsredaktion "tiefes Sündenbewußtsein mit höchstem Erwählungs-, Sendungs- und Vollkommenheitsbewußtsein Hand in Hand"[50]. Möglicherweise ist sogar das prädestinationstheologische Denken der Qumrangemeinde ein Ausgangspunkt für das Sündenverständnis: im Anblick des allein

---

46 Vgl. 1QH frag.4. Z.9f: ...ואני פחדתי ממשפטכה [ ] .... ומי יזכה במשפטכה]...
47 Vgl. die Betonung der Erkenntnis in Hi 4.21 (לא בחכמה) und 1QH 4.7 (בלא בינה).
48 Zu einer ähnlichen Verwendung von מאס als theologischem Begriff mit menschlichem Subjekt wie in Hi 42.6 vgl. 1QpHab 5.11.
49 Vgl dazu G.Jeremias, Lehrer. 217.
50 J.Maier - K.Schubert. Qumran-Essener. 193; H.Bietenhard. Handschriftenfunde. 739ff.

bestimmenden und allmächtig handelnden Gottes muß der Mensch sündhaft sein[51]. Während schließlich weder für die ursprüngliche Hiobdichtung noch für die Niedrigkeitsredaktion eine ausdrückliche Bindung an die Tora erkennbar ist, betonen die Schriften der Qumrangemeinde gerade die Gesetzesfrömmigkeit[52].

3.1.1.4. Zeit und Ort der Niedrigkeitsredaktion

Aufgrund der Hervorhebung der Kreatürlichkeit des Menschen als trennendem Faktor zwischen Mensch und Gott sowie der Rückführung der Sündhaftigkeit auf die Geschöpflichkeit bilden die möglicherweise bis in das 2.Jh.v.Chr. zurückreichenden Abschnitte aus 1QS und 1QH die nächsten Parallelen zur Niedrigkeitsbearbeitung[53]. Mit der für die qumranischen Niedrigkeitstexte typischen pneumatologischen (1QH 16,12), erwählungs- und prädestinationstheologischen (1QH 3,11; 15,23 bzw. 1QH 7,13) Relativierung der Aussagen zur allgemeinen Sündhaftigkeit liegt jedoch ein weiterentwickeltes und differenzierteres Sündenbewußtsein als in Hi 4,17 *par.* vor. Auch die bereits in den Elihureden (vgl. 34,12f.; 35,5-11 und 37,23) und in Hi 4,17 angedeutete Verknüpfung von göttlicher Gerechtigkeit und Schöpferkraft (יִצְדָּק...מֶעֹשֵׂהוּ) ist in den Hodayot weiter entfaltet (vgl. 1QH 16,9: לֹך אתה הצדקה כי אתה עשיתה את כו]ל)[54]. Für die literar- und theologiegeschichtliche Skizze des Hiobbuchs bedeutet dies, daß die Niedrigkeitsredaktion ihren Ort zwischen Ps 143,2 und 155,8 (11QPs^a 24,8)[55] und den für die qumranische Anthropologie und Hamartologie so charakteristischen Abschnitten in 1QS und 1QH haben dürfte. Auf diese Verortung weist auch die Parallele zu äthHen 81,5 hin (s.o.).

Die Niedrigkeitsredaktion ist somit wie der Verfasser des Mahnwortes an Henoch in Kreisen zu suchen, die sich auf besondere Inspiration berufen (vgl. 4,12ff.), die priesterliche und sapientielle Traditionen kombinieren, wie zum einen die Reinheits-, Rechts- und Sündenterminologie in Hi 4,17-19; 15,14-16; 25,4-6; 42,5-6, zum anderen die argumentative Struktur des Niedrigkeitsmotives zeigen, und deren Impulse sowohl auf priesterliche Teile einer nach

---

51   E.M.Merill. Qumran. 37f.
52   Vgl. dazu J.Becker. Heil. 71.
53   Zu dieser Datierung s.o.S. 200 Anm. 27 bzw. Anm. 28.
54   Vgl. 1QH frag.2. Z.4; sowie dazu auch J.Licht. Hymnenbuch. in: K.E.Grözinger (Hg.).WdF 410. 280f.286.
55   Zur Annahme der Herkunft von Ps 155 (11QPs^a 24) aus Kreisen. die mit der Qumrangemeinschaft religiös verwandt sind. s.o. S.111.

Qumran emigrierenden Abspaltung von den Chasidim als auch partiell auf das Sirachbuch (vgl. Sir 17,30) gewirkt haben.

Bedenkt man, daß es bereits im frühen 3.Jh.v.Chr. in Palästina chasidische Kreise gab, die *eine* Wurzel der späteren Essener bildeten,[56] könnte formuliert werden, daß Hi 4,11-21; 15,11-16; 25,1-6 und 40,3-5 mit 42,2-6* den Beitrag einer protochasidischen Redaktion der Hiobdichtung darstellen.

3.1.2. Die Majestätsredaktion

Bereits in der redaktionsgeschichtlichen Skizze konnte gezeigt werden, daß es für die Majestätsredaktion charakteristisch ist, Hiob hymnenartige Lehrstücke über Gottes alleinige Weisheit und Schöpfermacht in den Mund zu legen. Dabei ist deutlich geworden, daß diese Lehrstücke Gottes Majestät anhand seines Wirkens an der Natur (12,7-10), an Mensch und Geschichte (12,12-25), an Himmel und Erde (26,5-13) und an seiner Verfügungsgewalt über die verborgene Weisheit (12,13.16; 26,14; 28,1-27; 39,13-18) explizieren. Neben dem Lobpreis Gottes als Schöpfer und Erhalter dienen diese Lehrstücke, wie besonders aus den Rahmenversen in 12,11; 13,1-2; 26,2-4; 27,11-12 und 28,28 ersichtlich, der Typisierung Hiobs als eines weisen und frommen Lehrers seiner Freunde: Der leidende Gerechte weiß einerseits um die Wunder der Welt, andererseits ist er sich der Grenzen der Durchschaubarkeit von Gottes Handeln und der Beschränktheit menschlicher Erkenntnis bewußt. Zu einer literar- und theologiegeschichtlichen Einordnung der Majestätsredaktion kann neben c.26 insbesondere der aus c.28 sprechende Weisheitsbegriff beitragen. Hier sind es vor allem die über das Wesen der חָכְמָה nachdenkenden Abschnitte in Prov 8,22-31; Sir 1,1-20; 4,11-19; 14,20-15,10; 24; 51; Bar 3,9-4,4; Sap 6-9; äthHen 42 und 11QPs^{a}18, die herangezogen werden können.[57] Darüber hinaus wird bezüglich des Propriums der Majestätsredaktion - sich angesichts der vom Menschen letztlich nicht verstehbaren Schöpfung und

---

56 Vgl. dazu bes. O.Plöger, Theokratie, 34f.37ff.57-68; M.Hengel, Judentum, bes. 320ff. 394 mit Anm. 626, und J.Maier, Zwischen den Testamenten, 273. Zur Annahme der Existenz von protochasidischen bzw. protoessenischen Gruppen im 3.Jh.v.Chr. vgl. auch (im Blick auf 11QPs^{a}18) J.A.Sanders, in: DJD IV, 70.

57 Trotz der Vorbehalte, die H.-P.Müller, Hiobproblem, 132, gegenüber der Zusammenstellung von Hi 28 mit Prov 1-9; Sir 24; Bar 3f. und Sap 7f. äußerte, ist ein solcher Vergleich berechtigt, wie die vorgelegte Analyse zeigen wird. Vgl. die Hiobkommentare zu c.28 und C.Kuhl, Literarkritik, 281, sowie B.Gemser, Proverbien, 37; O.Plöger, Sprüche, 84-98; L.Rost, Einleitung, 52f.; O.Eißfeldt, Einleitung^3, 803; A.H.J.Gunneweg, Baruch, in: JSHRZ III, 168; G.Pfeiffer, Ursprung, 103; P.Doll, Menschenschöpfung (1980), 219ff.; M.Küchler, Weisheitstraditionen, 31ff., und M.Hengel, Judentum, 286ff.

Weisheit Gottes auf die (יהוה) יִרְאַת zu beschränken (28,28; 12,13 und 26,14) - eine Nähe zum Verständnis der Gottesfurcht bei Kohelet deutlich[58].

3.1.2.1. Hintergrund und Umfeld des Weisheitsliedes in Hi 28

In der literarischen Analyse von c.28 konnte schon angedeutet werden, daß hier von der חָכְמָה einerseits in einer mythologisch gefärbten Sprache als einer (noch) nicht hypostatischen[59], wohl aber selbständigen, allein Gott zugänglichen Größe (28,12-14.20-27), andererseits als einer der praktischen Lebensweisheit parallelisierten Form der Gottesfurcht geredet wird (28,28). Über die in der stilistischen Analyse nachgewiesene Zugehörigkeit von V.28 auf der literarischen Ebene der Majestätsredaktion zeigte sich, daß die in 28,1-14.20-27 bzw. 28,28 vorliegende Doppelung des Weisheitsbegriffes durch eine positive Ersetzung der חָכְמָה durch die (יהוה) יִרְאַת aufgehoben wird: dem Menschen ist *anstelle* der allein Gott zugänglichen Weisheit die Gottesfurcht gegeben. Anders als in Prov 1,7; (9,10; 15,33) und Ps 111,10, welche die Gottesfurcht als Anfang (רֵאשִׁית) der Weisheit bezeichnen wird, erscheint sie in Hi 28,28 als die dem Menschen gemäße Form der Weisheit[60].

Hi 28 im Vergleich zu Prov 8

Mit der Selbstprädikation der חָכְמָה in Prov 8,22ff. teilt Hi 28,1-14.20-28 die Vorstellung der Präexistenz der Weisheit (28,23; Prov 8,22.26; vgl. auch Sir 1,4.9; 24,33 und Sap 7,25f.) und ihrer besonderen Rolle bei der Schöpfung (28,24-26; Prov 8,27-31; vgl. auch Prov 3,19; Sap 7,22; 8,5f. und 9,9). Dabei steht in Prov 8,30f. die Charakterisierung der חָכְמָה als *Person*[61] der Schilde-

---

58   Vgl. dazu H.W.Wolff, Anthropologie, 307; O.Kaiser, Gottesgewißheit, in: BZAW 161, 128, und ders., Sinnkrise, in: BZAW 161, 102ff.

59   Folgt man der Definition von G.Pfeiffer, Ursprung, 15, wonach eine Hypostase eine Größe ist, "die teilhat am Wesen einer Gottheit, die durch sie handelnd in die Welt eingreift, ohne daß sich ihr Wesen im Wirken dieser Hypostase erschöpft", so ist die חָכְמָה in Hi 28 gerade keine Hypostase, da ihr weder eine Teilhabe an Jahwe noch eine Funktion als Medium Jahwes zugeschrieben wird. Es heißt lediglich, daß Gott die Weisheit *sah, ausmaß, aufstellte und erforschte*. Entgegen seiner Definition betrachtete G.Pfeiffer, a.a.O., 106.108, die Weisheit in Hi 28 als Hypostase. Daß sie ursprünglich eine "weibliche Gestalt, eine jugendliche Göttin, die er [Jahwe] sich zur Geliebten nahm" war (so Pfeiffer, a.a.O., 27), ist zumindest aus Hi 28 nicht ersichtlich.

60   Ähnlich Budde, HK²II, der allerdings eine sarkastische und gottanklagende Funktion vermutete; H.F.Fuhs, Art. יָרֵא, in: ThWAT III, 891, und König, 287.

61   Personifiziert begegnet die Weisheit als "Schwester" (Prov 7,9), "Braut" (Sap 8,2), "Geliebte" (Prov 4,6.8), "Frau" (Sir 15,2; 51,13; Sap 7,21), "Mutter" (Sir 4,11; 15,2) und "Gastgeberin" (Sir 5,2; 24,19; Sap 4,12; vgl. JosAs 8,5.9; 15,5; 16,16; 19,5).

rung der חָכְמָה in Hi 28,26 als einer eher *dinghaften Größe*[62] gegenüber. Mit dem Bekenntnis, Weisheit sei nicht vom Menschen auffindbar und erwerbbar, steht Hi 28,1-14.20-28 jedoch im Widerspruch zum Makarismus, in den Prov 8 (V.32.34) mündet:

> "Nun denn, ihr Söhne, hört auf mich, und wohl denen, die meine Wege bewahren.
> ... Wohl dem Menschen, der auf mich hört, indem er an meinen Türen wacht Tag für Tag und hütet meine Türpfosten"[63].

Mit der Vorstellung der "verborgenen Weisheit" dürfte das von der Majestätsredaktion in die Hiobdichtung eingetragene Weisheitslied in 28,1-12.20-28 als Antithese dem Bild der "nahen Weisheit" in Prov 8 *nachgeordnet* sein[64]. Der sekundäre Abschnitt 28,15-19 greift dann wieder auf die Vorstellung von der Erwerbbarkeit der Weisheit in Prov 1,20-33; 3,13-26; 4,7-9; 8,1-21 und 9,1-17 zurück und hellt das skeptisch gestimmte Gedicht in Hiobs Mund auf.

Hi 28 im Vergleich zu Sir 1 und 24

Insbesondere Sir 1 und 24, die nur in der griech. und syr. Version des Sir erhalten sind, stehen mit ihrer Weisheitsreflexion besonders nahe im Umkreis von Hi 28,1-14.20-28: Wie in Hi 28,25-27 finden sich die Motive (1.) der Präexistenz der "Weisheit" (Sir 1,1.4.9 und 24,9), (2.) ihrer besonderen Rolle bei der Schöpfung (Hi 28,25-27; Sir 1,9 und 24,8-9), (3.) ihrer kosmischen Verborgenheit (Hi 28,14.20 und Sir 1,6), und (4.) der alleinigen Verfügungsgewalt Gottes über sie (Hi 12,13.16; 28,23; Sir 1,6 und 24,3.8f.). Als entscheidende Differenz zu Hi 28,1-14.20-28 ergibt sich, daß in Sir die σοφία konsequent personifiziert ist (vgl. ihre Rede in der 1.P.Sg. in 24,1ff.) und daß die universale, verborgene Weisheit durch die Identifikation mit dem mosaischen Gesetz (24,23) sowie die Lokalisierung in Israel (24,8-10) eine dem Frommen erreichbare, nahe Größe ist: Ταῦτα πάντα βίβλος διαθήκης θεοῦ ὑψίστου, νόμον ὃν ἐνετείλατο ἡμῖν Μωυσῆς κληρονομίαν συναγωγαῖς Ιακωβ (24,23). Die Weisheit ist wie in Prov erwerbbar, indem nun der, der das "Gesetz" hält, auch Weisheit empfängt (Sir 1,16.18 und 4,11). So kann es im Anklang an Ps 1,1-3 in Sir 14,20 [H] heißen (vgl. auch Ps 19B; 37,30-31; 40,9 und 119,66.89.96.182):

---

[62] So mit F.Giesebrecht, Wendepunkt, 30ff.; Fohrer, 314f.; Hesse, 158; Groß, 102; Hartley, 373; G.v.Rad, Weisheit, 189-195; H.-P.Müller, Hiobproblem, 131; W.H.Schmidt, Einführung, 334, und H.D.Preuss, Weisheitsliteratur, 86.

[63] Übersetzung von H.Ringgren, Sprüche³, 39.

[64] Zur Typologie der "verborgenen" und "nahen", "entschwundenen Weisheit" vgl. B.L.Mack, Logos, 21. Daß Hi 28* jünger ist als Prov 8, wofür hier nicht der detaillierte Beweis geführt werden kann, vertraten auch Duhm; J.Lévêque, Job, 60, und P.Doll, Menschenschöpfung (1980), 231.

"Wohl dem Manne, der über die Weisheit nachsinnt und auf die Einsicht acht hat".[65]

Während in Hi 28,28 die "Gottesfurcht" als die dem Menschen gemäße Form der "Weisheit" bezeichnet wird, sind in Sir die יִרְאַת אֲדוֹנָי, die חָכְמָה und das Halten der תּוֹרָה voll identisch: πᾶσα σοφία φόβος κυρίου. καὶ ἐν πάσῃ σοφίᾳ ποίησις νόμου (Sir 19,20; vgl. auch Sir 2,16; 21,11 und Ps 119,97ff.). Folge der in Dtn 4,6 angelegten[66] Gleichsetzung von schriftlich fixiertem Gesetz und hymnisch gepriesener, ursprünglich bei Gott weilender Weisheit ist, daß der Weise ein Loblied auf die חָכְמָה singen kann, die er schon von früher Jugend an suchte und die er schließlich fand (Sir 51,13.26). Durch eine Personifikation, Lokalisierung und Identifizierung ist die חָכְמָה / σοφία in Sir (wieder) die "nahe" Weisheit geworden, die sie bereits in Prov war, wenngleich dort noch nicht im "Bündnis"[67] mit dem Gesetz und dem Zion. Die Transzendenz der Weisheit und Jahwes, dessen Distanz zum Menschen durch seinen alleinigen Besitz der חָכְמָה in Hi 12,13 und 28,23-28 betont wird, sowie die aus Hiobs Lehrreden in 27,11-12 mit 28,1-14.20-28 sprechende fromme Skeptik in Form des Verzichtes auf Spekulation und der Konzentration auf die יִרְאַת אֲדוֹנָי sind in Sir einer Immanenz der חָכְמָה und einem Optimismus des Gesetzestreuen gewichen: der Fromme darf sich freuen, weil Jahwe die σοφία auf alle seine Werke ausgegossen (Sir 24,9) und ihr ein irdisches θεμέλιον αἰῶνος (Sir 1,15) geschenkt hat.

Damit erweisen sich Sir 1 und 24 theologiegeschichtlich jünger als Hi 28,1-14.20-28 und verweisen die Majestätsredaktion, wenn man für Sir 1 und 24 eine (bisher noch nicht entdeckte) hebräische Vorlage annimmt, mindestens auf die Zeit *vor* 190 v.Chr.[68]

Hi 28 im Vergleich zu Bar 3,9-4,4

Die Posteriorität von Sir 1; 24 gegenüber Hi 28 bestätigt auch die Analyse des nur in seiner griech. Version erhaltenen, wie Sir aus dem frühen 2.Jh.v.Chr. stammenden Lehrgedichtes auf die σοφία in Bar 3,9-4,4.[69] Einer-

---

[65] Übersetzung von G.Sauer, Sirach, in: JSHRZ III, 541.
[66] Vgl. dazu O.Kaiser, Judentum, in: BZAW 161, 148; M.Küchler, Weisheitstraditionen, 52f.; H.Stadelmann, Ben Sira, 250, und M.Hengel, Judentum 291.
[67] J.Fichtner, Weisheit, 90ff.124.
[68] Zu den Datierungsvorschlägen für Sirach vgl. H.Stadelmann, Ben Sira, 4: 190-175 v.Chr.
[69] Zur Annahme einer hebr. Vorlage und zur Datierung vgl. W.Rothstein, Baruch, in: APAT I, 215; O.Eißfeldt, Einleitung³, 802-805; L.Rost, Einleitung, 52f., und A.H.J. Gunneweg, Baruch, in: JSHRZ III, 168. J.Lévêque, Job, 609, setzte Bar 3,9-4,4 sogar

seits werden in direkter terminologischer Überschneidung mit Hi 28 (1.) die Unauffindbarkeit der Weisheit[70], (2.) das alleinige göttliche Wissen um sie[71] und (3.) ihre Auffindung durch Gott bei der Schöpfung beschrieben[72]. Andererseits erfolgen wie in Sir 24,23 (1.) die *Nationalisierung* der Weisheit (Bar 3,37), (2.) die *Identifizierung* mit der Tora (4,1: αὕτη ἡ βίβλος τῶν προσταγμάτων τοῦ θεοῦ καὶ ὁ νόμος ὁ ὑπάρχων εἰς τὸν αἰῶνα) und (3.) die damit verbundene Annahme ihrer *Erwerbbarkeit* (3,9ff. und 4,1b.2.4).

Die "Weisheit" im IV. Makkabäerbuch[73] und in der Sapientia Salomonis

Den Gipfel der Identifikation der "Weisheit" innerhalb der jüdisch-hellenistischen, vorrabbinischen Literatur bildet die Definition in dem als philosophischen Traktat zu bezeichnenden IV Makk: σοφία δὴ τοίνυν ἐστὶν γνῶσις θείων καὶ ἀνθρωπίνων πραγμάτων καὶ τῶν τούτων αἰτιῶν. αὕτη δὴ τοίνυν ἐστὶν ἡ τοῦ νόμου παιδεία, δι᾽ ἧς τὰ θεῖα σεμνῶς καὶ τὰ ἀνθρώπινα συμφερόντως μανθάνομεν (1,16)[74].

Ist erkannt, daß Hi 28,1-14.20-28 vor Sirach anzusetzen ist, so erübrigt sich für die Einordnung der Majestätsredaktion auch der ausführliche Vergleich mit dem Weisheitsbegriff der Sapientia Salomonis. Hier stellt die σοφία, die in c.6-9 ein zentraler Begriff ist, deutlich eine Hypostase dar, insofern sie *als Person an der Stelle Gottes handelnd* in Schöpfung und Geschichte auftreten kann (7,22-24). Ihr Ausgehen von Gott wird einer Emanation vergleichbar beschrieben (7,25 und 9,6). Die aus Prov 1-9; Hi 28; Sir 1; 4; 24 und Bar 3 bekannten Attribute der הָכְמָה werden auf die σοφία angewandt[75] und in Assimilation an das hellenistische Denken weiter entfaltet.

---

vor Sirach auf 200 v.Chr. an. Zur Anlehnung von Bar 3,15-28 an Sir 1; 24 und Hi 28* vgl. auch M.Küchler, Weisheitstraditionen, 49.

[70] Vgl. Bar 3.15.20.23.27.31 mit Hi 28.12.20; Bar 3.16 mit Hi 28,14; Bar 3.17 mit Hi 28.21b; Bar 3.17b mit Hi 28.1-11.

[71] Vgl. Bar 3.29 mit Hi 28.21b.23; Bar 3.32 mit Hi 38.23; 12.13.

[72] Vgl. Bar 3.32-33 mit Hi 28.24-27.

[73] IV Makk stammt aus der Zeit von 50 v.Chr. bis 100 n.Chr.; vgl. A.Deißmann, IV Makk, in: APAT II. 180; O.Eißfeldt, Einleitung³. 833; L.Rost. Einleitung. 82 (1.Hälfte 1.Jh.n.Chr.) und M.Goodman, in: E.Schürer - G.Vermes, History III/1. 591 ("A date in the mid-first century A.D. is the most likely").

[74] "Denn Weisheit ist folglich Erkenntnis göttlicher und menschlicher Dinge und ihrer Ursachen. Diese ist nun wiederum die Zucht des Gesetzes. durch die wir das Göttliche würdig und das Menschliche nützlich lernen".

[75] "Unvergleichlicher Wert": Sap 7.8f.29; 8.7 vgl. Hi 28.14-19. "Sein bei Gott": Sap 7.15; 8.9; 9.2.6 vgl. Hi 28.23-25; 12.13. "Erwerbbarkeit": Sap 1.4.6; 6.9.12-25; 7.7.27; 8.2 vgl. *partiell*: Hi 28.15-19; *positiv ersetzt*: Hi 28.28. "Wirken in der Geschichte": Sap 10.1-11.1 vgl. Hi 12.13-25. "Auftreten im Kontext der Schöpfung": Sap 7.25; 9.1.9 vgl. Hi 28.23-27.

Die Sapientia kann so als Wegbereiterin der Sophia-Lehre des Philo v. Alexandrien bezeichnet werden[76].

Für die theologiegeschichtliche Einordnung der Majestätsredaktion erlaubt die Sapientia keinen Rückschluß mehr[77]. Sie gehört wie IV Makk 1,16; slHen 33,3; 44,1; 48,4 und Aristobul frag. 5,10[78] zu einem Aspekt der facettenreichen Nachgeschichte von Hiobs Lehrrede in Hi 27,11-12 mit 28,1-14.20-28.[79]

Hi 28 im Vergleich zu äthHen 42

Wenn Hi 28,1-14.20-28 vor Sir 24 und Bar 3,9-4,4 anzusiedeln ist, so stellt sich die Frage, ob c.28 als ein Verbindungsstück zwischen der "universalen - nahen Weisheit" in Prov 8 und der "nationalen - nahen Weisheit" in Sir nicht noch unmittelbarere Verwandte hat. Einen solchen Nachbarn bildet möglicherweise das an seiner jetzigen literarischen Position dislozierte, fragmentarische und schwer zu datierende Stück zur "entschwundenen Weisheit" in äthHen 42.

> "Da die Weisheit keinen Platz fand, wo sie wohnen sollte, wurde ihr in den Himmeln eine Wohnung zu teil. Als die Weisheit kam, um unter den Menschenkindern Wohnung zu machen, und keine Wohnung fand, kehrte die Weisheit an ihren Ort zurück und nahm unter den Engeln ihren Sitz".[80]

Die Parallele zu Hi 28,12-14.20-22 besteht in der Beschreibung der Universalität der חָכְמָה und ihrer kosmischen Lokalisierung, die nichts von einer Einpflanzung der "Weisheit" in Israel weiß (vgl. aber Sir 24,23 und Bar 3,9). Über Hi 28 hinaus wird allerdings berichtet, daß die "Weisheit" vergeblich versuchte, auf der Erde eine Heimstatt zu finden, und daher (wieder) Wohnung im Himmel nahm (zum Motiv der entschwundenen Weisheit vgl. dann auch IV Esr 5,9f.; syrBar 48,36).[81]

---

76   Vgl. B.L.Mack, Logos, 63ff. und G.Pfeiffer, Ursprung, 99.

77   Dies gilt nicht im Hinblick auf den auch für die Majestätsredaktion sekundären Abschnitt in 28,15-19. Hierzu sind Sap 7,8f.29 und 8,7 möglicherweise die nächsten zeitliche Verwandten, wenn man die Sapientia mit D.Georgi, in: JSHRZ III, 301ff., in den letzten Jahrzehnten des 2.Jh.v.Chr ansetzt.

78   Vgl. N.Walter, Fragmente jüdisch-hellenistischer Exegeten, in JSHRZ III/2, 276.

79   Zur Identifikation von חָכְמָה und תּוֹרָה in der rabbinischen Literatur vgl. J.Lévêque, Job, 605, und M.Küchler, Weisheitstraditionen, 54ff.

80   Übersetzung von G.Beer, in: APAT II, 261; der Text liegt bisher nur in der äth. Version des Henochbuches vor; vgl. dazu auch S.Uhlig, Henoch, in: JSHRZ V, 584, und M.Black, Enoch, 46 bzw. 203, der die Heimkehr der Weisheit in den Himmel auf ihre Verwerfung durch die Menschen zurückführte.

81   Das Motiv, daß die Weisheit im Himmel wohnt, findet sich bereits in den aram. Achiqar-Sprüchen X,1 [bei I.Kottsieper, in: TUAT III, 335f.; bei A.E.Cowley, APFC, 215, Achiqar 95]; allerdings wird die Weisheit dort den Menschen von den Göttern geschenkt.

So vielschichtig äthHen selbst ist, derart vielseitig ist auch der in seinen Teilen vertretene Weisheitsbegriff. Exemplarisch kann es heißen, daß die "Weisheit" allein bei Gott sei (äthHen 84,3 vgl. Hi 12,13 und 28,23), daß sie in messianischer Zeit den Gerechten gegeben werde (äthHen 48,1.7; 49,1ff. und 91,10[?])[82] oder daß Henochs Lehre "Weisheit" sei (82,2f.; 92,1f.).

Hi 28 im Vergleich zu 11QPs^a 18

An der Nahtstelle von Hi 28,1-14.20-28 zu Sir 24 steht auch das gegen Ende des 3.Jh.v.Chr. zu datierende (aus chasidischen Kreisen stammende ?) Preislied auf die Weisheit in 11QPs^a 18,5-15 (= Ps 154; SyrPs 2).[83] Wie in Hi 28,23-25 wird die חָכְמָה mit der Schöpfungstätigkeit Jahwes in Zusammenhang gebracht (V.8.12.13). Gleichwohl ist die חָכְמָה in 11QPs^a 18 personifiziert (V.5-7) und als eine Form der "nahen Weisheit" reflektiert. Tendenziell steht die "Weisheit" bereits mit dem Gesetz in Verbindung, insofern sie bei denen ist, deren Reden der "Weisung des Höchsten" (תורת עליון) gilt (V.14). Die Aufgabe dieser Weisheit ist es, die "Herrlichkeit Gottes" (כבוד יהוה) zu verkündigen (V.5; vgl. Prov 8,34; 9,1; Sir 1,17; 14,23 und 24,8).

Zusammenfassung

Die spezifischen Gemeinsamkeiten und Unterschiede zwischen Hi 28 und den besprochenen Texten deuten darauf hin, daß die für die Einfügung von Hi 28,1-14.20-28 verantwortliche Majestätsredaktion theologiegeschichtlich zwischen Prov 8 einerseits und Sir 24 und Bar 3, möglicherweise im Umfeld von 11QPs^a 18, jedenfalls vor Sir zu finden ist.

3.1.2.2. Hintergrund und Umfeld des Lehrhymnus in Hi 26

Der Blick auf die Parallelen zu c.26 bestätigt die im Vergleich von c.28 mit Prov 8; Sir 24; Bar 3; äthHen 42 und 11QPs^a 18 vermutete Lokalisierung der Majestätsredaktion. Nachdem bei der literarischen Analyse von c.26 bereits auf die motivische Verwandtschaft zu altorientalischen und atl. Texten hingewiesen werden konnte, zeigt sich, daß eine solche *kosmologische Motivkombination* und *weisheitlich-skeptische Motivfunktion*, wie sie in c.26 vor-

---

[82] Vgl. dazu auch IV Esr 8,5 und syrBar 44,14.
[83] Zur Verortung von 11QPs^a 18 im 3.Jh.v.Chr. vgl. D.Lührmann, Weisheitspsalm, 87ff. (mit Hinweis auf die Nähe zu Sir 15,1-6); A.S.van der Woude, Psalmen, in: JSHRZ IV, 31ff.; M.Hengel, Judentum, 147.323 mit Anm. 448 (in "prächasidischen" Kreisen) und M.Delcor, Hymnes, 8 ([früh]essenische Zeit).

liegt, ebenfalls in Abschnitten des Sirach, der jüdisch-hellenistischen Poesie und der aus Qumran bekannten Literatur wiederbegegnet.

Hi 26 und der Lobpreis in Sir 42,15-43,33

Insbesondere das Lob Gottes als des mächtigen und weisen Herrn der Schöpfung in Sir 42,15-43,33 [G und H] berührt sich terminologisch, motivisch und funktional eng mit Hi 26,5-14. So finden sich die Motive (1.) der Offenheit der Unterwelt vor Jahwe[84], (2.) der Höhe des Himmels[85], (3.) der wassertragenden Wolken[86], (4.) des steten Wechsels von Licht und Finsternis[87], (5.) des urzeitlichen Sieges Jahwes über "Jam" und "Rahab"[88], (6.) des Erzitterns der Erde vor Gottes Drohen[89] und der meteorologischen Erscheinungen am Himmelszelt[90]. Dabei mündet der schöpfungstheologische Lobpreis in Sirach, der in dieser Zusammenstellung einzelner Elemente die nächste, wenn auch weiter entfaltete Parallele zu Hi 26,5-14 außerhalb des Hiobbuches bildet, in dem Bekenntnis zur menschlichen Begrenztheit, Gottes Wege vollends zu begreifen[91]. Hingegen besteht in der ethischen Schlußfolgerung von Sir 43,33[G][92] eine über Hi 26 hinausreichende Differenz: πάντα γὰρ ἐποίησεν ὁ κύριος καὶ τοῖς εὐσεβέσιν ἔδωκεν σοφίαν. Damit ist wie in Sir 24 (dort durch die Gleichsetzung von σοφία und νόμος) die Skepsis, die in den von der Majestätsredaktion Hiob in den Mund gelegten Lehrstücken mitschwingt (12,7-13,2; 26 und 27,11-12 mit 28,1-14.20-28), in uneingeschränktes Gotteslob umgebogen: Heißt es bei der Majestätsbearbeitung, daß der *Mensch* nur einen Bruchteil von Gottes Wegen versteht (Hi 26,14) und ihm die Gottesfurcht *als* Weisheit gegeben ist (Hi 28,28), so erhält in Sir 43,44 der *Fromme die* Weisheit.

Hi 26,9 und apokryphe Psalmen(fragmente) aus Qumran

Das Motiv, daß Gott seinen Thron mit seinem Gewölk (עָנָן) umgibt (פֶּרְשֵׁז), als einziges Bild aus Hi 26,5-14 in Sir 42-43 ohne Parallele, findet sich nun auch in aus Qumran bekannten Liedern. So begegnen der aus Hi

---

84   Hi 12.22: 26,5-6; Sir 42,18; vgl. auch Tob 13,2; ZusDan 32 (3.55); OrMan 4 und
      4Q504.1-2.8.
85   Hi 26,7; Sir 43,1; vgl. auch ZusDan 33 (3.56); OrMan 2; 1QH 1.9.
86   Hi 26.8: Sir 43.8[H]; vgl. auch ZusDan 37-50 (3.60-73).
87   Hi 26.10; Sir 43.6.10[H]; vgl. auch ZusDan 49 (3.72); 1QH 1.9 und 1QM 1.8.
88   Hi 26.12; Sir 43.23[H]; vgl. auch ZusDan 56 (3.79); OrMan 3 und 1QH 1.9.
89   Hi 26.11; Sir 43.16[H]; vgl. auch Jdt 16.16; OrMan 4; 1QH 3.34 und 1QSb 3.20.
90   Hi 26.13 und Sir 43.17.
91   Hi 26.14; Sir 43.27f.; sowie 1QS 11.19; 1QH 1.5.7.9.19; 11.24; CD 13.7; syrBar 14.8.
92   Der hebräische Text liegt für Sir 43.33 bisher nur fragmentarisch vor.

26,9f. bekannten Wendung *"Er verbirgt das Antlitz seines Throns, breitet aus um ihn sein Wolkenwerk"* vergleichbare Formulierungen in Psalmen(fragmenten) aus der vierten Höhle. Insbesondere der paläographisch noch in die Zeit vor 100 v.Chr. zu datierende Psalm 4Q381,46 berührt sich eng mit Hi 26,9b, zumal, wenn das fehlende Subjekt durch הוֹד ("Glanz") bzw. תִּפְאֶרֶת ("Herrlichkeit") ergänzt wird: [אֶרֶץ פ]נֵי עַל יִפְרְשׂוּ וְכַעֲנָנִים[93]. Dabei ist 4Q381 form- und kompositionsgeschichtlich wie Hi 26 und Sir 42-43 als aus dem atl. Schrifttum schöpfende gelehrte Poesie zu bezeichnen[94]. Weitere Anklänge an Hi 26,9-10 finden sich dann in 4Q405,22,2.8; 4Q405,23i,3 und 4Q511,2i,10. [95]

Hi 26 und die jüdisch-hellenistische Poesie

Aufgrund einer parallelen Motivverknüpfung und einer vergleichbaren lehrhaften Ausrichtung gehört ein Abschnitt aus der schöpfungstheologisch argumentierenden "Mahnrede an die Hellenen" des Pseudo-Orpheus ("Orphisches Fragment 245") in das weitere Umfeld bzw. in die Nachgeschichte von Hi 26.[96] In den Hexametern (V.21...33-37) der möglicherweise noch in das 2.Jh.v.Chr. zu datierenden[97] Rezension A heißt es:

V.21: αὐτὸν δ' οὐχ ὁρόω περὶ γὰρ νέφος ἐστήρικται.	vgl. Hi 26,9.
V.33: οὗτος γὰρ χάλκειον ἐς οὐρανὸν ἐστήρικται.	vgl. Hi 26,7.
V.34: χρυσέῳ εἰνὶ θρόνῳ γαίη δ' ὑπὸ ποσσὶ βέβηκε.	vgl. Hi 26,7.9.
V.35: χεῖρά τε δεξιτερὴν ἐπὶ τέρματος ὠκεανοῖο.	vgl. Hi 26,10.
V.36: πάντοθεν ἐκτέτακεν περὶ γὰρ τρέμει οὔρεα μακρά.	vgl. Hi 26,11.
V.37: καὶ ποταμοὶ πολιῆς τε βάθος χαροποῖο θαλάσσης.	vgl. Hi 26,5.14.

Freilich liegt in PsOrph unter Anlehnung an die stoische Kosmologie und an die griechische Poetik eine wesentlich weiter entwickelte Form der theologischen Lehrrede vor.[98] Allerdings zeigt dieses Fragment, daß der Rückgriff auf schöpfungstheologische Theologumena und Mythologeme des Alten Orients und des Alten Testamentes, wie er auch in Hi 12,7-10; 26,11-13 und 28,12-14.20-27 vorliegt, zu einem wesentlichen Argumentationsprinzip der Dichtung der jüdisch-hellenistischen Zeit gehört[99]. Der Hinweis auf "Rahab"

---

[93] Vgl. dazu E.M.Schuller. Psalms. 22 und 282. Kolumne IV. Z.20.

[94] Vgl. E.M.Schuller. Psalms. 14.

[95] Zu 4Q405,22; 4Q405,23 vgl. C.Newsom. Songs. 303ff.322ff.; zu 4Q511,2i vgl. M.Baillet. in: DJD VII. 221f. Zu den altorientalischen und atl. Parallelen s.o. S.145ff.

[96] Vgl. N.Walter. Pseudo-Orpheus. in: JSHRZ IV. 235-237.

[97] N.Walter. Pseudo-Orpheus. in: JSHRZ IV. 220.229. diskutierte für PsOrph eine mögliche Entstehung im 2.Jh.v.Chr.. trat aber selbst für das 1.Jh.v.Chr. ein.

[98] N.Walter. Pseudo-Orpheus. in: JSHRZ IV. 227.

[99] Zu einer solchen schöpfungstheologischen. sich mythologischer Kategorien bedienenden Argumentation. die von einer partiellen Erkenntnis Gottes an der Schöpfung aus-

und die "flinke Schlange" in Hi 26,12f. oder die Zitierung von "Urflut" und "Urmeer" in Hi 28,12 sind kein Indiz für eine "prähistorische" Datierung der Hiobdichtung[100], sondern zeigen die Gelehrsamkeit der über mythologisches Wissen verfügenden und sich dessen bewußt bedienenden Weisheitslehrer.[101]

3.1.2.3. Zeit und Ort der Majestätsredaktion

Die Texte in Hi 12,7-25 mit 13,1-2; in 26,1-14 und in 27,11-12 mit 28,1-14.20-28 bilden weisheitliche Lehrreden, die den Nachweis führen, daß allein Jahwe, dem die Welt erhaltenden Schöpfer (12,7-10; 26,5-13 und 28,23-25) und Lenker der Geschichte (12,17-25), Weisheit zukommt (12,13.16 und 28,12-14.20-27), die er nach seinem undurchschaubaren Plan (12,17-25 und 26,14) der Kreatur partiell verleiht (26,14; 28,28 und 39,17f.). Die hinter diesen Abschnitten stehende Majestätsredaktion wird man daher in Kreisen der Weisheitslehrer suchen, die ähnlich wie Kohelet von einer gelehrten und frommen Skepsis geprägt sind[102]. Dem Menschen ziemt nach dieser Einstellung trotz seiner Fähigkeiten der Verzicht auf Spekulation und weise Demut (Hi 26,14; 28,28; vgl. Koh 3,14; 5,6 und 7,18). Wie in Koh sind die von der Majestätsredaktion dem Hiob in den Mund gelegten schöpfungs- und geschichtstheologischen Reflexionen (vgl. Koh 1,4-10 mit Hi 12,13-25), die im Bekenntnis zur Unbegreiflichkeit Jahwes (vgl. Koh 2,24-26; 7,26; 9,11f. mit Hi 12,13; 26,14; 28,28) und der Vermahnung zur Gottesfurcht gipfeln, Ausdruck eines skeptischen, aber gottergebenen Wissens. Aufgrund der unmittelbaren Reaktion auf die von vermutlich protochasidischen Kreisen in die Hiobdichtung eingetragenen Niedrigkeitsabschnitte und Sündentheologumena sowie der Priorität vor der im Sirach- und Baruchbuch greifbaren Gleichsetzung von "Weisheit" und "Gesetz" dürfte die Majestätsredaktion am ehesten

---

geht, vgl. auch Sap 13.5 und CD 13.7. Eine Fortsetzung fand diese *theologia naturalis* dann in dem Werk Philos v.Alex., in der "Areopagrede des Paulus" (Act 17) und der altkirchlichen Apologetik.

[100] Gleichsam versuchen dies einzelne Vertreter der Dahood-Schule über den Vergleich der Hiobdichtung mit ugaritischen Werken und über eine sich am Nordwestsemitischen orientierende "komparative Philologie" zu beweisen; zu einer subtileren, wenn auch gelegentlich (überinterpretierenden) Deutung der mythologischen Befunde in der Hiobdichtung vgl. die Ausführungen bei G.Fuchs, Mythos, bes. 133.292ff.

[101] Zum Phänomen des "literarischen Paganismus" vgl. H.Niehr, Der höchste Gott, 210ff.

[102] Zu dieser Einschätzung von Kohelet vgl. O.Kaiser, Sinnkrise, in: BZAW 161, 91-109; ders., Ideologie, 133.140; H.-P.Müller, Neige, 238ff., und H.F.Fuhs, Art. יָרֵא, in: ThWAT III, 891.

im Umfeld einer Weisheitsschule[103] oder (der Vorform) eines Lehrhauses im Jerusalem[104] des ausgehenden 3.Jh.v.Chr. zu verorten sein. In diese Richtung weist auch die Beobachtung, daß sie Hiob als einen über *verborgenes* Wissen verfügenden Weisen (vgl. bes. 27,11b כהד; 28,23-27.28) stilisiert: Steht Hiob nach der Charakteristik durch die Majestätsredaktion nun auch hinsichtlich seiner Weisheit tendenziell neben Daniel, Noah, Henoch, so gehört sie ebenfalls in den Kontext weisheitlicher Kreise des ausgehenden 3.Jh.v.Chr. [105]

3.1.3. Die Gerechtigkeitsredaktion

Das Hauptanliegen dieser Bearbeitungsschicht ist die Verdeutlichung und Verfestigung des Glaubens an die innerweltliche vergeltende Gerechtigkeit Gottes, insbesondere hinsichtlich ihres strafenden Charakters. Über das von dem Hiobdichter in die Freundesreden eingebettete Argument der bevorstehenden Bestrafung der רְשָׁעִים (vgl. 15,20ff.; 18,5ff. und 20,5ff.) hinausgehend, konkretisiert die Gerechtigkeitsredaktion nun im Rahmen der Hiobreden die Taten der Frevler (24,13-17a), charakterisiert deren Opfer als eine am Rande der Gesellschaft lebende Gruppe (24,5-8; in etwas anderer Nuancierung in 30,1b-8) und definiert weitere mögliche Freveltaten innerhalb des Reinigungseides Hiobs (31,1.11-12[15?]18.23.28.34.38-40). Die Gerechtigkeitsredaktion greift bei ihrer die ursprüngliche Dichtung und das Hiobbild modifizierenden Arbeit auf die Tätigkeit der Niedrigkeits- und der Majestätsredaktion zurück (vgl. die Anlehnung der Gerechtigkeitsredaktion an die vorangegangenen Redaktionen in 9,2-4.5-10.11-14 bzw. 40,1-14 [40,15-41,26?]). Wie die Niedrigkeits- und der Majestätsredaktion entschärft sie die Anklagen gegen Gott in den Hiobreden. Dies verdeutlichen besonders die Einfügungen der Bekenntnisse zur Strafgerechtigkeit Gottes (24,17-24 und

---

[103] Vgl. dazu J.H.C.Lebram, Weisheitstraditionen, 229ff., der die Existenz von auf Leviten zurückgehenden Weisheitsschulen im nachexilischen Jerusalem wahrscheinlich machte. Ähnlich lokalisierte K.L.Dell, Job, 198, den Bearbeiter, der c.28 einfügte, in einer Weisheitsschule.

[104] Zu Jerusalem als kulturellem und religiösem Zentrum des gesamten Judentums vgl. H.Stadelmann, Ben Sira, 5.33.305; M.Hengel, Judentum, bes. 100ff.; S.Herrmann, Geschichte, 410ff., und J.Maier, Zwischen den Testamenten, bes. 253ff.

[105] Vgl. Dan 1.17; 2.17-19; 4.4f.; u.ö.; zu Noah vgl. das Fragment eines Noahbuches in 1Q 19 (bei D.Barthélemy u.a., in: DJD I, 84ff.152); 4QMess ar. (dazu J.A.Fitzmyer, "Elect of God", 370ff., und F.Garcia Martinez, Qumran, 1-44.67f.) und äthHen 6-11; 65-69.25; 106f.; Jub 10.13; auch andere Figuren der atl. Heilsgeschichte werden spätestens seit dem 3.Jh.v.Chr. zu mystischen Lehrern, vgl. die zahlreichen den Erzvätern der Geschichte Israels zugeschriebenen Apokalypsen und Testamente; vgl. dazu M.Hengel, Judentum, 372f.

27,7-10.13-23) und die Bearbeitung der Schlußantworten Hiobs (40,1-2.3-5; 42,3.5). Andererseits unterstreicht sie die Bedeutung Hiobs als des beispielhaft Gerechten durch die Ergänzungen im Reinigungseid.

3.1.3.1. Der Vergeltungsgedanke der Gerechtigkeitsredaktion

Hinsichtlich ihres gedanklichen Schwerpunktes, der Betonung der immanenten Vergeltung (24,17b-20.22.24; 27,19.21; 31,1-3; 40,7-14), bleibt die Gerechtigkeitsredaktion im Rahmen der kanonischen atl. Schriften[106]. In der Bildwahl aber aktualisiert sie ältere Motive und berührt sich darin zumal mit der jüdischen Literatur des 2.Jh.v.Chr. Dies zeigt sich:

1. in der *Explikation* des Gerichts über die Frevler[107] durch die Motive (a) vom Spott Gottes über den Untergang der רְשָׁעִים[108], (b) vom kurzen Glück der רְשָׁעִים[109], (c) von ihrem Vergehen wie Wasser[110], (d) vom Untergang durch Hunger, Schwert und Pest[111] und (d) vom Verwelken wie eine Blume[112];

2. in der *Konkretion* der Frevler, (a) vor allem als Ehebrecher[113], (b) hinsichtlich ihrer Verborgenheit[114] und (c) ihrer finstern Wege[115];

3. in der *Präzision* von Verbrechen, so (a) im Blick auf sittliche Vergehen[116] und (b) auf die Ausbeutung des Ackerlandes[117] und (c) mit der nachdrücklichen Definition der "abgrundtiefen Sünde"[118].

---

[106] Vgl. Dtn 28,1ff.; Jdc 9,57; I Reg 2,32; Prov 11,21; 17,13; 19,17 und 24,12. Insbesondere die "didaktische Spruchsammlung" Ps 37 (W.Stärk, Lyrik [1911], 248; ähnlich A.Weiser, Psalmen, ATD 14, 202) zeigt zahlreiche motivische Parallelen zu der Gerechtigkeitsredaktion: vgl. V.2 mit Hi 24,24; V.10 mit Hi 24,23; 27,10.13.19.23; V.12 mit Hi 12,4-6; V.13 mit Hi 27,22; V.14 mit Hi 24,14; V.15 mit Hi 27,14; V.17 mit Hi 24,20; V.20 mit Hi 24,22; V.22 mit Hi 24,20; V.35f. mit Hi 27,15-19 und V.39 mit Hi 27,10.

[107] Vgl. Hi 24,20 und 27,20 mit Ps 9,6; 34,22; 68,3.22; 73,18; 75,11; 91,8; 104,35; 112,10; 129,4; 145,20; 146,9; 147,6; Sap 3,17ff.; PsSal 4,14-18; syrBar 13-15; 82; 1QS 8,7.10; 1QH 2,24; 4,20; 1QM 4,4; 11,14; 1QSb 5,25 und 1QpHab 13,4.

[108] Vgl. Hi 27,23 mit Ps 2,4; Sap 4,18; PsSal 4,7 und äthHen 94,10.

[109] Vgl. Hi 24,22 und 27,15f. mit Sap 4,4; 6,3 und äthHen 94,6-8.

[110] Vgl. Hi 24,19 mit Sap 16,29.

[111] Vgl. Hi 27,14ff. mit Jer 21,9; 27,13; 38,2; 42,17.22; Ez 5,12; 6,12; 7,15; Sap 15,7 und äthHen 94,7 (hier nur "Schwert"). Zum traditions- und literargeschichtlichen Hintergrund dieser "Heimsuchungstrias" vgl. O.Kaiser, Art. חָרֶב, in: ThWAT III, 174f.

[112] Vgl. Hi 24,15 mit 1QH 10,32 und 1QM 15,21.

[113] Vgl. Hi 24,16 mit Prov 7,9; Sap 14,25f.; PsSal 4,5 und CD 7,2.

[114] Vgl. Hi 24,17a mit Sap 1,8 und 17,3.

[115] Vgl. Hi 24,13 mit Sap 5,6; 1QS 3,20; 4,11; 1QH 7,14 und 1QM 13,5.

[116] Vgl. Hi 31,1.

[117] Vgl. Hi 31,38-40 mit äthHen 96,5.

Von einer eschatologischen Lösung der Spannung zwischen der Erfahrung des Glücks der Frevler und dem Leid der Gerechten ist bei der Gerechtigkeitsredaktion nichts bemerkbar. Die Anmerkung, daß der "Unterweltsstrom" die Frevler aufsauge (24,19 v.l.), erlaubt angesichts ihrer hypothetischen Textbasis keine weiteren Rückschlüsse[119]. Folgen wir einer von A.Schmitt vorgeschlagenen Kategorisierung der jüdisch-hellenistischen eschatologischen Vorstellungen[120], so kennt die Gerechtigkeitsredaktion nach den ihr zugewiesenen *eindeutigen* Texten als Lohn für die Gerechten

- keinen himmlischen Ruheort nach dem Tod (vgl. JosAs 8,9; 15,7; 22,13),
- keinen postmortalen Aufenthalt im großen Äon (vgl. slHen 8-10; 42,3-14; syrBar 14,18f.),
- keine jenseitige Gemeinschaft mit den Vätern (vgl. IV Makk 5,37; 13,17), oder mit Gott (vgl. Sap 3,5-9; 4,10-16),
- keine ewige himmlische Engelexistenz (vgl. Dan 12,3; IV Esr 7,97; äthHen 39,7; 51,5; 104,2.6; syrBar 51,3.10),
- kein ewiges Leben bei Gott (vgl. IV Makk 16,25; 17,18ff.; 18,3),
- und keine Form der Auferstehung (vgl. Sap 5,15; 15,3; PsSal 14,4; u.ö.),[121] sondern allein eine sich in diesem Leben ereignende Belohnung der צַדִּיקִים: Die Gerechten werden das kommende Gericht an den Frevlern sehen (19,28-29; 24,17b-24; 31,1-3.11-12.23.28), sie werden aus dem Fall der Sünder Gewinn erzielen (27,16f.) und dürfen allein auf Lohn von Gott selbst hoffen (27,8 und 31,2-3.23). Wie in Ps 37,2 und Prov 23,17f. wird das Problem des Wohlergehens der Bösen mit dem Hinweis auf die Unbeständigkeit desselben gelöst (vgl. 24,22 und 27,20-21).

3.1.3.2. Das Proprium der Gerechtigkeitsredaktion

a) Ein besonderer Akzent der Vergeltungsvorstellung der Gerechtigkeitsredaktion liegt auf der Herausstellung des Todes und der Art des Sterbens als Kriterium für das menschliche Leben (27,8-10.19f.). Die gegenüber der Beschreibung des Schicksals der רְשָׁעִים in den Freundesreden erweiterte, ausdrückliche Kontrastierung von Tod (27,8) und Gottesfreude (27,10) des Frevlers stellt die Gerechtigkeitsredaktion in die Nähe des Beurteilungsmaßstabes

---

[118] Vgl. Hi 31.12 mit Prov 2.18f.; 5.5; 7.27; 9.18; Sir 6.3; 9.4; 19.3; 1QH 3.31; 17.13.

[119] Vgl. die Analyse von c.24 (S.125): bei V.18a verhält es sich angesichts des unsicheren Textes ebenso.

[120] A.Schmitt. Weisheit. 12f.

[121] Nach D.Georgi. Sapientia. in: JSHRZ III. 410. findet sich in der Sap allerdings "keine Spur von Auferstehung. nur Unsterblichkeit ... die Hoffnung selbst ist voller Unsterblichkeit. das heißt die Unsterblichkeit ist ebenso wie die Hoffnung Gegenwartsgut".

Sirachs. Auch für Sir gibt erst der Tod eines Menschen Auskunft über sein Glück (vgl. 11,26[H]):

"Ehe du einen Menschen erforschst, preise ihn nicht glücklich, denn (erst) an seinem Ende wird glücklich gepriesen ein Mensch. Vor dem Tode sollst du keinen Menschen glücklich preisen, denn an seinem Ende wird erkannt ein Mann"[122].

Mit dem Siraciden verbindet die Gerechtigkeitsredaktion weiterhin:

1. das Verharren in bzw. die besondere Betonung des innerweltlichen Vergeltungsdenkens. Daß Sirach ebenfalls eine rein diesseitige Vergeltung vertritt, deren postmortaler Lohn im Gedächtnis des guten Namens besteht (vgl. Hi 24,20 mit Sir 41,11), zeigt das Todesverständnis in 7,17 [H][123];

2. die allgemein atl. Vorstellung der Offenheit aller menschlichen Wege vor Gott (vgl. Hi 24,17b mit Sir 15,19[H]; 16,17-23; 17,15 und 23,19);

3. die Konkretion möglicher Verbrechen (vgl. Hi 24,15-16 mit Sir 23,18; und Hi 31,1 mit Sir 9,1; TestRub 4-6; WKG 10,16[124]);

4. die Tendenz zu einer abstrakter formulierten, auf "geistliche Güter" konzentrierten Lohnvorstellung[125] (vgl. Hi 27,8-10 und 31,2-3.11.28 mit Sir 1,26; 3,8.14; 4,12.28; 6,36[H]; 7,32 und 11,20[H])[126];

5. weist auch die Erweiterung von Hiobs Reinigungseid in 31,38-40 die Gerechtigkeitsredaktion in die zeitliche Nähe Sirachs. Erkennt man in 31,38-40 ein Bild des *gegen* Hiob klagenden (זעק) Feldes, so findet sich die nächste Parallele in äthHen 7,6, der nach den erhaltenen aram. Fragmenten mindestens in die 1.Hälfte des 2.Jh.v.Chr zu datieren ist[127] (vgl. äthHen 87,1; 96,5)[128].

---

122 Übersetzung von G.Sauer, Sirach, in: JSHRZ III, 534; G betont stärker den Vergeltungsaspekt: ὅτι κοῦφον ἔναντι κυρίου ἐν ἡμέρα τελευτῆς ἀποδοῦναι ἀνθρώπῳ κατὰ τὰς ὁδοὺς αὐτοῦ.

123 Zur Immanenz der Vergeltung bei Sirach vgl. O.Kaiser, Sittlichkeit, in: BZAW 161, 121; L.Rost, Einleitung, 47-50; G.Sauer, Sirach, in: JSHRZ III, 493, und W.Dommershausen, Vergeltungsdenken, 37ff.

124 Hier findet sich die Wendung ברית הגוף "*Bund* des Leibes" (vgl. dazu K.Berger, in: ZAW 103, 118; ders., Weisheitsschrift, 315.318). H.P.Rüger, Weisheitsschrift, 128f., erwog allerdings die Lesart בריאות הגוף "*Gesundheit* des Leibes". Zum Problem der Datierung der Weisheitsschrift aus der Kairoer Geniza vgl. jetzt H.P.Rüger, a.a.O., 9f.

125 W.Dommershausen, Vergeltung, 37-46.

126 Vgl. auch PsSal 3,12, der ähnlich allgemein vom Lohn der רְשָׁעִים spricht wie Hi 27,13 (20.29): αὕτη ἡ μερὶς τῶν ἁμαρτωλῶν εἰς τὸν αἰῶνα; ähnlich in Ps 3,3; 4,8; 15,10 sowie in 4QpPs37 3,2 (נְחֲלָה) als "geistliches Gut" wie in Hi 27,13).

127 So mit S.Uhlig, Henoch, in: JSHRZ , 494, und J.C.VanderKam, Enoch, 128.

128 In Hi 16,18 und Gen 4,10 begegnet das Motiv des klagenden Ackers in der Funktion des Anwaltes für unschuldig vergossenes Blut. Zu einem mythologischen Deutungsversuch von Hi 31,38-40 mit dem Hinweis auf eine chtonische Vorstellung, siehe G.Fuchs, Mythos, 187.

b) Die weiteren Aspekte der Gedankenführung der Gerechtigkeitsredaktion bieten wegen der schlechten Textüberlieferung, die neben den Elihureden vor allem die Abschnitte dieser letzten Redaktionsschicht betreffen, nur unsichere Einordnungsmöglichkeiten. Sollte der Terminus אוֹר in Hi 24,13 eine Anspielung auf die Tora sein[129], so käme die Gerechtigkeitsredaktion ebenfalls in die Nähe Sirachs und seiner Gesetzesfrömmigkeit (vgl. Sir 15,1-4; 19,20; 21,11; 24,23 und 35,14)[130]. Eine eindeutige historisch greifbare Lokalisierung der in Hi 24,5-8 und 30,1b-8 beschriebenen armen Steppenbewohner ist bisher nicht gelungen[131]. Hingegen führt die nächste Parallele in der *bildhaften* Schilderung von Hi 24,5 erneut in die Zeit Sirachs:

"Die Jagdbeute der Löwen sind die Wildesel in der Steppe: Ebenso dienen auch die Armen den Reichen zur Weide" (Sir 13,18[H] bzw. 13,19[G])[132].

3.1.3.3. Zeit und Ort der Gerechtigkeitsredaktion

Als Koordinaten für eine literar- und theologiegeschichtliche Einordnung ergeben sich einerseits die Verarbeitung der Impulse der Niedrigkeits- und der Majestätsredaktion, andererseits das Bekenntnis zu einer diesseitigen Vergeltung *ohne* eschatologischen Ausblick. Da die Gerechtigkeitsredaktion sich an den fünf entscheidenden Punkten ihrer Theologie, (1.) der Beurteilung des Todes als Gradmesser für Glücklichsein, (2.) der immanenten Vergeltung, (3.) der Konkretion möglicher Verbrechen, vor allem im sittlichen Bereich, (4.) der Tendenz zu einer nichtmateriellen Entlohnung der צַדִּיקִים sowie (5.) der Identifikation der אֶבְיוֹנִים als arme Steppenbewohner mit Texten des Sirachbuches berührt, spricht auch nicht das Fehlen einer expliziten Torafrömmigkeit dagegen, diese letzte, noch in ihrem Profil zu erkennende Bearbeitungsschicht in einer unmittelbaren zeitlichen Nähe und einem vergleichbaren geistigen Umfeld des Siraciden anzusiedeln. Gehen die Einfügung der weit ausmalenden, von kosmologischer und mythologischer Gelehrsamkeit zeugenden Abschnitte über Behemot und Leviathan (40,15-41,26)[133] sowie die Modifikation der Hiobantwort tatsächlich auf die Gerechtigkeitsredaktion zurück, so liegt es

---

[129] So versteht Tg אוֹר in 24,13; vgl. auch Tg zu Hi 3,16b.

[130] Vgl. auch Ps 119,105; PsSal 14,2 und syrBar 15,5.

[131] Die Überlegungen von R.Albertz, Hintergrund, in: FS Wolff, 363ff., sind für Hi 24,5-8 nur von allgemeiner sozialgeschichtlicher Art im Blick auf das nachexilische Israel.

[132] Übersetzung von V.Ryssel, in: APAT I, 300; zum Bild vgl. auch Dan 5,21 sowie Hi 4,10f.; Ps 35,17; 58,7 und Sach 11,3.

[133] Zur Beliebtheit dieser Figuren in der jüdisch-hellenistischen Literatur siehe IV Esr 6,49 und syrBar 29,4; vgl. auch äthHen 60,24.

nahe, sie wie bereits ihre Vorgänger im Kontext der mit der Frage der Gerechtigkeit Gottes befaßten und mit Schultexten[134] arbeitenden Weisheitslehrer am palästinischen Lehrhaus zu suchen.

3.1.4. Versuch einer absoluten Chronologie der Redaktionsschichten

Gelten die Versiones, insbesondere 11QTgJob und G, welche die Texte unserer Redaktionsschichten voraussetzen, als äußerer und die Parallelität zu den genannten jüdisch-hellenistischen Schriften als innerer Rahmen einer Datierung, so könnte die in der redaktionsgeschichtlichen Skizze erhobene Abfolge von Hiobdichtung - Elihureden - Niedrigkeits-, Majestäts- und Gerechtigkeitsbearbeitung dahingehend präzisiert werden, daß die entscheidenden Modifikationen der Hiobdichtung im Laufe des 3. bis zum Anbruch des 2.Jh.v.Chr. erfolgten. Dabei sind die Niedrigkeits- und die Majestätsredaktion auf jeden Fall einige Jahrzehnte vor Ben Sira anzusiedeln, die Gerechtigkeitsredaktion spätestens neben diesem.

Bereits die ursprüngliche Hiobdichtung läßt sich als ein Ausdruck des fern einer inneren Konsolidierung stehenden, für die geistigen und kulturellen Einflüsse des ausgehenden Perserreiches und des anbrechenden Hellenismus offenen nachexilischen Jerusalem und somit als ein literarisches Produkt einer Krisenzeit verstehen.[135] Im Blick auf die Tätigkeit der nachfolgenden Bearbeitungen gilt dies in besonderem Maß. Die Zeit ihrer Wirksamkeit ist die Epoche eines ständigen Umbruches des sich auf Jerusalem konzentrierenden Judentums im Spannungsfeld der politischen Systeme, religiösen Bestrebungen und geistig-kulturellen Neuerungen der über Vorderasien herrschenden Diadochen. Die Veränderungen, welche die Niedrigkeits-, Majestäts- und Gerechtigkeitsredaktion an der Hiobdichtung vorgenommen haben, sind zugleich auch ein Zeichen der *theologischen* Bewältigung der Krise, in der sich das Judentum im 3. und 2.Jh.v.Chr. befand[136].

---

[134] Zur Aufnahme und Bearbeitung fertig vorliegender Texte in den Kreisen der jüdisch-hellenistischen Weisheitslehrer vgl. vor allem die Auslegung der Sapientia Salomonis durch D.Georgi, in : JSHRZ III/4, und H.Niehr, Der höchste Gott, 210ff.

[135] Vgl. dazu K.Dell, Job, bes. 166-168.213-217, sowie künftig J.Vermeylen, in: W.A.M.Beuken (Hg.), Job, BEThL.

[136] Zur Charakteristik der *geistigen* Krise im 3./2.Jh.v.Chr vgl. mit unterschiedlicher Akzentuierung bes. O.Plöger, Theokratie, 129ff.; M.Hengel, Judentum, bes. 196ff.453ff.; V.Maag, Hiob, 87.99.190.215; J.Vermeylen, Job, 55ff.70f.76-79; T.Mende, Leiden, 424-432, und J.Maier, Zwischen den Testamenten, 249ff. Zu Fragen einer *sozialen* Umbruchzeit vgl. bes. F.Crüsemann, Hiob und Kohelet, in: FS Westermann, 386-391; R.Albertz, Hintergrund, in: FS Wolff, 357ff., und H.G.Kippenberg, Religion, 76f.93f.133f.171f.

Daß der *Text* des Hiobbuches noch mindestens bis zur Zeit der Abfassung von 11QTgJob und G im Fluß war, zeigen die spezifischen Abweichungen, besonders in der Rahmenerzählung[137], aber auch in den Reden. Schließlich muß mit weiteren, jedoch nicht mehr klar zu konturierenden Bearbeitungen gerechnet werden, die ihre Spuren in den der griech. und aram. Übersetzung noch nicht vorliegenden Ergänzungen hinterlassen haben (vgl. 28,15-19)[138].

---

[137] Vgl. dazu E.Kutsch, Textgliederung, 221ff., und H.D.Preuss, Weisheitsliteratur, 70f.
[138] Vgl. dazu J.Cook, Job 28.

3.2. Theologische Grundstrukturen der Hiobdichtung

Unsere literar- und redaktionsgeschichtliche Studie ist zu dem Ergebnis gekommen, daß der im kanonischen Hiobbuch vorliegende dritte Redegang erst
ein Ergebnis einer mehrfachen redaktionellen Bearbeitung ist. In jeweils charakteristischer Weise haben im Schatten des Verfassers der Elihureden mindestens drei verschiedene Redaktoren in der Zeit des 3. und frühen 2.Jh.v.Chr.
den Aufbau und den Inhalt der ursprünglichen Hiobdichtung umgestaltet. Im
Mittelpunkt unserer theologischen Synthese steht eine Würdigung der drei
von uns erkannten Bearbeitungen, der Niedrigkeits-, Majestäts- und Gerechtigkeitsredaktion.[1]

1. Als wesentliche *kompositionelle* Veränderung der ursprünglichen Dichtung ergaben sich eine Ausdehnung des Abschlußgespräches zwischen Hiob
und Eliphas (21,1-24,12) sowie eine Erweiterung und Gegenüberstellung der
Gottesrede und der abschließenden Hiobantwort (38,1-42,6).

1.1. Der in der ursprünglichen Dichtung als Brücke zwischen dem Dialog
mit den menschlichen Freunden und Gegnern (3,1-20,29) und der monologischen Herausforderung des als Feind erfahrenen Gottes (27,1-6* mit 29,2ff.)
gedachte letzte Redewechsel zwischen Hiob und Eliphas (21,1-24,12*) hat
schrittweise den Charakter eines weiteren, wenn auch im Vergleich zum ersten
und zweiten asymmetrischen Redegangs erhalten. Dies vollzog sich zunächst
über die Einfügung einer dritten Bildad-"Rede" in c.25 seitens der Niedrigkeitsredaktion, wodurch dem ursprünglichen umfassenden Unschuldsbekenntnis Hiobs (27,1-6* mit 29,2-31,37*) das zu einer theologisch-anthropo-
logischen These verdichtete Theologumenon der kreatürlichen Ungerechtigkeit vorgeordnet wurde; sodann über die darauf reagierenden, die
Freunde erneut in den Blick nehmenden Lehrreden in c.26 und 27,11-12 mit
c.28* seitens der Majestätsredaktion; schließlich über einzelne die Hiobreden
in c.24; 27 und 31 präzisierende Abschnitte der Gerechtigkeitsredaktion.

1.2. Mit der Einfügung der auf die Gottesrede ausdrücklich reagierenden
Unterwerfung Hiobs seitens der Niedrigkeitsredaktion (40,3-5 mit 42,2-3*.5-
6) wurde die ursprünglich bei der menschlichen Klage einsetzende (c.3) und
mit dem Gotteswort schließende (c.38-39*) lineare Dichtung zu einer Ringkomposition gestaltet: der nach dem Warum seines Unglücks suchende Aufschrei des Leidenden verstummt nicht mehr allein an der Rede Gottes, sondern

---

[1]   Für eine ausführliche Auslegung der Elihuredaktion verweisen wir auf die Arbeit von
       H.-M.Wahl, Schöpfer.

zeigt sich schon vor dem Auftritt der Gottheit als widerlegt, indem das Theologumenon in c.25 die Herausforderungsreden in 27,1-6 mit 29,2ff. als hinfällig erweist, andererseits hat Hiob nun das erste *und* das letzte Wort (3,1ff. und 42,1-6). Die drei in c.21-27(28) - und darüber hinaus in der ganzen Dichtung - wirkenden Bearbeiter der Niedrigkeits-, Majestäts- und Gerechtigkeitsredaktion haben kompositionell die Linie *des* Dichters fortgesetzt, der durch die Einfügung der Reden des Elihu bereits die unmittelbare Reaktion auf des Leidenden Ruf (27,1-6* mit c.29,2-31,37*) durch das Gotteswort (c.38-39*) unterbrochen hatte. Eine Textanlagerung an den ursprünglichen "dritten Redegang" bot sich an, da er die entscheidende Nahtstelle zwischen dem Scheitern des menschlichen Dialoges und dem Beharren Hiobs auf seiner Unschuld darstellte. Durch eine Bearbeitung dieser Überleitung ließ sich die abschließende Unschuldserklärung Hiobs sowohl einschränken (so das Ziel der Niedrigkeitsredaktion) als auch unterstützen (so die Absicht der Majestäts- und vor allem der Gerechtigkeitsredaktion).

2. Inhaltlich ergaben sich durch die Arbeit der Niedrigkeits-, Majestäts- und Gerechtigkeitsredaktion eine Modifikation der Theologie der Freunde und eine Umakzentuierung der Position Hiobs, durch beides aber auch eine Umgestaltung und Erweiterung des Gottes-, Menschen-, und Leidensbildes der ganzen Dichtung.

2.1. Im Werk der Niedrigkeitsredaktion bildete hinsichtlich der Argumentation der Freunde nun nicht mehr eine dogmatisch starre Lehre über die sich an der immanenten Vergeltung erweisende Gerechtigkeit Gottes, die vornehmlich den Gegensatz vom Glück der Gerechten und Unglück der Frevler herausstellte (c.22), das Schlußwort der Freunde, sondern der thetische Hinweis auf die kreatürliche Unwürdigkeit und Sündhaftigkeit des Menschen (c.25). Die für die Einfügung des als "Rede" dienenden Theologumenons in c.25 verantwortliche Niedrigkeitsredaktion hat ihren Beitrag zur Lösung des Hiobproblems weiterhin makrokompositionell dadurch unterstrichen, daß sie die Theologie von der wesenhaften Ungerechtigkeit des Menschen in ebenso kunstvollen wie stereotypen Kleindichtungen an drei weiteren programmatischen Positionen der ursprünglichen Dichtung eingesetzt hat: als Auftakt des Dialogs in die erste Freundesrede, hier zusätzlich betont durch die Einbettung in eine legitimierende Offenbarungsszene (4,12-21); in die im ursprünglichen Wechselgespräch genau in der Mitte der Dichtung stehende zweite Eliphasrede (15,11-16) sowie am Ende der Dichtung durch die Komposition eines auf die ursprüngliche Gottesrede (38,1-39,30[...]) antwortenden Unterwerfungsbekenntnisses Hiobs (40,3-5 mit 42,2-3*.5-6). Durch die Einfügung des Motives der kreatürlichen Unwürdigkeit des Menschen vor Gott *in*

die Freundesreden hat die Niedrigkeitsredaktion die Dialektik der Dichtung
als poetische Wechselrede zwischen Hiob und seinen Freunden gewahrt. Hingegen hätte eine Interpolation des Motives in die *Hiobreden* die Dichtung zum
Monolog reduziert und die von der Niedrigkeitsredaktion beabsichtigte Lösung der Fragen Hiobs vorweggenommen (vgl. den "Sumerischen Hiob"). Andererseits erreichte sie durch den *dreifachen* Einsatz in eine *Freundesrede* eine argumentative Dichte, die sie durch eine einfache Einfügung in die Gottesrede nicht hätte erzielen können. Durch die Verknüpfung des Niedrigkeitsmotives mit dem die ursprünglichen Freundesreden beherrschenden zweiklassigen
Denken, der Scheidung der Menschheit in Frevler und Gerechte, bewirkte sie
schließlich eine Modifikation des Vergeltungsdenkens und eine ethische Erweiterung des Sündenverständnisses. Der Mensch ist zwar absolut verderbt,
kann aber relativ gerecht sein. Auf der literarischen Endstufe des Hiobtextes
kann nun die von der bisherigen atl. Forschung bereits für die ursprüngliche
Dichtung postulierte Differenzierung des Gerechtigkeitsbegriffs angewandt
werden. Leid braucht nach dem Eingriff der Niedrigkeitsredaktion nicht mehr
als Bestrafung *unmittelbarer* Vergehen angesehen zu werden, sondern kann
als *stets* gerechtes Schicksal des kreatürlich (4,19-21 und 25,6) und moralisch
(15,16) an sich unwürdigen Menschen verstanden werden. In der ursprünglichen Dichtung führte die von Gott selbst gezeigte Entfaltung der *creatio et
conservatio mundi* den leidenden Gerechten zum Schweigen (c.38-39*). Der
Hinweis auf die menschliche Einsicht und Verstandeskategorien überstei-
gende, dabei die gesamte Schöpfung tragende Weltregierung Gottes sog die
Fragen Hiobs auf: "Die Welt ist größer als der Mensch, und Gott größer als
die Welt"[2]. Die Niedrigkeitsredaktion hingegen beabsichtigte, das Geheimnis
der Aporien Hiobs zu lüften (vgl. die Einfügung der Offenbarungsszene in
4,12-16). Die von der Gottesrede nicht thematisierten Unschuldsbekenntnisse
Hiobs (9,20; 13,20; 16,17f.; u.ö.) sollten jetzt mit dem Hinweis auf die kreatürliche Sündhaftigkeit des Menschen entkräftet werden. Leid erfüllte für diese
Bearbeitung anders als in der ursprünglichen Hiobdichtung keine verborgene
Funktion, sondern galt als Folge der aus der menschlichen Geschöpflichkeit
fließenden, ja in ihr begründeten Sünde, mochte dies auch der Einsicht des
Menschen zunächst verschleiert sein (4,20-21). Daß für die Niedrigkeitsredaktion die "Freunde" die entscheidende Identifikationsgröße darstellten, zeigen
die Interpolationen in c.4-5; 15 und 25. Indem die Niedrigkeitsredaktion jedoch abschließend Hiob sich ausdrücklich zur Majestät Gottes *und* zur Sündhaftigkeit des Menschen bekennen ließ (40,3-5; vgl. bes. unsere Auslegung
von 42,5-6*), hat sie ihr Theologumenon nachhaltig als ein Erklärungsmodell

---

[2]   A.Weiser. Weltordnung (1923), in: Glaube. 16.

der Frage nach dem für menschliche Augen häufig ungerechten Leid betont. Der *theologischen* Antwort der ursprünglichen Hiobdichtung hat die Niedrigkeitsredaktion damit die *anthropologisch-hamartologische* Antwort zur Seite gestellt: weil der Mensch wesenhaft ein רָשָׁע ist (4,17; 15,15; 25,4 und 42,5-6), erweist er sich auch immer wieder als solcher und erleidet daher zu Recht, was Hiobs Freunde stets als Ergehen des רָשָׁע beschrieben hatten (15,20ff.; 18,5ff. und 20,5ff.). Diese von einem radikalen Sündenbewußtsein durchdrungene anthropologische Sicht hat dann bis in die Frömmigkeit der Qumrangemeinde (vgl. 1QH), aber auch in die hinter dem IV Esrabuch stehenden Kreise (vgl. 7,68 und 8,35) und in die paulinische Theologie (vgl. Röm 3,20; 7,24 und I Kor 15,35ff.) ausgestrahlt. Gleichwohl wird dieses Bild des sündhaften Menschen bei Paulus von der Zuversicht auf die alles umfassende Liebe Gottes (Röm 8,38f.) und von der Gewißheit um die durch Christus erwirkte Versöhnung (II Kor 5,19f.) und die dem Menschen im Glauben zugeeignete Gerechtigkeit (Röm 1,16f.; 7,25 und I Kor 1,30) getragen.

2.2. Die wesentliche Veränderung des Hiobbildes der ursprünglichen Dichtung geht auf die Einfügungen der Majestäts- und der Gerechtigkeitsredaktion zurück.

Die Majestätsredaktion steht durch die Hiob in den Mund gelegten Lehrreden zu Gottes Schöpferkraft (12,7-10 und 26,5-14), Geschichtsmächtigkeit (12,12-25) und alleinigen Verfügung über die dem menschlichen Erkennen und Erforschen verborgene Weisheit (12,13.16 und 28,1-14.20-28*) der ursprünglichen Dichtung am nächsten. Indem sie solche das Geheimnis Gottes wahrende Abschnitte in *Hiobreden* eingelegt bzw. als solche gedichtet hat, überführte sie bereits vor dem Auftreten Gottes sowohl die ursprüngliche Theologie der Freunde in ihrer die göttliche Majestät verletzenden Einseitigkeit als auch die um das Niedrigkeitsmotiv erweiterten Freundesreden in ihrer menschliches Leid einebnenden Unbarmherzigkeit. Mit der Arbeit der Majestätsredaktion ist eine positive Zeichnung Hiobs verbunden, der nun nicht mehr der von den Freunden Gescholtene und hilflos Klagende, sondern der über sein Leid hinwegblickende, die Freunde belehrende Weise ist. Eine mögliche Vorwegnahme und Abwertung der ursprünglichen Gottesrede durch die letzten an die Freunde gewandten Reden Hiobs (c.26 und 27,11-12 mit 28*) hat die Majestätsredaktion hingegen verhindert, indem sie das von der Niedrigkeitsredaktion geschaffene Unterwerfungsbekenntnis bewahrt hat: Auch der in seinem Elend Erhabene, um die Begrenztheit menschlicher Erkenntnis Wissende und sich frommer Selbstbescheidung Hingebende bedarf stets der Belehrung durch Gott. Die Majestätsredaktion hat damit gegenüber der anthropologisch-hamartologischen Antwort der Niedrigkeitsredaktion wieder die *theologische* Antwort der ursprünglichen Dichtung hervorgehoben. Gleichsam betrachtete sie das menschliche Leid zwar nicht als eine erklärbare Größe wie die Niedrigkeitsredaktion, aber doch in Ansätzen als eine untergeordnete Erscheinung, indem sie den *leidenden* Hiob zu einem *lehrenden* stilisierte.

Die Gerechtigkeitsredaktion hat die von der Majestätsredaktion eingeleitete Charakteristik Hiobs fortgesetzt und verstärkt. Diese letzte profilierte Redaktionsschicht ließ nun auch Hiob die (sich erneut im Denken Israels etablierende) Vorstellung der immanenten Berechenbarkeit und Einklagbarkeit von Tun und Ergehen bekennen (vgl. bes. 24,13-25; 27,7-10.13-23 und 31,1-3) und die Gültigkeit der innerweltlichen Gerechtigkeit von Gott selbst garantieren (vgl. bes. 40,6-14). Indem die Gerechtigkeitsredaktion die theologischen Akzente der beiden vorangegangenen Redaktionen teilweise aufnahm und in die Reden Hiobs eingegliederte (vgl. bes. 9,2-4.5-10.11-14), entschärfte sie seine Klagen und Anklagen. Mit den Erweiterungen des Reinigungseides (vgl. bes. 31,1-3.11-12[15?]18.23.28.33-34.38-40) hat die Gerechtigkeitsredaktion die Unschuld Hiobs und damit seine Kennzeichnung als ethisches Vorbild ausdrücklich betont. Hiob weiß, daß Gott *alle* Frevel in der Welt kennt (24,13-17a und 31,1-3) und daß er die Bestrafung der Bösen wie die Belohnung der Gerechten (24,17b-25; 27,7-10.13-23 und 31,2) nachrechenbar wahrt. Die Frage nach dem Leid, auf die bereits die Freunde in der *ursprünglichen* Dichtung nur die Antwort hatten, es diene der Strafe bzw. der Erziehung (singulär in 5,17 und in den sekundären Elihureden), hat die Gerechtigkeitsredaktion weiter nivelliert. Andererseits versuchte sie ein frommes und sittlich integeres Handeln mit dem Ausblick auf Lohn (31,1-3) und Strafe (31,11f.) besonders anzuspornen.

2.3. Im Verlauf der unterschiedlichen Redaktionen der Hiobdichtung ist immer stärker die Figur Hiobs selbst in die Mitte der theologischen Betrachtung getreten. In der ursprünglichen Dichtung waren Hiob und seine Freunde zwei allein schon kompositionell gleichgestellte Größen; die Fragen Hiobs nach dem "Warum" seines Geschicks und die Gegenüberstellung mit der Zwei-Klassen-Theologie der Freunde dienten als Antrieb der Dichtung; die *eine* Rede des sich in und mit seinem Wort offenbarenden Gottes, angesichts dessen die menschliche Rede nur noch schweigen kann, galt als Lösung. Nun hat sich nach dem Vermittlungsversuch des Elihudichters, die Gerechtigkeit des Schöpfergottes aus menschlicher Perspektive zu verteidigen, und nach der Tätigkeit der Niedrigkeitsredaktion das kompositionelle und inhaltliche Gewicht immer mehr auf Hiob als die *eine* umfassende Identifikations- und Exemplifikationsgröße verlegt. Zu dieser Verschiebung gehört auch die möglicherweise von der Majestäts- oder der Gerechtigkeitsredaktion zu verantwortende Verschmelzung mit der einstmals selbständigen Rahmenerzählung - zeigen doch c.1-2*; 42,7-17* Hiob als den beispielhaften Weisen und Frommen, dessen Leid nur eine mittelbare Rolle spielt, insofern sich am Ende zeigt, daß "alles aufs Beste eingerichtet ist". In 11QTgJob hat sich die Charakteristik Hiobs als unbestrittenem Weisen weiter fortgesetzt: Hiobs "Reden" ist zum "Wissen" (vgl. 11QTgJob zu 21,4) geworden, die "Weisheit" der Freunde und Elihus zu "Worten" (vgl. 11QTgJob zu 32,3.10); Hiob hält nicht für seine Gefährten Fürbitte, sondern um *seinetwillen* werden ihnen ihre Sünden vergeben (vgl. 11QTgJob zu 42,10). Ihren Gipfel im Horizont des biblischen Schrifttums hat diese Zeichnung des leidenden Gerechten dann im apokryphen, in seiner vorliegenden Gestalt aus dem 2.Jh.n.Chr. stammenden Testament Hiobs erreicht[3]. Jetzt ist Hiob ganz der über sein Leid erhabene, von den Freunden stets nur kurz unterbrochene, weise Lehrer geworden, der den Titel eines ἄνθρωπος τοῦ θεοῦ (53,4) führt. Indem Hiob auch als ein Weiser gilt, der über verborgenes Wissen verfügt (vgl. TestHi 33,2ff.; 37,7f.; 38,6; 42,2; 47,1ff. und 52,9f.), hat er endgültig seinen Platz neben den exemplarisch Gerechten und als apokalyptische Seher verehrten Noah[4] und Daniel[5] eingenommen, denen er bereits hinsichtlich seines untadeligen Wandels zur Seite gestanden hatte (Ez 14,14.19; Sir 44,1 und 49,9 [H]). Die hier skizzierte redaktionsgeschichtliche und literarhistorische Entwicklung Hiobs *vom Leiden zur Lehre* spiegelt sich dann auch in der weiteren jüdischen und frühchristlichen Tradition wieder. Sie kennt neben der literarischen Gestaltung Hiobs als dem beispielhaft Gerechten und Geduldigen auch die in einer Wandmalerei festgehaltene Darstellung Hiobs als eines die Freunde *unterweisenden* Lehrers[6].

3. In unserer von c.21-27(28) ausgehenden Analyse des Hiobbuchs wurde aus sprachlichen, literarischen, kompositionellen und inhaltlichen Erwägungen die Zeichnung Hiobs in der Entwicklung *vom Leiden zur Lehre* auf verschie-

---

3 Zur Datierung und Textgeschichte von TestHi vgl. B.Schaller, in: JSHRZ III/1, 309f.
4 Zur Verbindung von Hiob und Noah vgl. die Erweiterungen in Tg zu Hi 22,19; zu Noah selbst vgl. 4QMess ar; äthHen 106ff.; Jub 4-10; GenAp 2; 1Q 19 und Josephus, Ant I,3,1-9; dazu J.A.Fitzmyer, Elect of God, 370ff., und F.Garcia Martinez, Qumran and Apokalyptic, 1-44.
5 Vgl. Dan 7-12.
6 Vgl. einerseits die lateinische Erweiterung in Tob 2,15; Jak 5,11; I Clem 17 und Tertullian, De patientia, c.14, andererseits die Darstellung Hiobs als *deklamierenden* Philosophen auf einer Wandmalerei der Calixtus-Katakombe (Anfang 3.Jh.n.Chr), in: P.Huber, Hiob, 83 Abb.46; und auf dem Sarkophag des Iunius Bassus (um 350 v.Chr), ebd., 78 Abb.43; zu dieser Charakteristik Hiobs vgl. auch die Beschreibung der von G abhängigen äthiopischen Version des Hiobbuches bei G.Gerleman, Studies, 72ff. Zum Hiobbild der weiteren jüdischen Tradition siehe S.Schreiner, Der gottesfürchtige Rebell, und künftig C.Mangan, in: W.A.M.Beuken (Hg.), Job, BEThL.

dene redaktionelle Hände unterschiedlicher Epochen zurückgeführt und als ein theologie- und literarhistorisches Nacheinander verstanden. Gleichwohl enthält insbesondere der dritte Redegang der vielschichtigen kanonischen Gestalt des Hiobbuches jetzt in einem literarischen Nebeneinander ein tiefes Wissen um das menschliche Wesen und das menschliche Leid. Der Umgang mit kranken und von körperlich und seelischem Schmerz gezeichneten Menschen beweist, daß die *literarisch* am Bild des zuletzt seine Freunde belehrenden Hiobs (c.26-28) und des unmittelbar vor der Kreuzigung seine Jünger unterweisenden Jesus (vgl. Joh 13-17) exemplifizierte Entwicklung *vom Leiden zur Lehre* in der Wirklichkeit ihre Bestätigung finden kann, wenn ein Leidender in seinem Leid zum Lehrer und Tröster der ihm zum Troste Gekommenen wird. Sieht man in der ursprünglichen Hiobdichtung und in den spezifischen Modifikationen der Bearbeitungen den Versuch, eine geistige (und im Fall des ersten Dichters wohl auch unmittelbare individuelle physische und psychische) Krise zu bewältigen, so mag abschließend gefragt werden, ob nicht von dem kanonischen Hiobbuch ein Beitrag, wenn nicht zum Lösen, so doch zumindest zum Verstehen und Ertragen der gegenwärtigen Krisenzeit geliefert werden kann. Angesichts der räumlich ständig dichter, geistig und kulturell einförmiger, religiös säkularer und wirtschaftlich immer gegensätzlicher werdenden Welt, ist es möglicherweise die Antwort der Majestätsredaktion, die am nötigsten in unserer Zeit gehört zu werden verdient. Denn sie legt in der Linie der ursprünglichen Dichtung dem *vom Leiden zur Lehre* gelangten Hiob die über die ichzentrierte Klage und die letztlich unbeteiligte Sicht der Freunde hinausreichende Einsicht in den Mund, im Blick auf die Möglichkeiten und Grenzen menschlichen Handelns und Erkennens die dem Menschen von Gott gegebene gute Ordnung in Selbstbescheidung und im Vertrauen auf seine geheimnisvolle Allmacht anzunehmen:

> "Gott kennt allein den Weg zur Weisheit
> und weiß allein, wo ihre Stätte liegt.
> Denn er nur blickt bis zum Erdenrand,
> sieht, was unter'm Himmelszelte lebt.
> Als er dem Winde ein Gewicht bestimmte
> und den Wassern eine Schranke legte,
> als er dem Regen eine Ordnung schenkte
> und den Donnerwolken Pfade schlug,
> ja, damals sah er sie und maß sie aus,
> gab ihr festen Grund und erforschte sie,
> und zum Menschen sprach er das Gebot:
> Siehe, die Furcht des Herrn, ist Weisheit,
> und das Böse stets zu fliehen, ist Einsicht".

(Hi 28,23-28).

4. Sprachlicher und synoptischer Anhang

4.1. Strukturanalysen der Reden der Hiobdichtung

Da im Rahmen dieser sich auf Hi 21-27(28) konzentrierenden Arbeit eine umfassende Darstellung der Analyse von c.3-20.29-31.38-39 nicht geboten werden konnte, fassen wir hier das Ergebnis unserer textkritischen, literarkritischen und poetologischen Bearbeitung zusammen und bieten eine strophische und inhaltliche Gliederung der gesamten *ursprünglichen Dichtung* (Hi 3-31*; 38-39*). Zur Definition einer Strophe s.o. S.58f.

Die Eingangsklage Hiobs in c.3*

Strophen: 3,3-9|10-19*|20-26.*

A. Eröffnung	(3,3-9*)	Verwünschung von Tag und Nacht
Überschrift	(3,3)	Tag und Nacht
1. Entfaltung	(3,4-6*)	Tag
2. Entfaltung	(3,7-9*)	Nacht
B. Korpus	(3,10-19*)	Anklage Gottes, der Mühsal gibt
Überschrift	(3,10)	Todeswunsch und Todesruhe
1.Entfaltung	(3,11-13)	individuell
2.Entfaltung	(3,17-19)	allgemein
C. Schluß	(3,20-26)	Anklage Gottes, der Mühsal gibt
Überschrift	(3,20)	Lebensmüdigkeit
1. Entfaltung	(3,21-23)	allgemein
2. Entfaltung	(3,24-26)	individuell

Die erste Eliphasrede in c.4-5*

Strophen: 4,2-6|7-11|5,1-5|6-9+11|12-16|17-21|23-27.*

A. Eröffnung	(4,2-6)	Anrede Hiobs
	(4,6)	Verweis auf Hiobs Frömmigkeit
B. Korpus	(4,7-5,16*)	Darstellung der Vergeltung
1. Entfaltung	(4,7-11)	Untergang des Frevlers
2. Entfaltung	(5,1-5*)	Untergang des Toren
3. Entfaltung	(5,6-9+11)	Der Mensch als Frevler
4. Entfaltung	(5,12-16)	Gott als Wahrer des Rechts
C. Schluß	(5,17-27)	Anrede Hiobs: Verheißungen
1. Makarismus	(5,17-21)	heilvolle Zukunft I
2. Erfahrungssatz	(5,23-27)	heilvolle Zukunft II
Summarium	*(5,27)*	*Funktion der Vergeltung*

Die Hiobrede in c.6-7*

Strophen: 6,2-7*|8-13*|15-20|21-23|24-26|28-30|7,1-6*|7-11|12-16|17-21*.

A. Eröffnung	(6,2-13*)	Wunsch / Bitte Hiobs
1. Wunsch	(6,2-7*)	um Mitleid
2. Wunsch	(6,8-13*)	um den Tod
B. Korpus I	(6,15-30*)	Anklage der Freunde
1. Entfaltung	(6,15-20)	mangelnde Treue
2. Entfaltung	(6,21-23)	mangelnder Trost
3. Entfaltung	(6,24-26)	mangelnde Belehrung
4. Unschuldsbekenntnis	(6,28-30)	mangelndes Recht
C. Zwischenstück	(7,1-6*)	Überleitung zur Anklage Gottes
D. Korpus II	(7,7-21*)	Anrede / Anklage Gottes
1. Klage	(7,7-11)	Vergänglichkeit
2. Klage	(7,12-16)	Bedeutungslosigkeit I
Summarium	*(7,16)*	*Todesgewißheit*
3. Klage	(7,17-21*)	Bedeutungslosigkeit II
Summarium	*(7,21*)*	*Todesgewißheit*

Die erste Bildadrede in c.8*

Strophen: 8,2-7*|8-13|14-19|20-22.

A. Eröffnung	(8,2-7*)	Anrede Hiobs
	(8,3)	These zur Vergeltung
B. Korpus	(8,8-19)	Beweis der Vergeltung
1. Entfaltung	(8,8-13)	Pflanzenbild
2. Entfaltung	(8,14-19)	Pflanzenbild
C. Schluß	(8,20-22)	Anrede Hiobs: Verheißungen
	(8,20)	These zur Vergeltung
Summarium	*(8,22)*	*heilvolle Zukunft / Untergang der Frevler*

Die Hiobrede in c.9-10*

Strophen: 9,[...].15-19*|20-24*|25-28+30f.|32-10,2|3-7*|8-12|13-17|18-22.

A. Eröffnung	[............]	....
	[9,2-14 sind mind. sekundär]	[die ursprüngliche Anrede der Freunde ist verdrängt]
B. Korpus I	**(9,15-24*)**	**Klage über Gottes Willkürmacht**
1. Entfaltung	(9,15-19*)	Ohnmacht Hiobs / Macht Gottes
2. Entfaltung	(9,20-24*)	Unrecht Gottes / Unschuld Hiobs
C. Zwischenstück	**(9,25-10,2)**	**Überleitung zur Anrede Gottes**
1. Entfaltung	(9,25-28+30f.)	Vergänglichkeit Hiobs
2. Entfaltung	(9,32-10,2)	Rechts- und Redewunsch Hiobs
D. Korpus II	**(10,3-22*)**	**Appell an Gottes Barmherzigkeit**
1. Entfaltung	(10,3-7*)	Gottes Gottheit
2. Entfaltung	(10,8-12)	Gottes Schöpfermacht
3. Entfaltung	(10,13-17)	Gottes Recht
E. Schluß	**(10,18-22)**	**Klage über die Vergänglichkeit**
Summarium	*(10,22)*	*Todesgewißheit*

Die erste Zopharrede in c.11*

Strophen: 11,2-5|7*+10-12|13-16|17-20.

A. Eröffnung	(11,2-5)	Anrede Hiobs
	(11,2f.)	Zitation und Verweis Hiobs
B. Korpus	**(11,7-16*)**	**Gott als Garant der Vergeltung**
1. Entfaltung	(11,7*+10-12)	Gottheit Gottes
2. Entfaltung	(11,13-16)	Gerechtigkeit Gottes
C. Schluß	**(11,17-20)**	**Anrede Hiobs: Verheißungen**
Summarium	*(11,20)*	*heilvolle Zukunft / Schicksal der Frevler*

Die Hiobrede in c. 12-14*

Strophen: 12,2-3a+13,3-6|7-12|13-16+18f.|20-23|24-27|14,1*-2+5*-6|*
7-12|13-17*|18-19#.20-22.*

A. Eröffnung	(12,2f.+13,3-19*)	Anrede der Freunde
1. Entfaltung	(12,2f.+13,3-6)	mangelnde Weisheit
2. Entfaltung	(13,7-12)	mangelnder Trost
3. Entfaltung	(13,13-16+18f.)	Unschuld Hiobs / Unrecht Gottes
B. Zwischenstück	(13,20-14,6*)	Anrede Gottes
1. Entfaltung	(13,20-23)	Rechtswunsch Hiobs
2. Entfaltung	(13,24-27*)	Unbarmherzigkeit Gottes
3. Entfaltung	(14,1*-2+5*-6)	Vergänglichkeit
C. Korpus	(14,7-22*)	Appell an Gottes Barmherzigkeit
1. Klage	(14,7-12*)	Todesverfallenheit
2. Wunsch	(14,13-17*)	Bitte um Verschonung
3. Klage	(14,18-19#.20-22)	Vergänglichkeit
Summarium	*(14,22)*	*Todesaussicht*

Die zweite Eliphasrede in c. 15*

Strophen: 15,2-6|7-10+17|20-24|25-29*|30*+32-35.*

A. Eröffnung	(15,2-17*)	Anrede Hiobs
1. Bestreitung	(15,2-6)	mangelnde Frömmigkeit
2. Bestreitung	(15,7-10+17)	mangelnde Weisheit
Lehrankündigung	*(15,10+17)*	
B. Korpus	(15,20-35*)	Die Funktion der Vergeltung
1. Entfaltung	(15,20-24*)	Untergang des Frevlers I
2. Entfaltung	(15,25-29*)	Untergang des Frevlers II
3. Entfaltung	(15,30*+32-35)	Untergang des Frevlers III
Summarium	*(15,34f.)*	*Schicksal des Frevlers*

Die Hiobrede in c.16-17*

Strophen: 16,2-6|7-11|12-16|17-22|17,1-4+6f.|11-16*.*

A. Eröffnung	(16,2-6)	Anrede und Abweisung der Freunde
B. Korpus	(16,7-17,7*)	Gott als Urheber von Hiobs Leiden
1. Klage	(16,7-11)	Gottes Angriff
2. Klage	(16,12-16*)	Hiobs Elend
Summarium	*(16,16)*	*Todesaussicht*
3. Unschuldsbekenntnis	(16,17-22)	Hiobs Hoffnung
Summarium	*(16,22)*	*Todesaussicht*
4. Anklage Gottes	(17,1-4+6f.)	Hiobs Elend
Summarium	*(17,7)*	*Todesaussicht*
C. Schluß	(17,11-16*)	Klage über die Vergänglichkeit
Summarium	*(17,16)*	*Todesaussicht*

Die zweite Bildadrede in c.18*

Strophen: 18,2-6|7-11|12-16|17-21.*

A. Eröffnung	(18,2-6*)	Anrede Hiobs
	(18,5f.)	These zur Vergeltung
B. Korpus	(18,7-21)	Beschreibung der Vergeltung
1. Entfaltung	(18,7-11)	Untergang des Frevlers I
2. Entfaltung	(18,12-16)	Untergang des Frevlers II
3. Entfaltung	(18,17-21)	Untergang des Frevlers III
Summarium	*(18,21)*	*Schicksal des Frevlers*

Die Hiobrede in c.19*

Strophen: 19,2-5|6-9|10-12#|13-16|17-20|21-24|25-27#.*

A. Eröffnung	(19,2-5)	Anrede und Abweisung der Freunde
B. Korpus I	(19,6-12#)	Gott als Urheber von Hiobs Leiden
1. Entfaltung	(19,6-9)	Gott als Rechtsbrecher
2. Entfaltung	(19,10-12#)	Gott als Dämon
B. Korpus II	(19,13-20*)	Einsamkeit im Leiden
1. Entfaltung	(19,13-16)	Entfremdung von Freunden
2. Entfaltung	(19,17-21*)	Entfremdung von Verwandten
C. Schluß	(19,21-27#)	Wunsch und Zuversicht
1. Anrede der Freunde	(19,21-24)	Bitte um Mitleid
2. Ausblick	(19,25-27#)	Zuversicht auf Gott
Summarium	*(19,27#)*	*Todesaussicht*

Die zweite Zopharrede in c.20*

Strophen: 20,2-5│6-11│12-17│18-23*│24-29*.*

A. Eröffnung	(20,2-5)	Anrede Hiobs
	(20,4f.)	These zur Vergeltung
B. Korpus	(20,6-29*)	Darstellung der Vergeltung
1. Entfaltung	(20,6-11)	Untergang der Frevler I
2. Entfaltung	(20,12-17*)	Untergang der Frevler II
3. Entfaltung	(20,18-23*)	Untergang der Frevler III
4. Entfaltung	(20,24-29*)	Untergang der Frevler IV
Summarium	*(20,29)*	*Schicksal des Frevlers*

Die Hiobrede in c.21*

Strophen: 21,2-5│6-9│10-13│14-17│18-21│23-26│27-30│31-34*.*

A. Eröffnung	(21,2-5)	Anrede der Freunde
B. Korpus	(21,6-26*)	Widerlegung der Freunde
These	(21,6-9)	Glück der Frevler
1. Entfaltung	(21,10-13)	Gesegnetes Leben der Frevler
2. Entfaltung	(21,14-17*)	Ungestrafte Vergehen der Frevler
3. Begründung	(21,18-21)	Fehlende Vergeltung im Leben
4. Begründung	(21,23-26)	Gleichheit aller im Tod
C. Schluß	(21,27-34)	Abwendung von den Freunden
1. Bestreitung	(21,27-30)	Ausblick auf den Tod I
2. Bestreitung	(21,31-34*)	Ausblick auf den Tod II

Die dritte Eliphasrede in c.22*

Strophen: 22,2-5│6-9│10f.+13f.│15f.+19f.│21-23+26│27-30.

A. Eröffnung	(22,2-5)	Anrede Hiobs
	(22,4f.)	Bestreitung der Frömmigkeit Hiobs
B. Korpus	(22,6-20*)	Direkte Beschuldigung Hiobs
1. Entfaltung	(22,6-9)	Hiobs soziale Vergehen
2. Entfaltung	(22,10f.+13f.)	Fehlverhalten im Leiden
3. Überleitung zum Schluß	(22,15f.+19f.)	Kontrast Frevler / Gerechte
C. Schluß	(22,21-30*)	Ermahnung und Verheißung
1. Bußaufruf	(22,21-23+26)	heilvolle Zukunft I
2. Verheißungen	(22,27-30)	heilvolle Zukunft II
Summarium	*(22,29f.)*	*Funktion der Vergeltung*

Die Hiobrede in c.23-24*

Strophen: 23,2-7|8-13|14-24,1[...]|2-4+10-12.

A. Eröffnung	(23,2-7)	Wunsch der Gottesbegegnung
B. Korpus	(23,8-24,1[...])	Unmöglichkeit der Gottesbegegnung
1. Klage, Unschuldsbekenntnis	(23,8-13)	Gottes Ferne, Hiobs Unschuld
2. Überleitung zur Anklage	(23,14-24,1[...])	Gottes Willkürmacht, Hiobs Leiden
C. Schluß	(24,2-4+10-12)	Anklage Gottes: Chaos in der Welt
Summarium	*(24,12)*	*Ausblick auf den Tod*

Die Herausforderungsreden in c.27*; 29-31*

Strophen: 27,2-6|29,2-6|7-11|12-16|21-25*|30,1*+9*-11|12-15*|16-19|*
20-23|24-27|28-31|31,4-6|7-10|13f.+16f.|19-22|24-27|29-32|*
35-37.*

A. Eröffnung	(27,2-6*)	Unschuldsbekenntnis in Eidesform
B. Korpus I	(29,2-25*)	Vergangenes Glück
1. Entfaltung	(29,2-6)	Von Gott gesegnet
2. Entfaltung	(29,7-11)	Von der Welt geachtet
3. Begründung	(29,12-16)	Soziale Wohltätigkeit
4. Zusammenfassung	(29,21-25*)	Von der Welt geachtet
C. Korpus II	(30,1-31*)	Jetziges Unglück
1. Entfaltung	(30,1*+9*-11)	Von der Welt verachtet
2. Entfaltung	(30,12-15*)	Von Gott verfolgt
3. Entfaltung	(30,16-19)	Im Leid versunken
4. Entfaltung	(30,20-23)	Aufschrei zu Gott
5. Entfaltung	(30,24-27)	Hilflos im Leid
6. Zusammenfassung	(30,28-31)	Verlassen in Trauer
D. Korpus III	(31,4-37*)	Reinigungseid
1. Eröffnung	(31,4-6)	Unschuldserklärung vor Gott
2. Entfaltung	(31,7-34*)	Rechtsbereiche
2.1. Entfaltung	(31,7*-10)	Ehe
2.2. Entfaltung	(31,13f.+16f.)	Sklaven
2.3. Entfaltung	(31,19-22)	Arme
2.4. Entfaltung	(31,24-27)	Religion
2.5. Entfaltung	(31,29-32)	Gäste
3. Abschluß	(31,35*-37)	Unschuldserklärung vor Gott

Die Gottesrede in c.38-39*

Strophen: 38,2-3 | 4-7 | 8-11 | 12-15 | 16-18+21 | 22-25 | 26f. + 29f. | 31-34 | 35-38 |
39-41# | 39,1-4 | 5-8 | 9-12 | 19-22 | 23-25# | 26-30 | [...].*

A. Eröffnung	(38,2-3)	Anrede / Verweis Hiobs
B. Korpus I	(38,4-38*)	Fragen an Hiob zu Himmel und Erde
1. Entfaltung	(38,4-7)	Erde
2. Entfaltung	(38,8-11)	Meer
3. Entfaltung	(38,12-15)	Morgenröte
4. Entfaltung	(38,16-18+21)	Grenzen des Meeres und der Erde
5. Entfaltung	(38,22-25)	Schnee, Licht und Regen
6. Entfaltung	(38,26f.+29f.)	Regen und Wasser
7. Entfaltung	(38,31-34)	Gestirne
8. Entfaltung	(38,35-38)	Gewitter
C. Korpus II	(38,39-39,30*)	Fragen an Hiob zur Tierwelt
1. Entfaltung	(38,39-41#)	Löwe und Rabe
2. Entfaltung	(39,1-4)	Felsenziege und Hirschkuh
3. Entfaltung	(39,5-8)	Wildesel und Zebra
4. Entfaltung	(39,9-12)	Wildstier
5. Entfaltung	(39,19-22)	Streitroß I
6. Entfaltung	(39,23-25#)	Streitroß II
7. Entfaltung	(39,26-30*)	Falke
D. Schluß	[...................]	....
	[40,1-41,26 sind	[ursprüngliche Anrede bzw. ein zu 38,2f.
	mind. sekundär]	paralleler Verweis Hiobs sind verdrängt].

4.2. Synopse zur Forschungsgeschichte

Im folgenden sind einige typische und wirkungsgeschichtlich relevante Rekonstruktionsvorschläge für die ursprüngliche Folge der *c.22-31* nach rein phänomenologischen und chronologischen Gesichtspunkten zusammengestellt. Der Einsatz *der Synopse* mit c.22 bietet sich an, da c.21* von der Forschung bis auf die Vertreter eines radikalen dualen oder monalen Redaktionsmodells (vgl. S.47ff. und S.52f.) als ursprüngliche Hiobrede angesehen wird. Andererseits kann die Ausdehnung der Synopse auf die makrotextliche Beurteilung der c.29-31 verdeutlichen, worin jeweils die ursprüngliche Fortsetzung des Dialogs gesehen wird. Für die Fragen der Abgrenzung eines "dritten Redegangs" verweisen wir auf unsere Einleitung (S.2); auf eine Angabe der mikrotextlichen Umstellungen in c.29-31 müssen wir hier verzichten; ein Asteriskus hinter c.29-31 zeigt an, daß keiner der im folgenden verzeichneten Exegeten in diesen drei Kapiteln MT ohne Änderung folgt. Die kursivgesetzten Buchstaben hinter den einzelnen Vertretern geben an, welchem Modell der Verfasser in der vorliegenden Arbeit zugerechnet wird. *E* steht für das Editionsmodell (vgl. S.25ff.), *R* für das Redaktionsmodell (vgl. S.36ff.). Werke, die von der vollständigen Integrität des dritten Redegangs ausgehen (vgl. S.9ff.), sind *nicht* aufgeführt. Aus den Vorschlägen, die lediglich text- und literarkritische Operationen bei weitgehender makrokompositioneller Wahrung der vorliegenden Redefolge und Redezuweisung vornehmen, sind nur besonders charakteristische ausgewählt. # steht für eine an dieser Stelle vermutete Lücke. H bezeichnet eine Hiobrede des dritten Redegangs, E eine dritte Eliphasrede, B eine dritte Bildadrede, Z eine dritte Zopharrede. [28] deutet an, daß das Weisheitslied als ursprünglicher Bestandteil der Dichtung betrachtet wird, aber nicht als Abschnitt einer Hiobrede, sondern als Interludium.

1) B.Kennicott (1780), *E*:

E:22. **H**:23; 24. **B**:25. **H**:26,1-14; 27,2-12. **Z**:#27,13-23. **H**:27,1; 28-31*.

2) D.G.Moldenhawer (1780/81), [*E* ?]:

E:22. **H**:23; 24. **B**:25. **H**:26,1-27,7. [*27,8-23*?]. **H**:28-31*.

3) J.G.Eichhorn (1790), *E*:

E:22. **H**:23; 24. **B**:25. **H**:26,1-27,12. **Z**:27,13-23. **H**:27,1*; 28-31*.

4) M.H.Stuhlmann (1804), *R*:

E:22. **H**:23; 24,1-13.15.14.16-25. **B**:25; 28. **H**:26,1-14; 27,2-10#. **Z**:#27,11-23. **H**:29-31*.

5) G.H.Bernstein (1813), *R*:

E:22. **H**:23; 24. **B**:25. **H**:26,1-14; 27,1-6. **H**:29-31*.

6) L.Bertholdt (1815), *E*:

E:22. **H**:23; 24. **B**:25. **H**:26,1-27,2-12. **Z**:#27,13-23. **H**:27,1; 28-31*.

7) E.I.Magnus (1851), *E/R*:
E: 22,1-7.9; 26,2-4; 22,10-11.13-14.12; 25,2-3; 26,5-14; 22,15-16.21-22.29.
23-28.30. **H**:23,1-3; 27,2a.3.5-6.4-10.2b; 23,17; 24,1; 27,11-12; 24,2-25.
B/Z:#30,2-8; 22,19; 27,23; 17,13-21; 27,13-21(?).
[22.8.17.18 sind Teil einer Hiobrede. 25.5 gehört anstelle von 15.15 zwischen 15.14.16.
27.4 gehört hinter 6.28a. 27.7-9.22.10 folgen auf 18.4. 25.1.4.6; 26.1; 27.1 und c.28 sind
sekundär].

8) E.A.O.Merx (1871), *R*:
E:22,1-17.19-30. **H**:23,1-24,8#.25. **B**:25. **H**:26; 27-28. **H**:29-31*.

9) H.Graetz (1872), *E*:
E:22. **H**:23-24. **B**:#25#26*. **H**:26*; 27,1-6. **Z**:#27,7-28,28. **H**:29-31*.

10) G.L.Studer (1875), *R*:
E:22. **H**:23; 24,1-3.9.4-8.10-12.14-25. **B**:25. **H**:26; 27,1-4; 31.

11) T.K.Cheyne (1887; vgl. aber 1901: c.21ff. sind sekundär), *R*:
E:22. **H**:23; 24. **B**:25; 26,5-14. **H**:26,1-4#; 27,2-7. **Z**:#27,8-10.13-23.
H:29-31*.

12) E.Reuss (1888), *E*:
E:22. **H**:23; 24. **B**:25; 26,5-14. **H**:26,1-4; 27,2-12. **Z**:27,13-23(?). **H**:29-
31*.

13) H.G.S.Preiss (1889), *R*:
E:22 **H**:23; 24. **B**:25,1-6; 26,2-14. **H**:26,1; 27,2-6; 29,2-25; 31.

14) J.Grill (1890), *R*:
E:22. **H**:23; 24,1-4.10-13.22-25. **B**:25. **H**:26,1; 27,2-6; 31,2-34.38-40.35-
37.

15) J.G.E.Hoffmann (1891), *R*:
E:22. **H**:23; 24,1-4.9-10a.5-8.10b-12. **B**:25; 24,13-25. **H**:26,1-14; 27,2-6.
Z:#27,7-28,28. **H**:29-31*.

16) G.Bickell (1892ff.), *R*:
E:22,1-12.17-19.21-23.26-28. **H**:23,1-8.10-13.15-17; 24,1-4.(9). #25.
B:25,1-3; 26,12.13.14c.d; 25,4-6. **H**:26,1.2.4; 27,2.4-6.11.12; 28,1-3a.
9b.10a.11b.20-25.27-28. **Z**:#27,7-10.14-17.18a.19a.20. **H**:29-31*.

17) K.Siegfried (1893), *R*:
E:22,1-7.9-30. **H**:23,1-7.10-17; 24,1-8.10-12.25. **B**:25; 26,5-14. **H**:26,1-4;
27,2-6; 29-31*.

18) E.König (1893; 1929), *R*:
E:22. **H**:23; 24. **B**:25. **H**:26; 27,1-10; 28. **H**:29-31*.

<u>19) L.Laue (1895), *R*:</u>

E:22,1-20(21-30?). **H**:23; 24,1-8.10-11.(13?).(22-24?).25. **B**:#27,13-23#
24,18-21(?).24(?). **H**:#26,1-4; 9,2-24. **Z**:#28*. **H**:12; 27,1-6; 29-31*.

<u>20) K.Budde (1896 = ²1913, aber ohne 24,17b), *I*:</u>

E:22,1-16.19-30. **H**:23,1-7.10-17; 24,1-8.10.11.13.14a.b.12.15.14c.16-17.
22.23.25b. **B**:25. **H**:26; 27,2-6.1.8-10.7.11-20.23.21.22; 28*. **H**:29-31*.

<u>21) B.Duhm (1897), *R*:</u>

E:22,1-11.13-16.19-23.26-30. **H**:23,1-7.10-13.15-17; 24,25. **B**:25,1*;
26,1(*)2-4; 25,2-6; 26,5-6.11-14b. **H**:27,1*-6.(12). **Z**:27,7-11.13-23.
H:29-31*.

<u>22) J.Ley (1903), *E*:</u>

E:22. **H**:23,1-17; 24,1-4.9.5-8.10-17.21-25. **B**:25,1-6; 24,18-20; 27,13-23.
H:26,1-14; 27,2-12; 28,1-28. **H**:29-31*.

<u>23) J.Hontheim (1904) *I/E*:</u>

E:22,1-4.10-11.5-9.12-30. **H**:23; 24,1-3.9.4-8.10-11.13-17.21.12.22-25.
B:25,1; 15,17-19; 25,4-6. **H**:26,1-9.13.11-12.10.14; 27,1-13; 24,18-20;
27,14-23; 28,1-16.19b.17a-19a.16b.20-28. **H**:29-31*.

<u>24) S.Oettli (1908) *E*:</u>

E:22,1-16.19-30. **H**:23; 24,1-4.9.12; 27,11-12; 24,22-25. **B**:25,1; 27,13;
24,18-21; 27,14-23. **H**:#27,2-10. **Z**:#25,2-6. **H**:26,1-14. **H**:29-31*.

<u>25) G.A.Barton (1911) *R*:</u>

E:22. **H**:23; 24,1-4.9-13.14ab.15.14c.16.23.25. **B**:25,1-6; 24,17f. 5-8; 30,3-
8; 24,21f.19f.24. **H**:26. **Z**:27,7-11.13-23. **H**:27,1-6.12; 29,2-25; 30,1f.9-31;
31,1-34.38-40.35-37.

<u>26) Mo.Jastrow (1920), *R*:</u>

C.22-41 sind insgesamt Additamenta: ursprüngliche Folge des ergänzten dritten Redegangs:
E:22,1-7.9-10.12-15.21-23.25-30. **H**:23,1-7.10-13.15-17; 24,1-3.9.4-8.10-
19.(20).21-23.(24).25. **B**:25,1-6; 26,5-14. **H**:26,1-4; 27,2-3.5-6; 30,16-24;
31,35-37. **Z**:#31,2-4; 27,7-23; 30,2-8.

27) H.Torczyner/TurSinai (1920/41), E:

Die ursprüngliche Hiobdichtung hatte nur einen Redewechsel. C.21-27 gehören in andere Reden, c.28 ist Teil der zweiten Gottesrede:

1920:

C.22:   Fragmente der Zopharrede (V.2-7.9-16.19-23.25-30) und einer Hiobrede (V.8.17-18.24).

C.23-24: Fragmente von Hiobreden (24,1-4.6-7.18bc.19b.20aαb.21.25; 23,2.17; 23,3-9; 23,10-12; 23,13-16 und 24,19a.20aβ), der Gottesreden (24,5 und 24,18a.22a) und einer Freundesrede (24,20c.22b-24).

C.25:   Fragment einer Hiobrede.

C.26:   Fragmente einer Hiobrede (V.2-4 und V.5.11.12*.13) und der Gottesreden (V.7-10.12*.13-14 und V.6).

C.27:   Fragment des Reinigungseides (2-6) und einer Freundesrede (V.7-23).

1941:

H: ... 24,6.11.10.5*.4* ... H nach E: ... 26,1-4.5-6.11; 25,2-6; 23,14 ...
B: ... 24,18*.14*.15.16*.17*.23-24.22*.20.24* ... H: ... 24,19*20*.24,1.2-4.
7-9.13*.12*; (22,2-7.9-11); 24,25 ... Z: 22,12-14.2-7.9-11.15-30 ...
H: ... 23,2-7.10-12.8-9.13.15-17; 27,1-6 ... 1.Gottesrede: ... 24,18*.16*.17* ...
2.Gottesrede: ... 26,7-8.10.12-13.9.14*; 28,1-28.

28) S.R.Driver u. G.B.Gray (1921), E:

E:22,1-15.18-30. H:23,1-7.10-17; 24,1-3.9.4-8.12-14a.15.14b.16-25. B:25; (26?). H:27,2-6.11f#. Z:27,7-10.13-23(?). H:29-31*.

29) P.Volz (²1921), R:

E:22,1-7.9-16.21-22.26-30. H:27,1-6; 29,2-20; 30,9-31; 31,5-10.13-23.38. 40a.24f.11f.26.37.40b.

[C.23 gehört zu c.6f.; c.25 und c.26 gehören zu c.8f.; c.24 besteht aus selbständigen Liedern].

30) M.Buttenwieser (1922), R:

H:21,1-3.5-14; 22,17b; 21,15.16a; 22,18a; 21,16b.17; 24,18b; 21,18-26.28-30; 24,18a.22a.23; 21,31.32a.33b.33a.32b.34.27; 24,1-3.9.4-8.10-11.13-14. 16-17; (30,2-8;24,15); 24,12.25. E:22,1.3-16; 27,13-21.23; 22,19-30. H:27,1-8; 31,2-3; 27,9-12; 23,11-12; 31,1; 29,14-17.12; 31,18.32; 29,13; 31,5.7-12a.38-40.12b.13.15-17; 30,25; 31,19-22.24.31.33-34.14.23; 23,3-7. 10; 31,4.35-37.6. B:25,1; 35,2-3.6-8; 34,10b-12.13b.18-19b.30.14.25bα.24a. 20c.24b.20a.25bβ.20b.25aα.26aα.28; 35,9; 34,21(G).22; 35,14; 34,23.29; 36,23; 34,16.17(Gᴬ); 36,5a.17(G).15; 35,13; 36,12a(G); 36,13*.12b(G); 34,27b; 36,13; 35,10; 36,14.16.17.21.24.25.22.27a.28b.31; 37,6a.7-10.14-18; 36,28b(G); 35,5; 37,24; 25,2-5; 24,24.19-20. H:26,1 (=23,1); 23,2; 26,2-4; 37,1-2; 36,26a.37.5b.36.26b.27b.28a.29-30.32; 37,3-4a.5a.4b.6b.11-13.21-22; 26,6-11.5.12-14; 37,23; 23,8-9; 37,20; 23,13-15(G).17; 28,1-13.21.14. 22-28.

<u>31) E.Dhorme (1924/26), *E*:</u>
E:22. **H**:23; 24,1-17.25. **B**:25,1-6; 26,5-14. **H**:26,1-4; 27,2-12. **Z**:27,13; 24,18-24; 27,14-23. [28*]. **H**:29-31*.

<u>32) F.Buhl (1925), *R*:</u>
E:22. **H**:23,1-17#; 24,25. **B**:25,1; 26,2-4; 25,2-6; 26,5-14. **H**:27,1-4#; 29,2ff.
[27,5-23 stammen aus einem älteren Werk].

<u>33) F.Baumgärtel (1933), *R*:</u>
H:23,2-7.10.17; 31,35.37.

<u>34) E.Kissane (1939), *E*:</u>
E:22,1-7.9-14.8.18.15-17.19-30. **H**:23,1-15; 24,2-4; 23.16-17; 24,1.5-8.10. 12aβ.9.14aβ.15.14c.16.12c.13-17.25. **B**:25,1; 26,2-4; 27,11-12.7-10.13-23. **H**:29-30. **Z**:#25,2-6; 26,5-14. **H**:26,1; 27,2-6; 31,1-10.12-32.38.40aβ.33-37. 40c.

<u>35) R.H.Pfeiffer (1941), *E*:</u>
E:22. **H**:23-24,17. **B**:25,1; 27,7-10.16-23. **H**:26,1-4; 27,11-12; 25,2-6; 26,5-14. **Z**:27,13; 24,21-24.18-20; 27,14-15. **H**:27,1-6; 29-31*.

<u>36) J.Lindblom (1944/45), *R*:</u>
E:22,1-6.19-30. **H**:23; 24,1-12.25. **B**:25,1; 26,5-14. **H**:26,1-4; 27,2-10. **Z**:#27,13-23. **H**:29-31*.

<u>37) W.B.Stevenson (1947/51), *E*:</u>
E:22. **H**:23; 24 ("imperfect"). **B**:25,1; 26,5-14 ("imperfect"). **H**:26,2-4; 27,2-6. 11-13.22 ("fragmentary"). **Z**:27,7-13 ("incomplete"). **H**:29-31*.

<u>38) A.Lefèvre (1949), *E*:</u>
E:22. **H**:23-24,17. **B**:#26,5-14; 25,2-26,4. **H**:27,(1).2-12. **Z**:#27,13-23: 24.18-25. [28]. **H**:29-31*.

<u>39) H.W.Hertzberg (1950/51), *E*:</u>
E:22,1-23.26-30. **H**:23; 24,1-12.25. **B**:25,1; 24,13-24; 25,2-6. **H**:26,1-4; 27,11-12; 26,5-14; 27,2.4-5.3-6. **Z**:#27,7-10.13-23. [28]. **H**:29-31*.

<u>40) H.Lamparter (1951), *E*:</u>
E:22. **H**:23; 24.1-3.9.4-8.10-12. **B**:25,1-6; 24,13-25. **H**:26,1-4; 27,11-12; 26,5-14; 27,2.4-5.3.6. **Z**:#27,7-10.13-23. [28]. **H**:29-31*.

<u>41) G.Hölscher (²1952), *R*:</u>
E:22,1-16.19-23. **H**:23,1-7.10-13.15-17. **B**:25,1; 26,2-4; 25,2-6; 26,5-14. **H**:27,1-2.4-12#. **Z**:#27,13-23. **H**:29-31*.

42) J.Steinmann (1955), _E/R:_
E:22. **H**:23; 24,25. **B**:25,1; 26,2-4; 25,2-6; 26,5-14. **H**:27,1-12.
Z:27,13-23. **H**:29-31*.

43) H.A.Fine (1955) und H.L.Ginsberg (1969/71) _E/R:_
E:22. **H**:23; 24. **B**:25. **H**:26; 29,2ff.
[C.27 und c.28 stammen aus einem älteren Werk].

44) C.Westermann (1956; [3]1978), _E:_
E:22. **H**:23,1-2.(16?).3-14.(15?).(17?). [28*].
[C.24-27 sind Fragmente vorangegangener oder folgender Reden:
24,1-4.9.(12?)22.23.25 gehört zu c.21. 25,2-6 und 26,5-14 gehören zu c.8. 26,1-4 gehört zu
9,2ff. 27,2-6 gehört zu 31,1ff. 27,13-23 gehört zu c.11. 27,11-12 (vor c.28 ?); ohne genaue
Zuweisung bleiben 24,5-11; 24,18-20.24; 27,7; 27,8-10].

45) R.Tournay (1957), _E:_
E:22. **H**:23,1-24,17. **B**:25,1; 26,5-14; 25,2-6. **H**:26,1-4; 27,2-23;
24,18-25; 28,1-28. **H**:29-31*.

46) H.Richter (1959):
E:22. **H**:23; 24,25. **B**:25,1; 26,2-4; 25,4-6.2-3; 26,5-14. **H**:27,2-12#.
(**Z**:27,14ff#?). **H**:29-31*.

47) P.W.Skehan (1961), _E:_
E:22,1; 21,22; 22,2-7.9-17.19-30. **H**:23,1-24,11.12.(#?). **B**:25,1-6.
H:26,1-13a; 27,22a; 26,13b; 27,22b; 26,14. **Z**:27,13-23. **H**:27,11.7-10.2-
6.12. [28]. **H**:29-31*.

48) S.Terrien (1963), _R:_
E:22. **H**:23; 24,1-17. **B**:25,2-6; 26,5-14. **H**:26,2-4; 27,1-12. **Z**:24,18-24
(25); 27,(12)13-23. **H**:29-31*.

49) G.Fohrer (1963; [2]1989), _R:_
E:22,1-11.13-16.19-23.26-34. **H**:23,1-7.10-13.15-17#. **B**:25,1-6#. **H**:26,1-
4; 27,(1)-6.11.12#. **Z**:#. **H**:29-31*.

50) M.H.Pope (1965; [3]1973), _R:_
E:22. **H**:23,1-17; 24,1-3.9.21.4-8.10-14b.15.14c.16-17. **B**:25,2-6; 26,5-14.
H:(27,1)26,1-4; 27,2-7. **Z**:27,8-23; 24,18-20.22-25. **H**:29-31*.

51) N.H.Snaith (1968), _E:_
E:22. **H**:23.
[C.24-28 sind "miscellaneous pieces", möglicherweise gilt dies auch für c.21-23; c.29-31
stammen aus einem älteren Werk].

52) C.Epping u. T.J.Nelis (1968), *R*:

E:22. **H**:23; 24,1-17 (18-25?). **B**:25#. **H**:26,1-4; 27,2-6.11-12#. **Z**:#.
H:29-31*.

53) A. u. M.Hanson (1953; [4]1970), *E*:

E:22. **H**:23; 24,1-4a.9.4b-8.10-14a.15.14b.16-17.21-22.25. **B**:25; 24,18-
20.23-24#; (26,2-14; 27,7-23?). **H**:26,1; 27,1-6#. **Z**:# (26,2-14; 27,7-23?).
H: 29-31*.

54) J.Lévêque (1970), *E*:

E:22. **H**:23; 24,1-17. **B**:25,1-6; 26,5-14. **H**:26,1-4; 27,2-12.
Z:#27,13-23; 24,18-25. **H**:29-31*.

55) H.H.Rowley (1970), *E*:

E:22. **H**:23; 24,1-17.25. **B**:25; 26,5-14. **H**:26,2-4; 27,2-6.
Z:#27,7-12; 24,18-24; 27,13-23. **H**:29-31*.

56) G.W.Martin (1972), *R*:

Einordnung der c.24-28 in die Elihureden:
a: 32,1-12; 27,1-12; 32,13-22; 33,1-12; 25,2-6; 27,8-10; 33,19-30.
b: 34,16; 36,2-4; 35,4-8; 26,2-4; 35,9-11; 24,4b-8.10b-12; 35,12-14; 36,5ff.
c: 34,2-4; 27,2-7; 34,7-15.17-20; 24,18b-20; 34,21-24; 24,13-18a; 34,25-27;
34,28(-30?); 27,13-23; 24,21-25; 34,34-37.

57) P.Fedrizzi (1972), *E/R*:

E:22. **H**:23; 24,1-17.25. **B**:25,1#.2-6#; 26,5-14(?). **H**:26,1-4#; 27,2-6.
Z:27,13-23#(?). **H**:27,1.8-12; 28,1-23.25-28. **H**:29-31*.

58) R.Gordis (1978, ähnlich schon 1965), *E*:

E:22. **H**:23,1-17; 24,1-24#25. **B**:25,1-6#; 26,5-14. **H**:26,1-4; 27,1-11#12.
Z:27,13-23#. **H**:29-31*.

59) F.Hesse (1978), *R*:

E:22,1-11.13-15.19-23.26-30. **H**:23,1-7.10-13.15-17. **B**:25#. **H**:26,2-4;
27,2-6.11-12#. **H**:29-31*.

60) M.P.Reddy (1978), *E/R*:

H:24,1-17.25. **E**:22,1; 21,22; 25,2-6; 21,17.16.30; 24,18; 21,18; 24,19-22;
21,19-21; 24,23-24. **H**:26,1; 27,11; 26,6-12.5.13-14; 27,12.2-7; 30,20-26.28-
29. **B**:25,1; 26,2-4; 16,3; 27,8-10.13-23; 17,8-9. **H**:29; 30,1-18.27.30;
19,20; 30.31.19. **Z**:22,2-15.17.16.19-30. **H**:27,1; 28,1f.5f.12f.15-21.7f.14.
22-25.3f.9-11.26-28; 31,2-3.1.4-18.38-40a.19-36;19,23-27; 31,37.40b.

61) P.Zerafa (1978), *R*:
E:22. H:23; 24,1-17. B:#24,18-25,6. H:26,1-14; 27,2-12. Z:#27,13-23.
[28*]. H:29-31*.

62) A.de Wilde (1981), *E/R*:
E:22,1-11.13-16.19-30. H:23,1-7.10-17. B:25,1-3; 26,5-14; 25,4-6.
H:24,1-12.25; 27,12. Z:27,7-11.13; 24,18b.19; 27,14-23. H:26,1-4;#
27,2-6. [28*]. H:29-31*.

63) H.Gese (1982), *R*:
E:22. H:23; 27,1-7; 29-31*.

64) V.Maag (1982), *R*:
E:22. H:23; 24,1-12. B:25; 24,13-25#. H:26,1-4; 27,2-6#. Z:27,7-23#.
H:29,2-25; 30,1.9-31; 31,35-37.

65) L.Alonso Schökel (1983), *E*:
E:22. H:23; 24,1-17.25. B:25; 26,5-14. H:26,1-4; 27,1-7. Z:#24,18-24;
27,8-23. [28]. H:29-31*.

66) A.van Selms (1982/83), *E/R*:
E:22. H:23; 24,1-12.25. B:24,13-24; 27,13-23. H:26,1; 27,2-12. Z:26,2-
13; 25,2-6. H:29-31*.

67) N.C.Habel (1985), *E*:
E:22. H:23. B:25,1-6; 26,5-14. H:26,1-4; 27,1-12. Z:27,13-23; 24,1-25.
[28]. H:29-31*.

68) J.C.L.Gibson (1985), *E*:
- Fragmente von Hiobreden: 24,1-3.9.21.4-12.22-23.25; 24,13-17; 26,2-4;
26,5-14; 27,2-6; 27,7-12.
- Fragmente von Freundesreden: 24,18-20.24; 25,2-6; 27,13-23.
- [28]. H:29-31*.

69) H.Groß (1986), *I/E*:
E:22. H:23; 24,1-17. B:25,1-6; 26,5-14. Z:27,7-23; 24,18-25. H:26,1-4;
27,1-6. [28]. H:29-31*. (In der Auslegung folgte H.Groß MT).

70) J.Vermeylen (1986), *R*:
E:22. H:23; 24,1-9.12-14a.16a.25. B:25. H:26,1-4; 27,2-6.11f. H:29-31*.

71) J.E.Hartley (1988), *E*:
E:22. H:23; 24. B:25;# 27,13-23. H:26,1-14; 27,1-12. [28]. H:29-31*.

72) H.-J.Hermisson (1989*)*, *R*:
E:22. H:23; 27,2-7; 29-31*.

73) T.Mende (1990), R:

Die ursprüngliche Hiobdichtung hatte nur zwei Redegänge (c.4-20). C.21-37* gehen auf den Elihudichter und die sich an diesen anschließenden drei Nachbearbeiter zurück; nur 23,1.3-7.10-15 stammt als Hiobs Schlußklage vom ursprünglichen Dichter.

74) M.Witte (1993), R:

E:22,1-11.13-16.19-23.26-30 (Abschluß des Redewechsels). **H**:23; 24,1[...].2-4. 10-12 (Überleitung vom Dialog zum Monolog). **H**:27,1-6* (Eröffnung der Herausforderungsreden in 29.2-31.37*).

4.3. Wortschatz und Konkordanz des Hiobbuches

Das Register wurde auf der Basis von BHS und BHK[3] sowie der Konkordanzen von S.Mandelkern, G.Lisowsky - L.Rost und A.Even-Shoshan erstellt. Die Anordnung der Lexeme folgt dem HALAT. Das Register enthält alle im Hiobbuch vorkommenden Substantive und Verben sowie eine Auswahl der Partikel, Präpositionen und Pronomina. Bei den Verben stehen für die jeweilige Aktionsart folgende Kürzel: für das Qal *q.*, für das Piel *p.*, für das Pual *pu.*, für das Hitpael *hit.*, für das Poal *po.*, für das Pilpal *pil.*, für das Nifal *n.*, für das Hifil *h.*, für das Hofal *hof.* und für ein Partizip *pt.* Ein Kreuz (†) steht, wenn alle Vorkommen im AT aufgelistet sind; Klammern um eine Angabe zeigen an, daß das betreffende Wort zwar von MT geführt wird, hier aber nicht ursprünglich ist; cj verweist dann darauf, daß das Wort an der aufgeführten Stelle konjiziert ist.

אָב	8,8; 15,10.18; 17,14; 29,16; 30,1; 31,18; 34,36; 38,28; 42,15.	אגם	I *q.* 41,12 (cj)†.
אֵב	8,12.	אַגְמוֹן	40,26; 41,12.
אבד	*q.* 3,3; 4,7.9.11.20; 6,18; 8,13; 11,20; 18,17; 29,13; 30,2; 31,19; *p.* 12,23; *h.* 14,19.	אֵד	36,27.
		אָדָם	5,7; 7,20; 11,12; 14,1.10; 15,7; 16,21; 20,4.29; 21,4.33; 25,6; 27,13; 28,28; 31,33; 32,21; 33,17.23; 34,11. 29.30; 35,8; 36,25.28; 37,7; 38,26.
אֲבַדּוֹן	26,6; 28,22; 31,12.	אֲדָמָה	5,6; 31,38.
אבה	*q.* 39,9.	אֶרֶן	38,6.
אֵבֶה	9,26†.	אהב	19,19.
אָבוּס	39,9.	אהל	> II הלל *h.* 25,5(†).
אֶבְיוֹן	5,15; 24,4.14; 29,16; 30,25; 31,19.	אֹהֶל	5,24; 11,14; 15,34; 18,6.14.15; 19,12; 20,26; 21,28; 22,23.
אַבִּיר	24,22; 34,20.	אוֹ	3,15.16; 12,8; 13,22;
אבל	I *q.* 14,22.		16,3; (22,11); 35,7;
אָבֵל	29,25.		38,5.6.28.31.36
אֵבֶל	30,31.	אוֹב	I 32,19†.
אֶבֶן	5,23; 6,12; 8,17; 14,19; 28,2.3.6; 38,6; 41,16.20.	אוה	*p.* 23,13.
אֶבְרָה	39,13.	אֱוִיל	5,2.3.
אֲגַל	38,28†.	אוּלַי	II 1,5.

אוּלָם 1,11; 2,5; 5,8; 11,5; 12,7; 13,3.4; 14,18; 17,10; 33,1.

אָוֶן 4,8; 5,6; 11,11.14; 15,35; 21,19; 22,15; 31,3; 34,8.22.36; 36,10.21.

אוֹן 18,7.12; 20,10; 40,16.

אוֹפִיר 22,24; 28,16.

אוֹצָר 38,22².

אוּר q. 33,30; h. 41,24.

אוֹר 3,9.16.20; 12,22.25; 17,12; 18,5.6.18; 22,11 (cj).28; 24,13.14.16; 25,3; 26,10; 28,11; 29,3.24; 30,26; 31,26; 33,28.30; 36,30.32; 37,3.11.15.21; 38,15.19.24; 41,10.

אוֹת 21,29.

אָז 3,13; 9,31; 13,20; 22,26; 28,27; 33,16.

אֵזוֹר 12,18.

אזל q. 14,11.

אֹזֶן I h. 9,16; 32,11; 33,1; 34,16; 37,14.

אֹזֶן 4,12; 12,11; 13,1.17; 15,21; 28,22; 29,11; 33,8.16; 34,3; 36,10.15; 42,5.

אזר q. 30,18; 38,3; 40,7.

אֶזְרוֹעַ 31,22.

אָח II 1,13.18; 6,15; 19,13; 22,6; 30,29; 41,9; 42,11.15.

אֶחָד 2,10; 9,3.22; 14,4; (23,13); 31,15; 33,14. 23; 40,5; 41,8²; 42,11.

אָחוּ 8,11.

אַחֲוָה II 13,17†.

אָחוֹר 23,8.

אחז I q. 16,12; 17,9; 18,9.20; 21,6; 23,11; 30,16; 38,13; p. 26,9.

אָחַר 8,19; 31,8.10²; 34,24.

אַחַר 18,2; 19,26; 21,3; 31,7; 39,8; 42,7.

אַחֲרוֹן 18,20; 19,25.

אַחֲרֵי 3,1; 21,21.33; 34,27; 37,4; 39,10; 41,24; 42,16.

אַחֲרִית 8,7; 42,12.

אַט 15,11.

אִי 2,2; 28,12.20; 38,19².24.

אִי III (22,30).

אֹ(וֹ)יֵב 13,24; 27,7; 33,10.

אֵיד 18,12; 21,17.30; 30,12; 31,3.23.

אַיָּה 28,7.

אַיֵּה 14,10; 15,23; 17,15; 20,7; 21,28²; 35,10.

אִיּוֹב 1,1.5³.8.9.14.20.22; 2,3.7.10.11; 3,1.2; 6,1; 9,1; 12,1; 16,1; 19,1; 21,1; 23,1; 26,1; 27,1; 29,1; 31,40; 32,1.3.4. 12; 33,1.31; 34,5.7.35. 36; 35,16; 37,14; 38,1; 40,1.3.6; 42,1.7².8³.9. 10².15.16.17.

אֵיךְ 21,34.

אַיִל 42,8.

אַיָּלָה 39,1.

אֵימָה 9,34; 13,21; 20,25; 33,7; 39,20.

אַיִן I 1,8; 2,3.13; 3,9.21;
5,4.9; 6,13; 7,8.21;
8,22; 9,10²; 10,7; 11,3.
19; 12,3; 18,19; 19,7;
20,21; 21,33; 22,5;
23,8; 24,7.24; 26,6;
27,19; 28,14; 31,19;
32,5.12; 33,33; 34,22;
35,15; 41,25.

אַיִן II 1,7; 28,12.20.

אֵיפֹה 4,7; 38,4.

אִישׁ 1,1².3.4.8; 2,3.4.11.12;
4,13; 9,32; 11,2.12;
12,10.14; 14,12; 15,16;
22,8.30(cj); 31,35;
32,1.5.13.21; 33,15.16.
27; 34,8.10.11.21.23.
34.36; 35,8; 36,24;
37,7.20.24; 38,26;
41,9; 42,11.

אֵיתָן 12,19; 33,13.

אַךְ 2,6; 13,15.20; 14,22;
16,7; 18,21; 19,13;
23,6; 30,24; 33,8;
35,13.

אַכְזָר 30,21; 41,2.

אכל q.1,4.13.16.18; 5,5;
6,6; 9,26; 12,11; 13,28;
15,34; 18,13²; 20,21.
26; 21,25; 22,20; 31,8.
12.17².39; 34,3; 36,31;
38,41; 39,29; 40,15;
42,11.

אֹכֶל 9,26; 12,11; 20,21;
36,31; 39,29; 38,41.

אָכֵן 32,8.

אָכֵף 33,7†.

אֵל V 5,8; 8,3.5.13.20; 9,2;
12,6; 13,3.7.8; 15,4.11.
13.25; 16,11; 18,21;
19,22; 20,15.29; 21,14.
22; 22,2.13.17; 23,16;
25,4; 27,2.9.11.13;
31,14.23.28; 32,13;
33,4.6.14.29; 34,5.10.
12.23.31.37; 35,2.13;
36,5.22.26; 37,5.10.14;
38,41; 40,9.19; 41,17.

אָלָה 31,30.

אַלֶּה 10,13; 12,3.9; 18,21;
26,14; 32,1; 33,29.

אֱלוֹהַּ 3,4.23; 4,9.17; 5,17;
6,4.8.9; 9,13; 10,2;
11,5.6.7; 12,4.6; 15,8;
16,20.21; 19,6.21.26;
21,9.19; 22,12.26;
24,12; 27,3.8.10; 29,2.
4; 31,2.6; 33,12.26;
35,10; 36,2; 37,15.22;
39,17; 40,2.

אֱלֹהִים 1,1.5.6.8.16.22; 2,1.3.
9.10; (5,8); 20,29;
28,23; 32,2; 34,9; 38,7.

אלח n. 15,16.

אֱלִיל 13,4.

אַלְלַי 10,15.

אַלְמָנָה 22,9; 24,3.21; 27,15;
29,13; 31,16.

אלף p. 15,5; 33,33; 35,11.

אֶלֶף II 1,3; 9,3; 33,23;
42,12.

אִם 1,21; 17,14; 31,18.

אָמָה 19,15; 31,13.

אָמָּה 12,23b (cj).

אַמִּיץ 9,4.19.

אֶרֶג	7,6.
אֶרֶז	40,17.
ארח	q. 31,32 (cj); 34,8.
אֹרַח	6,18.19; 8,13; 13,27; 16,22; 19,8; 22,15; 30,12; 31,32; 33,11; 34,11.
אָרְחָה	6,18.19 (cj).
אַרְיֵה	I 4,10.
ארך	h. 6,11.
אָרֵךְ	11,9.
אֹרֶךְ	12,12.
אֶרֶץ	1,1.7.8.10.20; 2,2.3.13; 3,14; 5,10.22.25; 7,1.8. 9; 9,6.24; 10,21.22; 11,9; 12,8.15.24; 14,8. 19; 15,19.29; 16,13. 18; 18,4.10.17; 20,4. 27; 22,8; 24,4.18; 26,7; 28,5.13.24; 30,8; 34,13; 35,11; 37,3.6. 12.13.17; 38,4.13.18. 24.26; 39,14.24; 42,15.
ארר	q. 3,8.
אֵשׁ	1,16; 15,34; 18,5; 20,26; 22,20; 28,5; 31,12; 41,11.
אִשָּׁה	2,9; 14,1; 15,14; 19,17; 25,4; 31,9.10.
אַשְׁפָּה	39,23.
אשר	II p. 29,11.

אֲשֶׁר	1,10.11.12; 2,4; 3,23; 4,19; 5,5; 6,4; 8,14; 9,5.15.17; 10,19; 12,6. 10; 15,18.28; 19,27; 22,(15).16; 27,11; 29,4.25; 30,1; 34,19; 36,24.28; 37,12; 38,23; 39,6; 40,15; 42,9.10. 11.
אָשֵׁר	22,15 (cj); 23,11; 31,7.
אַשְׁרֵי	5,17.
אֵת	I 1,7.9.15.17.20²; 2,2. 4.6. 7.10².11.12; 3,1²; 7,21; 13,9.10.11.(25); 14,3; 26,4; 27,5.11; 28,23; 32,1.3.4; 35,4; 36,7; 38,1; 40,1.3.6; 41,26; 42,1.7.9.10². 11.12.16².
אֵת	II 2,7.10.13; 14,5; 19,4.
אתה	q. 3,25; 16,22; 30,14; 37,22.
אַתָּה	1,10; 5,27; 8,5.6; 11,13.16; 15,4; 17,14; 33,33; 34,32.33.
אָתוֹן	1,3; 42,12.
בָּאשָׁה	31,40†.
בגד	q. 6,15.
בֶּגֶד	II 13,28; 22,6; 37,17.
בַּד	I 1,15.16.17.19; 9,8; 15,19; 31,17.
בַּד	II 17,16; 18,13².
בַּד	IV 11,3; 41,4.
בָּהִיר	37,21†.
בהל	n. 4,5; 21,6; 23,15; p. 22,10; h. 23,16.
בְּהֵמָה	12,7; 18,3; 35,11.

בְּהֵמוֹת 40,15†.

בוא q. 1,6².7.14.16.17.18.
19; 2,1².2.11³; 3,6.7.
24.25.26; 4,5; 5,21.26;
6,8.20; 9,32; 12,6;
13,16; 14,3.14; 15,21;
17,10; 19,12; 20,22;
21,17; 22,4; 23,3; 27,9;
28,20; 29,13; 30,26²;
34,28; 37,8.9; 38,11.
16.22; 41,5.8; 42,11.

בּוּז I 12,5.21; 31,34.

בּוּל III 40,20.

בוש I q. 6,20; 19,3.

בחן q. 7,18; 12,11; 23,10;
34,3.

בחר II q. 7,15; 15,5; 23,13
(cj); 29,25; 34,4.33;
36,21.

בטח II q. 6,20; 11,18;
39,11; 40,23.

בֶּטַח 11,18; 24,23.

בִּטְחָה 12,6†.

בֶּטֶן 1,21; 3,10.11; 10,19;
15,2.35; 19,17;
20,15.20.23; 31,15.18;
32,18.19; 38,29; 40,16.

בין q. 9,11; 13,1; 14,21;
15,9; 18,2; 23,5.8;
32,9; 36,29; 38,18.20;
42,3; hit. 11,11;
23,15; 26,14; 30,20;
31,1; 32,12; 37,14;
h. 6,24.30; 28,23; 32,8;
34,16.

בֵּין q. 9,33; 24,11; 34,4.37;
41,8.

בִּינָה 20,3; 28,12.20.28;
34,16; 38,4.36;
39,17.26.

בַּיִת 1,4.10.13.18.19; 3,15;
4,19; 7,10; 8,14.15.17;
15,28; 17,13; 19,15;
20,19.28; 21,9.21.28;
22,18; 24,16; 27,18;
30,23; 38,20; 39,6;
42,11.

בכה q. 2,12; 27,15;
30,25.31; 31,38.

בְּכִי 16,16; 28,11.

בְּכ(וֹ)ר 1,13.18; 18,13.

בלג h. 9,27; 10,20.

בלה q. 13,28; p. 21,13 (?).

בַּלָּהָה 18,11.14; 24,17; 27,20;
30,15.

בְּלִי 4,11.20; 6,6; 8,11;
18,15; 24,7.8.10; 26,7;
30,8; 31,19.39; 33,9;
34,6; 35,16; 36,12;
38,2 41; 39,16; 41,18;
42,3.

בְּלִיל 6,5; 24,6.

בְּלִיַּעַל 34,18.

בלע I q. 7,19; 20,15.18;
p. 2,3; 8,18; 10,8.

בלע II pu. 37,20.

בִּלְעֲדֵי 34,32.

בִּלְתִּי 14,12; 42,8.

בָּמָה 9,8.

בֵּן	1,2.3.4.5.6.13.18; 2,1; 4,11; 5,4.7; 8,4; 14,21; 16,21; 17,5; 19,17; 20,10; 21,19; 25,6; 27,14; 28,8; 30,8; 32,2. 6; 35,8; 38,7.32; 39,4. 16; 41,20.26; 42,13. 16².
בנה	q. 3,14; 20,19; 27,18; n. 12,14; (22,23;).
בֹּסֶר	15,33.
בַּעַד	1,10; 3,23; 6,22; 9,7; 22,13; 42,8.10.
בְּעוּת	6,4.
בַּעַל	31,39.
בער	I q. 1,16.
בעת	p. 3,5; 7,14; 9,34; 13,11.21; 15,24; 18,11; 33,7.
בִּצָּה	8,11; 40,21.
בצע	q. 27,8 (p. cj); n. 6,9.
בֶּצַע	22,3.
בצר	III n. 42,2.
בֶּצֶר	22,24.25; (36,19?).
בקע	n. 26,8; 32,19; p. 28,10.
בָּקָר	1,3.14; 40,15; 42,12.
בֹּקֶר	1,5; 4,20; 7,18; 11,17; 24,17; 38,7.12.
בקשׁ	p. 23,9 (cj).
בַּר	II 11,4.
בַּר	IV 39,4.
בֹּר	I 22,30.
בֹּר	II 9,30.
בָּרָד	38,22.
בָּרוּר	33,3.
בַּרְזֶל	19,24; 20,24; 28,2; 40,18; 41,19.

ברח	I q. 9,25; 14,2; 20,24; 27,22²; 41,20.
בָּרִיחַ	26,13.
בְּרִיחַ	38,10.
בְּרִית	5,23; 31,1; 40,28.
ברך	p. 1,5.10.11; 2,5.9; 31,20; 42,12.
בֶּרֶךְ	3,12; 4,4.
בְּרָכָה	29,13.
בָּרָק	20,25; 38,35.
בָּשָׂר	2,5; 4,15; 6,12; 7,5; 10,4.11; 12,10; 13,14; 14,22; 19,20.22.26; 21,6; 31,31; 33,21.25; 34,15; 41,15.
בֹּשֶׁת	8,22.
בַּת	1,2.13.18; 42,13.15.
בְּתוּלָה	31,1.
גאה	q. 8,11; 10,16.
גֵּאֶה	40,11.12.
גַּאֲוָה	41,7.
גָּאוֹן	35,12; 37,4; 38,11; 40,10.
גאל	I q. 3,5; 19,25.
גַּב	I 15,26.
גַּב	II 13,12†.
גבה	h. 5,7; 35,5; 36,7; 39,27.
גָּבֹהַּ	41,26.
גֹּבַהּ	11,8; 22,12; 40,10.
גְּבוּל	38,20.
גְּבוּלָה	24,2.
גְּבוּרָה	12,13; 26,14; 39,19; 41,4.
גִּבְנָה	10,10†.
גָּבִישׁ	28,18†.
גִּבְעָה	15,7.

גבר	q. 21,7; *hit.* 15,25; 36,9.
גֶּבֶר	3,3.23; 4,17; 10,5; 14,10.14; 16,21; 22,2; 33,17.29; 34,7.9.34; 38,3; 40,7.
גְּדוּד	19,12; 25,3; 29,25.
גָּדוֹל	5,9; 9,10; 37,5.
גָּדִישׁ	I 5,26.
גָּדִישׁ	II 21,32.
גדל	q. 2,13; 31,18; *p.* 7,17; *h.* 19,5.
גדר	q. 19,8.
גֵּו	II 30,5.
גֵּוָה	I 20,25.
גֵּוָה	II 22,29; 33,17.
גּוֹי	12,23.
גוע	q. 3,11; 10,18; 13,19; 14,10; 27,5; 29,18; 34,15; 36,12.
גור	I q. 28,4.
גור	III q. 19,15; 41,17.
גּוּשׁ	7,5†.
גֵּז	31,20.
גזז	q. 1,20.
גזל	I q. 20,19; 24,2.9.19.
גֵּזַע	14,8.
גזר	I q. 22,28.
גַּחַל	41,13.
גִּיד	10,11; 40,17.
גִּיחַ	q. 32,2; 38,8; 40,23.
גִּיל	II 3,22.
גַּל	I 3,22 (cj); 8,17; 15,28.
גַּל	II 38,11; cj 41,17.
גָּלָל	20,7.
גֶּלֶד	16,15†.

גלה	q. 33,16; 36,10.15; *p.* 12,22; 20,27.28; 41,5; *n.* 38,17.
גלל	q. 20,28 (cj); *hitpalp.* 30,14.
גַּלְמוּד	3,7; 15,34; 30,3.
גַּם	2,1.10; 7,11; 12,3; 13,2.16; 16,4.19; 18,5; 19,18; 21,7; 23,2; 24,19; 28,27; 30,2.8; 31,28; 33,6; 40,14; 41,1.
גמא	*p.* 39,24.
גֹּמֶא	8,11.
גָּמָל	1,3.17; 42,12.
גנב	q. 21,18; 27,20; *pu.* 4,12.
גַּנָּב	24,14; 30,5.
גַּנָּה	8,16.
געה	q. 6,5.
געל	*h.* 21,10.
גְּעָרָה	26,11.
געשׁ	*pu.* 34,20.
גֶּפֶן	15,33.
גָּפְרִית	18,15.
גֵּר	31,32.
גרד	*hit.* 2,8†.
גֶּרֶם	40,18.
גֹּרֶן	39,12.
גרע	I q. 15,4.8; 36,7.
גרע	II q. 36,27.
גרשׁ	I *pu.* 30,5.
גֶּשֶׁם	I 37,6.
דְּאָבָה	41,14†.
דבק	q. 19,20; 29,10; 31,7; 41,15.

דבר	II q. 2,13. p. 1,16.17.
	18; 2,10²; 7,11; 9,35;
	10,1; 11,5; 13,3.7².13.
	22; 16,4.6; 18,2; 21,3²;
	27,4; 32,7.16.20; 33,2.
	14.31.32; 34,33.35;
	37,20; 40,5.27; 42,4.
	7².8.9.
דָּבָר	2,13; 4,2.12; 6,3; 9,14;
	11,2; 15,3.11; 16,3;
	19,28; 26,14; 29,22;
	31,40; 32,4.11; 33,1.
	13; 34,35; 41,4; 42,7.
דְּבַשׁ	20,17.
דָּג	12,8; 40,31.
דּוֹד	41,12.
דְּנִי	6,7.
דּוּיִן	q. 41,14†.
דּוֹר	I 8,8; 42,16.
דּוּשׁ	q. 39,15.
דִּי	39,25.
דִּין	19,29; 35,14; 36,17.
דכה/א	p. 4,19; 6,9; 19,2; pu.
	22,9; hit. 5,4; 34,25.
דַּל	II 5,16; 20,10.19;
	31,16; 34,19.28.
דלל	II q. 28,4.
דלף	I q. 16,20.
דֶּלֶת	3,10; 31,32; 38,8.10;
	41,6.
דָּם	16,18; 39,30.
דמם	I q. 29,21; 30,27;
	31,34; 35,14 (cj).
דְּמָמָה	4,16.
דעך	q. 18,5.6; 21,17;
	n. 6,17.

דַּעַת	I 10,7; 13,2; 15,2;
	21,14. 22; 33,3; 34,35;
	35,16; 36,12; 38,2;
	42,3.
דָּרוֹם	37,17.
דרך	q. 9,8; 22,15; 24,11.
דֶּרֶךְ	3,23; 4,6; 6,18; 8,19;
	12,24; 13,15; 17,9;
	19,12; 21,14.29.31;
	22,28; 23,10.11; 24,4.
	13.18.23; 26,14; 28,23.
	26; 29,25; 31,4.7;
	34,21.27; 36,23;
	38,19.24.25; 40,19.
דרשׁ	q. 3,4; 5,8; 10,6.
דֶּשֶׁא	6,5; 38,27.
דֶּשֶׁן	36,16.
הַב	6,22.
הבל	q. 27,12.
הֶבֶל	7,16; 9,29; 21,34;
	27,12; 35,16.
הגה	I q. 27,4.
הֶגֶה	37,2.
הדך	q. 40,12†.
הדף	q. 18,18.
הָדָר	40,10.
הוֹד	37,22; 39,20; 40,10.
הוה	I q. 37,6.
הַוָּה	II 6,2.30; 30,13.

זָקֵן	12,20; 32,4.9; 42,17.	חוה	I p. 13,17 (cj); 15,17; 32,6.10.17; 36,2.
זקק	q. 28,1; 36,27.	חוה	II eštaf. 1,20.
זָר	15,19.	חוֹח	I 31,40; 40,26.
זרב	q. 6,17†.	חוֹל	I 6,3; 29,18 (?).
זרה	pu. 18,15.	חוֹל	II 29,18 (?).
זְרוֹעַ	22,8.9; 26,2; (31,22); 35,9; 38,15; 40,9.	חוּץ	5,10; 18,17; 31,32.
זרה	q. 9,7.	חוּק	14,13.15; 23,(12).14; (26,10); 28,26; 38,10.
זֶרֶם	24,8.		
זרע	q. 4,8; 31,8.	חוש	I h. 31,5.
זֶרַע	5,25; 21,8; 39,12.	חוש	II q. 20,2 (?).
זרק	I q. 2,12.	חוֹתָם	38,14; 41,7.
		חזה	q. 8,17; 15,17; 19,26.27; 23,9; 24,1; 27,12; 34,32; 36,25.
חֹב	31,33†.		
חבא	n. 5,21; 29,8.10; pu. 24,4; hit. 38,30.		
חבל	II q. 22,6; 24,3.(9).	חִזָּיוֹן	4,13; 7,14; 20,8; 33,15.
חבל	III pu. 17,1.	חֲזִיז	28,26; 38,25.
חֶבֶל	I 39,3 (?).	חזק	h. 2,3.9; 8,15.20; 18,9; 27,6; p. 4,3; 16,5 (cj).
חֶבֶל	II 18,10; 36,8; 40,25.		
חֶבֶל	III 21,17.	חָזָק	5,15; 37,18.
חֶבֶל	I 39,3 (?).	חטא	q. 1,5.22; 2,10; 5,24; 7,20; 8,4; 10,14; 24,19; 31,30; 33,27; 35,6; 41,17.
חבק	p. 24,8.		
חבר	I h. 16,4.		
חַבָּר	40,30†.		
חֶבְרָה	34,8†.	חַטָּאת	10,6; 13,23²; 14,16; 34,37; 35,3.
חבש	q. 5,18; 34,17; 40,13; p. 28,11.	חטה	31,40.
חדה	II n. 3,6 (cj).	חַי	I A. Sg. 27,2. B. Pl. 3,20; 4,3.8; 7,7; 9,21; 10,1.12; 24,22; 33,30.
חָדוּד	41,22.		
חדל	I q. 3,17; 7,16; 10,20; 14,6.7; 16,6; 19,14.		
חֶדֶר	9,9; 37,9.	חַי	II (adj.) 12,10; 19,25; 28,13.21; 30,23.
חדש	p. 10,17.	חיה	q. 7,16; 14,14; 19,25; 21,7; 42,16.
חָדָשׁ	29,20; 32,19.		
חֹדֶשׁ	14,5; 21,21.	חַיָּה	I 5,22.23; 37,8; 39,15.
חוג	q. (26,10)†.	חַיָּה	II 33,18.20.22.28; 36,14; 38,39.
חוּג	22,14; 26,10 (cj).		

חִיל	I *pol.I.* 15,7; *pol.II.* 26,5; *hitpol.* 15,20; (20,21; 39,1).	חלץ	II *p.* 36,15.
		חֲלָצַיִם	31,20; 38,3; 40,7.
חִיל	II *q.* 20,21.	חלק	II *q.* 27,17; 39,17; *p.* 21,17.
חַיִל	5,5; 15,29; 20,15.18; 21,7; 31,25.	חֵלֶק	II 17,5; 20,29; 24,18; 27,13; 31,2; 32,17.
חִילָה	6,10†.	חלש	I *q.* 14,10.
חִין	41,4†.	חֹם	6,17 (cj); 24,19.
חֵיק	19,27; 23,12 (cj).	חֶמְאָה	20,17; 29,6 (cj).
חֵךְ	6,30; 12,11; 20,13; 29,10; 31,30; 33,2; 34,3.	חֲמֻדוֹת	20,20.
		חֵמָה	6,4; 19,29; 21,20; 36,18.
חכה	*p.* 3,21; 32,4.	חַמָּה	30,28.
חַכָּה	40,25.	חֲמוֹר	I 24,3.
חכם	*q.* 32,9; *p.* 35,11.	חמל	*q.* 6,10; 16,13; 20,13; 27,22.
חָכָם	5,13; 9,4; 15,2.18; 17,10; 34,2.34; 37,24.	חמם	*q.* 6,17; *p.* 39,14; *hit.* 31,20.
חָכְמָה	4,21; 11,6; 12,2.12.13; 13,5; 15,8; 26,3; 28,12. 18.20.28; 32,7.13; 33,33; 38,36.37; 39,17.	חמס	15,33; (21,27).
		חָמָס	16,17; 19,7.
חכר	*q.* 19,3 (cj)†.	חמר	III *poalal* 16,16.
חָלָב	10,10; (21,24).	חֹמֶר	II 4,19; 10,9; 13,12; 27,16; 30,19; 33,6; 38,14.
חֵלֶב	15,27; 21,24 (cj).		
חֶלֶד	10,20 (cj); 11,17.	חָמֵשׁ	1,3².
חלה	*p.* 11,19.	חנה	I *q.* 19,12.
חֲלוֹם	7,14; 20,8; 33,15.	חֲנִית	39,23; 41,18.
חָלִילָה	27,5; 34,10.	חִנָּם	1,9; 2,3; 9,17; 22,6.
חֲלִיפָה	10,17.	חנן	I *q.* 19,21; 33,24; *hit.* 8,5; 9,15; 19,16.
חלל	II *po.* 26,13.		
חָלָל	24,12; 39,30.	חנן	II *q.* 19,17†.
חלם	I *q.* 39,4.	חַנֵף	8,13; 13,16; 15,34; 17,8; 20,5; 27,8; 34,30; 36,13.
חַלָּמוּת	6,6†.		
חַלָּמִישׁ	28,9.		
חלף	I *q.* 4,15; 9,11.26; 11,10; *n.* 14,7; 29,20; *h.* 10,17 (cj); 14,14.	חֶסֶד	II 6,14; 10,12.
		חֲסִידָה	39,13.
		חֶסֶר	30,3.
חלף	II *q.* 20,24.	חַף	I 33,9†.

חָפַז	q. 40,23.		חֶרְפָּה	16,10.
חָפַן	II q. 40,17†.		חָרַץ	q. 14,5.
חֵפֶץ	I 21,21; 22,3; 31,16.		חָרַק	q. 16,9.
חָפַר	I p. 3,21; (11,18 ?); 39,21.29.		חֶרֶשׂ	2,8; 41,22.
חָפַר	II q. 6,20.		חָרַשׁ	I q. 1,14; 4,8.
חָפַר	III pu. 11,18 (cj).		חָרַשׁ	II h. 6,24; 11,3; 13,5².13.19; 33,31.33; 41,4.
חָפֵשׂ	hit. 30,18.			
חָפְשִׁי	3,19; 39,5.		חָשַׁךְ	n. 16,6; 21,30.
חֵץ	6,4; 34,6.		חָשַׁב	q. 6,26; 13,24; 19,11.15; 33,10; 35,2; 41,19.24; n. 18,3; 41,21.
חָצַב	n. 19,24.			
חָצָה	q. 40,30.			
חָצוֹת	34,20.			
חָצִיר	I 8,12; 40,15.		חָשַׁךְ	q. 3,9; 18,6; 22,11 (cj); 38,2.
חָצַץ	pu. 21,21.			
חֹק	14,5.13; 23,12.14; 26,10; 28,26; 38,10.		חֹשֶׁךְ	3,4.5; 5,14; 10,21; 12,22.25; 15,22.30; 17,12.13; 18,18; 19,8; 20,26; (22,11); 23,17; 24,16; 26,10; 28,3; 29,3; 34,22; 37,19; 38,19.
חָקָה	hit. 13,27.			
חָקַק	q. 19,23; 26,10 (cj).			
חָקַר	q. 5,27; 13,9; 28,3.27; 29,16; 32,11.			
חֵקֶר	5,9; 8,8; 9,10; 11,7; 34,24; 36,26; 38,16.		חַת	I 41,25.
			חֲתֻלָּה	38,9†.
חֹר	II 30,6.		חָתַם	p. 24,16†.
חָרַב	I q. 14,11.		חָתַף	q. 9,12†.
חֶרֶב	1,15.17; 5,15.20; 15,22; 19,29²; 27,14; 39,22; 40,19; 41,18.		חָתַר	q. 24,16.
			חָתַת	q. 32,15; p. 7,14; n. (21,13); 39,22; h. 31,34.
חָרְבָּה	3,14 (?).			
חָרַד	q. 37,1; h. 11,19.		חֲתַת	I 6,21†.
חָרָה	I q. 32,2².3.5; 42,7; h. 19,11.			
חָרוּל	30,7.		טָבַל	q. 9,31.
חָרוֹן	20,23.		טָבַע	q. 30,24 (cj); hof. 38,6.
חָרוּץ	III 41,22.			
חֶרֶס	II 9,7.		טָהוֹר	14,4; 17,9; 28,19.
חָרַף	II q. 27,6.		טָהַר	q. 4,17; p. 37,21.
חֹרֶף	29,4.			

טוֹב　　I 2,10; 7,7; 10,3; 13,9;
21,13; 22,18; 30,26;
34,4; 36,11.

טוֹבָה　9,25; 21,25; 22,21.

טוּל　　h. 41,1.

טוּשׁ　　q. 9,26†.

טְחוֹת　38,36.

טחן　　n. 31,10.

טִיט　　41,22.

טַל　　29,19; 38,28.

טמא/ה　n. 18,3.

טָמֵא　14,4.

טמן　　q. 3,16; 18,10; 20,26;
31,33; 40,13.

טעם　　q. 12,11; 34,3.

טַעַם　6,6; 12,20.

טפל　　q. 13,4; 14,17.

טרח　　h. 37,11†.

טֶרֶם　10,21.

טרף　　I q. 16,9; 18,4.

טֶרֶף　I/III 4,11; 24,5; 29,17;
38,39.

יאל　　II h. 6,9.28.

יאשׁ　　n. 6,26.

יְבוּל　I 20,28.

יְבוּל　II 24,24 (cj).

יבל　　hof. 10,19; 21,30.32.

יָבָל　20,28 (cj).

יבשׁ　　q. 8,12; 12,15; 14,11;
18,16; p. 15,30.

יָבֵשׁ　13,25.

יגה　　I h. 19,2.

יָגִיעַ　3,17†.

יְגִיעַ　10,3; 39,11.16.

יגע　　q. 9,29.

יָגֵעַ　20,18†.

יגר　　q. 3,25; 9,28.

יָד　　1,10.11.12².14; 2,5.6;
4,3; 5,12.15.18.20; 6,9.
23²; 8,4.20; 9,24.33;
10,7.8; 11,14; 12,6.9.
10; 14,15; 15,(23).25;
16,11; 17,3.9; 19,21;
20,10.22; 21,5.16;
23,2; 26,13; 27,11.22;
28,9; 29,20; 30,2.21.
24; 31,21.25.27; 34,19.
20; 35,7; 37,7; 40,4.

ידה　　II h. 40,14.

ידע　　q. 5,24.25.27; 8,9; 9,2.
5.21.28; 10,13; 11,6.8.
11; 12,9; 13,2.18;
14,21; 15,9. 23; 18,21;
19,6.13.25.29; 20,4.20;
21,19.27; 22,13; 23,3.
5.10; 24,1.16; 28,7.13.
23; 29,16; 30,23; 31,6;
32,22; 34,2.4.33;
35,15; 36,26; 37,5.7.
15.16; 38,4.5.18.21.
33; 39,1.2; 42,2.3.11;
h. 10,2; 13,23; 26,3;
32,7; 37,19; 38,3; 40,7;
42,4.

יוֹם　　1,4.5².6.13; 2,1.13;
3,1.3. 4.5.6.8; 7,1².6.
16; 8,9; 9,25; 10,5³.20;
12,12; 14,1.5.6.14;
15,10.20.23.32; 17,1.
11.12; 18,20; 20,28;
21,13.30²; 23,2; 24,1;
27,6; 29,2.4.18; 30,1.
16.25.27; 32,4.6.7;
33,25; 36,11; 38,12.
21.23; 42,17.

יוֹמָם　5,14; 24,16.

יוֹנֶקֶת	8,16; 14,7; 15,30.	יָעֵל	I 39,1.
יחד	q. 3,6 (?).	יַעֲנָה	30,29.
יַחַד	3,18; 6,2; 10,8; 16,10; 17,16; 19,12; 21,26; 24,4; 31,38; 34,15.29; 38,7;40,13.	יעץ	q. 3,14; 12,17; 26,3.
		יָפֶה	42,15.
		יפע	h. 3,4; 10,3.22; 37,15.
יחל	p. 6,11; 13,15; 14,14; 29,21.23; 30,26; h. 32,11.16; 35,14.	יצא	q. 1,12.21; 2,7; 3,11; 5,6; 8,16; 14,2; 20,25; 23,10; 24,5; 26,4; 28,5; 29,7; 31,34.40; 37,2; 38,8.29; 39,4.21; 41,12.13; h. 8,10; 10,18; 12,22; 15,13; 28,11; 38,32.
יטב	h. 24,21.		
יַיִן	1,13.18; 32,19.		
יכח	n. 23,7; h. 5,17; 6,25²; 26; 9,33; 13,3.10.15; 15,3; 16,21; 19,5; 22,4; 32,12; 33,19; 40,2.	יצב	hit. 1,6; 2,1²; 33,5; 38,14; 41,2.
		יצג	h. 17,6.
		יָצוּעַ	17,13.
יכל	q. 4,2; 31,23; 33,5; 42,2.	יצק	q. 38,38; 41,15.16²; hof. 11,15; 22,16; 37,18; (28,2; 29,6: צוּק).
ילד	q. 14,1; 15,14.35; 24,21; 25,4; 38,29; 39,1.2.		
		יְצָרִים	17,7†.
יָם	6,3; 7,12; 9,8; 11,9; 12,8; 14,11; 26,12; 28,14; 36,30; 38,8.16; 41,23.	יָקֶב	24,11.
		יְקוּם	22,20 (cj).
		יָקָר	28,16; 31,26.
יְמִימָה	42,14†.	יְקָר	28,10.
יָמִין	23,9; 30,12; 40,14.	ירא	q. 1,9; 5,21.22; 6,21; 9,35; 11,15; 32,6; 37,24; n. 37,22.
ינק	q. 3,12; 20,16.		
יסד	q. 38,4.	יִרְאָה	4,6; 6,14; 15,4; 22,4; 28,28.
יְסוֹד	4,19; 22,16.		
יְסוֹר	40,2.	ירד	q. 7,9; 17,16; 33,24.
יסף	h. 17,9; 20,9; 27,1.19 (cj); 29,1; 34,32.37; 36,1; 38,11; 40,5.32; 42,10.	יַרְדֵּן	40,23.
		ירה	I h. 30,19; 38,6.
		ירה	III h. 6,24; 8,10; 12,7.8; 27,11; 34,23.
יסר	p. 4,3.		
יעד	n. 2,11; h. 9,19.	יָרוֹק	39,8.
יעל	h. 15,3; 21,15; 30,13; 35,3.	יֶרַח	3,6; 7,3; 29,2; 39,2.

יָרֵחַ 25,5; 31,26.
ירט q. 16,11†.
ירשׁ h. 20,15; 13,26.
יֵשׁ 5,1; 6,6.30; 9,33; 11,18; 14,7; 16,4; 25,3; 28,1; 33,23.32; 38,28.
ישׁב q. 2,8.13; 15,28; 22,8; 24,13; 29,25; 38,40; h. 36,7.
יְשׁוּעָה 13,16; 30,15.
יָשִׁישׁ 12,12; 15,10; 29,8; 32,6.
ישׁן q. 3,13.
ישׁע h. 5,15; 22,29; 26,2; 40,14.
יֶשַׁע 5,4.11.
יָשָׁר 1,1.8; 2,3; 4,7; 8,6; 17,8; 23,7; 33,27.
יֹשֶׁר 6,25; 33,3.23.
יָתוֹם 6,27; 22,9; 24,3.9; 29,12; 31,17.21.
יָתוּר 39,8.
יֶתֶר I 22,20.
יֶתֶר II 4,21.

כָּאַב q. 14,22; h. 5,18.
כְּאֵב 2,13; 16,6.
כבד q. 6,3; 14,21; 23,2; 33,7.
כָּבוֹד 19,9; 29,20.
כַּבִּיר 8,2; 15,10; 31,25; 34,17.24; 36,5².
כבר h. 35,16; 36,31.
כהה q. 17,7.
כּוֹכָב 3,9; 9,7; 22,12; 25,5; 38,7.

כון n. 15,23; 18,12; 21,8; 42,7.8; h. 11,13; 15,35; 27,16.17; 28,27; 29,7; 38,41. po. 8,8.
כּוּשׁ 28,19.
כזב p. 6,28; 34,6; n. 41,1; h. 24,25.
כֹּחַ I 3,17; 6,11.12².22; 9,4.19; 23,6; 24,22; 26,2.12; 30,2.18; 31,39; 36,5.19.22; 37,23; 39,11.21; 40,16.
כחד n. 4,7; 15,28; 22,20; p. 6,10; 15,18; 27,11; h. 20,12.
כחשׁ q. 8,18; 31,28.
כַּחַשׁ 16,8.
כִּיד 21,20†.
כִּידוֹד 41,11†.
כִּידוֹן 39,23; 41,21.
כִּידוֹר 15,24†.
כִּימָה 9,9; 38,31.
כֶּלֶב 30,1.
כלה q. 4,9; 7,6.9; 11,20; 17,5; 19,27; 33,2; p. 9,22; 21,13 (cj); 31,16; 36,11.
כֶּלַח 5,26; 30,2†.
כִּלְיָה 16,13; 19,27.
כלם h. 11,3; 19,3.
כְּלִמָּה 20,3.
כְּמוֹ 1,8; 2,3; 6,15; 9,32; 10,22²; 12,3; 14,9; 19,22; 28,5; 31,37; 35,8; 38,14; 40,9.17; 41,16.
כַּמְרִיר 3,5(cj)†.

כֵּן   I u. II 3,1; 5,27; 6,3;
7,3.9; 8,13; 9,2.22.35;
17,4; 20,21; 22,10;
23,15; 32,6; 34,27;
42,6.

כנה   I p. 32,21.22.

כִּנּוֹר   21,12; 30,31.

כנע   h. 40,12.

כְּנַעֲנִי   40,30.

כָּנָף   37,3; 38,13; 39,13.26.

כִּסֵּא/ה   26,9; 36,7.

כסה   p. 9,24; 15,27; 16,18;
21,26; 22,11; 23,17;
31,33; 33,17; 36,30.32;
38,34.

כְּסוּת   24,7; 26,6; 31,19.

כְּסִיל   II 9,9; 38,31.

כֶּסֶל   I 8,14; 31,24.

כֶּסֶל   II 15,27.

כִּסְלָה   4,6.

כסף   II q. 14,15.

כֶּסֶף   3,15; 22,25; 27,16.17;
28,1.15; 31,39.

כַּעַס/שׂ   5,2; 6,2; 10,17; 17,7.

כַּף   2,7; 9,30; 10,3; 11,13;
13,14.21; 16,17; 22,30;
27,23; 29,9; 31,7;
36,32; 40,32.

כֵּף   30,6.

כִּפָּה   15,32.

כְּפוֹר   II 38,29.

כְּפִיר   4,10; 38,39.

כֶּפֶל   11,6; 41,5.

כָּפָן   5,22; 30,3†.

כֹּפֶר   IV 33,24; 36,18.

כרה   III q. 6,27; 40,30.

כֶּרֶם   24,6.18.

כרע   q. 4,4; 31,10; 39,3.

כרת   q. 31,1; 40,28; n. 14,7.

כַּשְׂדִּים   1,17.

כשׁל   q. 4,4.

כתב   q. 13,26; n. 19,23.

כֶּתֶם   28,16.19; 31,24.

כְּתֹנֶת   30,18.

כָּתֵף   31,22.

כתר   I p. 36,2.

כתת   h. 4,20.

לאה   I q. 4,2.5; 17,2 (cj);
h. 16,7.

לֵב   1,5.8; 2,3; 7,17; 8,10;
9,4; 10,13; 11,13;
12,3.24; 15,12; 17,4.
11; 22,22; 23,16; 27,6;
29,13; 31,7.9.27; 33,3;
34,10.14.34; 36,5.13;
37,1.24; 41,16.

לבב   n. 11,12.

לְבוּשׁ   24,7.10; 30,18; 31,19;
38,9.14; 41,5.

לָבִיא   4,11; 38,39.

לבשׁ   q. 7,5; 8,22; 27,17;
29,14; 40,10; h. 10,11;
39,19.

לַהַב   39,23; 41,13.

להט   I p. 41,13.

לִוְיָתָן   3,8; 40,25.

לְחוּם   20,23.

לֶחֶם   3,24; 6,7; 15,23; 20,14;
22,7; 24,5; 27,14; 28,5;
30,4; 33,20; 42,11.

לַחַץ   36,15.

לטשׁ   q. 16,9.

לַיְל/לַיְלָה	2,13; 3,3.6.7; 4,13; 5,14; 7,3; 17,12; 20,8; 24,14; 27,20; 30,17; 33,15; 34,20.25; 35,10; 36,20.
לִין	q. 17,2; 19,4; 24,7; 29,19; 31,32; 39,9; 41,14; hit. 39,28.
לִיץ	h. 16,20; 33,23.
לַיִשׁ	4,11.
לכד	q. 5,13; n. 36,8; hit. 38,30; 41,9.
לָכֵן	20,2; 32,10; 34,10.25; 37,24; 42,3.
למד	p. 21,22.
לָמָּה	3,11.20; 7,20; 9,29; 10,18; 13,24; 19,22; 27,12; 30,2.
לָמוֹ	27,14; 29,21; 38,40; 40,4.
לְמַעַן	18,4; 19,29; 40,8.
לעג	q. 9,23; 11,3; 22,19; h. 21,3.
לַעַג	34,7.
לעע	I q. 6,3.
לפת	n. 6,18.
לקח	q. 1,15.17.21; 2,8; 3,6; 4,12; 5,5; 12,20; 15,12; 22,22; 27,13; 28,2; 35,7; 38,20; 40,24.28; 42,8.
לֶקַח	11,4.
לקשׁ	II q. 24,6†.
לָשׁוֹן	5,21; 6,30; 15,5; 20,12.16; 27,4; 29,10; 33,2; 40,25.
מְאֹד	1,3; 2,13; 8,7; 35,15.

מֵאָה	1,3²; 42,16.
מאוּם	11,5; 31,7.
מֹאזְנַיִם	6,2; 31,6.
מַאֲמָץ	36,19†.
מאן	p. 6,7.
מאס	q. 5,17; 7,16; 8,20; 9,21; 10,3; 19,18; 30,1; 31,13; 34,33; 36,5; 42,6; n. 7,5.
מִבְטָח	8,14; 18,14; 31,24.
מָגוֹר	II 18,19.
מָגֵן	I 15,26; 41,7.
מִדְבָּר	I 1,19; 24,5; 38,26.
מדד	p. 7,4.
מִדָּה	I 1,9; 28,25.
מַדּוּעַ	3,12; 18,3; 21,4.7; 24,1; 33,13.
מהר	n. 5,13.
מוג	q. 30,22.
מוט	n. 41,15.
מוּסָר	5,17; 12,18; 20,3; 33,16 (cj); 36,10.
מוֹסֵר	12,18 (cj).
מוֹסֵרָה	I 39,5.
מוֹעֵד	30,23.
מוֹצָא	28,1; 38,27.
מוּצָק	I 38,38.
מוּצָק	II 36,16; 37,10.
מוֹרֶה	III 36,22.
מוֹרָשׁ	II 17,11.
מוש	I q. 23,12.
מוֹשָׁב	29,7.
מות	q. 1,19; 2,9; 3,11; 4,21; 12,2; 14,8.10.14; 21,23.25; 24,12 (cj); 34,20; 36,14; 42,17; h. 5,2; 9,23; 33,22.

מָוֶת	3,21; 5,20; 7,15; 18,13; 27,15; 28,22; 30,23; 38,17.	מִלָּה	4.2.4; 6,26; 8,10; 12,11; 13,17; 15,3.13; 16,4; 18,2; 19,2.23; 21,2; 23,5; 24,25; 26,4; 29,9.22; 30,9; 32,11. 14.15.18; 33,1.8.32; 34,2.3.16; 35,4.16; 36,2.4; 38,2.
מָזִיחַ	12,21†.		
מְזִמָּה	21,27; 42,2.		
מַזָּרוֹת	38,32.		
מְזָרִים	37,9.		
מֹחַ	21,24†.		
מְחִיר	28,15.	מַלּוּחַ	30,4.
מַחֲנָק	7,15†.	מֶלַח	II 6,6.
מַחְסֶה	24,8.	מְלָחָה	39,6.
מחץ	q. 5,18; 26,12.	מִלְחָמָה	5,20; 38,23; 39,25; 40,32.
מַחֲשָׁבָה	5,12; 21,27.		
מָטִיל	40,18†.	מלט	I p. 6,23; 20,20; 22,30a; 29,12; n. 1,15. 16.17.19; 22,30b.
מַטְמוֹן	3,21.		
מטר	h. 20,23; 38,26.		
מַטָּרָא	16,12.	מלט	II hi. 19,20.
מָטָר	5,10; 28,26; 29,23; 36,27; 37,6²; 38,28.	מֵלִיץ	(16,20); 33,23.
		מלך	I q. 34,30.
מַי/מַיִם	3,24; 5,10; 8,11; 9,30; 11,16; 12,15; 14,9.11. 19; 15,16; 22,7.11; 24,18.19; 26,5.8.10; 27,20; 28,25; 29,19; 34,7; 36,27; 37,10; 38,30.34.	מֶלֶךְ	II 3,14; 12,18; 18,14; 34,18; 36,7; 41,26.
		מַלְכֹּדֶת	18,10.
		מלל	I q./n. 14,2; 15,32 (cj); 18,16; 24,24.
		מלל	III p. 8,2; 33,3.
מכך	hof. 24,24.	מַלְקוֹשׁ	29,23.
מלא	q. 20,11.22; 21,24; 32,18; 36,16.17; p. 3,15; 15,2; 20,23; 22,18; 23,4; 38,39; 39,2; 40,31; n. 15,32; hit. 16,10.	מְמַד	38,5†.
		מַמְרֹרִים	9,18†.
		מנה	p. 7,3 (cj).
		מָנוֹל	15,29 (cj)†.
		מָנוֹס	11,20.
		מנע	q. 20,13; 22,7; 31,16; n. 38,15.
מַלְאָךְ	1,14; 4,18; 33,23.	מַס	6,14†.
מַלְבּוּשׁ	27,16.	מַסָּה	II 9,23†.
		מסס	n. 6,14 (cj); 7,16 (?); 8,19 (?).
		מַסָּע	41,18.

מֹשֶׁל	II 25,2. (cj)	נגד	h. 1,15.16.17.19; 11,6;
מִשְׁמָר	7,12.		12,7; 15,18; 17,5;
מִשְׁנֶה	42,10.		21,31; 26,4; 31,37;
מִשְׁפָּחָה	31,34; 32,2.		33,23; 36,9.33; 38,4.
מִשְׁפָּט	8,3; 9,19.32; 13,18;		18; 42,3.
	14,3; 19,7; 22,4; 23,4.7	נֶגֶד	4,16; 10,17; 26,6.
	(cj); 27,2; 29,14;	נגה	q. 18,5; 22,28.
	31,13; 32,9; 34,4.5.	נְגִינָה	30,9.
	6.12.17.23; 35,2;	נגע	q. 1,11.19; 2,5; 4,5;
	36,6.17; 37,23; 40,8.		5,19; 19,21; h. 20,6.
מִשְׁקָל	28,25.	נֶגֶרֶת	20,28.
מֹשֶׁשׁ	p. 5,14; 12,25.	נגשׁ	q. 3,18; 39,7.
מִשְׁתֶּה	1,4.5.	נגשׂ	q. 41,8; h. 40,19.
מת	11,3.11; 19,19; 22,15;	נדד	q. 15,23; pu. 20,8;
	(24,12); 31,31.		h. 18,18.
מָתַי	7,4.	נְדָרִים	7,4.
מְתַלְּעוֹת	29,17.	נדח	n. 6,13.
מָתְנַיִם	12,18; 40,16.	נָדִיב	12,21; 21,28; 34,18.
מתק	q. 21,33; 24,20; h.	נְדִיבָה	30,15.
	20,12.	נדף	q. 32,13; n. 13,25.
		נֵדֶר	22,27.
נָא	I 1,11; 2,5; 4,7; 5,1;	נהג	I q. 24,3.
	6,29; 8,8; 10,9; 12,7;	נהק	q. 6,5; 30,7.
	13,6.18; 17,3.10;	נָהָר	14,11; 20,17; 22,16;
	22,21.22; 32,21; 33,1.		28,11; 40,23.
	2; 38,3; 40,7.10.15.16;	נְהָרָה	3,4†.
	42,4.	נוד	q. 2,11; 42,11.
נאף	q. 24,15.	נָוֶה	5,3.24; 18,15.
נאק	q. 24,12.	נָוָה	8,6.
נָבוּב	11,12.	נוח	I q. 3,13.17.26.
נבט	h. 6,19; 35,5; 36,25;	נוע	q. 16,4; 28,4.
	39,29.	נוף	I h. 31,21.
נֵבֶךְ	38,16†.	נוֹצָה	39,13.
נבל	I q. 14,18.	נזל	q. 36,28.
נָבָל	I 2,10; 30,8.	נֶזֶם	42,11.
נֵבֶל	I 38,37.	נחה	h. 12,23; 31,18; 38,32.
נְבָלָה	42,8.	נָחוּשׁ	6,12.

נשׂא   *q.* 2,12²; 6,2; 7,13;
10,15; 11,15; 13,8.10.
14; 21,3.12; 22,8.26;
24,10; 27,1.21; 29,1;
30,22; 31,36; 32,21.
22; 34,19.31; 36,3;
40,20; 42,8.

נשׂג   *h.* (24,2); 27,20; 41,18.

נשׁה   *h.* 11,6; 39,17.

נְשָׁמָה   4,9; 26,4; 27,3; 32,8;
33,4; 34,14; 37,10.

נֶשֶׁף   3,9; 7,4; 24,15.

נשׁק   I *q.* 30,27.

נֶשֶׁק   I 20,24; 39,21.

נֶשֶׁר   9,26; 39,27.

נָתִיב   18,10; 28,7; 41,24.

נְתִיבָה   19,8; 24,13; 30,13;
38,20.

נתך   *q.* 3,23; *h.* 10,10.

נתן   *q.* 1,21.22; 2,4; 3,20;
5,10; 6,8; 9,18.24;
11,5; 13,5; 14,4.13;
19,23²; 23,3; 24,23;
29,2; 31,30.35; 35,7.
10; 36,3.6.31; 37,10;
38,36; 39,19; 42,11.15.

נתס   *q.* 30,13†.

נתע   *n.* 4,10†.

נתץ   *q.* 19,10.

נתק   17,11; 18,14.

נתר   I *h.* 6,9.

נתר   II *q.* 37,1.

סבב   *q.* 16,13; 40,22.

סָבִיב   1,10; 10,8; 18,11;
19,10.12; 22,10; 29,5;
41,6.

סבך   *pu.* 8,17.

סְגוֹר   28,15.

סגר   *q.* 3,10; 11,10; 12,14;
16,11; 41,7.

סַד   13,27; 33,11.

סֶדֶר   10,22†.

סוג   I *h.* 24,2.

סוד   15,8; 19,19; 29,4.

סוּפָה   21,18; 27,20; 37,9.

סור   *q.* 1,1.8; 2,3; 15,30²;
21,14; 22,17; 28,28;
34,27; 40,2 (cj);
h. 9,34; 12,20.24; 19,9;
27,2.5; 33,17; 34,5.20.

סות   *h.* 2,3; 36,16.18.

סִיר   41,23.

סֻכָּה   27,18; 36,29; 38,40.

סכך   I *q.* 1,10; 29,4 (cj);
h. 3,23; 38,8; 40,22.

סכך   II *po.* 10,11.

סכן   I *q.* 15,3; 22,2²; 34,9;
35,3; *h.* 22,21.

סלד   *p.* 6,10†.

סלה   II *pu.* 28,16.19.

סלל   *q.* 19,12; 30,12.

סֶלַע   39,1.28².

סלף   *p.* 12,19.

סמר   *p.* 4,15.

סְעָרָה   38,1; 40,6.

ספח   I *pu.* 30,7.

סָפִיחַ   II 14,19 (?)†.

סָפִיר   28,6.16.

ספק   *q.* 34,26.37 (vgl.
27,23).

סֶפֶק   I 36,18† (vgl. 20,22).

ספר   *q.* 14,16; 31,4; 39,2;
p. 12,8; 15,17; 28,27;
38,37; *n.* 12,8;
pu. 37,20.

סֵפֶר	19,23; 31,35.
סִרְיוֹן	41,5 (cj).
סתר	n. 3,23; 13,20; 28,21; 34,22; h. 3,10; 14,13.
סֵתֶר	13,10; 22,14; 24,15; 31,27; 40,21.
עָב	II 20,6; 22,14; 26,8; 30,15; 36,29; 37,11.16; 38,34.
עבד	21,15; 36,11; 39,9.
עֶבֶד	I 1,8; 2,3; 3,19; 4,18; 7,2; 31,13; 40,28; 42,7.8.
עֲבֻדָּה	1,3.
עֲבוּר	20,2.
עֲבִי	15,26.
עבר	q. 6,15; 9,11; 11,16; 13,13; 14,5; 15,19; 17,11; 19,8; 21,29; 30,15; 33,18.28; 34,20; 36,12; 37,21; h. 7,21; p. 21,10.
עֶבְרָה	21,30; 40,11.
עָבֹת	39,10.
עגם	q. 30,25†.
עַד	I 19,24; 20,4.
עַד	III 1,18; 2,7; 5,9; 7,4. 19; 8,2.21; 9,10²; 11,7; 14,6.12.13.14; 18,2; 19,2; 20,5; 22,23; 23,3; 25,5; 26,10; 27,5; 31,12; 32,11²; 34,36; 38,11.16.18.
עֵד	10,17; 16,8.19.
עדד	II hit. 31,29 (cj)†.
עדה	I q. 40,10.
עדה	II q. 28,8.

עֵדָה	II 15,34; 16,7.
עֵדֶר	II 24,2.
עוּגָב	21,12; 30,31.
עוד	II h. 29,11.
עוֹד	1,16.17.18 (cj); 2,3.9; 6,10.29; 7,10²; 8,12; 14,7; 20,9; 24,20; 27,3; 29,5; 32,15.16; 34,23; 36,2.
עֲוִיל	16,11; 19,18; 21,11†.
עוּל	24,9 (cj).
עָוֵל	34,10.32.
עַוָּל	18,21; 22,15 (cj); 27,7; 29,17; 31,3.
עוֹלָה	5,16; 6,29.30; 11,14; 13,7; 15,16; 22,23; 24,20; 27,4; 36,23.33.
עֹ(וֹ)לֵל	3,16.
עוֹלָם	7,16; (22,15); 40,28.
עָוֹן	7,21; 10,6.14; 11,6; 13,23.26; 14,17; 15,5; 19,29; 20,27; 22,5; 31,11.28.33; 33,9.
עוּף	I q. 5,7; 20,8.
עוּף	II q. 11,17.
עוֹף	12,7; 28,21; 35,11.
עוּץ	1,1.
עור	II q. 41,2; h. 8,6; pil. 3,8; hit. 17,8; 31,29; n. 14,12.
עוֹר	7,5; 18,13; 19,20.26; 30,30; 40,31.
עִוֵּר	29,15.
עות	p. 8,3²; 19,6; 34,12.
עֹז	I 26,2; 37,6.
עזב	II q. 6,14; 9,27; 20,13. 19; 39,11.14; n. 18,4.
עזז	q. 37,6 (cj).

עזר	I q. 9,13; 26,2; 29,12; 30,13.	עַם	12,2.24; 17,6; 18,19; 34,20.30; 36,20.31.
עֶזְרָה	I 6,13; 31,21.	עמד	q. 4,16; 8,15; 14,2; 30,20; 32,16; 37,14.
עֵט	19,24.		
עֲטִין	(21,24)†.	עָמַד	6,4; 9,35; 10,12.17; 13,19.20; 17,2; 23,6. 10; 28,14; 29,5.6.20; 31,13.
עֲטִישָׁה	41,10†.		
עֲטָם	21,24 (cj).		
עטף	I q. 23,9.	עַמּוּד	9,6; 26,11.
עֲטָרָה	19,9; 31,36.	עָמָל	3,10; 4,8; 5,6.7; 7,3; 11,16; 15,35; 16,2.
עִי	30,24.		
עַיִט	28,7.	עָמֵל	3,20; 20,22.
עַיִן	2,12; 3,10; 4,16; 7,7.8; 10,4.18; 11,4.20; 13,1; 14,3; 15,12.15; 16,9. 20; 17,2.5.7; 18,3; 19,15.27; 20,9; 21,8. 20; 22,29; 24,15.23; 25,5; 27,19; 28,7.10. 21; 29,11.15; 31,1.7. 16; 32,1; 34,21; 36,7; 39,29; 40,24; 41,10; 42,5.	עֵמֶק	39,10.21.
		עָמֹק	11,8; 12,22.
		עֹמֶר	I 24,10.
		ענג	hit. 22,26; 27,10.
		ענד	q. 31,36.
		ענה	I q. 1,7.9; 2,2.4; 3,2; 4,1; 5,1; 6,1; 8,1; 9,1. 3.14.15. 16 32; 11,1; 12,1.4; 13,22; 14,15; 15,1.2.6; 16,1.3.8; 18,1; 19,1.16; 20,1.3; 21,1; 22,1; 23,1.5; 25,1; 26,1; 30,20; 31,35; 32,1.6.12.15. 16.20; 33,12.13; 34,1; 35,1.12; 38,1; 40,1.2.3. 5.6; 42,1; n. 11,2; 19,7; 22,23 (cj); h. 32,17.
עָיֵף	22,7.		
עֵיפָה	I 10,22.		
עִיר	I 15,28; 24,12.		
עַיִר	11,12.		
עַכָּבִישׁ	8,14.		
עכר	q. 6,4 (cj)		
עלה	q. 5,26; 6,18; 7,9; 20,6; 36,20.33. h. 1,5; 42,8.		
עָלֶה	13,25; 30,4.	ענה	II p. 30,11; 37,23.
עֹלָה	1,5; 42,8.	עָנִי	24,4.9.14; 29,12; 34,28; 36,6.15.
עֲלוּמִים	20,11; 33,25.		
עלל	III po. 16,15.	עָנִי	10,15; 30,16.27; 36,8.15.21.
עלם	n. 28,21; h. 42,3; hit. 6,16.	עָנָן	I 7,9; 26,8.9; 37,11.15; 38,9.
עלס	I q. 20,18.		
עלע	pil. 39,30.	עֲנָנָה	3,5†.
		עַפְעַפִּים	3,9; 16,16; 41,10.

עָפָר	2,12; 4,19; 5,6; 7,5.21; 8,19; 10,9; 14,8.19; 16,15; 17,16; 19,25; 20,11; 21,26; 22,24; 27,16; 28,2.6; 30,6.19; 34,15; 38,38; 39,14; 40,13; 41,25; 42,6.
עֹפֶרֶת	19,24.
עֵץ	14,7; 19,10; 24,20; 41,19.
עצב	I p. 10,8 (?).
עצב	II p. 10,8 (?). 41,17.
עַצֶּבֶת	9,28.
עֵצָה	5,13; 10,3; 12,13; 18,7; 21,16; 22,18; 29,21; 38,2; 42,3.
עֶצֶם	I 2,5; 4,14; 10,11; 19,20; 20,11; 21,23.24; 30,17.30; 33,19.21; 40,18.
עֹצֶם	30,21.
עצר	q. 4,2; 12,15; 29,9.
עקב	I h. 37,4.
עָקֵב	18,9.
עָקָר	24,21.
עקש	h. 9,20.
ערב	q. 17,3.
עֶרֶב	I 4,20; 7,4.
עֵרֶב	38,41.
עֲרָבָה	I 40,22.
עֲרָבָה	III 24,5; 39,6.
עָרוֹד	39,5†.
עָרוֹם	1,21; 22,6; 24,7.10; 26,6.
עָרוּם	5,12; 15,5.
עָרוֹן	30,6.
עָרִין	6,23; 15,20; 27,13.

ערך	q. 6,4; 13,18; 23,4; 28,17.19; 32,14; 33,5; 36,19; 37,19.
ערם	II q. 5,13.
עֹרֶף	16,12.
עֲרָפֶל	22,13; 38,9.
עריץ	q. 13,25; 31,34.
ערק	q. 30,3.17.
עֶרֶשׂ	7,13.
עֵשֶׂב	5,25.
עשׂה	I q. 1,4.5; 5,9.12; 9,9. 10.12; 10,8.9.12; 12,9; 13,20; 14,5.9; 15,27; 21,31; 23,(9).13; 25,2; 27,18; 28,25.26; 31,14. 15; 32,22; 33,4; 35,6. 10; 37,5; 40,15.19; 41,25; 42,8.9.
עֵשֶׂר	19,3
עָשָׂר	42,12.
עָשׁ	I 4,19; 13,28; 27,18.
עָשׁ	III 9,9; 38,32.
עֲשׂוּקִים	35,9.
עָשִׁיר	27,19.
עָשָׁן	41,12.
עשׁק	q. 10,3; 35,9; 40,23.
עשׁר	q. 15,29.
עֲשְׁתּוּת	12,5†.
עֵת	5,26; 6,17; 22,16; 24,1; 27,10; 38,23.32; 39,1. 2.18.
עתד	hit. 15,28.
עַתָּה	3,13; 4,5; 6,3.21.28; 7,21; 8,6; 13,19; 14,16; 16,7.19; 30,1.9.16; 35,15; 37,21; 42,5.8.
עָתִיד	3,8; 15,24.

עתק	q. 14,18; 18,4; 21,7; h. 9,5; 32,15.
עתר	I q. 33,26; h. 22,27.
פגע	q. 21,15; h. 36,32.
פגש	p. 5,14.
פדה	q. 5,20; 6,23; 33,28.
פדע	q. 33,24.
פֶּה	1,15.17; 3,1; 5,15.16; 7,11; 8,2.21; 9,20; 15,5.6.13.30; 16,5.10; 19.16; 20,12; 21,5; 22,22; 23,4.12; 29,9.23; 30,18; 31,27; 32,5; 33,2.6; 35,16; 36,16; 37,2; 39,27; 40,4.23; 41,11.13.
פֹה	38,11².
פוּך	42,14.
פוּץ	h. 18,11; 37,11; 38,24; 40,11.
פָּז	28,17.
פַּח	I 18,9; 22,10.
פחד	q. 3,25; 23,15; h. 4,14.
פַּחַד	I 3,25; 4,14; 13,11; 15,21; 21,9; 22,10; 25,2; 31,23; 39,16.22.
פַּחַד	II 40,17.
פִּטְדָה	28,19.
פִּיד	12,5; 15,23 (cj); 30,24; 31,29.
פִּימָה	15,27†.
פלא	n. 5,9; 9,10; 37,5.14; 42,3; hit. 10,16.
פֶּלֶא	11,6 (cj).
פלג	p. 38,25.
פֶּלֶג	I 29,6.
פְּלַגָּה	20,17.

פלח	p. 16,13; 39,3.
פֶּלַח	41,16.
פֶּלֶט	p. 21,10; 23,7.
פָּלִיל	31,11.
פְּלִילִי	31,28.
פלל	hit. 42,8.10.
פלץ	hit. 9,6†.
פַּלָּצוּת	21,6.
פֶּן	32,13; 36,18.
פנה	5,1; 6,28; 21,5; 24,18; 36,21.
פִּנָּה	1,19; 38,6.
פְּנִינִים	28,18.
פֶּסַח	29,15.
פעל	q. 7,20; 11,8; 22,17; 31,3; 33,29; 34,8.22.32; 35,6; 36,3.23; 37,12.
פֹּעַל	7,2; 24,5; 34,11; 36,9.24; 37,12.
פַּעַם	19,3; 33,29.
פער	q. 16,10; 29,23.
פֶּצַע	9,17.
פצץ	pil. 16,12.
פקד	q. 5,24; 7,18; 31,14; 34,13; 35,15; 36,23.
פְּקֻדָּה	10,12.
פקח	q. 14,3; 27,19.
פַּר	42,8.
פֶּרֶא	6,5; 11,12; 24,5; 39,5.
פרד	hit. 4,11; 41,9.
פֶּרֶד	11,12 (cj).
פָּרָה	21,10.
פרח	h. 14,9.
פִּרְחַח	30,12.
פרץ	q. 1,10; 16,14; 28,4.
פֶּרֶץ	I 16,14²; 30,14.
פרר	I h. 5,12; 15,4; 40,8.

פָּרַר	II *pil.* 16,12.	צַוָּאר	15,26.
פָּרַשׂ	*q.* 11,13; 36,30; 39,26.	צוד	10,16; 38,39.
פָּרְשֵׁז	*p.* 26,9†.	צוה	*p.* 36,32; 37,12; 38,12.
פָּשַׁט	*q.* 1,17; *h.* 19,9; 22,6.	צוק	I *h.* 32,18; 36,16;
פֶּשַׁע	7,21; 8,4; 13,23; 14,17;		(28,2; 29,6).
	31,33; 33,9; 34,6.37;	צוּק	11,15 (cj).
	35,6; 36,9.	צוּר	I 14,18; 18,4; 19,24;
פַּת	31,17.		24,8; 28,10; 29,6.
פָּתָה	*q.* 5,2; 31,27; *n.* 31,9.	צִיד	II 38,41.
פָּתַח	*q.* 3,1; 11,5; 29,19;	צִיָּה	24,19; 30,3.
	31,32; 32,20; 33,2;	צִיץ	I 14,2.
	n. 12,14; 32,19;	צֵל	7,2; 8,9; 14,2; 17,7;
	p. 12,18; 30,11; 38,31;		40,22.
	39,5; 41,6.	צַלְמָוֶת	3,5; 10,21.22; 12,22;
פָּתִל	*n.* 5,13.		16,16; 24,17²; 28,3;
פֶּתֶן	20,14.16.		34,22; 38,17.
		צֵלָע	18,12.
צֶאֱלִים	40,21.22.	צֶלְצַל	40,31.
צֹאן	1,3.16; 21,11; 30,1;	צמא	24,11.
	42,12.	צָמֵא	5,5 (cj).
צֶאֱצָאִים	5,25; 21,8; 27,14; 31,8.	צֶמֶד	1,3; 42,12.
צָבָא	7,1; 10,17; 14,14.	צמח	*q.* 5,6; 8,19; *h.* 38,27.
צבע	*hit.* 38,14 (cj).	צָמִים	(5,5); 18,9.
צבר	*q.* 27,16.	צמת	*n.* 6,17; 23,17.
צַדִּיק	12,4; 17,9; 22,19;	צֵן	5,5 (?).
	27,17; 32,1; 34,17;	צָנִיף	29,14.
	36,7.	צעד	*h.* 18,14.
צדק	*q.* 4,17; 9,2.15.20;	צַעַד	14,16; 18,7; 31,4.37;
	10,15; 11,2; 13,18;		34,21.
	15,14; 22,3; 25,4;	צָעִיר	30,1; 32,6.
	33,12; 34,5; 35,7; 40,8;	צעק	*q.* 19,7; 35,12.
	h. 27,5; *p.* 32,2; 33,32.	צְעָקָה	27,9; 34,28.
צֶדֶק	6,29; 8,3.6; 29,14;	צער	*q.* 14,21.
	31,6; 35,2; 36,3.	צפה	*q.* 15,22.
צְדָקָה	27,6; 33,26; 35,8;	צָפוֹן	26,7; 37,22.
	37,23.	צָפוֹר	I 40,29.
צהר	*h.* 24,11†.		
צָהֳרַיִם	5,14; 11,17.		

צָפַן	q. 10,13; 17,4; (20,26); 21,19; 23,12; n. 15,20; 24,1; h. 14,13.	קוּם	q. 1,20; 7,4; 8,15; 11,17; 14,12; 15,29; 16,8; 19,18.25; (22,28); 24,14.22; 25,3; 29,8; 30,12.28; 31,14; 41,18; hit. 20,27; 27,7; h. 4,4; 16,12.
צַר	I 7,11; 15,24; 36,16. 19; 38,23; 41,7.		
צַר	II 6,23; 16,9; 19,11.		
צָרָה	5,19; 27,9.		
צְרוֹר	14,17.		
צרר	I q. 18,7; 20,22; 26,8.	קטל	q. 13,15; 24,14.
		קטן	q. 30,4; n. 8,12.
קבב	II q. 3,8; 5,3 (cj).	קָטֹן	3,19.
קבל	q. 2,10².	קיא	h. 20,15.
קבר	n. 27,15.	קִיט	8,14 (cj)†.
קֶבֶר	3,22; 5,26; 10,19; 17,1; 21,32.	קִים	22,20†.
קָדוֹשׁ	5,1; 6,10; 15,15.	קִיץ	II h. 14,12.
קָדִים	15,2; 27,21; 38,24.	קַל	24,18.
קדם	p. 3,12; 30,27; 41,3.	קָלוֹן	10,15.
קֶדֶם	1,3; 23,8; 29,2.	קלל	q. 7,6; 9,25; 40,4; p. 3,1; pu. 24,18.
קַדְמֹנִי	18,20.		
קָדְקֹד	2,7.	קֶלַע	I 41,20.
קדר	q. 5,11; 6,16; 30,28.	קמט	q. 16,8; pu. 22,16.
קדש	p. 1,5.	קֵן	29,18; 39,27.
קֹדֶשׁ	I 36,14.	קנא	h. 36,33 (cj).
קהל	h. 11,10.	קִנְאָה	5,2.
קָהָל	30,28.	קָנֶה	31,22; 40,21.
קַו	I 38,5.	קֵנֶץ	18,2 (?).
קָוָה	p. 3,9; 6,19; 7,2; 17,13; 30,26.	קפא	h. 10,10.
		קפץ	q. 5,16; n. 24,24.
קוּט	n. 10,1.	קֵץ	6,11; 16,3; 22,5; 28,3.
קוֹל	2,12; 3,18; 4,10.16; 9,16; 15,21; 21,12; 28,26; 29,10; 30,31; 33,8; 34,16; 37,2.4³.5; 38,25.34; 39,24; 40,9.	קָצֶה	26,14; 28,24.
		קְצִיעָה	42,14.
		קָצִיר	II 5,5; 14,9; 18,16; 29,19.
		קצר	I q. 4,8; 24,6 (? h.).
		קצר	II q. 21,4.
		קָצֵר	14,1.

רוּחַ	q. 32,20; h. 39,25.
רוּחַ	1,19; 4,9.15; 6,4.26;
	7,7.11; 8,2; 9,18;
	10,12; 12,10; 15,2.13.
	30; 16,3; 17,1; 19,17;
	20,3; 21,4.18; 26,13;
	27,3; 28,25; 30,15.22;
	32,8.18; 33,4; 34,14;
	37,21; 41,8.
רוע	h. 30,5; 38,7.
רוץ	q. 9,25; 15,26; 16,14.
רזם	q. 15,12†.
רָחָב	I 11,9; 30,14.
רְחֹב	I 29,7.
רֶחֶם	3,11; 10,18; 24,20;
	31,15; 38,8.
רחק	q. 5,4; 21,16; 22,18;
	30,10; hit. 11,14;
	13,21; 19,13; 22,23.
רחץ	q. 29,6; hit. 9,30.
רטב	q. 24,8†.
רָטֹב	8,16†.
רטה	q. 16,11† (> ירט).
רטפש	33,25†.
רִי	37,11†.
רִיב	q. 9,3; 10,2; 13,8.19;
	23,6; 33,13; 40,2.
רִיב	13,6; 29,16; 31,13.35.
רֵיחַ	14,9.
רִיק	39,16.
רֵיקָם	22,9.
רִיר	6,6.
רַךְ	40,27.
רכב	q. 39,18; h. 30,22.
רכך	h. 23,16.
רָמָה	7,5; 17,14; 21,26;
	24,20; 25,6.
רְמִיָּה	13,7; 27,4.

רמם	q. 24,24.
רנה	q. 39,23†.
רנן	q. 38,7; h. 29,13.
רְנָנָה	3,7; 20,5.
רְנָנִים	39,13.
רֶסֶן	30,11; 41,5.
רַע	1,1.8; 2,3.7.10; 5,19;
	21,30; 28,28; 30,26;
	31,29; 35,12.
רֵעַ	I 36,33.
רֵעַ	II 6,14.27; 12,4; 16,20.
	21; 19,21; 30,29; 31,9;
	32,3; 35,4; 42,7.10.
רֵעַ	III 16,20 (?).
רָעֵב	5,5; 18,12; 22,7; 24,10.
רָעָב	5,20.
רְעָדָה	4,14.
רעה	I q. 1,14; 20,26;
	24,2.21.
רָעָה	2,11; 20,12; 22,5;
	42,11.
רעם	I q. 37,4.5; 40,9.
רַעַם	26,14; 39,25.
רַעְמָה	II 39,19†.
רעז	q. 15,32.
רעע	I h. 8,20.
רעע	II q. 34,24.
רעף	q. 36,28.
רעש	h. 39,20.
רַעַשׁ	39,24; 41,21.
רפא	q. 5,18; 13,4.
רְפָאִים	26,5.
רפד	p. 17,13; q. 41,22.
רפה	p. 12,21; h. 7,19; 27,6.
רָפֶה	4,3.
רפף	po. 26,11†.
רצה	I q. 14,6; 33,26; 34,9;
	p. 20,10 (?).

שֵׂנָא	8,22; 34,17.
שְׂעִפִּים	4,13; 20,2.
שַׂעַר	II p. 27,21.
שְׂעָרָה	4,15.
שְׂעָרָה	9,17.
שְׂעָרָה	31,40.
שָׂפָה	2,10; 8,21; 11,2.5; 12,20; 13,6; 15,6; 16,5; 23,12; 27,4; 32,20; 33,3.
שָׂפַק	I q. 27,23.
שָׂפַק	II 20,22†.
שַׂק	16,15.
שַׂר	3,15; 29,9; 34,19; 39,25.
שׂרג	pu. 40,17.
שָׂרִיד	I 18,19; 20,21.26; 27,15.
שֶׁ	19,29.
שְׁאָגָה	3,24; 4,10.
שְׁאוֹל	7,9; 11,8; 14,13; 17,13. 16; 21,13; 24,19; 26,6.
שָׁאַל	q. 8,8; 12,7; 21,29; 31,30; 38,3; 40,7; 42,4.
שְׁאֵלָה	6,8.
שָׁאַן	pil. 3,18.
שַׁאֲנָן	12,5; 21,23 (cj).
שָׁאַף	q. 5,5; 7,2; 36,20.
שְׁאָר	n. 21,34.
שְׁבָא	1,15; 6,19.
שְׁבוּת	42,10.
שֵׁבֶט	9,34; 21,9; 37,13.
שָׁבִיב	18,5.
שִׁבֹּלֶת	24,24.
שֶׁבַע	1,2.3; 2,13; 5,19; 42,8.13.
שׁבר	q. 38,10; p. 29,17; n. 24,20; 31,22; 38,15.
שֶׁבֶר	I 41,17.
שׁגג	q. 12,16.
שׁגה	q. 6,24; 19,4; h. 12,16.
שַׁד	3,12; 24,9.
שֹׁד	II 5,21.22.
שׁדד	12,6; 15,21.
שַׁדַּי	5,8 (cj).17; 6,4.14; 8,3.5; 11,7; 13,3; 15,25; 21,15.20; 22,3. 17.23.25.26; 23,16; 24,1; 27,2.10.11.13; 29,5; 31,2.35; 32,8; 33,4; 34,10.12; 35,13; 37,23; 40,2.
שֹׁהַם	28,16.
שָׁוְא	15,31².
שׁוֹאָה	30,3.14; 38,27.
שׁוב	q. 1,21; 6,29; 7,7.10; 10,16.21; 14,13; 15,22; 16,22; 17,10; 22,23; 33,25; 34,15; 36,10; 39,4.22; 42,10; h. 9,12.13.18; 10,9; 11,10; 13,22; 15,13; 20,2.10.18; 23,13; 30,23; 31,14; 32,14; 33,5.26.30.32; 35,4; 39,12; 40,4.
שׁוה	I q. 33,27.
שׁוה	II pu. 30,22 (?).
שׁוט	I q. 1,7; 2,7; 5,21(cj).
שׁוֹט	I 5,21; 9,23 (II שׁוֹט ?).
שׁוֹלָל	12,17.19.
שׁוע	p. 19,7; 24,12; 29,12; 30,20.28; 35,9; 36,13; 38,41.
שׁוֹעַ	34,19.

שׁוּעַ	I 30,24; 36,19†.
שׁוּף	q. 9,17.
שׁוֹפָר	39,24.25.
שׁוּר	II q. 7,8; 17,15; 20,9; 24,15; 33,14.27; 34,29; 35,5.13.14.
שׁוּר	I 6,5; 21,10; 24,3.
שׁוּרָה	24,11.
שׁוּזף	q. 20,9; 28,7.
שַׁח	22,29†.
שָׁחַד	q. 6,22.
שֹׁחַד	15,34.
שָׁחַח	q. 9,13; 38,40.
שְׁחִין	2,7.
שַׁחַל	4,10; 10,16; 28,8.
שַׁחַץ	28,8; 41,26.
שָׁחַק	q. 14,19.
שַׁחַק	35,5; 36,28; 37,18.21; 38,37.
שָׁחַר	I q. 30,30.
שַׁחַר	II p. 7,21; 8,5; 24,5.
שָׁחַר	3,9; 38,12; 41,10.
שַׁחַת	9,31; 17,14; 33,18. 22.24.28.30.
שׂטח	q. 12,23.
שׁטף	q. 14,19.
שֶׁטֶף	38,25.
שִׂית	q. 7,17; 9,33; 10,20; 14,13; 22,24; 30,1; 38,11.36.
שׁכב	q. 3,13; 7,4.21; 11,18; 14,12; 20,11; 21,26; 27,19; 30,17; 40,21; h. 38,37.
שִׁכּוֹר	12,25.
שׁכח	q. 8,13; 9,27; 11,16; 19,14; 24,20; 39,15; n. 28,4.

שׂכל	p. 21,10.
שׁכם	h. 1,5.
שְׁכֶם	I 31,22.36.
שׁכן	q. 3,5; 4,19; 15,28; 18,15; 26,5; 29,25; 30,6; 37,8; 38,19; 39,28; h. 11,14.
שַׁלְאֲנָן	(21,23 > שַׁאֲנָן).
שֶׁלֶג	6,16; 9,30; (24,19); 37,6; 38,22.
שׁלה	I q. 3,26; 12,6; (27,8?).
שׁלה	II q. 27,8 (cj)†.
שַׁלְהֶבֶת	15,30.
שָׁלֵו	16,12; 20,20; 21,23.
שָׁלוֹם	5,24; 15,21; 21,9.
שׁלח	q. 1,4.5.11.12; 2,5; 5,10; 28,9; 30,24; p. 8,4; 12,15; 14,20; 20,23; 21,11; 22,9; 30,11.12; 38,35; 39,3.5; pu. 18,8.
שֶׁלַח	IV 24,19 (cj).
שֶׁלֶך	h. 15,33; 18,7; 27,22; 29,17.
שׁלם	q. 9,4; 22,21; p. 8,6; 21,19.31; 22,27; 34,11.33; 41,3; h. 23,14; hof. 5,23.
שׁלף	q. 20,25.
שָׁם	1,21; 3,17².19; 23,7; 34,22; 35,12; 39,(29). 30; 40,20.
שֵׁם	I 1,1.21; 18,17; 30,8; 42,14³.

שָׁמַיִם	1,16; 2,12; 9,8; 11,8; 12,7; 14,12; 15,15; 16,19; 20,6.27; 22,12. 14; 26,11.13; 28,21.24; 35,5.11; 37,3; 38,29. 33.37; 41,3.
שׁמם	q. 17,8; n. 18,20; 21,5 (cj); h. 16,7; (21,5).
שֶׁמֶן	29,6.
שׁמע	q. 2,11; 3,18; 4,16; 5,27; 13,1.6.17; 15,8. 17; 16,2; 20,3; 21,2²; 22,27; 26,14; 27,9; 28,22; 29,11.21; 31,35; 32,10; 33,1.8.31.33; 34,2.10.16.28.34; 35,13; 36,11.12; 37,2; 39,7; 42,4.5; n. 37,4.
שֵׁמַע	28,22; 42,5.
שְׁמֶץ	4,12; 26,14†.
שׁמר	I q. 2,6; 10,12.14; 13,27; 14,16; 22,15; 23,11; 24,15; 29,2; 33,11; 39,1; n. 36,21.
שֶׁמֶשׁ	8,16.
שֵׁן	I 4,10; 13,14; 16,9; 19,20; 29,17; 39,28; 41,6.
שׁנה	I p. 14,20.
שׁנה	II q. 29,22; 40,5 (cj).
שֵׁנָה	14,12.
שְׁנַיִם	9,33; 13,20; 33,14; 40,5; 42,7.
שׁעה	q. 7,19; 14,6.
שׁען	n. 8,15; 24,23.
שַׁעַר	I 5,4; 29,7; 31,21; 38,17.
שׁפה	I pu. 33,21.

שׁפט	q. 9,24; 21,22; 22,13; (23,7); po. 9,15.
שׁפך	q. 12,21.
שׁפל	h. 22,29; 40,11.
שָׁפָל	5,11.
שִׁפְעָה	22,11; 38,34.
שִׁפְרָה	I 26,13†.
שׁקד	q. 21,32.
שׁקה	h. 22,7; pu. 21,24.
שׁקט	q. 3,13.26; h. 34,29; 37,17.
שׁקל	q. 6,2; 31,6; n. 6,2; 28,15.
שׁקע	h. 40,25.
שֶׁקֶר	13,4; 36,4.
שׁרה	q. 37,3.
שִׂרְיָה	41,18†.
שָׁרִיר	40,16†.
שֶׁרֶץ	41,26 (cj).
שׁרק	27,23.
שׁרשׁ	h. 5,3; p. 31,12; pu. 31,8.
שֹׁרֶשׁ	8,17; 13,27; 14,8; 18,16; 19,28; 28,9; 29,19; 30,4; 36,30.
שֵׁשׁ	I 5,19.
שׁתה	II q. 1,4.13.18; 6,4; 15,16; 21,20; 34,7.
תַּאֲנָה	I 33,20.
תְּבוּאָה	22,21 (cj); 31,12.
תְּבוּנָה	12,12.13; 26,12; 32,11.
תֵּבֵל	18,18; 34,13; 37,12.
תֶּבֶן	21,18; 41,19.
תֹּהוּ	6,18; 12,24; 26,7.
תְּהוֹם	28,14.
תְּהֻלָּה	4,18†.
תָּו	31,35.

תּוֹחֶלֶת	41,1.	תְּנוּאָה	33,10.
תָּוֶךְ	1,6; 2,1.8; 15,19;	תְּנוּמָה	33,15.
	20,13; 42,15.	תַּנְחוּם	15,11; 21,2.
תּוֹכַחַת	13,6; 23,4.	תַּנִּין	7,12.
תּוֹלֵעָה	25,6.	תעב	p. 9,31; 19,19; 30,10;
תּוֹעֵפוֹת	22,25.		n. 15,16.
תּוּר	q. 39,8 (cj).	תעה	n. 15,31.
תּוֹרָה	22,22.	תְּעוּפָה	11,17 (cj).
תּוּשִׁיָּה	5,12; 6,13; 11,6; 12,16;	תַּעֲלֻמָה	11,6; 28,11.
	26,3; 30,22 (Q).	תֹּף	21,12.
תּוֹתָח	41,21†.	תָּפֵל	I 6,6.
תַּחְבֻּלוֹת	37,12.	תְּפִלָּה	1,22; (24,12).
תַּחֲנוּן	40,27.	תִּפְלָה	16,17; 24,12 (cj).
תַּחַת	9,13; 16,4; 18,16;	תפר	q. 16,15.
	20,12; 26,5.8; 28,5.15.	תֹּפֶת	I 17,6†.
	24; 30,7.14; 31,40;	תִּקְוָה	I 14,6; 5,16; 6,8; 7,6;
	34,24.26; 36,16.20;		8,13; 11,18.20; 14,7.
	37,3; 40,12.21; 41,3.		19; 17,15[2]; 19,10;
	22.		27,8.
תֵּימָא	6,19.	תקע	n. 17,3.
תְּכוּנָה	23,3.	תקף	q. 14,20; 15,24.
תַּכְלִית	11,7; 26,10; 28,3.	תַּרְדֵּמָה	4,13; 33,15.
תכן	p. 28,25.	תְּרוּעָה	8,21; 33,26; 39,25.
תלה	q. 26,7.	תְּשֻׁאָה	30,22 (cj).
תלל	II h. 13,9[2].	תְּשׁוּבָה	21,34; 34,36.
תֶּלֶם	31,38; 39,10.		
תָּם	1,1.8; 2,3; 8,20;		
	9,20.21.22.		
תֹּם	4,6; 21,23.		
תמה	q. 26,11.		
תֵּמָהּ	2,3.9; 27,5; 31,6.		
תְּמוֹל	8,9.		
תְּמוּנָה	4,16.		
תְּמוּרָה	15,31; 20,18; 28,17.		
תָּמִים	12,4; 36,4; 37,16.		
תמך	q. 36,17.		
תמם	q. 31,40; h. 22,3.		
תַּן	30,29.		

Literaturverzeichnis

Das Literaturverzeichnis ist in die drei Abschnitte (1.) Textausgaben (Quellen und Übersetzungen), (2.) Hilfsmittel (Wörterbücher etc.) und (3.) Aufsätze, Einleitungen, Kommentare und Monographien untergliedert. Wurden mehrere Arbeiten desselben Autors herangezogen, so erfolgt die Nennung in alphabetischer Folge des jeweils ersten Wortes aus dem Titel.

1. Textausgaben

a) Masoretischer Text

Biblia Hebraica, ed. R.Kittel, editio altera emendatior stereotypica iterum recognita, Stuttgart 1913/25, II. Libros Iob et Proverbiorum praep. G.Beer.

Biblia Hebraica, ed. R.Kittel, editionem tertiam denuo elaboratam ad finem perduxerunt A.Alt et O.Eißfeldt, Stuttgart 1937; Libros Iob et Proverbiorum praep. G.Beer (1932).

Biblia Hebraica Stuttgartensia, ed. K.Elliger et W.Rudolph, Stuttgart 1967/77; Librum Iob praep. G.Gerleman (1974).

Buxtorff d.Ältere, J.: Biblia Hebraica cum paraphrase chaldaice et commentariis Rabbinorum, Basel 1618/19 [das Werk begegnet auch unter dem Namen Biblia Hebraica Rabbinica; für diese Arbeit wurde das Exemplar der UB Erlangen eingesehen, das unter dem Titel *ha'esrim we-'araba* (Sign.2⁰G.N.A.11) geführt ist].

Gesenius, W.: איוב - Liber Iobi ad optima exemplaria accuratissime expressus, Halle 1829.

Ginsburg, C.D.: The Writings. Diligently Revised According to the Massorah and the Early Editions with the Various Readings from MSS. and the Ancient Versions, London 1926.

Jahn, J.: Biblia Hebraica, digessit et graviores lectionum varietates adiecit, IV, Wien 1806.

Kennicott, B.: Vetus Testamentum Hebraicum cum variis lectionibus, II, Oxford 1780 [im Anhang: Dissertatio Generalis in V.T.].

O.Vf.: Hiob. Hebräischer Text nebst einem nach den neuesten Hilfsmitteln bearb. Kommentar vorzugsweise zum Handgebrauch für angehende Theologie-Studirende, Berlin 1839.

Rossi, J.B. de: Variae Lectiones Veteris Testamenti Librorum, Parma 1784/85, Suppl., Parma 1798 [ND Amsterdam 1970].

Walton, B.: S.S. Biblia Polyglotta Complectentia Textus Originales Hebraicos cum Pentat. Samarit.: Chaldaicos, Graecos, Versionem Antiquarum, III, London 1657 [ND unter dem Titel: Biblia Sacra Polyglotta, Tomus Tertius, Graz 1964].

b) Griechische Übersetzung

Septuaginta. Id est Vetus Testamentum graece iuxta LXX interpretes ed. A.Rahlfs, Duo volumina in uno, Stuttgart 1939/79.

Vetus Testamentum Graecum. Auctoritate Academia Scientarium Gottingensis, Vol. XI/4, Iob, ed. J.Ziegler, Göttingen 1982.

c) Syrische Übersetzung

Vetus Testamentum Syriace Iuxta Simplicem Syrorum Versionem, ed. Institutum Peshittonianum Leidense, II/ia, Liber Job. praep. L.G.Rignell, Leiden 1982.

d) Lateinische Übersetzung

Biblia Sacra Iuxta Vulgatam Versionem, I-II, hg.v. R.Weber, Stuttgart 1969, [Prologus Sancti Hieronymi in Libro Iob; Liber Iob, in Bd.I, 731-766].

e) Aramäische Übersetzungen

1. Ausgaben und Übersetzungen des Targums aus Höhle 11 in Qumran

Beyer, K.: Die aramäischen Texte vom Toten Meer samt den Inschriften aus Palästina, dem Testament Levis aus der Kairoer Geniza, der Fastenrolle und den alten talmudischen Zitaten, Göttingen 1984.

Ploeg, J.P.M. van der u. Woude, A.S. van der: Le Targum de Job de la Grotte XI de Qumran, édité et traduit, Leiden 1971.

Sokoloff, M.: The Targum to Job from Qumran Cave XI, Bar-Ilan University Ramat-Gan, Jerusalem 1974.

York, A.D.: A Philological and Textual Analysis of the Qumran Job Targum (11QtgJob), Ph.D. Cornell. Univ. Microfilms Ann Arbor/Michigan 1974.

2. Ausgaben und Übersetzungen des frühmittelalterlichen Targums

Fernández Vallina, F.J.: El Targum de Job (Edicion Critica). Tesis Doctoral Univ. Complutense de Madrid (1980), Madrid 1982.

Lagarde, P. de (Hg.): Hagiographa Chaldaice (תרגים כתובים), Leipzig 1873 [ND Osnabrück 1967].

Mangan, C.: The Targum of Job. Translated, with a Critical Introduction, Apparatus, and Notes. The Aramaic Bible - The Targums - Volume 15, Collegeville/Minnesota 1991.

f) Neues Testament

Novum Testamentum Graece, post E.Nestle et E.Nestle, ed. K.Aland, 26. neu bearb. Aufl. [1979] 7. rev. Druck, Stuttgart 1983.

g) Deutsche Übersetzungen

Die Bibel nach der Übersetzung Martin Luthers, Bibeltext in der rev. Fassung, Stuttgart 1984.

Die gantze Heilige Schrifft Deudsch. Wittenberg 1545. Letzte zu Luthers Lebzeiten ersch. Ausg. hg.v. H.Volz, H.Blanke u. F.Kur, München 1972.

Die Heilige Schrift des Alten und Neuen Testaments, Zürich 1931.

Die Heilige Schrift des Alten und Neuen Testaments, übersetzt von Dr.W.M.L.de Wette, zweite, umgearb. Ausg., II. Die poetischen, prophetischen und apokryphischen Bücher des A.T., Heidelberg 1832.

Die Schriftwerke, verdeutscht von M.Buber, neubearb. Ausg. Köln 1962.

h) Texte aus der altorientalischen Umwelt

Sammelausgaben:

Aistleitner, J.: Die mythologischen und kultischen Texte aus Ras Schamra, Bibliotheca Orientalis Hungarica VIII, Budapest 1959.

Assmann, J.: Ägyptische Hymnen und Gebete, BAW, Zürich u.a. 1975.

Assmann, J.: Ägyptische Hymnen und Gebete, in: TUAT II/6, Gütersloh 1991, 827-928.

Beyerlin, W. (Hg.): Religionsgeschichtliches Lesebuch zum Alten Testament, ATD ErgBd. 1; 2., durchgeseh. Aufl., Göttingen 1985.

Cowley, A.E.: Aramaic Papyri of the Fifth Century B.C. Edited, with Translation and Notes, Oxford 1923 [ND Osnabrück 1967].

Dietrich, M. u. Loretz, O.: Lieder und Gebete aus Ugarit und Emar, in: TUAT II, Gütersloh 1991, 818-826.

Dietrich, M.; Loretz, O. u. Sanmartín, J.: Die keilalphabetischen Texte aus Ugarit, einschließlich der keilalphabetischen Texte außerhalb Ugarits, Teil I Transkriptionen, AOAT 24, Kevelaer u.a. 1976.

Falkenstein, A. u. Soden, W.von: Sumerische und Akkadische Hymnen und Gebete, BAW, Zürich u.a. 1953.

Gordon, C.H. (Hg.): Ugaritic Textbook. Grammar, Texts in Transliterations. Cuneiform Selections, Glossary, Indices, AnOr 38, Rom 1965.

Gressmann, H. (Hg.): Altorientalische Texte zum Alten Testament, 2. völlig umgestaltete u. stark verm. Aufl., Berlin 1926.

Hecker, K.: Akkadische Hymnen und Gebete, in: TUAT II/5, Gütersloh 1989, 718-783.

Jirku, A.: Altorientalischer Kommentar zum Alten Testament, Erlangen u. Leipzig 1923 [ND 1972].

Kaiser, O. (Hg.): Texte aus der Umwelt des Alten Testaments, Gütersloh 1981ff.

Lambert, W.G.: Babylonian Wisdom Literature, Oxford 1960 [ND 1982].

Pritchard, J.B. (Hg).: Ancient Near Eastern Texts Relating to the Old Testament, Princeton u.a. ²1955.

Pritchard, J.B. (Hg.): The Ancient Near East Supplementary Texts and Pictures to the Old Testament, Princeton 1969.

Römer, W.H.Ph.: Hymnen, Klagelieder und Gebete in sumerischer Sprache, in TUAT II/5, Gütersloh 1989, 645-717.

Ünal, A.: Hethitische Hymnen und Gebete, in: TUAT II, Gütersloh 1991, 791-817.

Achiqar:
    Kottsieper, I.: in: TUAT III/2, Gütersloh 1991.
Amenemope:
    Shirun-Grumach, I.: in: TUAT III/2, Gütersloh 1991.
Anchscheschonki:
    Thissen, H.J.: in: TUAT III/2, Gütersloh 1991.
Babylonische Theodizee:
    Soden, W.von: in: TUAT III/1, Gütersloh 1990.
Louvre AO 4462:
    Nougayrol, J.: Une version ancienne du 'Juste souffrant', in: RB 59 (1952), 239-250.
Ludlul bēl nēmeqi:
    Soden, W.von: in: TUAT III/1, Gütersloh 1990.
Papyrus Insinger und Papyrus Louvre 2414:
    Thissen, H.J.: in: TUAT III/2, Gütersloh 1991.
Ptahhotep:
    Burkard, G.: in: TUAT III/2, Gütersloh 1991.
R.S. 25.460:
    Nougayrol, J.: Juste souffrant (R.S. 25.460), in: Ug. V (1968), 265-273.
    Soden, W.von: in: TUAT III/1, Gütersloh 1990.

Sumerischer Hiob:

Kramer, S.N.: "Man and his God". A Sumerian Variation on the "Job" Motif, in: VT.S 3 (1953), 170-182.

Römer, W.H.Ph.: TUAT III/1, Gütersloh 1990.

i) Texte aus der jüdisch-hellenistischen Umwelt

Sammelausgaben:

Denis, A.M. (Hg.): Concordance Greque des Pseudépigraphes d'Ancien Testament. Concordance, Corpus des Textes, Indices. Université Catholique de Louvain, Louvain-la-Neuve 1987.

Goldschmidt, L.: תלמוד בבלי. Der Babylonische Talmud. Neu übertragen, I-IX, Berlin 1930-1936.

Kautzsch, E. (Hg.): Die Apokryphen und Pseudepigraphen des Alten Testaments, I-II, Tübingen 1900 [4. unver. ND Darmstadt 1975].

Kümmel, W.G. (Hg.) u.a.: Jüdische Schriften aus hellenistisch-römischer Zeit, I-V, Gütersloh 1973ff.

Lindemann, A. u. Paulsen, H. (Hg.): Die Apostolischen Väter. Griech.-deutsche Parallelausgabe auf der Grundlage der Ausg. v. F.X.Funk, K.Bihlmeyer u. M.Whittaker, Tübingen 1992.

Rießler, P.: Altjüdisches Schrifttum außerhalb der Bibel, Augsburg 1928.

Apokalypse Abrahams:

Philonenko-Sayar, B. u. Philonenko, M.: in: JSHRZ V/5, Gütersloh 1982.

Aristobul und Aristeas:

Walter, N.: in: JSHRZ III/2, Gütersloh 1980.

Baruch:

Gunneweg, A.H.J.: in: JSHRZ III/2, Gütersloh 1975.

Rothstein, W.: in: APAT I, Tübingen 1900, 213-225.

Baruch-Apokalypse (griech.):

Hage, W.: in: JSHRZ V/1, Gütersloh 1979.

Ryssel, V.: in: APAT II, Tübingen 1900, 446-457.

Baruch-Apokalypse (syr.):

Klijn, A.F.: in: JSHRZ V/2, Gütersloh 1976.

Ryssel, V.: in: APAT II, Tübingen, 402-446.

Esra, Vierter:

Gunkel, H.: in: APAT II, Tübingen 1900, 331-401.

Schreiner, J.: in: JSHRZ V/4, Gütersloh 1981.

Ezechiel der Tragiker:

Vogt, E.: in: JSHRZ IV/3, Gütersloh 1983.

Flavius Josephus:
Clementz, H.: Des Flavius Josephus Jüdische Altertümer. Übersetzt und mit einer Einleitung und Anmerkungen versehen, Wiesbaden [10]1990.

Oratio Manassis:
Oßwald, E.: in: JSHRZ IV/1, 2.Auf. Gütersloh 1977.

Henoch (äth.):
Beer, G.: in: APAT II, Tübingen 1900, 217-310.
Black, M.: The Book of Enoch or I Enoch. A New English Edition with Commentary and Textual Notes, SVTP 7, Leiden 1985.
Uhlig, S.: in: JSHRZ V/6, Gütersloh 1984.

Joseph und Asenath:
Burchard, Chr.: in: JSHRZ II/4, Gütersloh 1983.

Jubiläen:
Berger, K.: in: JSHRZ II/3, Gütersloh 1981.

Makkabäer, Vierter:
Deißmann, A.: in: APAT II, Tübingen 1900, 149-177.
Klauck, H.-J.: in JSHRZ III/6, Gütersloh 1989.

Psalmen Salomos:
Holm-Nielsen, S.: in JSHRZ IV/2, Gütersloh 1977.
Kittel, R.: in: APAT II, Tübingen 1900, 127-148.

Pseudo-Phokylides und Pseudo-Orpheus:
Walter, N.: in: JSHRZ IV/3, Gütersloh 1983.

Sapientia Salomonis:
Georgi, D.: JSHRZ III/4, Gütersloh 1980, 391-478.
Siegfried, K.: in: APAT I, Tübingen 1900, 476-507.

Sirach:
Ryssel, V.: in: APAT I, Tübingen 1900, 230-475.
Sauer, G.: in: JSHRZ III/5, Gütersloh 1981.
Smend, R. sen.: Die Weisheit des Jesus Sirach. Hebräisch und Deutsch, Berlin 1906.
Vattioni, F.: Ecclesiastico. Testo ebraico con apparato critico e versioni greca, latina e siriaca, Testi 1, Pubblicazioni del Seminario di Semitistica, Neapel 1968.

Testament Hiobs:
Schaller, B.: in: JSHRZ III/3, Gütersloh 1979.

Testamente der Zwölf Patriarchen:
Becker, J.: in: JSHRZ III/1, 2.Aufl., Gütersloh 1980.

Syrische Psalmen:

Im Anhang von: Delcor, M.: Les Hymnes de Qumran (Hodayot). Texte Hébreu, Introduction, Traduction, Commentaire, Paris 1962.
Woude, A.S. van der: in: JSHRZ IV/1, 2.Aufl. Gütersloh 1977.

Weisheitsschrift aus der Kairoer Geniza:

Berger, K.: Die Weisheitsschrift aus der Kairoer Geniza. Erstedition, Kommentar und Übersetzung, TANZ 1, Tübingen 1989.
Rüger, H.P.: Die Weisheitsschrift aus der Kairoer Geniza. Text, Übersetzung und philologischer Kommentar, WUNT 53, Tübingen 1991.

j) Texte aus Qumran

1QH (Loblieder):

Delcor, M.: Les Hymnes de Qumran (Hodayot). Texte Hébreu, Introduction, Traduction, Commentaire, Paris 1962.

1QS (Gemeinschaftsregel):

Burrows, M.: The Dead Sea Scrolls of St.Mark's Monastery, II, Plates and Transcription of the Manual of Discipline, New Haven 1951.

4Q128-4Q157:

Milik, J.T.: Qumrân Grotte 4, II. Tefillin, Mezuzot et Targums, DJD VI, Oxford 1977.

4Q158-4Q186:

Allegro, J.M.: Qumrân Cave 4, I, DJD V, Oxford 1968.

4Q380-4Q381:

Schuller, E.M.: Non-Canonical Psalms From Qumran. A Pseudepigraphic Collection, HSS 28, Atlanta/Georgia 1986.

4Q400-4Q497:

Newsom, C.: Songs of the Sabbath Sacrifice. A Critical Edition, HSS 27, Atlanta/Georgia 1985.

4Q482-4Q520:

Baillet, M.: Qumrân Cave 4, III, DJD VII, Oxford 1982.

11QPs[a] (Psalmenrolle):

Sanders, J.A.: The Psalms Scroll of Qumrân Cave 11, DJD IV, Oxford 1965.

11QT (Tempelrolle):

Maier, J.: Die Tempelrolle vom Toten Meer, UTB 829, München 1978.

Baillet, M.; Milik, J.T. u. Vaux, R. de: Les 'Petites Grottes' de Qumrân, Textes, DJD III*, Oxford 1962.
Barthélemy, D. u. Milik, J.T.: Discoveries in the Judaen Desert. Qumran Cave 1, DJD I, Oxford 1955.

Lohse, E.: Die Texte aus Qumran. Hebräisch und Deutsch, Darmstadt ²1971.

Milik, J.T.: The Books of Enoch. Aramaic Fragments of Qumrân Cave 4, Oxford 1976.

Skehan, P.W.; Ulrich, E. u. Sanderson, J.: Qumran Cave 4, IV. Paleo-Hebrew an Greek Biblical Manuscripts, DJD IX, Oxford 1992.

Sukenik, E.L.: אצור המגילות הגנוזות שבידי האוניברסיטה העברית (The Dead Sea Scrolls of the Hebrew University), Jerusalem 1954.

2. Hilfsmittel

Barthélemy, D. u. Rickenbacher, O.: Konkordanz zum Hebräischen Sirach, mit Syrisch-Hebräischem Index, Göttingen 1973.

Bauer, H. u. Leander, P.: Historische Grammatik der hebräischen Sprache des Alten Testamentes, Halle 1922 [ND Hildesheim 1965].

Bauer, W.: Griechisch-Deutsches Handwörterbuch zu den Schriften des Neuen Testaments und der frühchristlichen Literatur, 6., völlig neubearb. Aufl., hg.v. K.u.B.Aland, Berlin u.a. 1988.

Bergsträßer, G.: Einführung in die semitischen Sprachen. Sprachproben und grammatische Skizzen, Im Anhang: C.Brockelmann: Zur Syntax der Sprache von Ugarit, München 1928 [ND Darmstadt 1977].

Brockelmann, C.: Grundriss der vergleichenden Grammatik der semitischen Sprachen I/II, Berlin 1908/1913 [ND Darmstadt 1961].

Brockelmann, C.: Lexicon Syriace, ed. secunda aucta et emendata Halle 1928.

Charlesworth, J.H. (Hg.): Graphic Concordance to the Dead Sea Scrolls. The Princeton Theological Seminary Dead Sea Scrolls Project V, Tübingen u. Louisville 1991.

Dalman, G.H.: Aramäisch-Neuhebräisches Handwörterbuch zu Targum, Talmud und Midrasch. Mit Lexikon der Abbreviaturen von G.H.Händler, Frankfurt/M 1901, 3. unver. Aufl., Göttingen 1938.

Davidson, B.: The Analytical Hebrew and Chaldee Lexicon, London ²1850 [ND Grand Rapids/Michigan 1989].

Edel, R.F. (Hg.): Hebräisch-Deutsche Präparationen zum Buch Hiob nach der Ausg. von A.Heiligstedt 1870, Lüdenscheid-Lobetal 1984.

Even-Shoshan, A.: A New Concordance of the Bible. Thesaurus of the Language of the Bible. Hebrew and Aramaic Roots, Words, Proper Names, Phrase and Synonyms, Jerusalem 1989.

Fohrer, G. (Hg.): Hebräisches und aramäisches Wörterbuch zum Alten Testament, Berlin u. New York 1971.

Gesenius, W.: Hebräisches und Aramäisches Handwörterbuch über das Alte Testament, bearb. v. F.Buhl, unver. ND d. 17. Aufl. v. 1915, Berlin u.a. 1962.

Gesenius, W.: Hebräisches und Aramäisches Handwörterbuch über das Alte Testament, 18. Aufl. bearb. u. hg.v. R.Meyer u. H.Donner, 1.Lfg. א-ב, Berlin u.a. 1987.

Gesenius, W.: Hebräische Grammatik, völlig umgearb. v. E.Kautzsch, Leipzig 1909 [ND Hildesheim u.a. ²⁸1985].

Hatch, E. u. Redpath, H.A.: A Concordance to the Septuagint and the Other Greek Versions of the Old Testament, I-II, Oxford 1897, Suppl., Oxford 1906 [ND Graz 1954].

Hebräisches und Aramäisches Lexikon zum Alten Testament, dritte Aufl., neu bearb. v. W.Baumgartner u. J.J.Stamm, I-IV, Leiden 1967-1990.

Heinichen, F.A.: Lateinisch-Deutsches Taschenwörterbuch zu den klassischen und ausgewählten spät- und mittellateinischen Autoren, Leipzig ⁷1974.

Jastrow, M.: A Dictionary of the Targumim, the Talmud Babli and Yerushalmi, and the Midrashic Literature, I-II, New York 1903 [ND 1950].

Joüon, P.: Grammaire de l'Hebreu Biblique. Deuxième édition anastatique corrigée, Rom 1947.

Koehler, L. u. Baumgartner, W.: Lexicon in Veteris Testamenti Libros, Leiden 1953; Suppl., Leiden 1958.

Levy, J.: Wörterbuch über die Talmudim und Midraschim. Nebst Beiträgen v. H.L.Fleischer u. d. Nachträgen u. Berichtigungen zur 2. Aufl. v. L.Goldschmidt, I-IV, Berlin u.a. 1924 [ND Darmstadt 1963].

Lisowsky, G. u. Rost, L.: Konkordanz zum Hebräischen Alten Testament nach dem von P.Kahle in der Biblia Hebraica ed. R.Kittel besorgten Masoretischen Text, Stuttgart ²1966.

Mandelkern, S.: Veteris Testamenti Concordantiae Hebraicae atque Chaldaicae, I-II, editio altera locupletissime aucta et emendata cura F.Margolin, Schocken 1937, [ND Graz 1955].

Nöldeke, Th.: Kurzgefasste syrische Grammatik, zweite, verbess. Aufl., Leipzig 1898 [ND Darmstadt 1966/77 mit einem Anhang: Die handschriftlichen Ergänzungen in dem Handexemplar Theodor Nöldekes und Register der Belegstellen bearb. v. A.Schall].

Payne Smith, J. (Mrs.Margoliouth): A Compendious Syriac Dictionary Founded upon the Thesaurus Syriacus of R.Payne Smith, Oxford 1903 [ND 1985].

Payne Smith, J. (Mrs.Margoliouth): Supplement to the Thesaurus Syriacus of R.Payne Smith, Oxford 1927.

Payne Smith, R.: Thesaurus Syriacus, I-II, Oxford 1879-1901.

Schneider, W.: Grammatik des Biblischen Hebräisch. Völlig neue Bearb. der "Hebräischen Grammatik für den akademischen Unterricht" v. O.Grether, München ⁶1985.

Schwyzer, E.: Griechische Grammatik auf der Grundlage von K.Brugmanns griechischer Grammatik, HAW 2/1, Bd.1, München ²1953; Bd.2 vervollständigt u. hg.v. A.Debrunner, München 1955.

Segert, St.: Altaramäische Grammatik mit Bibliographie, Chrestomathie und Glossar, Leipzig ⁴1990.

Wehr, H.: Arabisches Wörterbuch für die Schriftsprache der Gegenwart. Arabisch-Deutsch. 5.Aufl. unter Mitw. v. L.Kropfitsch, neu bearb u. erw., Wiesbaden 1985.

Würthwein, E.: Der Text des Alten Testaments. Eine Einführung in die Biblia Hebraica, Stuttgart ⁵1988.

Zorell, F. (Hg.): Lexicon Hebraicum et Aramaicum Veteris Testamenti, fasc.1-9 (a אָב ad תְּתָר), Rom 1960.

3. Aufsätze, Einleitungen, Kommentare und Monographien

Albertz, R.: Der sozialgeschichtliche Hintergrund des Hiobbuches und der "Babylonischen Theodizee", in: Die Botschaft und die Boten, FS H.W.Wolff, hg.v. J.Jeremias u. L.Perlitt, Neukirchen-Vluyn 1981, 349-372.

Albertz, R.: Persönliche Frömmigkeit und offizielle Religion. Religionsinterner Pluralismus in Israel und Babylon, CThM 9, Stuttgart 1978.

Albertz, R.: Weltschöpfung und Menschenschöpfung. Untersucht bei Deuterojesaja, Hiob und in den Psalmen, CThM 3, Stuttgart 1974.

Alfrink, B.: Das Wort רֶגֶב in Job 21,33 und 38,38, in: Bib 13 (1932), 77-86.

Allen, L.C.: Ps 101-150, WBC 21, Waco/Texas, 1983.

Alonso Schökel, L. u. Sicre Diaz, J.L.: Job. Comentario teológico y literario, Nueva Biblia Española, Madrid 1983.

Alt, A.: Zur Vorgeschichte des Buches Hiob, in: ZAW 55 (1937), 265-268.

Altschüller, M.A: Einige textkritische Bemerkungen zum Alten Testament, in: ZAW 6 (1886), 211-213.

Andersen, F.J.: Job. An Introduction and Commentary, TOTC, London u. Leicester 1976.

Anderson, G.W.: A Critical Introduction to the Old Testament, London 1959.

Assmann, J.: Ägypten. Theologie und Frömmigkeit einer frühen Hochkultur, UB 366, Stuttgart u.a. ²1991.

Aufrecht, W.E. (Hg.): Studies in the Book of Job, SR.S 16, Waterloo/Ontario 1985.

Bacher, W.: Das Targum zu den Psalmen, in: MGWJ 21 (1872), 408-416. 463-473.

Bacher, W.: Das Targum zu Hiob, in: MGWJ 20 (1871), 208-223.283f.

Balentine, S.E.: The Hidden God. The Hiding of the Face of God in the Old Testament, OTM, Oxford 1984.

Balla, E.: Das Problem des Leides in der Geschichte der israelitisch-jüdischen Religion, in: ΕΥΧΑΡΙΣΤΗΡΙΟΝ, FS H.Gunkel, hg.v. H.Schmidt, FRLANT 36, Göttingen 1923, 214-260.

Bardtke, H.: Literaturbericht über Qumran VI.II. Das Hiobtargum aus Höhle XI von Qumran (11QtgJob), in: ThR 37 (1972), 205-219.

Bardtke, H.: Prophetische Züge im Buche Hiob, in: Das ferne und nahe Wort, FS L.Rost, hg.v. F.Maas, BZAW 105, Berlin 1967, 1-10.

Barr, J.: Comparative Philology and the Text of the Old Testament, Oxford 1968.

Barth, K.: Hiob [Teile aus KD IV.3.1.], hg. u. eingel. v. H.Gollwitzer, BSt 49, Neukirchen-Vluyn 1966.

Barton, G.A.: The Composition of Job 24-30, in: JBL 30 (1911), 66-77.

Baumann, E.: Die Verwendbarkeit der Pešita zum Buche Ijob für die Textkritik, in: ZAW 18 (1898), 305-338; ZAW 19 (1899), 15-95. 288-309; ZAW 20 (1900), 177-201.264-307.

Baumgärtel, F.: Der Hiobdialog. Aufriss und Deutung, BWANT 61, Stuttgart 1933.

Becker, J.: Das Heil Gottes. Heils- und Sündenbegriffe in den Qumrantexten und im Neuen Testament, StUNT 3, Göttingen 1964.

Beer, G.: Der Text des Buches Hiob, Marburg 1895-1897.

Beer, G.: Textkritische Studien zum Buche Job, in: ZAW 16 (1896), 297-314; ZAW 17 (1897), 97-122; ZAW 18 (1898), 257-286.

Berger, K.: Die Bedeutung der wiederentdeckten Weisheitsschrift aus der Kairoer Geniza für das Alte Testament, in: ZAW 103 (1991), 113-121.

Bergmeier, R.: Zum Ausdruck רשעים עצת in Ps 1,1; Hi 10,3; 21,16 und 22,18, in: ZAW 79 (1967), 229-232.

Bernstein, G.H.: Über das Alter, den Inhalt, den Zweck und die gegenwärtige Gestalt des Buches Hiob, in: ASEST I/3 (1813), 1-137.

Bertholdt, L.: Historischkritische Einleitung in sämmtliche kanonische und apokryphische Schriften des Alten und Neuen Testaments, Bd.V, Erlangen 1815.1816.

Beuken, W.A.M. (Hg.).: The Book of Job [Kongreßband des XLII. Colloquium Biblicum Lovaniense (1993)], künftig als BEThL.

Bickell, G.: Carmina Veteris Testamenti metrice. Notas Criticas et dissertationem de re metrica Hebraeorum adjecit, Innsbruck 1882.

Bickell, G.: Das Buch Job nach Anleitung der Strophik und der Septuaginta auf seine ursprüngliche Form zurückgeführt und im Versmaße des Urtextes übersetzt, Wien 1894.

Bickell, G.: Kritische Bearbeitung des Iobdialogs, in: WZKM 6 (1892), 136-147.241-257.327-334; WZKM 7 (1893), 1-20.153-168; WZKM 8 (1894), 121.

Bietenhardt, H.: Die Handschriftenfunde vom Toten Meer (Ḥirbet Qumran) und die Essener-Frage. Die Funde in der Wüste Juda (Eine Orientierung), in: ANRW II. Principat 19/1, hg.v. W.Haase, Berlin u.a. 1979, 704-778.

Bietenhardt, H.: Die himmlische Welt im Urchristentum und Spätjudentum, WUNT 2, Tübingen 1951.

Bishai, W.B.: Notes on *HSKN* in Job 22,21, in: JNES 20 (1961), 258f.

Bleek, F.: Einleitung in das Alte Testament, hg.v. Joh.Bleek u. A.Kamphausen, 4.Aufl. bearb.v. J.Wellhausen, Berlin ⁴1878.

Blommerde, A.C.M.: Northwest Semitic Grammar and Job, BibOr 22, Rom 1969.

Bobzin, H.: Die 'Tempora' im Hiobdialog, Diss. Marburg 1974.

Boecker, H.J.: Recht und Gesetz im Alten Testament und im Alten Orient, NStB 10, 2., durchg. u. erw. Aufl., Neukirchen-Vluyn 1984.

Boecker, H.J.; Hermisson, H.-J.; Schmidt, J.M. u. Schmidt, L.: Altes Testament, Neukirchener Arbeitsbücher, Neukirchen-Vluyn 1983.

Böckel, E.G.A.: Das Buch Hiob, übersetzt und für gebildete Leser kurz erläutert. Zweite, ganz umgearb., mit einer Zugabe philologischer und exegetischer Anmerkungen und der Probe eines critisch-philologischen Commentars zu den griechischen Übersetzungen des Hiob verm. Ausg., Hamburg 1830.

Boehmer, J.: Was ist der Sinn von Hi 39,13-18 an seiner gegenwärtigen Stelle?, in: ZAW 53 (1935), 289-291.

Bonkamp, B.: Die Psalmen nach dem hebräischen Grundtext, Freiburg i.Br. 1949.

Brandscheidt, R.: Gotteszorn und Menschenleid. Die Gerichtsklage des leidenden Gerechten in Klgl. 3, TThSt 41, Trier 1983.

Briggs, C.A.: A Critical and Exegetical Commentary on the Book of Psalms, ICC 2, I-II, Edinburgh 1906/7 [ND 1952].

Brunner, H.: Altägyptische Religion. Grundzüge, Darmstadt ³1989.

Bruns, P.J.: Index locorum quae mandante cl. Kennicott in Codicis Hebraicis V.T. evolvit, in: RBML XIII (1783), 249f.

Budde, K.: Beiträge zur Kritik des Buches Hiob, Bonn 1876.

Budde, K.: Die Capitel 27 und 28 des Buches Hiob, in: ZAW 2 (1882), 193-274.

Budde, K.: Das Buch Hiob, HK II/1, Göttingen 1896.

Budde, K.: Das Buch Hiob, zweite neu bearb. Aufl., HK²II/1, Göttingen 1913.

Bückers, H.: Die Makkabäerbücher. Das Buch Job, HBK 5, Freiburg i.Br. 1939.

Bühlmann, W. u. Scherer, K.: Stilfiguren der Bibel. Ein kleines Nachschlagewerk, BB 10, Fribourg/Schweiz 1973.

Buhl, F.: Zur Vorgeschichte des Buches Hiob, in: Vom Alten Testament, FS K.Marti, hg.v. K.Budde, BZAW 41, Giessen 1925, 52-61.

Buttenwieser, M.: The Book of Job, London u. Philadelphia 1922 [ND New York 1925].

Calmet, A.: Commentaire litteral sur le livre de Job, Paris 1724.

Cappellus, L.: Commentarii et notae criticae in Vetus Testamentum, Amsterdam 1689.

Carmignac, J.: Die Theologie des Leidens in den Hymnen von Qumran [1961/62], in: K.E.Grözinger (Hg.), Qumran, WdF 410, Darmstadt 1981, 312-340.

Cheyne, T.K.: Art. Job, in: EBC II, London 1901, 2464-2491.

Cheyne, T.K.: Job and Solomon or the Wisdom of the Old Testament, London 1887.

Childs, B.S.: Introduction to the Old Testament as Scripture, Philadelphia 1979.

Clines, D.J.A.: Job 1-20. WBC 17, Dallas/Texas 1989.

Cook, J.: Aspects of Wisdom in the Texts of Job (Chapter 28) - *Vorlage(n)* and/or Translator(s), in: OTE 5 (1992), 26-45.

Craigie, P.C.: Psalms 1-50. WBC 19, Waco/Texas 1983.

Crenshaw, J.L.: Ecclesiastes. A Commentary, OTL, London 1988.

Crenshaw, J.L: Old Testament Wisdom. An Introduction, Atlanta/Georgia 1981.

Crüsemann, F.: Hiob und Kohelet. Ein Beitrag zum Verständnis des Hiobbuches, in: Werden und Wirken des Alten Testamentes, FS C.Westermann, hg.v. R.Albertz u.a., Göttingen u.a. 1980, 373-393.

Crüsemann, F.: Studien zur Formgeschichte von Hymnus und Danklied in Israel, WMANT 32, Neukirchen-Vluyn 1969.

Dahood, M.: Hebrew-Ugaritic Lexicography I-XII, in: Bib 44 (1963), 289-303; Bib 45 (1964), 393-412; Bib 46 (1965), 311-332; Bib 47 (1966), 403-419; Bib 48 (1967), 421-438; Bib 49 (1968), 355-369; Bib 50 (1969), 337-356; Bib 51 (1970), 391-404; Bib 52 (1971), 337-356; Bib 53 (1972), 386-403; Bib 54 (1973), 351-366; Bib 55 (1974), 381-393.

Dahood, M.: Punic *hkkb* '*l* and Isa 14,13, in: Or 34 (1965), 170-172.

Dahood, M.: Some Northwest-Semitic Words in Job, in: Bib 38 (1957), 306-320.

Dahood, M.: Ugaritic and the Old Testament, in: H.Cazelles (Hg.), De Mari à Qumrân. Son milieu. Ses écrits. Ses relectures juives, BEThL 24, Gembloux u. Paris 1964, 18-33

Dahood, M.: Ugaritic-Hebrew Philology. Marginal Notes on Recent Publications, BibOr 17, Rom 1965.

Dailey, T.F.: And Yet He Repents - On Job 42,6, in: ZAW 105 (1993), 205-209.

Dassmann, E.: Art. Hiob, in: RAC 15 (1991), 366-442.

Dathe, J.A.: Jobus, Proverbia Salomonis, Ecclesiastes, Canticum Canticorum ex recensione textus hebraei et versionum antiquarum latine versi notisque philologicis et criticis illustrati, Halle 1789.

Day, P.L.: An Adversary in Heaven, *śāṭān* in the Hebrew Bible, HSM 43, Atlanta/Georgia 1988.

Deissler, A.: Die Psalmen, I-III, WB, Düsseldorf, [1]1963-1965.

Deissler, A.: Ps 119 (118) und seine Theologie. Ein Beitrag zur Erforschung der anthologischen Stilgattung im Alten Testament, MThS.H 11, München 1955.

Delekat, L.: Zum hebräischen Wörterbuch, in: VT 14 (1964), 7-66.

Delitzsch, Franz: Das Buch Job, BC IV/2, zweite, durchaus umgearb. Aufl., Leipzig 1876.

Delitzsch, Friedrich: Die Lese- und Schreibfehler im Alten Testament, Berlin u. Leipzig 1920.

Delitzsch, Friedrich: Das Buch Hiob neu übersetzt und kurz erklärt. Ausgabe mit sprachlichem Kommentar, Leipzig 1902.

Dell, K.L.: The Book of Job as Sceptical Literature, BZAW 197, Berlin u. New York 1991.

Dhorme, E.: A Commentary on the Book of Job. Transl. by H.Knight [engl. Übers. der franz. Ausg. v. 1926], London 1967.

Dhorme, E.: Les chapitres 25-28 du livre de Job, in: RB 33 (1924), 343-356.

Dietrich, M.; Loretz, O. u. Sanmartín, J.: Zur ugaritischen Lexikographie (IX). Lexikographische Einzelbemerkungen, in: UF 6 (1974), 19-45.

Dietrich, M. u. Loretz, O.: Die sieben Kunstwerke des Schmiedegottes in KTU 1.41 I 23-24*, in: UF 10 (1978), 57-63.

Dillmann, A.: Hiob. [Neubearb. d. Ausg. v. L.Hirzel u. J.Olshausen], KEH³ 2, Leipzig 1869.

Dillmann, A.: Hiob, KEH⁴ 2, Leipzig 1891.

Döderlein, J.C.: Scholia in libros Veteris Testamenti Poeticos, Iobum, Psalmos, et tres Salomonis, Halle 1779 [= Hugonis Grotii Annotationes in V.T. auctarium scripsit D.Ioh.Chr.Döderlein, I, qui continet observationes in libros poeticos, Halle 1779].

Doll, P.: Menschenschöpfung und Weltschöpfung in der alttestamentlichen Weisheit, Diss.masch. Heidelberg 1980.

Doll, P.: Menschenschöpfung und Weltschöpfung in der alttestamentlichen Weisheit, SBS 117, Stuttgart 1985.

Dommershausen, W.: Zum Vergeltungsdenken des Ben Sira, in: Wort und Geschichte, FS K.Elliger, hg.v. H.Gese u. H.P.Rüger, AOAT 18, Kevelaer u.a. 1973, 37-46.

Driver, S.R.: Einleitung in die Litteratur des Alten Testaments, nach der 5.Aufl. übers. u. hg.v. J.W.Rothstein, Berlin 1896.

Driver, S.R. u. Gray, G.B.: A Critical and Exegetical Commentary on the Book of Job, ICC 14, Edinburgh 1921 [ND 1950].

Duhm, B.: Die Psalmen. Zweite, verm. u. verbess. Aufl., KHC 14, Tübingen 1922.

Duhm, B.: Das Buch Hiob, KHC 16, Freiburg i.Br. u.a. 1897.

Eaton, J.H.: Job, OTG 5, Sheffield 1985.

Ebach, J.: Art. Hiob/Hiobbuch, in: TRE XV (1986), 360-380.

Ebach, J.: Die "Schrift" in Hiob 19,23, in: Prophetie und geschichtliche Wirklichkeit im Alten Testament, FS S.Herrmann, hg.v. R.Liwack u. S.Wagner, Stuttgart u.a. 1991, 99-121.

Ecker, R.: Die arabische Job-Übersetzung des Gaon Saadja Ben Josef Al-Fajjûmî. Ein Beitrag zur Geschichte der Übersetzung des Alten Testaments, StANT 4, München 1962.

Ehrlich, A.B.: Randglossen zur hebräischen Bibel. Textkritisches, Sprachliches und Sachliches, Bd.6, Psalmen, Sprüche und Hiob, Leipzig 1918 [ND Hildesheim 1968].

Ehrlich, E.L.: Der Traum im Alten Testament, BZAW 73, Berlin 1953.

Eichhorn, J.G.: Einleitung in das Alte Testament, dritte verb. u. verm. Ausg., I-III, Leipzig 1803.

Eichhorn, J.G.: Einleitung in das Alte Testament, vierte Original-Ausgabe, I-V, Göttingen 1823-24.

Eichhorn, J.G.: Einleitung ins Alte Testament, zweite verm. u. verb. Ausg., I-III, Leipzig 1787 [ND Reutlingen 1790].

Eichhorn, J.G.: Hiob, in: ABBL X (1800), 577-758.

Eichhorn, J.G.: Nachrichten zu ABBL II (1790), 609-633, in: ABBL III (1790), 180-188.

Eichhorn, J.G.: Rezension von J.A.Dathe, Jobus (1789), in: ABBL II (1790), 528f.

Eichhorn, J.G.: Rezension von B.Kennicott, Remarks on Select Passages in the Old Testament (1787), in: ABBL VIII (1797/99), 1002f.

Eichhorn, J.G.: Rezension von J.Dav.Michaelis, Einleitung (1787), in: ABBL I (1787), 430-468.

Eichhorn, J.G.: Rezension von J.E.C.Schmidt, Entwurf einer Geschichte des Glaubens an Vergeltung und Unsterblichkeit bei den Juden (1797), in: ABBL VIII (1797), 121-126.

Eichhorn, J.G.: Über einige Stellen im Hiob, welche der höheren Conjectural-Kritik zu bedürfen scheinen, in: ABBL II (1790), 609-633.

Eichrodt, W.: Theologie des Alten Testaments, I-III. 3. u. 4.Aufl., Berlin (Ost) 1950.

Eißfeldt, O.: Ba'al Saphon von Ugarit und Amon von Ägypten [1962], in: ders., KS IV, 53-57.

Eißfeldt, O.: Das Alte Testament im Lichte der Safatenischen Inschriften [1954], in: ders., KS III, 289-317.

Eißfeldt, O.: Einleitung in das Alte Testament unter Einschluß der Apokryphen und Pseudepigraphen sowie der apokryphen- und pseudepigraphenartigen Qumran-Schriften, NTG, 3., neubearb. Aufl., Tübingen 1964.

Eißfeldt, O.: El und Jahwe [1956], in: ders., KS III, 386-397.

Eißfeldt, O.: Gott und das Meer in der Bibel [1953], in: ders., KS III, 256-264.

Eißfeldt, O.: Jahve und Baal [1914], in: ders., KS I, 1-12.

Eißfeldt, O.: Kleine Schriften, I-VI, hg.v. R.Sellheim u. F.Maass, Tübingen 1962-1979.

Eißfeldt, O.: "Mein Gott" im Alten Testament [1945/48], in: ders., KS III, 35-47.

Elbogen, I.: Der jüdische Gottesdienst in seiner geschichtlichen Entwicklung, Frankfurt/M. [3]1931 [ND Hildesheim 1962].

Epping, C. u. Nelis, T.J.: Job, BOT VII A., Roermond 1968.

Ewald, H.: Die Dichter des Alten Bundes. Dritter Theil. Das Buch Ijob, zweite Ausg., Göttingen 1854.

Fahlgren, K.H.: $s^e daka$ nahestehende und entgegengesetzte Begriffe im Alten Testament, Diss. Uppsala 1932.

Fedrizzi, P.: Giobbe. SB, Rom u. Turin 1972.

Fichtner, J.: Die altorientalische Weisheit in ihrer israelitisch-jüdischen Ausprägung. Eine Studie zur Nationalisierung der Weisheit in Israel, BZAW 62, Giessen 1933.

Fine, H.A.: The Tradition of a Patient Job, in: JBL 74 (1955), 28-32.

Fitzmyer, J.A.: The Aramaic "Elect of God" Text from Qumran Cave IV, in: CBQ 27 (1965), 348-372.

Fohrer, G.: Art. Hiob, in: CBL[3] (1973), 535-539.

Fohrer, G.: Das Alte Testament. Einführung in Bibelkunde und Literatur des Alten Testaments und in Geschichte und Religion Israels, I-II, Gütersloh 1969-1970.

Fohrer, G.: Das Buch Hiob, KAT 16, Gütersloh 1963 (bibliogr. erw. [2]1989).

Fohrer, G.: Studien zum Buch Hiob (1956-1979), zweite, erw. u. bearb. Aufl., BZAW 159, Berlin u. New York 1983.

Fohrer, G.: 4QORNAB; 11QTGJob und die Hioblegende, in: ZAW 75(1963), 93-97.

Fuchs, G.: Mythos und Hiobdichtung. Aufnahme und Umdeutung altorientalischer Vorstellungen, Stuttgart u.a. 1993.

Fuhrmann, M.: Die antike Rhetorik. Eine Einführung, München u. Zürich [3]1990.

Fuhs, H.F.: Art. יָרֵא $j\bar{a}re^{\,\prime}$, in: ThWAT III (1982), 869-893.

Fullerton, K.: The Original Conclusion to the Book of Job, in: ZAW 42 (1924), 116-135.

Garcia Martinez, F.: Qumran and Apocalyptic. Studies on the Aramaic Texts from Qumran, StTDJ 9, Leiden u.a. 1992.

Gard, D.H.: The Exegetical Method of the Greek Translator of the Book of Job, JBL.MS VIII, Philadelphia 1952.

Gehman, H.S.: Some Types of Errors of Transmission in the LXX, in: VT 3 (1953), 397-400.

Gemser, B.: Sprüche Salomos, HAT I/16, Tübingen 1937.

Gerhard, Joh.: Loci Theologici [1610ff.], ed. J.F.Cotta, I. Loci de Scriptura Sacra, Tübingen 1762.

Gerleman, G.: Studies in the Septuagint. I. The Book of Job, AUL 43, Lund 1946.

Gerschom [Gersonides], Levi Ben: פרוש איוב (Hiobkommentar), hg.v. N.de Salò, Ferrara 1477 [als Inkunabel in der UB Frankfurt/M. unter der Signatur: Inc.hebr 28].

Gerstenberger, E.: Der bittende Mensch. Bittritual und Klagelied des Einzelnen im Alten Testament, WMANT 51, Neukirchen-Vluyn 1980.

Gerstenberger, E.: Der klagende Mensch. Anmerkungen zu den Klagegattungen in Israel, in: Probleme biblischer Theologie, FS G.von Rad, hg.v. H.W.Wolff, München 1971, 64-72.

Gerstenberger, E.: Psalms. Part I with an Introduction to Cultic Poetry, FOTL XIV, Grand Rapids/Michigan 1988.

Gerstenberger, E. u. Schrage, W.: Leiden. BiKon 1004, Stuttgart u.a. 1977.

Gese, H.: Die Frage nach dem Lebenssinn. Hiob und die Folgen, in: ZThK 79 (1982), 161-179.

Gese, H.: Lehre und Wirklichkeit in der Alten Weisheit. Studien zu den Sprüchen Salomos und dem Buche Hiob, Tübingen 1958.

Gesenius, W.: Geschichte der hebräischen Sprache und Schrift. Eine philologisch-historische Einleitung in die Sprachlehren und Wörterbücher der hebräischen Sprache, Leipzig 1815 [ND Hildesheim u.a. 1973].

Gibson, J.C.L.: Job. The Daily Study Bible, Edinburgh u.a. 1985.

Giesebrecht, F.: Der Wendepunkt des Buches Hiob. Capitel 27 und 28, Diss. Greifswald, Berlin 1879.

Gillischewski, E.: Die erste Elifaz-Rede. Hiob Kap. 4 und 5, in: ZAW 39 (1921), 290-296.

Ginsberg, H.L.: Art. Job, in: EJ 10 (1971), 111-121.

Ginsberg, H.L.: Job the Patient and Job the Impatient, in: VT.S 17 (1969), 88-111.

Good, E.M.: In Turns of Tempest. A Reading of Job with a Translation, Stanford/California 1990.

Gordis, R.: The Book of God and Man. A Study of Job, Chicago u. London 1965.

Gordis, R.: The Book of Job. Commentary, New Translation and Special Studies, MorS II, New York 1978.

Gordis, R.: Virtual Quotations in Job, Sumer and Qumran, in: VT 31 (1981), 410-427.

Gordon, C.H.: His Name is 'One', in: JNES 29 (1970), 198-199.

Grabbe, L.L.: Comparative Philology and the Text of Job. A Study in Methodology, SBL.DS 34, Missoula/Montana 1975.

Graetz, H.: Die Integrität der Kapitel 27 und 28 im Hiob, in: MGWJ 21 (1872), 241-250.

Graetz, H.: Lehrinhalt der 'Weisheit' in den biblischen Büchern, in: MGWJ 36 (1887), 241-257.289-299.402-410.544-549 [darin: 'Register der auffallend corrumpierten Stellen in Hiob'].

Gray, J.: The Book of Job in the Context of Near Eastern Literature, in: ZAW 82 (1970), 251-269.

Gray, J.: The Massoretic Text of the Book of Job, the Targum and the Septuagint Version in the Light of the Qumran Targum (11QtargJob), in: ZAW 86 (1974), 331-350.

Greenspahn, F.E.: Hapax Legomena in the Biblical Hebrew, SBL.DS 74, Chico 1984.

Greenspahn, F.E.: The Number and Distribution of *HAPAX LEGOMENA* in Biblical Hebrew, in: VT 30 (1980), 8-19.

Grill, J.: Zur Kritik der Komposition des Buches Hiob, Beilage zu den Tübinger Universitätsschriften 50/51, Tübingen 1890.

Grimme, H.: Metrisch-kritische Emendationen zum Buche Hiob, in: ThQ 80 (1898), 295-304.421-432; in: ThQ 81 (1899), 112-118.259-277.

Grözinger, K.E.; u.a. (Hg.): Qumran, WdF 410, Darmstadt 1981.

Groß, H.: Ijob. NEB.AT Lfg. 13, Würzburg 1986.

Grotius, H.: Annotationes in Vetus Testamentum [1651], emendatius ed. et brevibus complurimum locorum dilucidationibus auxit G.J.L.Vogel, Halle 1775.

Guillaume, A.: Metallurgy in the OT, in: PEQ 94 (1962), 129-132.

Guillaume, A.: Studies in the Book of Job with a New Translation, ed. J.McDonald, ALUOS.S 2, Leiden 1968.

Guillaume, A.: The Arabic Background of the Book of Job, in: Promise and Fulfilment, FS S.H.Hooke, hg.v. F.F.Bruce, Edinburgh 1963, 106-127.

Guillaume, A.: The Unity of the Book of Job, in: ALUOS 4, Leiden 1964, 26-46.

Gunkel, H.: Art. Hiobbuch, in: RGG[1] III (1912), 39-48.

Gunkel, H.: Art. Hiobbuch, in: RGG[2] II (1928), 1924-1930.

Gunkel, H.: Art. Vergeltung II. Im AT, in: RGG[2] V (1931), 1529-1533.

Gunkel, H.: Die Psalmen, HK II/2, Göttingen [4]1929 [ND [6]1986].

Gunkel, H. u. Begrich, J.: Einleitung in die Psalmen. Die Gattungen der religiösen Lyrik Israels [1933], Göttingen [5]1984.

Habel, N.C.: 'Naked I Came...': Humaness in the Book of Job, in: Die Botschaft und die Boten, FS H.W.Wolff, hg.v. J.Jeremias u. L.Perlitt, Neukirchen-Vluyn 1981, 373-392.

Habel, N.C.: The Book of Job. A Commentary, OTL, London 1985.

Hahn, H.A.: Commentar über das Buch Hiob, Berlin 1850.

Hamburger, J.: Art. Ijob, in: Real-Encyclopädie des Judentums, Abt.I. Biblische Artikel, Leipzig 1896, 590-594.

Hanson, A.u.M.: The Book of Job. Introduction and Commentary, TBC, London [4]1970.

Hartley, J.E.: The Book of Job, NIC, Grand Rapids/Michigan 1988.

Hartmann, B.: "Es gibt keine Kraft und Macht außer bei Gott". Zur Kopula im Hebräischen, in: OTS 14 (1965), 115-121.

Hasse, J.G.: Vermuthungen über das Buch Hiob, in: Magazin für die biblisch-orientalische Litteratur und gesammte Philologie I, Königsberg u. Leipzig 1789, 161-192.

Heath, T.: An Essay towards a New English Version of the Book of Job from the Original Hebrew with a Commentary, and Some Account of His Life, London 1756.

Hempel, J.: Die Althebräische Literatur und ihr hellenistisch-jüdisches Nachleben, HLW, Wildpark-Potsdam 1930.

Hengel, M.: Judentum und Hellenismus. Studien zu ihrer Begegnung unter besonderer Berücksichtigung Palästinas bis zur Mitte des 2.Jh.s v.Chr., WUNT 10, 3., durchg. Aufl., Tübingen 1988.

Herder, J.G.: Vom Geist der Ebräischen Poesie. Eine Anleitung für die Liebhaber derselben und der ältesten Geschichte des menschlichen Geistes. Erster Theil [[1]1782; [2]1787], in: Herders SW, hg.v. B.Suphan, Bd.IX, Berlin 1879, 213-475.

Hermisson, H.-J.: Notizen zu Hiob, in: ZThK 86 (1989), 125-139.

Herrmann, S.: Geschichte Israels in alttestamentlicher Zeit, München 1973.

Hertzberg, H.W.: Das Buch Hiob, BhG.AT, Berlin 1951.

Hertzberg, H.W.: Der Aufbau des Buches Hiob, in: FS A.Bertholet, hg.v. W.Baumgartner u.a., Tübingen 1950, 233-258.

Hertzberg, H.W.: Der Prediger, KAT 17/4, Gütersloh 1963.

Hesse, F.: Hiob, ZBK.AT 14, Zürich 1978.

Hirzel, L.: Hiob, KEH 2, Leipzig 1839.

Hitzig, F.: Das Buch Hiob, Leipzig u. Heidelberg 1874.

Hitzig, F.: Die Psalmen, übersetzt und ausgelegt, I-II, Leipzig u. Heidelberg 1863/65.

Hölscher, G.: Das Buch Hiob, HAT I/17, zweite, verbess. Aufl., Tübingen 1952.

Hoffmann, Johann Adolf: Neue Erklärung des Buchs Hiob, hg. u. erw.v. H.S.Reimarus, Hamburg 1734.

Hoffmann, J.Georg E.: Das Buch Hiob, Kiel 1891.

Hoffmann, J.Georg E.: Ergänzungen und Berichtigungen zu Hiob, in: ZAW 49 (1931), 141-145.270-273.

Hoffmann, Yair: Ancient Near Eastern Literary Conventions and the Restoration of the Book of Job, in: ZAW 103 (1991), 399-411.

Holm-Nielsen, S.: Religiöse Poesie des Spätjudentums, in: ANRW II. Principat 19/1, hg.v. W.Haase, Berlin u.a. 1979, 152-186.

Hontheim, J.: Das Buch Job. Als strophisches Kunstwerk nachgewiesen, übersetzt und erklärt, BSt (F) 9, Freiburg i.Br. 1904.

Hornung, E.: Der Eine und die Vielen. Ägyptische Gottesvorstellungen, Darmstadt 1971.

Horst, F.: Art. Hiob, in: EKL² II (1958), 168-172.

Horst, F.: Art. Vergeltung II. Im AT, in: RGG³ VI (1962), 1343-1346.

Horst, F.: Das Kennzeichen der hebräischen Poesie, in: ThR 21 (1953), 97-121.

Horst, F.: Hiob. 1.Teilband, BK16/1, Neukirchen-Vluyn 1968 (=⁴1983).

Hossfeld, F.-L. u. Zenger, E.: Die Psalmen. Psalm 1-50, NEB.AT Lfg. 29, Würzburg 1993.

Houbigant, C.F.: Notae criticae in universos Veteris Testamenti libros II, Frankfurt/M. 1777.

Houtsma, M.T.: Textkritische Studien zum Alten Testament, I. Das Buch Hiob, Leiden 1925.

Huber, P.: Hiob - Dulder oder Rebell? Byzantinische Miniaturen zum Buch Hiob in Patmos, Rom, Venedig, Sinai, Jerusalem und Athos, Düsseldorf 1986.

Hufnagel, W.F.: Hiob. Neu übersetzt mit Anmerkungen, Erlangen 1781.

Hurvitz, A.: The Date of the Prose-Tale of Job Linguistically Reconsidered, in: HThR 67 (1974), 17-34.

Jacob, B.: Das hebräische Sprachgut im Christlich-Palästinischen, in: ZAW 22 (1902), 83-113.

Jacob, B.: Erklärung einiger Hiob-Stellen, in: ZAW 32 (1912), 278-287.

Jahnow, H.: Das hebräische Leichenlied im Rahmen der Völkerdichtung, BZAW 36, Giessen 1923.

Jastrow, Mo.jr.: The Book of Job. Its Origin, Growth and Interpretation, London u. Philadelphia 1920.

Janzen, G.: Job. Interpretation. A Bible Commentary for Teaching and Preaching, Atlanta/Georgia 1985.

Jepsen, A.: Das Buch Hiob und seine Deutung, AzTh 1,14, Stuttgart 1963.

Jepsen, A.: Warum? Eine lexikalische und theologische Studie, in: Das ferne und nahe Wort, FS L.Rost, hg.v. F.Maass, BZAW 105, Berlin 1967, 106-113.

Jeremias, G.: Der Lehrer der Gerechtigkeit, StUNT 2, Göttingen 1963.

Johansson, N.: Parakletoi. Vorstellungen von Fürsprechern für die Menschen vor Gott in der alttestamentlichen Religion, im Spätjudentum und Urchristentum, Lund 1940.

Jung, C.G.: Antwort auf Hiob, Zürich 1952.

Junker, H.: Das Buch Job, EB, Würzburg ³1954.

Justi, K.W.: Fragmente aus dem Hiob. Übersetzt und erläutert, in: Memorabilien V, hg.v. H.E.G.Paulus, Leipzig 1794, 135-175.

Kaiser, O.: Art. חָרֵב hæræb, in: ThWAT III (1982), 164-176.

Kaiser, O.: Art. Literaturgeschichte, Biblische I. Altes Testament, in: TRE XXI (1991), 306-337.

Kaiser, O.: Der Gott des Alten Testaments. Theologie des Alten Testaments. Teil 1: Grundlegung, UTB 1747, Göttingen 1993.

Kaiser, O.: Der Mensch, Gottes Ebenbild und Statthalter auf Erden, in: NZSTh 33 (1991), 99-111.

Kaiser, O.: Der Mensch unter dem Schicksal. Studien zur Geschichte, Theologie und Gegenwartsbedeutung der Weisheit, BZAW 161, Berlin u. New York 1985.

Kaiser, O.: Der Prophet Jesaja. Kapitel 1-12, ATD 17; 1.Aufl. 1973; 5., völlig neubearb. Aufl., Göttingen 1981.

Kaiser, O.: Die Begründung der Sittlichkeit im Buch Jesus Sirach [1958], in: ders., Der Mensch unter dem Schicksal, BZAW 161, 51-63.

Kaiser, O.: Die Bedeutung des Alten Testaments für den christlichen Glauben, in: ZThK 86 (1989), 1-17.

Kaiser, O.: Die mythische Bedeutung des Meeres in Ägypten, Ugarit und Israel, BZAW 78, zweite überarb. u. um einen Nachtrag verm. Aufl., Berlin 1962.

Kaiser, O.: Die Sinnkrise bei Kohelet [1978], in: ders., Der Mensch unter dem Schicksal, BZAW 161, 91-109.

Kaiser, O.: Einleitung in das Alte Testament. Eine Einführung in ihre Ergebnisse und Probleme, 5., grundlegend neubearb. Aufl., Gütersloh 1984.

Kaiser, O.: Gottesgewißheit und Weltbewußtsein in der frühhellenistischen jüdischen Weisheit [1982], in: ders., Der Mensch unter dem Schicksal, BZAW 161, 122-134.

Kaiser, O.: Grundriß der Einleitung in die kanonischen und deuterokanonischen Schriften des Alten Testaments. Bd. 1: Die erzählenden Werke, Gütersloh 1992.

Kaiser, O.: Ideologie und Glaube. Eine Gefährdung des christlichen Glaubens am alttestamentlichen Beispiel aufgezeigt, Stuttgart 1984.

Kaiser, O.: Judentum und Hellenismus. Ein Beitrag zur Frage nach dem hellenistischen Einfluß auf Kohelet und Jesus Sirach [1982], in: ders., Der Mensch unter dem Schicksal, BZAW 161, 135-153.

Kaiser, O.: Klagelieder, ATD 16/2; 4., völlig neubearb. Aufl., Göttingen 1992, 91-198.

Kaiser, O.: Leid und Gott. Ein Beitrag zur Theologie des Buches Hiob [1973], in: ders., Der Mensch unter dem Schicksal, BZAW 161, 54-62.

Kaiser, O. u. Lohse, E.: Tod und Leben, BiKon 1001, Stuttgart u.a. 1977.

Kautzsch, E.: Das sogenannte Volksbuch von Hiob und der Ursprung von Hiob Cap.I.II.XLII,7-17. Ein Beitrag zur Frage nach der Integrität des Buches Hiob, Tübingen u.a. 1900.

Kautzsch, E.: Die Aramaismen im Alten Testament. I. Lexikalischer Teil, Halle 1902.

Kautzsch, K.: Die Philosophie des Alten Testaments. Sprüche, Prediger, Hiob, RV 6/6, Tübingen 1914.

Keel, O.: Jahwes Entgegnung an Ijob. Eine Deutung von Ijob 38-41 vor dem Hintergrund der zeitgenössischen Bildkunst, FRLANT 121, Göttingen 1978.

Keil, K.F.: Lehrbuch der historisch-kritischen Einleitung in die kanonischen und apokryphischen Schriften des Alten Testaments, Frankfurt/M. u. Erlangen ²1859.

Kennicott, B.: Remarks on Select Passages of the Old Testament to Which are Added Eight Sermones by the Late Ben. Kennicott, Oxford u. London 1787.

Kessler, R.: "Ich weiß, daß mein Erlöser lebet" - Sozialgeschichtlicher Hintergrund und theologische Bedeutung der Löser-Vorstellung in Hi 19,25, in: ZThK 89 (1992), 139-158.

Kierkegaard, S.: Die Wiederholung. Drei erbauliche Reden 1843, GW 5.u.6.Abt., übers. v. E.Hirsch, Düsseldorf 1955.

Kinet, D.: Der Vorwurf an Gott. Neuere Literatur zum Ijobbuch, in: BiKi 36 (1981), 255-259.

Kippenberg, H.G.: Religion und Klassenbildung im antiken Juda. Eine religionssoziologische Studie zum Verhältnis von Tradition und gesellschaftlicher Entwicklung, StUNT 14, Göttingen 1978.

Kissane, E.J.: The Book of Job, Dublin 1939.

Klostermann, A.: Art. Hiob, in: RE[3] VIII (1900), 97-126.

Knabenbauer, J.: Commentarius in Librum Iob, CSS II/I, Paris 1886.

Knauf, E.A.; u.a.: עטין- Hi 21,24a, in: BN 4 (1977), 9-12.

Knauf, E.A.: Zum Text von Hi 21,23-26, in: BN 7 (1978), 22-24.

Knieschke, W.: Kultur und Geisteswelt des Buches Hiob, ZSFG 15/9-12, Berlin 1925.

Knobel, A.: De carminibus Iobi argumento fine ac distributione, Breslau 1835.

Koch, K.: Gibt es ein Vergeltungsdogma im AT? [1955], in: ders. (Hg.), Um das Prinzip der Vergeltung in Religion und Recht des Alten Testaments, WdF 125, Darmstadt 1972, 130-180.

Koch, K. (Hg.): Um das Prinzip der Vergeltung in Religion und Recht des Alten Testaments, WdF 125, Darmstadt 1972.

Köhler, L.: Der hebräische Mensch. Eine Skizze. Mit einem Anhang: Die hebräische Rechtsgemeinde [1931], Tübingen 1953 [ND Darmstadt 1976].

Köhler, L.: Theologie des Alten Testaments, NTG, zweite photomechan. gedruckte Aufl., Tübingen 1947.

König, E.: Das Buch Hiob, Gütersloh 1929.

König, E.: Stilistik, Rhetorik, Poetik in Bezug auf die Biblische Literatur komparativisch dargestellt, Leipzig 1900.

Kopf, L.: Arabische Etymologien und Parallelen zum Bibelwörterbuch, in: VT 9 (1959), 247-287.

Kraus, H.-J.: Geschichte der historisch-kritischen Erforschung des Alten Testaments, 3., erw. Aufl., Neukirchen-Vluyn 1982.

Kraus, H.-J.: Psalmen, BK 15/1 (Ps 1-59); BK 15/2 (Ps 60-150), 5. grundlegend überarb. u. veränd. Aufl., Neukirchen-Vluyn 1978.

Kraus, H.-J.: Theologie der Psalmen, BK 15/3, Neukirchen-Vluyn 1979.

Kreysig, J.G.: Dissertatio philologico-exegetica Iobi cap.26,5-14, Leipzig 1800.

Krispenz, J.: Spruchkompositionen im Buch Proverbia, EHS.T 349, Frankfurt/M. u.a. 1989.

Kubina, V.: Die Gottesreden im Buche Hiob. Ein Beitrag zur Diskussion um die Einheit von Hi 38,1-42,6. FThSt 115, Freiburg i.Br. 1979.

Küchler, M.: Frühjüdische Weisheitstraditionen. Zum Fortgang weisheitlichen Denkens im Bereich des frühjüdischen Jahweglaubens, OBO 26, Göttingen u.a. 1979.

Kuenen, A.: Historisch-kritische Einleitung in die Bücher des Alten Testaments hinsichtlich ihrer Entstehung und Sammlung, hg.v. J.C.Matthes, übers. v. C.Th.Müller, Leipzig 1894.

Kuhl, C.: Art. Hiobbuch, in: RGG³ III (1959), 355-360.

Kuhl, C.: Die Entstehung des Alten Testaments, München 1953.

Kuhl, C.: Neuere Literarkritik des Buches Hiob, in: ThR 21 (1953), 163-205.257-317.

Kuhl, C.: Vom Hiobbuch und seinen Problemen, in: ThR 22 (1954), 261-316.

Kutsch, E.: Art. Hiob, in: EKL³ II (1989), 531-534.

Kutsch, E.: Die Textgliederung im hebräischen Ijobbuch sowie in 4QTgJob und in 11QTgJob, BZ NF 27/2 (1983), 221-228.

Kutsch, E.: Hiob: leidender Gerechter - leidender Mensch [1973], in: ders., Kleine Schriften, BZAW 168, 290-307.

Kutsch, E.: Hiob und seine Freunde. Zu Problemen der Rahmenerzählung des Hiobbuches, in: Zur Aktualität des Alten Testaments, FS G.Sauer, hg.v. S.Kreuzer u. K.Lüthi, Frankfurt/M 1992, 73-83.

Kutsch, E.: Kleine Schriften zum Alten Testament, hg.v. L.Schmidt u. K.Eberlein, BZAW 168, Berlin u. New York 1986.

Kutsch, E.: Text und Textgeschichte in Hi XIX: Zu Problemen in Vers 14-15,20,23-24, in: VT 32 (1982), 157-165.

Kutsch, E.: "Trauerbräuche" und "Selbstminderungsriten" im Alten Testament [1965], in: ders., Kleine Schriften, BZAW 168, 78-95.

Kutsch, E.: Unschuldsbekenntnis und Gottesbegegnung. Der Zusammenhang zwischen Hiob 31 und 38ff. [1985], in: ders., Kleine Schriften, BZAW 168, 308-335.

Lamparter, H.: Das Buch der Anfechtung. Das Buch Hiob übersetzt und ausgelegt, BAT 13, Stuttgart 1951 (=²1955).

Lang, B.: Neue Literatur zum Buch Ijob, in: ThQ 160 (1980), 140-143.

Lang, B.: Schule und Unterricht im alten Israel, in: M.Gilbert (Hg.)., La Sagesse de l'Ancien Testament, BEThL 51, Leuven 1979, 186-201.

Laue, L.: Die Composition des Buches Hiob. Ein litterar-kritischer Versuch. Diss. Leipzig. Halle 1895/96.

Lauha, A.: Kohelet, BK 19, Neukirchen-Vluyn 1978.

Laurin, R.: The Theological Structure of Job, in: ZAW 84 (1972), 86-89.

Lebram, J.C.H.: Die Theologie der späten Chokma und häretisches Judentum, in: ZAW 77 (1965), 202-211.

Lebram, J.C.H.: Nachbiblische Weisheitstraditionen, in: VT 15 (1965), 167-237.

LeClerc [Clericus], J.: Veteris Testamenti Libri Hagiographi. Iobus, Davidis Psalmi, Salomonis Proverbia, Concionatrix et Canticum Canticorum ex translatione J.Clerici cum eiusdem Commentario Philologico in omnes memoratos libros et Paraphrasi in Iobum ac Psalmos, Amsterdam 1731.

310 Literaturverzeichnis

Lefèvre, A.: Art. Job (Le Livre de), in: DBS IV (1949), 1073-1098.

Lehmann, M.R.: Biblical Oaths, in: ZAW 81 (1964), 74-92.

Leimbach, A.: Das Buch Hiob. Biblische Volksbücher. Ausgewählte Teile des Alten Testaments. Achtes Heft, Fulda ²1919.

Lévêque, J.: Job et son Dieu. Essai d'exégèse théologie biblique, EtB I-II, Paris 1970.

Ley, J.: Das Buch Hiob nach seinem Inhalt, seiner Kunstgestaltung und religiösen Bedeutung, Halle 1903.

Licht, J.: Die Lehre des Hymnenbuches [1956], in: K.E.Grözinger (Hg.), Qumran, WdF 410, Darmstadt 1981, 276-311.

Lichtenberger, H.: Studien zum Menschenbild in den Texten der Qumrangemeinde, StUNT 15, Göttingen 1980.

Lindblom, J.: La Composition du Livre de Job, Lund 1944/45.

Lipinski, E.: *skn* et *sgn* dans le sémitique occidental du nord, in: UF 5 (1973), 191-207.

Lohfink, N.: Kohelet, NEB.AT Lfg. 1, Würzburg 1980.

Löhr, M.: Die drei Bildad-Reden im Buche Hiob, in: Beiträge zur alttestamentlichen Wissenschaft, FS K.Budde, hg.v. K.Marti, BZAW 34, Giessen 1920, 107-112.

Loretz, O.: Kolometrie ugaritischer und hebräischer Poesie: Grundlagen, informationstheoretische und literaturwissenschaftliche Aspekte, in: ZAW 98 (1986), 249-266.

Loretz, O.: Philologische und textologische Probleme in Hi 24,1-25, in: UF 12 (1980), 261-266.

Loretz, O.: Ugarit und die Bibel. Kanaanäische Götter und Religion im Alten Testament, Darmstadt 1990.

Loretz, O. u. Kottsieper, I.: Colometry in Ugaritic and Biblical Poetry. Introduction, Illustrations and Topical Bibliography, UBL 5, Altenberge 1987.

Lowth, R.: De Sacra Poesi Hebraeorum Praelectiones [1753], cum notis et epimetris Joa.Dav.Michaelis suis animadversionibus adiectis [1770], edidit E.F.C.Rosenmüller, Leipzig 1815.

Lübbe, J.C.: Describing the Translation Process of 11QtgJob: A Question of Method, in: RQ 49-52, Tome 13 (1988), 584-593.

Lührmann, D.: Ein Weisheitspsalm aus Qumran (11QPsªXVIII), in: ZAW 80 (1968), 87-98.

Lugt, P. van der: Strophes and Stanzas in the Book of Job. A Historical Survey, in: W.van der Meer u. J.C. de Moor (Hg.), The Structural Analysis of Biblical and Canaanite Poetry, JSOT.S 74, Sheffield 1988, 235-264.

Lugt, P. van der: The Form and Function of Refrains in Job 28, in: W.van der Meer u. J.C. de Moor, The Structural Analysis of Biblical and Canaanite Poetry, JSOT.S 74, Sheffield 1988, 265-293.

Maag, V.: Hiob. Wandlung und Verarbeitung des Problems in Novelle, Dialogdichtung und Spätfassungen, FRLANT 128, Göttingen 1982.

Mack, B.L.: Logos und Sophia. Untersuchungen zur Weisheitstheologie im hellenistischen Judentum, StUNT 10, Göttingen 1973.

Magnus, E.I.: Philologisch-historischer Kommentar zum Buche Hiob. I. Das echte Gedicht, Halle 1851.

Maier, J.: Zwischen den Testamenten. Geschichte und Religion in der Zeit des zweiten Tempels, NEB ErgBd. 3, Würzburg 1990.

Maier, J. u. Schubert, K.: Die Qumran-Essener. Texte der Schriftrollen und Lebensbild der Gemeinde, UTB 224, München u.a. 1973.

Mangan, C.: The Interpretation of Job in the Targums, künftig in: W.A.M.Beuken (Hg.), The Book of Job, BEThL.

Martin, G.W.: Elihu and the Third Cycle in the Book of Job, Ph.D. Princeton Univ. 1972.

Martinez, F.G.: siehe unter Garcia Martinez, F.

Meinhold, A.: Die Sprüche (Kap. 16-31), ZBK.AT 16/2, Zürich 1991.

Mende, T.: Durch Leiden zur Vollendung. Die Elihureden im Buch Ijob (Ijob 32-37), TThSt 49, Trier 1990.

Mercerus [Mercier], J.: Commentarius in librum Job, Genf 1573.

Merill, E.M.: Qumran and Predestination. A Theological Study of the Thanksgiving Hymns (1QH), StTDJ 8, Leiden 1975.

Mertin, J.: Hiob - religionsphilosophisch gelesen. Rezeptionsgeschichtliche Untersuchungen zur Hioblektüre Herders, Kants, Hegels, Kierkegaards und zu ihrer Bedeutung für die Hiobexegese des 18. und 19. Jahrhunderts, Diss. Microfiche Paderborn 1990.

Merx, E.A.O.: Das Gedicht von Hiob. Hebräischer Text, kritisch bearb. u. übers., nebst sachl. u. krit. Einleitung, Jena 1871.

Meyer, R.: Bemerkungen zur syntaktischen Funktion der sogenannten Nota accusativi, in: Wort und Geschichte, FS K.Elliger, hg.v. H.Gese u. H.P.Rüger, AOAT, Kevelaer u.a. 1973, 137-142.

Michaelis, J.Hein.: Uberiorem adnotationum philologico-exegeticarum in Hagiographos Vet.Testamenti Libros, II. Adnotationes in Librum Iobi et in V. Meggilloth, Halle 1720.

Michaelis, J.Dav.: Anzeige der Varianten im Buch Hiob, in: OEB, VII (1774), 217-247; OEB VIII (1775) 179-224.

Michaelis, J.Dav.: Deutsche Übersetzung des Alten Testaments mit Anmerkungen für Ungelehrte. Der erste Theil, welcher das Buch Hiobs enthält, Göttingen u. Gotha ¹1769.

Michaelis, J.Dav.: Einleitung in die göttlichen Schriften des Alten Bundes I.Theil 1.Abschnitt, Einleitung in das Buch Hiob, Hamburg 1787.

Michel, D.: Untersuchungen zur Eigenart des Buches Qohelet, BZAW 183, Berlin u. New York 1989.

Michel, W.L.: Job in the Light of Northwest Semitic, I, BibOr 42, Rom 1987.

Michel, W.L.: The Ugaritic Texts and the Mythological Expressions in the Book of Job (Including a New Translation of and Philological Notes on the Book of Job), Ph.D. Univ. of Wisconsin, 1970.

Möller, H.: Sinn und Aufbau des Buches Hiob, Berlin 1955.

Moldenhawer, Joh.Heinr.Dan.: Übersetzung und Erläuterung des Buchs Hiob, Quedlinburg u. Blankenburg 1778.

Moldenhawer, Dan.Gotthilf: Hiob. Übersetzt, I-II, Leipzig 1780/81.

Moran, W.L.: Amarna šumma in Main Clauses, in: JCS 7 (1953), 78- 80.

Morawe, G.: Aufbau und Abgrenzung der Loblieder von Qumrân. Studien zur gattungsgeschichtlichen Einordnung der Hodajôth, ThA 16, Berlin 1960.

Mowinckel, S.: Hiobs gōᵓēl und Zeuge im Himmel, in: Vom Alten Testament, FS K.Marti, hg.v. K.Budde, BZAW 41, Giessen 1925, 207-212.

Müller, H.-P.: Altes und Neues zum Buch Hiob, in: EvTh 37 (1977), 284-304.

Müller, H.-P.: Das Hiobproblem. Seine Stellung und Entstehung im Alten Orient und im Alten Testament, EdF 84, Darmstadt 1978.

Müller, H.-P.: Die sog. Straußenperikope in den Gottesreden des Hiobbuches, in: ZAW 100 (1988), 90-105.

Müller, H.-P.: Hiob und seine Freunde. Traditionsgeschichtliches zum Verständnis des Hiobbuches, ThSt(B) 103, Zürich 1970.

Müller, H.-P.: Keilschriftliche Parallelen zum biblischen Hiobbuch. Möglichkeit und Grenze des Vergleichs [1978], in: ders., Mythos - Kerygma - Wahrheit, BZAW 200, 136-151.

Müller, H.-P.: Mythos - Kerygma - Wahrheit. Ges. Aufs. zum Alten Testament in seiner Umwelt und zur Biblischen Theologie, BZAW 200, Berlin u. New York 1991.

Müller, H.-P.: Neige der althebräischen 'Weisheit'. Zum Denken Qohäläts, in: ZAW 90 (1978), 238-263.

Müller, H.-P.: Neue Aspekte der Anfragen Hiobs [1989], in: ders., Mythos - Kerygma - Wahrheit, BZAW 200, 253-263.

Murphy, R.E.: Wisdom Literature. Job, Proverbs, Ruth, Canticles, Ecclesiastes and Esther, FOTL XIII, Grand Rapids/Michigan 1981.

Nebe, G.W.: Qumranica I. Zu unveröffentlichten Handschriften aus Höhle 4 von Qumran, künftig in: ZAW 106 (1994).

Negoita, A. u. Ringgren, H.: Art. זָכָה *zākā,* זכך *zkk,* in: ThWAT II (1977), 569-571.

Nelson, M.D.: The Syriac Version of the Wisdom of Ben Sira Compared to the Greek and Hebrew Materials, SBL.DS 107, Atlanta/Georgia 1988.

Niehr, H.: Der höchste Gott. Alttestamentlicher JHWH-Glaube im Kontext syrisch-kanaanäischer Religion des 1. Jahrtausends v.Chr., BZAW 190, Berlin u. New York 1990.

Nötscher, F.: Zum emphatischen Lamend, in: VT 3 (1953), 372-380.

Oettli, S.: Das Buch Hiob. EzAT I, Calw u. Stuttgart 1908.

Olshausen, J.: Die Psalmen, KEH 14, Leipzig 1853.

Olshausen, J.: Hiob.[Neubearb. d. Ausg. v. L.Hirzel], KEH² 2, Leipzig 1852.

Oorschot, J. van: Gott als Grenze. Eine literar- und redaktionsgeschichtliche Studie zu den Gottesreden des Hiobbuches, BZAW 170, Berlin u. New York 1987.

Orlinsky, H.M.: Studies in the Septuagint of the Book of Job, in: HUCA 28 (1957), 53-74; HUCA 29 (1958), 229-271; HUCA 30 (1959), 153-167; HUCA 32 (1961), 239-268; HUCA 33 (1962), 119-151; HUCA 35 (1964), 57-78; HUCA 36 (1965), 37-47.

Otto, R.: Das Heilige. Über das Irrationale in der Idee des Göttlichen und sein Verhältnis zum Rationalen, Marburg ¹⁰1936 [ND München 1979].

Pape, Chr.S.: Hiob. Übersetzt. Ein Versuch, begleitet mit einer Vorrede von Herrn Hofrath Eichhorn, Göttingen 1797.

Paulus, H.G.E.: Zu D.Kennicotts Biographie, in: Memorabilien, I, Leipzig 1791, 191-198.

Perles, F.: Analekten zur Textkritik des Alten Testaments, München 1895.

Perles, F.: Analekten zur Textkritik des Alten Testaments, NF, Leipzig 1922.

Peters, N.: Das Buch Jesus Sirach oder Ecclesiasticus, EHAT 25, Münster i.W. 1913.

Peters, N.: Das Buch Job, EHAT 21, Münster i.W. 1928.

Pfeiffer, G.: Ursprung und Wesen der Hypostasenvorstellung im Judentum, AzTh I/31, Stuttgart 1967.

Pfeiffer, R.H.: Introduction to the Old Testament, New York u. London 1941.

Plöger, O.: Theokratie und Eschatologie, WMANT 2, Neukirchen-Vluyn 1959.

Plöger, O.: Sprüche Salomos (Proverbia), BK 17, Neukirchen-Vluyn 1984.

Polzin, R.H.: Biblical Structuralism. Method and Subjectivity in the Study of Ancient Texts, SemSup 5, Missoula/Montana 1977.

Polzin, R.H. u. Robertson, D. (Hg.): Studies in the Book of Job, Semeia 7, Missoula/Montana 1977.

Pope, M.H.: Job. Introduction, Translation and Notes, AncB 15, Garden/New York ³1973.

Preiss, H.G.S.: Zum Buche Hiob. Theologische Studien und Skizzen aus Ostpreussen, Heft 7, Königsberg 1889.

Preiss, H.G.S.: siehe auch unter Vatke, W.

Preuss, H.D.: Einführung in die alttestamentliche Weisheitsliteratur, UB 383, Stuttgart u.a. 1987.

Preuss, H.D.: Jawhes Antwort an Hiob und die sogenannte Hiobliteratur des alten Vorderen Orients, in: Beiträge zur Alttestamentlichen Theologie, FS W.Zimmerli, hg.v. H.Donner, R.Hanhart u. R.Smend, Göttingen 1977, 323-343.

Preuss, H.D.: Theologie des Alten Testaments, I-II, Stuttgart u.a. 1991/92.

Procksch, O.: Die Theodizee im Buche Hiob, in: AELKZ 58 (1925), 722-724. 739-741.763-765.

Procksch, O.: Theologie des Alten Testaments, Gütersloh 1950.

Rabin, C.: *Bariᵃh*, in: JTS 47 (1946), 38-41.

Rad, G.von: Das erste Buch Mose. Genesis Kapitel 1-12,9, ATD 2; 9. überarb. Aufl., Göttingen 1972.

Rad, G.von: Die Diskussion über die Leiden Hiobs [1961], in: ders., Gottes Wirken, 85-90.

Rad, G.von: Die Erzählung von den Leiden Hiobs [1961], in: ders., Gottes Wirken, 79-84.

Rad, G.von: Gottes Wirken in Israel, Vorträge zum AT, hg.v. O.H.Steck, Neukirchen-Vluyn, 1974,

Rad, G.von: Theologie des Alten Testaments, I-II, München ⁴1962/65 [ND ⁹1987].

Rad, G.von: Weisheit in Israel, Neukirchen-Vluyn 1970.

Reddy, M.P.: The Book of Job - A Reconstruction, in: ZAW 90 (1978), 59-94.

Régnier, A.: La distribution des chapitres 25-28 du livre de Job, in: RB 33 (1924), 186-200.

Reider, J.: Contributions to the Hebrew Lexicon, in: ZAW 53 (1935), 270-277.

Reider, J.: Contributions to the Scriptural Text, in: HUCA 24 (1952/53), 85-106.

Reiske, J.J.: Conjecturae in Jobum et Proverbia Salomonis cum eiusdem oratione de studio arabice linguae [1749], Leipzig 1779.

Reiterer, F.V.: Der Einfluß Buches Ijob auf Ben Sira, künftig in: W.A.M.Beuken (Hg.), The Book of Job, BEThL.

Remus, M.: Menschenbildvorstellungen im Ijob-Buch. Ein Beitrag zur alttestamentlichen Anthropologie, BEAT 21, Frankfurt/M. u.a. 1993.

Rendtorff, R.: Das Alte Testament. Eine Einführung, Neukirchen-Vluyn ²1985.

Reuss, E.: Geschichte des Alten Testaments, Braunschweig 1881.

Reuss, E.: Hiob, Braunschweig 1888.

Reventlow, H. Graf: Gebet im Alten Testament, Stuttgart u.a. 1986.

Reventlow, H. Graf: Hauptprobleme der alttestamentlichen Theologie im 20. Jahrhundert, EdF 173, Darmstadt 1982.

Reventlow, H. Graf.: Tradition und Redaktion in Hiob 27 im Rahmen der Hiobreden des Abschnittes Hi 24-27, in: ZAW 94 (1982), 279-293.

Rhodokanakis, N.: Das Buch Hiob, in: WZKM 45 (1938), 169-190.

Richter, G.: Erläuterungen zu dunklen Stellen im Buche Hiob, BWAT 11, Leipzig 1912.

Richter, G.: Textstudien zum Buche Hiob, BWANT 7, Stuttgart 1927.

Richter, H.: Die Naturweisheit des Alten Testaments im Buch Hiob, in: ZAW 70 (1958), 1-20.

Richter, H.: Erwägungen zum Hiob-Problem, in: EvTh 18 (1958), 302-324.

Richter, H.: Studien zu Hiob. Der Aufbau des Hiobbuches dargestellt an den Gattungen des Rechtslebens, ThA 11, Berlin 1959.

Riehm, E.: Einleitung in das Alte Testament, bearb. u. hg.v. A.Brandt, 7.Liefg, II, Halle 1890.

Rignell, L.G.: Notes on the Peshiṭta of the Book of Job, in: ASTI 9 (1973), 98-106.

Ringgren, H.: Sprüche, ATD 16/1; 3., neubearb. Aufl., Göttingen 1980.

Robert, A. u. Feuillet, A. (Hg.): Einleitung in die Heilige Schrift, I. Allgemeine Einleitungsfragen und Altes Testament, Wien u.a. 1963.

Roberts, J.J.M: SĀPÔN in Job 26,7, in: Bib 56 (1975), 554-557.

Robertson, D.: The Comedy of Job: A Response, in: R.H.Polzin (Hg.), Studies in the Book of Job, Semeia 7, Missoula/ Montana 1977, 41-44.

Rössler, O.: Die Präfixkonjugation Qal der Verba Iᵃᵉ Nûn im Althebräischen und das Problem der sogenannten Tempora, in: ZAW 74 (1962), 125-141.

Rosenmüller, E.F.C.: Scholia in Vetus Testamentum. V., Iobum continens, editio secunda auctior et emendatior Leipzig 1824.

Rost, L.: Einleitung in die alttestamentlichen Apokryphen und Pseudepigraphen einschließlich der großen Qumranhandschriften, Heidelberg 1971.

Rowley, H.H.: Job, ed. R.E.Clements, NCeB, London 1970.

Rüger, H.P.: Text und Textform im hebräischen Sirach. Untersuchungen zur Textgeschichte und Textkritik der hebräischen Sirachfragmente aus der Kairoer Geniza, BZAW 112, Berlin 1970.

Rüger, H.P.: Zum Problem der Sprache Jesu, in: ZNW 59 (1968), 113-122.

Rundgren, F.: Hebräisch baṣar "Golderz" und ʾamar "sagen". Zwei Etymologien, in: Or 32 (1963), 178-183.

Rupprecht, E.: Wissenschaftliches Handbuch der Einleitung in das Alte Testament, Gütersloh 1898.

Sander, H.: Das Buch Hiob zum allgemeinen Gebrauch, Leipzig 1780.

Sarna, A.: A Crux interpretum in Job 22,30, in: JNES 15 (1956), 118f.

Sauer, G.: Die Sprüche Agurs. Untersuchungen zur Herkunft, Verbreitung und Bedeutung einer biblischen Stilform unter besonderer Berücksichtigung von Proverbia c.30, BWANT 84, Stuttgart 1963.

Schaller, B.: Das Testament Hiobs und die Septuaginta des Buches Hiob, in: Bib 61 (1980), 377-406.

Schmid, H.H.: Wesen und Geschichte der Weisheit. Eine Untersuchung zur altorientalischen und israelitischen Weisheitsliteratur, BZAW 101, Berlin 1966.

Schmidt, L.: De Deo. Studien zur Literarkritik und Theologie des Buches Jona, des Gesprächs zwischen Abraham und Jahwe in Gen 18,22ff. und von Hi 1, BZAW 143, Berlin u. New York 1976.

Schmidt, W.H.: Alttestamentlicher Glaube in seiner Geschichte, NStB 6; 6., überarb. u. erw. Aufl., Neukirchen-Vluyn 1987.

Schmidt, W.H.: Einführung in das Alte Testament, 4., erw. Aufl., Berlin u. New York 1989.

Schmitt, A.: Weisheit, NEB.AT Lfg. 23, Würzburg 1989.

Schlottmann, K.: Das Buch Hiob, Berlin 1851.

Schnurrer, Chr.F.: Animadversiones ad quaedam loca Iobi, fasc. II, Tübingen 1782.

Schökel, L.A.: siehe unter Alonso Schökel, L.

Schreiner, S.: Der gottesfürchtige Rebell oder Wie die Rabbinen die Frömmigkeit Ijobs deuteten, in: ZThK 89 (1992), 159-171.

Schürer, E. - Vermes, G.: The History of the Jewish People in the Age of Jesus Christ (175 B.C. - A.D. 135). A New English Version rev. and ed. by G.Vermes, F.Millar, M. Goodman, Vol. III/1-2, Edinburgh 1986/87.

Schultens, A.: Commentarius in librum Iobi. In compendium redegit et observationes criticas atque exegeticas adspersit G.J.L.Vogel, I-II, Halle 1773/74.

Schulz, J.Chr.Fr.: Scholia in Vetus Testamentum continuata a G.L.Bauer, VI., Librum Jobi complectens, Nürnberg 1792.

Schunck, K.D.: Jes 30,8 und die Deutung der Rahab im AT, in: ZAW 78 (1966), 48-56.

Selms, A.van: Job I (1-21), II (22-42), POT, Nijkerk 1982/3.

Seitz, C.R.: Job: Full-Structure, Movement and Interpretation, in: Interp. 43 (1989), 5-17.

Seybold, K.: Das Gebet des Kranken im Alten Testament. Untersuchungen zur Bestimmung und Zuordnung der Krankheits- und Heilungspsalmen, BWANT 19, Stuttgart u.a. 1973.

Siegfried. K.: The Book of Job, Critical Edition of the Hebrew Text with Notes, SBOT 17, London 1893.

Simon, M.: Die Gottesreden des Buches Hiob, Diss.masch. Erlangen 1926.

Simon, M.: Hiob. Eine alttestamentliche Schriftenreihe, München 1925.

Simon, M.: Hiob, in: ZW 7/II (1931), 159-174.

Simon, R.: Histoire Critique du Vieux Testament [1678], Nouvelle Edition, Amsterdam 1685.

Skehan, P.W.: Strophic Patterns in the Book of Job, in: CBQ 23/2, (1961), 125-143.

Smend, R. sen.: Die Weisheit des Jesus Sirach, erklärt, Berlin 1906.

Smend, R. jr.: Deutsche Alttestamentler in drei Jahrhunderten, Göttingen 1989.

Smend, R. jr.: Die Entstehung des Alten Testament, ThW 1; 3., durchg. Aufl., Stuttgart u.a. 1984.

Smith, G.V.: Job iv12-21: Is it Eliphaz's Vision?, in: VT 40 (1990), 453-463.

Snaith, N.H.: The Book of Job. Its Origin and Purpose, SBT 2/2, London 1968.

Soden, W.von: Alter Orient und Altes Testament [1967], in: ders., Bibel, BZAW 162, 89-108.

Soden, W.von: Bemerkungen zu einigen literarischen Texten in akkadischer Sprache aus Ugarit, in: UF 1 (1969), 189-195.

Soden, W.von: Bibel und Alter Orient. Altorientalische Beiträge zum Alten Testament, hg.v. H.-P. Müller, BZAW 162, Berlin u. New York 1985.

Soden, W.von: Das Fragen nach der Gerechtigkeit Gottes im Alten Orient [1965], in: ders., Bibel, BZAW 162, 57-76.

Soden, W.von: Einführung in die Altorientalistik. Orientalistische Einführungen in Gegenstand, Ergebnisse und Perspektiven der Einzelgebiete, Darmstadt 1985.

Spieckermann, H.: Heilsgegenwart. Eine Theologie der Psalmen, FRLANT 148, Göttingen 1989.

Stadelmann, H.: Ben Sira als Schriftgelehrter. Eine Untersuchung zum Berufsbild des vor-makkabäischen Sōfēr unter Berücksichtigung seines Verhältnisses zum Priester-, Propheten- und Weisheitslehrertum, WUNT 2/6, Tübingen 1980.

Stärk, W.: Lyrik (Psalmen, Hoheslied und Verwandtes), SAT ¹III/1, Göttingen ¹1911.

Stamm, J.J.: Das Leiden des Unschuldigen in Babylon und Israel, Zürich 1946.

Steck, O.H.: Zur Eigenart und Herkunft von Ps 102, in: ZAW 102 (1990), 357-372.

Steinmann, J.: Le Livre de Job, LeDiv 16, Paris 1955.

Steuernagel, D.: Das Buch Hiob, in: E.Kautzsch u. A.Bertholet (Hg.), HSATK II, Tübingen ⁴1923, 323-389.

Stevenson, W.B.: Critical Notes on the Hebrew Text of the Poem of Job, Glasgow u. Aberdeen 1951.

Stevenson, W.B.: The Poem of Job. A Literary Study with a New Translation, SchL 1943, London 1947.

Stier, F.: Das Buch Ijjob, München 1954.

Studer, G.L.: Das Buch Hiob, Antikritik, in: JPTh III (1877), 540-560.

Studer, G.L.: Das Buch Hiob, Bremen 1881.

Studer, G.L.: Über die Integrität des Buches Hiob, in: JPTh I (1875), 688-723.

Stuhlmann, M.H.: Hiob. Ein religiöses Gedicht. Aus dem Hebräischen neu übersetzt, geprüft und erläutert, Hamburg 1804.

Sutcliffe, E.F.: A Note on Job XXIV, 10.11, in: JTS 50 (1949), 174-176.

Sutcliffe, E.F.: Notes on Job, Textual and Exegetical, in: Bib 30 (1949), 66-99.

Szczygiel, P.: Das Buch Job, HSAT 5/1, Bonn 1931.

Tate, M.H.: Psalms 51-100, WBC 20, Dallas/Texas 1990.

Terrien, S.: Job, CAT 13, Neuchâtel 1963.

Tertullian: De patientia, in: CChr.SL I/1 (1954), 297-317.

Thexton, C.: A Note on Job 22,30, in: ExT 78 (1966/67), 342f.

Torczyner, H.: Das Buch Hiob. Eine kritische Analyse des überlieferten Hiobtextes, Wien u. Berlin 1920.

Tournay, R.: L'ordre primitif des chapitres XXIV-XXVIII du livre de Job, in: RB 64 (1957), 321-334.

TurSinai, N.H. [= Torczyner, H.]: The Book of Job, Jerusalem rev. ed. 1967 [ND 1981].

Umbreit, F.W.C.: Das Buch Hiob. Übersetzung und Auslegung, 1.Aufl., Heidelberg 1824.

VanderKam, J.C.: Enoch and the Growth of an Apokalyptic Tradition, CBQ.MS 16, Washington/DC 1984.

Vatke, W.: Historisch-kritische Einleitung in das Alte Testament. Nach Vorl. hg.v. H.G.S.Preiss, mit einem Vorw. v. D.A.Hilgenfeld, Bonn 1886.

Velthusen, J.C.: Sermonum Eliae Busitae, carminibus religiosis antiquissimis intertextorum *ex Iobi* Cap. XXXII-XXXVII (1789/90), in: ComTh II, Leipzig 1795, 112-178.

Vermeylen, J.: Identité et destinée du "mechant" dans les discours des "amis" de Job, künftig in: W.A.M.Beuken (Hg.), The Book of Job, BEThL.

Vermeylen, J.: Job, ses amis et son Dieu. La légende de Job et ses relectures postexiliques, StB 2, Leiden 1986.

Vigano, L.: Il titolo divino מרום 'L'Eccelso', in: SBFLA 24 (1974), 188-201.

Volck, W.: Das Buch Hiob, KK.AT 7/1, Nördlingen 1889.

Volz, P.: Hiob und Weisheit (Das Buch Hiob, Sprüche und Jesus Sirach, Prediger), SAT ²III/2, Göttingen ²1921.

Volz, P.: Weisheit (Das Buch Hiob, Sprüche und Jesus Sirach, Prediger), SAT ¹III/2, Göttingen ¹1911.

Vorländer, H.: Mein Gott. Die Vorstellungen vom persönlichen Gott im Alten Orient und im Alten Testament, AOAT 23, Kevelaer u.a. 1975.

Wagner, M.: Die lexikalischen und grammatikalischen Aramaismen im alttestamentlichen Hebräisch, BZAW 96, Berlin 1966.

Wahl, H.-M.: Der gerechte Schöpfer. Eine redaktions- und theologiegeschichtliche Untersuchung der Elihureden - Hiob 32-37, BZAW 207, Berlin u. New York 1993.

Webster, E.: Strophic Patterns in Job 3-28, in: JSOT 26 (1983), 33-66.

Webster, E.: Strophic Patterns in Job 29-42, in: JSOT 30 (1984), 95-109.

Weimar, P.: Literarkritisches zur Ijobnovelle, in: BN 12 (1980), 62-80.

Weinfeld, M.: Job and its Mesopotamian Parallels - A Typological Analysis, in: W.Claassen (Hg.), Text and Context. Old Testament and Semitic Studies for F.C.Fensham, JSOT.S 48, Sheffield 1988, 217-226.

Weise, M.: Jesaja 57,5f., in: ZAW 72 (1960), 25-32.

Weiser, A.: Das Buch Hiob, ATD 13, Göttingen 1951 (=⁸1988).

Weiser, A.: Das Problem der sittlichen Weltordnung im Buche Hiob [1923], in: ders., Glaube und Geschichte im Alten Testament und andere ausgewählte Schriften, Göttingen 1961, 9-19.

Weiser, A.: Die Psalmen. Erster Teil: Psalm 1-60, ATD 14, Göttingen 1950; Zweiter Teil: Psalm 61-150, Göttingen 1950.

Wellhausen, J.: Israelitische und jüdische Geschichte, siebente Ausg., Berlin 1914.

Wellhausen, J.: siehe auch unter Bleek, F.

Westermann, C.: Art. Hiobbuch, in: BHH II (1964), 724-726.

Westermann, C.: Das Buch Jesaja. Kapitel 40-66, 4., erg. Aufl., ATD 19, Göttingen 1981.

Westermann, C.: Der Aufbau des Buches Hiob [1956]. Mit einer Einführung in die neuere Hiobforschung von J.Kegler, CThM 6, Stuttgart ³1978.

Westermann, C.: Forschungsgeschichte zur Weisheitsliteratur 1950-1990, AzTh 71, Stuttgart 1991.

Westermann, C.: Genesis 1-11, BK. 1/1, Neukirchen-Vluyn 1974; Genesis 12-36, BK. 1/2, Neukirchen-Vluyn 1981.

Westermann, C.: Struktur und Geschichte der Klage im Alten Testament, in: ZAW 66 (1954), 44-80.

Westermann, C.: Wurzeln der Weisheit. Die ältesten Sprüche Israels und anderer Völker, Göttingen 1990.

Wette, W.M.L. de: Beytrag zur Charakteristik des Hebraismus, in: Studien, hg.v. C.Daub u. F.Creuzer, III/2, Heidelberg 1807, 241-312.

Wette, W.M.L. de: Lehrbuch der historisch kritischen Einleitung in die Bibel Alten und Neuen Testaments, I. Die Einleitung in das A.T. enthaltend, Berlin 1817.

Wette, W.M.L. de: Lehrbuch der historisch kritischen Einleitung in die kanonischen und apokryphischen Bücher des Alten Testaments, 3. verbess. Aufl., Berlin 1829.

Wette, W.M.L. de: Lehrbuch der historisch kritischen Einleitung in die kanonischen und apokryphischen Bücher des Alten Testaments, 6. verbess. u. verm. Aufl., Berlin 1844.

Wette, W.M.L. de: Lehrbuch der historisch-kritischen Einleitung in die kanonischen und apokryphischen Bücher des Alten Testaments, neu bearb. v. E.Schrader, achte Ausg., Berlin 1869.

Whedbee, J.W.: The Comedy of Job, in: R.H.Polzin (Hg.), Studies in the Book of Job, Semeia 7, Missoula/Montana 1977, 1-39.

Whitley, C.F.: Has the Particle עַם an Asservative Force?, in: Bib 55 (1974), 304-308.

Whitley, C.F.: The Positive Force of the Hebrew Particle בַל, in: ZAW 84 (1972), 213-219.

Wiernikowsky, I.: Das Buch Ijob nach der Auffassung der rabbinischen Litteratur in den ersten fünf nachchristlichen Jahrhunderten, I, Berlin 1902.

Wilde, A. de: Das Buch Hiob, OTS 22, Leiden 1981.

Williams, J.G.: Comedy, Irony, Intercession: A Few Notes In Response, in: R.H.Polzin (Hg.)., Studies in the Book of Job, Semeia 7, Missoula/Montana 1977, 135-145.

Witte, M.: Die dritte Rede Bildads (Hiob 25) und die Redaktionsgeschichte des Hiobbuches, künftig in: W.A.M.Beuken (Hg.), The Book of Job, BEThL.

Witte, M.: Noch einmal: Seit wann gelten die Elihureden im Hiobbuch (Kap.32-37) als Einschub?, in: BN 67 (1993), 20-25.

Witte, M.: Wilhelm Friedrich Hufnagel (1754-1830) und die Erlanger Hiobforschung, künftig in: ZBKG 63 (1994).

Wolfers, D.: The Speech-Cycles in the Book of Job, in: VT 43 (1993), 385-402.

Wolff, H.W.: Anthropologie des Alten Testaments, München ³1977.

Wolters, A.: "A Child of Dust and Ashes" (Job 42,6b), in: ZAW 102 (1990), 116-119.

Woude, A.S. van der: Das Hiobtargum aus Qumran Höhle XI, in: VT.S 9 (1963), 322-331.

Würthwein, E.: Die Bücher der Könige. Das Erste Buch der Könige. Kapitel 1-16, ATD 11/1, Göttingen 1977. Die Bücher der Könige, 1.Kön.17-2.Kön.25, ATD 11/2, Göttingen 1984.

Würthwein, E.: Gott und Mensch in Dialog und Gottesreden des Buches Hiob [1938], in: ders., Wort und Existenz. Stud. zum AT, Göttingen 1970, 217-295.

Wutz, F.: Das Buch Job, ESt 3, Stuttgart 1939.

Zerafa, P.: The Wisdom of God in the Book of Job, SUSTU 8, Rom 1978.

Ziegler, J.: Beiträge zum griechischen Job, MSU 18, AAWG 3/147, Göttingen 1985.

Ziegler, J.: Der textkritische Wert der Septuaginta des Buches Job [1934], in: ders., Sylloge, Ges. Aufs. zur Septuaginta, MSU 10, Göttingen 1971, 9-28.

Zimmerli, W.: Grundriß der alttestamentlichen Theologie, ThW 3,1, Stuttgart u.a. ⁵1985.

Zimmerli, W.: Der Mensch und seine Hoffnung im Alten Testament, KVR 272 S, Göttingen 1968.

Zimmerli, W.: Prediger, ATD 16/1; 3., neubearb. Aufl., Göttingen 1980.

Register

(in Auswahl und unter Berücksichtigung des Inhaltsverzeichnisses)

1. Stellenregister

1.1. Biblische Texte

1.5. Altorientalische Texte

2. Register der in der Einleitung und im Forschungsbericht (S.1-55) sowie in der Synopse (S.239-247) behandelten Autoren

An die Freunde

Vertrauliche d. i. nicht für die Öffentlichkeit bestimmte Mitteilungen (1903—1934)

Nachdruck mit einer Einleitung von Christoph Schwöbel

Quart. XXIV, 618 Seiten. 16 Beilagen. 1993. Ganzleinen. ISBN 3-11-013675-9

Die 1903 gegründete „Vereinigung der Freunde der Christlichen Welt" scharte sich um die gleichnamige Zeitschrift „Die Christliche Welt" und war eines der wichtigsten theologischen und kirchenpolitischen Diskussionsforen der Kaiserzeit und der Weimarer Republik. Alles, was im deutschen liberalen Protestantismus Rang und Namen hatte, wie etwa Adolf von Harnack, Ernst Troeltsch, Friedrich Naumann und Martin Rade, gehörte dazu. Die Vertraulichen Mitteilungen „An die Freunde" dienten dem internen Dialog dieses Kreises und stellen ein einzigartiges kirchen- und theologiegeschichtliches Dokument dar, das bislang nur in Form eines einzigen, komplett erhalten gebliebenen Exemplares existierte.

PAUL TILLICH

Frühe Predigten (1909—1918)

Herausgegeben von Erdmann Sturm

Oktav. XII, 686 Seiten. 1994. Gebunden. ISBN 3-11-014083-7

(Ergänzungs- und Nachlaßbände zu den Gesammelten Werken, Band VII)

Erstedition von insgesamt 173 Predigten, die der junge Theologe und Philosoph Paul Tillich in den Jahren 1909—1914 in Kirchengemeinden in Berlin und Umgebung sowie als Feldprediger während des ganzen 1. Weltkrieges an der Westfront (1914—1918) gehalten hat. Ihr Grundthema ist das spannungsreiche Verhältnis von Gott, Seele und Welt.

Christianity and Modern Politics

Edited by Louisa S. Hulett

1993. Large-octavo. IX, 453 pages. Cloth ISBN 3-11-013462-4
Paperback ISBN 3-11-013461-6

Anthology of writings on Religion and Politics in the United States of America

Sample contents: Definitions of Christianity, Civil Religion, and Politics · Separation of Church and State in America · Religious Freedom and the Supreme Court · The Rise of Christian Fundamentalism · Fundamentalism versus Secular Humanism · Just War Doctrine · Pacifism and Nuclear Ethics · Liberation Theology

---

Walter de Gruyter **Berlin · New York**

ARBEITEN ZUR PRAKTISCHEN THEOLOGIE

Groß-Oktav · Ganzleinen

ECKART NASE

Oskar Pfisters analytische Seelsorge

Theorie und Praxis des ersten Pastoralpsychologen,
dargestellt an zwei Fallstudien

Erste umfassende Darstellung des Pioniers der Pastoralpsychologie. Im Mittelpunkt steht
die Analyse zweier Fallgeschichten. Für diesen empirischen Zugang werden biographische
(psychoanalytische Biographik), wissenschafts-theoretische (Hermeneutik) sowie theologiegeschichtliche (liberale Theologie) Voraussetzungen erarbeitet. − Skizzen zu Leben
und Werk sowie die Gesamtbibliographie Oskars Pfisters runden das Werk ab.

XVIII, 622 Seiten. 1993. Mit einem Frontispiz und 6 Abbildungen
ISBN 3-11-013235-4 (Band 3)

Walter de Gruyter Berlin · New York